Reichs- und Staatsangehörigkeitsgesetz

vom 22. Juli 1913 mit den bayerischen Vollzugsvorschriften

erläutert von

Jakob Woeber

5. Auflage

bearbeitet von

Karl August Fischer
Oberregierungsrat in Pfaffenhofen a. d. Ilm

1932
München, Berlin, Leipzig
J. Schweitzer Verlag (Arthur Sellier)

Druck von Dr. F. P. Datterer & Cie., Freising-München.

Vorwort zur ersten Auflage.

Durch meine berufliche Stellung war ich in besonderem Maße mit dem Vollzuge des Reichsgesetzes über die Erwerbung und den Verlust der Bundes- und Staatsangehörigkeit befaßt. Diese Tätigkeit veranlaßte mich zu dem Versuche, für den Schweitzerschen Verlag eine Handausgabe des neuen Reichs- und Staatsangehörigkeitsgesetzes zu bearbeiten, um den mit dem Vollzuge des Gesetzes befaßten gemeindlichen und staatlichen bayerischen Behörden ein rasches Einarbeiten in dieses Gesetz zu ermöglichen.

Die Handausgabe berücksichtigt neben den allgemeinen rechtlichen Grundlagen ausschließlich die bayerischen Verhältnisse; ich habe mich aber bestrebt, diese möglichst erschöpfend unter Verwertung der bisherigen Praxis und Rechtsprechung zu bieten.

Möge das Büchlein allen, die es benützen, ein stets bereiter Helfer sein, der Zweifel löst und einen raschen und sicheren Vollzug des Gesetzes ermöglicht.

München, im April 1914.

Woeber.

Vorwort zur dritten Auflage.

Nachdem die 2. Auflage von Woebers Reichs- und Staatsangehörigkeitsgesetz vergriffen war und eine neue Auflage notwendig wurde, haben Verfasser und Verlag die Herstellung der 3. Auflage dem Unterzeichneten übertragen.

Bei der Bearbeitung der 3. Auflage waren vor allem die einschneidenden Veränderungen zu berücksichtigen, die die staatliche Umwälzung und das Diktat von Versailles auf dem gesamten Gebiete des öffentlichen Rechts mit sich gebracht und die auch den sachlichen und räumlichen Geltungsbereich des Reichs- und Staatsangehörigkeitsgesetzes erheblich eingeschränkt haben: feindlicher Zwang hat Millionen Deutsche vom Reiche abgetrennt und das staatsrechtliche

Band der Reichs- und Staatsangehörigkeit, das sie mit dem Reiche verknüpfte, gewaltsam zerschnitten; der enge Zusammenhang zwischen der Staatsangehörigkeit und der Erfüllung der Wehrpflicht, der einer der Hauptgrundsätze des RStG. war, ist gelöst. Innerhalb des Deutschen Reiches haben die thüringischen Kleinstaaten ihr Sonderdasein aufgegeben. — Auch die bayer. Vollzugsbekanntmachung ist seit 1918 mehrmals geändert worden; die letzterschienene Min.-Bek. vom 7. Februar 1922 konnte noch verwertet werden. Mehrere andere wichtige Ministerialbekanntmachungen aus den letzten Jahren mußten im Wortlaut abgedruckt werden. Einen beträchtlichen — leider sehr unerfreulichen — Zuwachs hat die 3. Auflage endlich dadurch erfahren, daß die auf die Staatsangehörigkeit bezüglichen Bestimmungen des Versailler Diktates nebst Optionsverträgen und Optionsvorschriften aufgenommen wurden.

Diejenigen Bestimmungen des Gesetzes, die derzeit gegenstandslos sind, sind in liegender Schrift gedruckt.

München, im Februar 1922.

Fischer.

Vorwort zur fünften Auflage.

In der fünften Auflage war vor allem die unterm 23. Dezember 1929 erschienene neue bayerische Vollzugsbekanntmachung zu verarbeiten. Auch im übrigen wurde das Buch nach Möglichkeit auf den neuesten Stand gebracht.

Pfaffenhofen, im Oktober 1931.

Fischer.

Inhaltsverzeichnis.

Dritter Abschnitt.

Unmittelbare Reichsangehörigkeit

(§§ 33 mit 35).

Vierter Abschnitt.

Schlußbestimmungen

(§§ 36 mit 41).

Abkürzungen.

AG. = Ausführungsgesetz.
Bd. = Band.
BG. = Bayerisches Beamtengesetz vom 16. August 1908.
BGB. = Bürgerliches Gesetzbuch.
BGBl. = Gesetzblatt des Norddeutschen Bundes.
Bl. = Blätter für administrative Praxis.
DJZ. = Deutsche Juristenzeitung.
E. = Entscheidungen des Reichsgerichts in Zivilsachen.
EG. = Einführungsgesetz.
Entw. = Entwurf eines RStG. (Reichstagsdrucksache Nr. 6 von 1912/13).
FGG. = Reichsgesetz über die Angelegenheiten der freiwilligen Gerichtsbarkeit.
GemZ. = Bayerische Gemeinde- und Verwaltungszeitung.
GVBl. = Bayerisches Gesetz- und Verordnungsblatt.
GVG. = Gerichtsverfassungsgesetz.
JW. = Juristische Wochenschrift.
MABl. = Amtsblatt des Staatsministeriums des Innern.
RegBl. = Bayerisches Regierungsblatt.
Reger = Reger, Entscheidungen der Gerichte und Verwaltungsbehörden.
RG. = Reichsgesetz.
RGBl. = Reichsgesetzblatt.
RMilG. = Reichsmilitärgesetz vom 2. Mai 1874.
RStAG. = Reichs- und Staatsangehörigkeitsgesetz vom 22. Juli 1913.
RMBl. = Reichsministerialblatt (Zentralblatt f. d. Deutsche Reich).
RV. = Reichsverfassung.
RVBl. = Reichsverwaltungsblatt und Preußisches Verwaltungsblatt.
SVG. = Bayerisches Selbstverwaltungsgesetz vom 22. Mai 1919.
StAnz. = Bayerischer Staatsanzeiger.
UWG. = Unterstützungswohnsitzgesetz.
V.Bl. = Bayerische Verwaltungsblätter.
VGH. = Sammlung der Entscheidungen des bayerischen Verwaltungsgerichtshofs.
Vers.Vertr. = Vertrag von Versailles vom 28. Juni 1919, RGBl. 1920 S. 31.
VGHG. = Bayerisches Verwaltungsgerichtshofgesetz.
VO. = Verordnung.
VollzB. = Bayer. Min.-Bekanntmachung zum Vollzuge des Reichs- und Staatsangehörigkeitsgesetzes vom 23. Dezember 1929.
V.-Urk. = Bayerische Verfassungsurkunde.
WG. = Wehrgesetz vom 23. März 1921.
ZBl. = Zentralblatt für das Deutsche Reich.
ZPO. = Zivilprozeßordnung.
ZRpfl. = Zeitschrift für Rechtspflege in Bayern.

I. Einleitung.

I.

Im alten Deutschen Reiche war der Begriff der Staatsangehörigkeit nicht scharf gefaßt; die Zugehörigkeit zu einem Staate und damit zum Reiche beruhte entweder auf dem Wohnsitz oder auf der Zugehörigkeit zu einer Gemeinde.

Erst nach der Auflösung des alten Deutschen Reiches (1806) haben sich die einzelnen Staaten eine vom Wohnsitz und von der Zugehörigkeit zu einer Gemeinde unabhängige Staatsangehörigkeit geschaffen, so Bayern durch das Indigenatsedikt vom 26. Mai 1818. Nach dem bayerischen Indigenatsedikt wurde das „Indigenat" erworben durch Abstammung von einem Bayern, durch Verehelichung mit einem Bayern, durch Ansässigmachung und durch landesherrliche Verleihung; es ging verloren durch Erwerbung oder Beibehaltung eines fremden Indigenats ohne besondere königliche Bewilligung, durch Auswanderung und durch Verheiratung einer Bayerin mit einem Ausländer.

Das Reichsgesetz über die Erwerbung und den Verlust der Bundes- und Staatsangehörigkeit vom 1. Juni 1870 (BGBl. S. 355) hat an die Stelle der verschiedenen einzelnen Landesgesetzgebungen über den Erwerb und den Verlust der Staatsangehörigkeit ein einheitliches Reichsrecht gesetzt, sich dabei aber sachlich im wesentlichen auf die Wiedergabe dessen beschränkt, was der Mehrzahl der Bundesstaaten nach den bisherigen Einzelgesetzgebungen gemeinsam war.

Dieses Reichsgesetz erfuhr geringfügige Änderungen nur insofern, als die auf die Angehörigen der süddeutschen Staaten bezüglichen Vorschriften (§ 1 Abs. 2, § 8 Abs. 3, § 16) beseitigt, und bei der Einführung in Bayern und in Elsaß-Lothringen die Vorschriften den entsprechenden Beziehungen des Reichs angepaßt wurden (§ 9 des Gesetzes vom 22. April 1871, betr. die Einführung norddeutscher Gesetze in Bayern [RGBl. S. 87] und Art. 2 des Gesetzes vom 8. Januar 1873 [RGBl. S. 51]). Ferner hat § 60 Abs. 1 RMilG. vom 2. Mai 1874 (RGBl. S. 45) den § 15 Abs. 2 geändert und endlich sind die Vorschriften des Gesetzes bei Einführung des Bürgerlichen Gesetzbuchs mit diesem in Übereinstimmung gebracht worden (Art. 41 EG. BGB.). Im übrigen wurde sein Inhalt noch berührt durch das Gesetz, betreffend die Naturalisation von Ausländern, welche im Reichsdienst angestellt sind, vom 20. Dezember 1875 (RGBl. S. 324) und durch den § 9 SchutzgebG. in der Fassung vom 10. September 1900 (RGBl. S. 813).

Das Gesetz vom 1. Juni 1870 stammte aus der Zeit vor Errichtung des Deutschen Reiches; es gehört zu den grundlegenden Gesetzen des Norddeutschen Bundes, die mit dessen Verfassung vom Deutschen Reich übernommen wurden. Das Gesetz hatte damals eine doppelte Aufgabe zu lösen. Es galt einmal, das völkerrechtliche Band, das damals noch die Angehörigen der im Norddeutschen Bunde zusammengeschlossenen Staaten vereinte, entsprechend den abgeschlossenen Bundesverträgen in ein staatsrechtliches Band zu verwandeln, und es handelte sich ferner darum, allen Angehörigen des Norddeutschen Bundes eine gemeinsame Staatsangehörigkeit dem Auslande gegenüber zu schaffen. Die Zeitverhältnisse brachten es mit sich, daß der zweite Teil der Aufgabe gegenüber dem näher liegenden ersten Teil zurücktrat.

Mit der Gründung des Reichs und dann mit dessen Erstarkung sind auch die nach außen gerichteten Beziehungen der Reichsangehörigen mehr und mehr in den Vordergrund getreten, und im Laufe der Entwicklung zeigte sich als Hauptmangel des RG. vom 1. Juni 1870, daß Angehörige des Deutschen Reichs, die auch im Auslande Reichsdeutsche sein und bleiben wollen, wider ihren Willen, ohne ihr Wissen der Staatsangehörigkeit lediglich durch Zeitablauf verlustig gingen. Durch diese bürokratisch-kurzsichtige Bestimmung, die in der Gesetzgebung anderer Länder kein Vorbild hat, hat das Deutsche Reich zahlreiche Untertanen von sich gestoßen; dabei sind die Mängel des Gesetzes durch eine übertrieben formalistische Rechtsprechung der deutschen Verwaltungsgerichte noch verschärft worden. Es wurde deshalb die Forderung immer häufiger, das Gesetz dahin abzuändern, daß einerseits der Verlust der Reichsangehörigkeit erschwert und anderseits ihr Wiedererwerb erleichtert werde*).

Es dauerte aber lange Jahre, bis diesen Forderungen Gehör gegeben wurde. Erst am 23. Februar 1912 wurde ein entsprechender Entwurf eines Reichs- und Staatsangehörigkeitsgesetzes im Reichstage eingebracht und in den Sitzungen vom 23. und 27. Februar 1912 in erster Lesung behandelt. Die 6. Kommission des Reichstages hat den Entwurf eingehend beraten und in der Hauptsache unverändert angenommen. Die zweite Lesung begann am 28. Mai 1913,

*) Vgl. darüber Dr. jur. Hans Ratjen „Der Kampf um die Reichsangehörigkeit", Hamburg 1908.

die dritte Lesung, in der auch die Gesamtabstimmung über das Gesetz vorgenommen wurde, fand am 25. Juni 1913 statt.

Das Gesetz ist vom 22. Juli 1913 datiert, am 31. Juli in Nr. 46 RGBl. veröffentlicht und am 1. Januar 1914 in Kraft getreten.

II.

Das Gesetz vom 22. Juli 1913, das inzwischen selbst schon wieder sehr verbesserungsbedürftig geworden ist, hat die früheren Grundsätze über den Erwerb und Verlust der Staatsangehörigkeit im großen und ganzen beibehalten und hat nur eine Anzahl von Bestimmungen aufgehoben, geändert und ergänzt, die nicht mehr der Entwicklung der politischen und wirtschaftlichen Verhältnisse innerhalb und außerhalb der Grenzen des Deutschen Reiches entsprachen.

Das Gesetz vom 1. Juni 1870 stellte an die Spitze den Grundsatz, daß die Reichsangehörigkeit durch die Staatsangehörigkeit in einem Bundesstaat erworben wird und mit deren Verlust erlischt. Das neue Gesetz hat diesen Grundsatz beibehalten, aber neben der mittelbaren auch eine unmittelbare Reichsangehörigkeit anerkannt und demgemäß in seinem § 1 den staatsrechtlichen Begriff des „Deutschen" festgestellt.

Aus dem bundesstaatlichen Charakter des Reiches wurde gefolgert, daß die Reichsangehörigkeit in der Regel nicht selbständig als solche begründet und erhalten werden kann, sondern daß sie nur die Rechtsfolge der Angehörigkeit zu einem der zum Deutschen Reiche zusammengeschlossenen Bundesstaaten ist. Es wurden deshalb die einheitlichen Grundsätze beibehalten, nach denen die Staatsangehörigkeit innerhalb der einzelnen Bundesstaaten erworben und aufgehoben werden kann, und es mußten diese Grundsätze auch den Bedürfnissen des Reichs angepaßt bleiben.

Demgemäß wird die Staatsangehörigkeit in einem Bundesstaat erworben durch Geburt, durch Legitimation, durch Eheschließung, für einen Reichsdeutschen durch Aufnahme und endlich für einen Ausländer durch Einbürgerung.

Eine Neuerung wurde bei der Einbürgerung von Ausländern geschaffen. Das früher geltende Recht stellte die Einbürgerung von Ausländern lediglich in das Ermessen des Bundesstaates, in dem der Ausländer seinen Aufenthalt genommen und die Einbürgerung (früher „Naturalisation") beantragt hatte, und beachtete nicht, daß die Einbürgerung in einen Bundesstaat das Recht gibt, die Aufnahme in jedem anderen Bundesstaate zu verlangen. Es wurde deshalb in § 9 jedem Bundesstaat das Recht eingeräumt, gegen eine Einbürgerung Bedenken zu erheben.

Erweitert wurde ferner die Zahl der Bestimmungen, in denen ehemaligen Reichsdeutschen ein Rechtsanspruch auf Einbürgerung gewährt wird (§§ 10, 11, 15; §§ 26 Abs. 3, 30, 31 und 32 Abs. 3), während früher ein Rechtsanspruch nur nach § 21 Abs. 5 des Gesetzes vom 1. Juni 1870 bestand, und eine wichtige Neuerung war endlich die Bestimmung des § 13, daß ehemalige Reichsdeutsche in einem Bundesstaate, dem sie früher angehört haben, die Einbürgerung erlangen können, ohne sich dort niederzulassen und ohne Rücksicht darauf, wie die Staatsangehörigkeit verloren wurde, und daß diese Möglichkeit der Einbürgerung auf Abkömmlinge jeden Grades ausgedehnt ist.

Die Staatsangehörigkeit geht verloren durch Entlassung, durch den Erwerb einer ausländischen Staatsangehörigkeit, durch Ausspruch der Behörde, für ein uneheliches Kind durch eine von dem Angehörigen eines anderen Bundesstaats oder von einem Ausländer bewirkte und nach den deutschen Gesetzen wirksame Legitimation und endlich für eine Reichsdeutsche durch Eheschließung mit dem Angehörigen eines anderen Bundesstaats oder mit einem Ausländer.

Der Verlust durch zehnjährigen Aufenthalt im Auslande ist weggefallen, der Verlust durch den Erwerb einer ausländischen Staatsangehörigkeit und durch Nichterfüllung der Wehrpflicht ist statt dessen vom Gesetze neu geregelt worden. Im übrigen sind die Verlustgründe die gleichen geblieben wie früher.

Bei dem Verluste der Staatsangehörigkeit durch Entlassung wurde bestimmt, daß die Entlassung aus der Angehörigkeit des einen Bundesstaates auch den Verlust der Staatsangehörigkeit in jedem anderen Bundesstaate zur Folge hat, wenn sich der Gesuchsteller nicht eine Staatsangehörigkeit vorbehält; die Entlassung von Ehefrauen und von Personen, die unter Vormundschaft oder elterlicher Gewalt stehen, ist wesentlich erschwert worden.

Das Gesetz regelt ferner die Verleihung der unmittelbaren Reichsangehörigkeit und erklärt auf deren Erwerb und Verlust alle Bestimmungen über die Staatsangehörigkeit (mittelbare Reichsangehörigkeit) für anwendbar, soweit sich nicht aus dem Grundsatz der unmittelbaren Reichsangehörigkeit und aus Zweckmäßigkeitsrücksichten Abweichungen ergeben.

II. Das Reichs- und Staatsangehörigkeitsgesetz.

Vom 22. Juli 1913 (RGBl. S. 583).

Erster Abschnitt.

Allgemeine Vorschriften.

§ 1.[1]

Deutscher[2, 3] ist, wer die Staatsangehörigkeit[4] in einem[5] Bundesstaate[6] (§§ 3 bis 32) oder die unmittelbare Reichsangehörigkeit (§§ 33 bis 35) besitzt[7, 8].

1. Der Entwurf hatte in Übereinstimmung mit dem früher geltenden Gesetze folgende Fassung vorgeschlagen:

„Die Reichsangehörigkeit wird durch die Staatsangehörigkeit in einem Bundesstaat erworben und erlischt mit deren Verlust."

Die jetzige Fassung wurde gewählt, um den staatsrechtlichen Begriff des „Deutschen" festzustellen; über ihre Unzweckmäßigkeit siehe unten Anmerkung 2.

Das Gesetz bezieht sich auf männliche und weibliche Personen, wenn sich auch für die Behandlung der beiden Geschlechter Verschiedenheiten ergeben. So können sich die §§ 12, 22, 26 und 32 nur auf Männer, die §§ 6 und 10 nur auf Frauen beziehen, während die übrigen Paragraphen allgemeine Geltung haben.

Der Gedanke des § 1 des Gesetzes wird vom Art. 110 Abs. I der (Weimarer) RV. vom 11. Aug. 1919 aufgenommen. Es heißt da: „Die Staatsangehörigkeit im Reiche und in den Ländern wird nach den Bestimmungen eines Reichsgesetzes erworben und verloren. Jeder Angehörige eines Landes ist zugleich Reichsangehöriger."

Nach Art. 6 Ziff. 3 der RV. vom 11. Aug. 1919 hat das Reich die „ausschließliche Gesetzgebung" über die Staatsangehörigkeit; vordem gründete sich die Gesetzgebungszuständigkeit des Reiches auf Art. 4 Ziff. 1 der RV. vom 16. April 1871.

2. Das Wort „Deutscher" ist zur Bezeichnung der staatsrechtlichen Zugehörigkeit zum Deutschen Reiche nicht geeignet. Richtig sind als „Deutsche" zu bezeichnen alle zur deutschen Sprach- und Stammesgemeinschaft gehörenden Menschen; die deutsche Sprach- und

Stammesgemeinschaft erstreckte sich weit über die Grenzen des Deutschen Reiches 1871—1918 und erstreckt sich noch weiter über die Grenzen des heutigen gewaltsam verkleinerten Reiches. Es ist also zu unterscheiden zwischen Reichsdeutschen und Deutschen fremder (z. B. polnischer) Staatsangehörigkeit. Der Sprachgebrauch des Gesetzes begünstigt die Verwechslung zwischen Reichsdeutschen und Stammdeutschen und verführt nur zu leicht dazu, den Deutschen fremder Staatsangehörigkeit auch die Zugehörigkeit zum deutschen Volkstum, zur deutschen Stammes- und Sprachgemeinschaft abzustreiten; dieser Sprachgebrauch tut also dem deutschen Volke Abbruch *).

In der neueren Gesetzgebung des Deutschen Reiches hat sich die zweckmäßigere Bezeichnung „Reichsdeutscher" oder „Reichsangehöriger" gelegentlich schon eingeführt, siehe z. B. Gesetz gegen die Steuerflucht vom 26. Juli 1918 (RGBl. S. 951) § 1, VO. über die Freimachung von Arbeitsstellen usw. vom 28. März/1. Dez. 1919 (RGBl. S. 355 und 1936), § 5 Abs. I Ziff. 3 und Abs. II; VO. über die Maßnahmen gegen die Kapitalflucht vom 24. Okt. 1919 (RGBl. S. 1820) § 4; Gesetz über das Reichsnotopfer vom 31. Dez. 1919 (RGBl. S. 2189) § 2; Bek. betr. den in der Schweiz den deutschen Reichsangehörigen gewährten Schutz usw. vom 12. Mai 1920 (RGBl. S. 947); Verdrängungsschädengesetz vom 28. Juli 1921 (RGBl. S. 1021 §§ 2, 20, 23; Kolonialschädengesetz vom 28. Juli 1921 (RGBl. S. 1031) §§ 2, 10, 15; Auslandschädengesetz vom 28. Juli 1921 (RGBl. S. 1038) §§ 2, 10, 15; VO. über Erwerbslosenfürsorge vom 1. Nov. 1921 (RGBl. S. 1337) § 5 Abs. II; VO. vom 5. Nov. 1921 (RGBl. S. 1353); Kriegspersonenschädengesetz i. d. Fass. vom 22. Dez. 1927 (RGBl. S. 533) § 1; Gesetz über Arbeitsvermittlung und Arbeitslosenversicherung vom 16. Juli 1927 (RGBl. S. 187) § 17; ferner vgl. Art. 1 des bayer. Landeswahlgesetzes vom 12. Mai 1920 (GVBl. S. 295). Art. 1 des bayer. Gemeindewahlgesetzes vom 6. Nov. 1924 (GVBl. S. 211), Art. 63 der bayer. Gemeindeordnung vom 17. Okt. 1927 (GVBl. S. 293).

Das Gesetz befaßt sich nur mit natürlichen Personen und enthält keine Bestimmungen über die Reichs- und Staatsangehörigkeit juristischer Personen. Die Frage, nach welchen Voraussetzungen die Staatsangehörigkeit einer juristischen Person zu beurteilen ist, wird in der „Rechtsprechung" der sog. Gemischten Schiedsgerichtshöfe nach Art. 296 Verf.Vertr. häufig erörtert und regelmäßig zuungunsten des Deutschen Reiches beantwortet, vgl. z. B. Jur. W. 1922 S. 1097, S. 1161; 1924 S. 742, 1401; 1929 S. 80. Einschlägige Vorschriften deutscher Gesetze sind: Konsulargerichtsbarkeitsgesetz vom 7. April 1900, RGBl. S. 213, §§ 2 und 32, Schutzgebietsgesetz vom 10. Sept. 1900, RGBl. S. 815, § 11, Reichsausgleichgesetz vom 24. April 1920, RGBl. S. 597, neue Fassung RGBl. 1923 S. 1135, § 24 Abs. 3:

---

*) Vgl. Fischer, „Deutsch und Reichsdeutsch" in „Deutschlands Erneuerung" 1922, Heft 7, und von Broecker, Der Volksdeutsche fremder Staatsangehörigkeit im Reiche, Berlin 1930.

„Als Deutsche im Sinne des Abschnitts II 3 dieses Gesetzes gelten juristische Personen und Handelsgesellschaften anderer Art nur dann, wenn ihr Sitz sich im Reichsgebiete befindet, ihre Rechtsbeständigkeit auf Reichsrecht oder dem Recht eines deutschen Landes beruht und ihr Kapital seit dem 1. Januar 1920 bis zum 1. Januar 1922 überwiegend Reichsangehörigen zustand.“

Ferner: Verdrängungsschädengesetz vom 28. Juli 1921, RGBl. S. 1021, § 11 Abs. 2; Kolonialschädengesetz vom 28. Juli 1921, RGBl. S. 1031, § 2 Abs. 2; Auslandschädengesetz vom 28. Juli 1921, RGBl. S. 1038, § 2 Abs. 3. Diese drei Gesetze wurden mehrfach geändert und unterm 28. Okt. 1923 durch die „Gewaltschädenverordnung“ (RGBl. 1923 S. 1018) ersetzt; siehe § 4 Abs. 2, § 5 Abs. 2, § 6 Abs. 2 dieser VO. Ferner: Kriegsschädenschlußgesetz vom 30. März 1928 (RGBl. S. 120) § 13. Vgl. endlich Neumeyer, Die Staatsangehörigkeit juristischer Personen und das Gemischte deutsch-französische Schiedsgericht (Zeitschrift für Völkerrecht Bd. XII Heft 3), ferner Marburg, Staatsangehörigkeit und feindlicher Charakter juristischer Personen unter bes. Berücksichtigung der Rechtsprechung der Gemischten Schiedsgerichte, Berlin 1927, und Jur. W. 1922 S. 144, 1927 S. 2266, 1930 S. 3816.

3. Über die Rechte und Pflichten der deutschen Reichsangehörigen enthält die Weimarer RV. vom 11. Aug. 1919 eingehende Vorschriften. Zunächst bestimmt Art. 110 Abs. II: „Jeder Deutsche hat in jedem Lande des Reiches die gleichen Rechte und Pflichten wie die Angehörigen des Landes selbst.“ Die folgenden Artikel (Art. 111 ff.) handeln von der Freizügigkeit („Alle Deutschen genießen Freizügigkeit im ganzen Reiche“), der Aufenthalts- und Niederlassungsfreiheit, der Gewerbefreiheit, der Auswanderungsfreiheit, der Rede- und Preßfreiheit, der Versammlungsfreiheit, der Vereinsfreiheit, der Wahlfreiheit und vielen anderen Freiheiten. Die Weimarer RV. spricht im allgemeinen von den Rechten und Pflichten der „Deutschen“ oder des „Deutschen“; nur in den Art. 128, 133 und 134 ist statt „Deutschen“ — ohne sachlichen Unterschied — der Ausdruck „Staatsbürger“ gebraucht.

Für die Zeit von 1871—1918 vgl. Art. 3 und Art. 57 der RV. vom 16. April 1871, § 1 des Freizügigkeitsgesetzes vom 1. Nov. 1867, § 1 des UWG. vom 30. Mai 1908, §§ 1 und 4 des Wahlgesetzes für den Deutschen Reichstag vom 30. Mai 1869, § 1 Gewerbeordnung, § 17 des RG. über die Verpflichtung zum Kriegsdienst vom 9. Nov. 1867 und WG. f. d. Schutzgebiete vom 22. Juli 1913.

4. Die Staatsangehörigkeit in einem Bundesstaate ist mittelbare Reichsangehörigkeit, im Gegensatz zur unmittelbaren Reichsangehörigkeit (§§ 33—35 RStG.). Siehe aber die Fußnote auf S. 139.

Außer der Staats*angehörigkeit* gab es in *Bayern* noch ein besonderes Staats*bürgerrecht*. Die Grundlagen dieses Staatsbürgerrechtes waren in den §§ 8 mit 10 des bayer. Indigenatsediktes (siehe unten S. 145) geregelt. Vgl. dazu Art. 8 des bayer. Landratsgesetzes vom 28. Mai 1852 und Art. 4 Abs. II des bayer. Distriktsratsgesetzes vom 28. Mai 1852.

Auch die bayer. V.-Urk. vom 14. Aug. 1919 widmet der „Staatsbürgerschaft" einen eigenen Abschnitt (§§ 6 ff.). Diese „Staatsbürgerschaft" hat aber keinen anderen Inhalt als die Staatsangehörigkeit, denn (§ 6): „Staatsbürger ist ohne Unterschied der Geburt, des Geschlechtes, des Glaubens und des Berufes jeder Angehörige des bayerischen Staates, welcher das 20. Lebensjahr vollendet hat." Die bayer. V.-Urk. vom 14. Aug. 1919 setzt ferner in den §§ 13 ff. für die bayerischen Staatsangehörigen einige Grundrechte fest, die bereits in der Weimarer RV. ausgesprochen sind: Aufenthalts- und Niederlassungsfreiheit, Freiheit der Person und des Eigentums usw. — Für das Wahlrecht und für die Wählbarkeit zum bayerischen Landtag und zu bayerischen Gemeindeämtern wird nicht der Besitz der bayerischen Staatsangehörigkeit, sondern lediglich der Besitz der deutschen Reichsangehörigkeit verlangt. (V.-Urk. § 26, Landeswahlgesetz vom 12. Mai 1920, GVBl. S. 195, Art. 1, Gemeindewahlgesetz vom 6. Nov. 1924, GVBl. S. 211, Art. 1 und 2, Gemeindeordnung vom 17. Okt. 1927, GVBl. S. 293, Art. 63 und 64); der Besitz der deutschen Reichsangehörigkeit seit mindestens 5 Jahren ist Voraussetzung für die Berufung zu einem bayerischen öffentlichen Amt (§ 68 V.-Urk.).

5. Der Besitz der Staatsangehörigkeit in mehreren Bundesstaaten ist zulässig; durch Erwerb einer weiteren deutschen Staatsangehörigkeit geht die bisherige nicht verloren. Wer die unmittelbare Reichsangehörigkeit besitzt, kann durch Erwerb der Staatsangehörigkeit in einem Bundesstaate auch die mittelbare Reichsangehörigkeit daneben erwerben.

6. Die RV. vom 11. Aug. 1919 gebraucht statt „Bundesstaat" das Wort „Land" (Art. 2: Das Reichsgebiet besteht aus den Gebieten der deutschen Länder). Mit Rücksicht auf den Sprachgebrauch des RStG. wird hier die Bezeichnung „Bundesstaat" beibehalten, zumal auch die RV. vom 11. Aug. 1919 das Wort „Staat" nicht ganz ausmerzen kann und in Art. 110 von der „S t a a t s angehörigkeit in den L ä n d e r n" spricht, vgl. auch Art. 137, 138, 139, 147, 150 u. a. Die „Landes"angehörigkeit nach Art. 16 RV. ist gleichbedeutend mit der Staatsangehörigkeit nach Art. 110.

Die Zahl der Bundesstaaten, wie sie im Art. 1 der RV. vom 16. April 1871 aufgezählt sind, hat sich inzwischen vermindert, da das Gebiet von Coburg mit Bayern vereinigt worden ist, die übrigen thüringischen Staaten sich zu einem Lande „Thüringen" zusammengeschlossen und Pyrmont und Waldeck sich mit Preußen vereinigt haben; siehe hierüber Anm. 2 B zu § 3.

7. Im Besitze der Staatsangehörigkeit oder unmittelbaren Reichsangehörigkeit ist diejenige Person, in der ein Erwerbsgrund für die Staatsangehörigkeit (§ 3) oder für die unmittelbare Reichsangehörigkeit (§§ 33 ff.) vorliegt, ohne daß ein Verlustgrund (§ 17) dazu gekommen ist; vgl. auch RVBl. 1928 S. 745 ff. u. DJZ. 1930 S. 1562. Über den Verlust der Reichs- und Staatsangehörigkeit durch Gebietsabtrennung siehe Anm. 4 zu § 17, unten S. 72.

Für den Erwerb und Verlust der Staatsangehörigkeit und unmittelbaren Reichsangehörigkeit sind diejenigen gesetzlichen Bestimmungen maßgebend, die zu der Zeit in Geltung waren, als die den Erwerb oder Verlust begründende Tatsache eintrat. Es gilt also in Bayern bis zum 13. Mai 1871 das Edikt über das Indigenat (Beil. I zu Tit. IV § 1 der Verfassungsurkunde des Königreichs Bayern vom 26. Mai 1818), vom 13. Mai 1871 bis zum Inkrafttreten dieses Gesetzes bildet das RG. über die Erwerbung und den Verlust der Bundes- und Staatsangehörigkeit vom 1. Juni 1870 die entscheidende Grundlage. Entsprechendes gilt von den heute gegenstandslos gewordenen Bestimmungen über den Verlust der Staatsangehörigkeit wegen Nichterfüllung der Wehrpflicht (§§ 26, 27 RStG.).

Für die unmittelbare Reichsangehörigkeit bildete früher die Grundlage § 9 des SchutzgebietsG. in der Fassung vom 10. Sept. 1900 (RGBl. S. 815).

8. Bestrittene Rechtsansprüche und Verbindlichkeiten in bezug auf den Besitz der Reichs- und Staatsangehörigkeit sind in Bayern Verwaltungsrechtssachen (Art. 8 Ziff. 1 VGHG.; vgl. hierzu Dyroff, Bayer. Verw.-Gerichtsgesetz 5. Aufl. S. 272 ff., Anmerkungen zu Art. 8 Ziff. 1 VGHG.). Erste Rechtsstufe sind die Bezirksverwaltungsbehörden; in München ist die Polizeidirektion (Polizeiämter) zuständig, in Nürnberg und Fürth die Polizeidirektion N.-F. (VollzB. Z. 1). Zweite und letzte Rechtsstufe ist der Verwaltungsgerichtshof (Art. 9 VGHG.).

Dieser Rechtszug greift jedoch nur dann Platz, wenn der Besitz der Reichs- und Staatsangehörigkeit an sich bestritten wird; bildet der Besitz der Reichs- und Staatsangehörigkeit nur die Voraussetzung für ein behauptetes, aber bestrittenes Recht, dann ist diese Voraussetzung in dem für den bestrittenen Rechtsanspruch vorgeschriebenen Verfahren als Zwischenpunkt zu behandeln. (Feststellung des Besitzes der Reichs- oder einer deutschen Staatsangehörigkeit als Voraussetzung für den Anspruch auf Verleihung der bayerischen Staatsangehörigkeit VGH. Bd. 16 S. 116.)

Behauptet jemand, Reichsdeutscher zu sein, so liegt eine streitige Verwaltungsrechtssache auch dann vor, wenn die ausländische Heimatzuständigkeit und Staatsangehörigkeit dieser Person von der zuständigen Behörde des Auslandes anerkannt ist (VGH. Bd. 23 S. 137).

Das Streitverfahren über den Besitz der Staatsangehörigkeit ist in Bayern nur landesrechtlich geregelt. Das Reichs- und Staatsangehörigkeitsgesetz selbst kennt ein Verfahren zur Feststellung des Besitzes der Staatsangehörigkeit oder der Eigenschaft als Reichsdeutscher nicht. Die bayerischen Behörden können daher bei diesem Verfahren nur feststellen, ob eine Person die bayerische Staatsangehörigkeit besitzt oder nicht. Ob diese Person allenfalls eine andere (deutsche oder ausländische) Staatsangehörigkeit besitzt oder staatlos ist, kann nur in den Gründen gewürdigt, nicht aber entschieden werden (siehe Reger Bd. 37 S. 291). Die Staatsangehörigkeit in einem anderen Staate kann rechtswirksam nur durch die zuständigen Behörden des betreffenden Staates selbst festgestellt werden (vgl. VGH. Bd. 9 S. 509). Über den Besitz der unmittelbaren Reichsangehörigkeit entscheidet die hierfür zuständige Reichsbehörde

Das Reichs- und Staatsangehörigkeitsgesetz kennt den Verwaltungsrechtsweg („Rekurs") nur bei den Ansprüchen auf Aufnahme in den Staatsverband und auf Einbürgerung in gewissen Fällen (§ 40 des Ges.). Soweit für diese Rechtsansprüche der gegenwärtige oder frühere Besitz einer deutschen Staatsangehörigkeit die Voraussetzung bildet, sind die bayerischen Behörden berechtigt, den Besitz dieser Staatsangehörigkeit, auch wenn sie eine nichtbayerische ist, in den Gründen der Entscheidung festzustellen.

Wegen der Wiederaufnahme einer rechtskräftig abgeschlossenen Verwaltungsstreitsache über den Besitz der bayerischen Staatsangehörigkeit siehe Reger Bd. 41 S. 216.

Über den bestrittenen Besitz der bayerischen Staatsangehörigkeit entscheidet, wenn diese Frage den Hauptstreitpunkt des Verfahrens bildet, im ersten Rechtszuge die Bezirksverwaltungsbehörde, in München die Polizeidirektion (Polizeiämter), in Nürnberg und Fürth die Polizeidirektion Nürnberg-Fürth. Die örtliche Zuständigkeit ist durch die VollzB. vom 23. Dez. 1929 neu geregelt worden: in erster Linie ist die Behörde zuständig, in deren Bezirk die betreffende Person ihre Niederlassung hat oder zuletzt hatte; hatte sie keine Niederlassung in Bayern, so ist die Bezirksverwaltungsbehörde der letzten Niederlassung der Eltern oder des letztlebenden Elternteiles zuständig. Bei Ehefrauen bemißt sich die Zuständigkeit nach der des Ehemannes, es sei denn, daß die Ehe aufgelöst ist und die Frau seither eine eigene Niederlassung in Bayern hat oder hatte. Ist hiernach keine örtlich zuständige Behörde vorhanden, so ist die Polizeidirektion München zuständig (VollzB. Z. 1 u. 42).

Der Besitz der Staatsangehörigkeit wird durch Heimatscheine (für den Aufenthalt im Auslande) und durch Staatsangehörigkeitsausweise (zur Benützung im Inlande) dargetan; die Zuständigkeit zur Ausstellung der Heimatscheine und Staatsangehörigkeitsausweise ist nunmehr ebenso geregelt wie die Zuständigkeit zur Entscheidung über den bestrittenen Besitz der bayerischen Staatsangehörigkeit (VollzB. Z. 42).

In München ist die Ausstellung der Heimatscheine und Staatsangehörigkeitsausweise ebenso wie die Entscheidung über den bestrittenen Besitz der bayerischen Staatsangehörigkeit den bei der Polizeidirektion errichteten Polizeiämtern übertragen (Min.-Bek. vom 12. Jan. 1900, GVBl. S. 25, und vom 5. Okt. 1920, GVBl. S. 449).

Welche Behörden in den einzelnen Bundesstaaten befugt sind, Staatsangehörigkeitsausweise und Heimatscheine auszufertigen, ist aus der Anlage 9 der bayerischen Vollzugsbekanntmachung ersichtlich (siehe Abt. 3).

Die Heimatscheine und Staatsangehörigkeitsausweise dürfen erst nach sorgfältiger Prüfung der Staatsangehörigkeitsverhältnisse ausgestellt werden. Dasselbe gilt von Bescheinigungen über den Verlust oder Nichtbesitz der deutschen Staatsangehörigkeit; hierbei sind insbesondere früher zu Unrecht ausgestellte oder ungültig gewordene Heimatscheine und Staatsangehörigkeitsausweise einzuziehen.

Siehe auch Min.-Bek. vom 23. Juni 1920 (StAnz. Nr. 146).

Über den Nachweis der Staatsangehörigkeit von Auslanddeutschen, die früher in Rußland gelebt haben, vgl. die Min.-Bek. vom 16. März 1921 und vom 4. Mai 1921 (StAnz. Nr. 65 u. Nr. 105); unten S. 140, 141.

§ 2.*)

I *Elsass-Lothringen gilt im Sinne dieses Gesetzes als Bundesstaat.*[1]

II *Die Schutzgebiete*[2] *gelten im Sinne dieses Gesetzes als Inland.*[3]

1. Die Bundesstaaten waren in Art. 1 der Reichsverfassung vom 16. April 1871 aufgezählt. Die Fassung des Abs. I entspricht dem Art. I Abs. 4 des Gesetzes über die Verfassung Elsaß-Lothringens vom 31. Mai 1911 (RGBl. S. 225). Elsaß-Lothringen war nicht Bundesstaat, sondern bezüglich der Reichs- und Staatsangehörigkeit als solcher zu behandeln.

Elsaß-Lothringen ist jetzt von Frankreich annektiert (Art. 51 des Versailler Diktates). Siehe unten S. 187 ff., woselbst auch die Bestimmungen über die Staatsangehörigkeit der Elsaß-Lothringer abgedruckt sind, und S. 139.

2. Diese Vorschrift wurde aus § 9 Abs. III des Schutzgebietsgesetzes in der Fassung vom 10. Sept. 1900 (RGBl. S. 815) übernommen. Über die deutschen Schutzgebiete siehe nunmehr Art. 119 ff. des Versailler Diktates, RGBl. 1919 S. 895 (unten S. 259).

3. Die Eingeborenen in den Schutzgebieten waren Untertanen des Deutschen Reiches, nicht aber dessen Angehörige (s. auch § 33 Ziff. 1).

Zweiter Abschnitt.

Staatsangehörigkeit in einem Bundesstaate.

§ 3.

Die Staatsangehörigkeit in einem Bundesstaat wird erworben[1, 2, 3]

1. durch Geburt (§ 4),

---

*) Der Paragraph ist zur Zeit gegenstandslos und wird deshalb hier *in liegender lateinischer Schrift* gedruckt; gleiches gilt ganz oder teilweise von den §§ 22, 26, 30, 32 u. a.

2. durch Legitimation (§ 5),
3. durch Eheschließung (§ 6),
4. für einen Deutschen durch Aufnahme[4] (§§ 7, 14, 16),
5. für einen Ausländer[5] durch Einbürgerung (§§ 8 bis 16).[6]

1. Die im Eingang des § 2 des früheren Gesetzes enthaltenen Worte „fortan nur" wurden weggelassen, da die Absicht des Gesetzes, die hier zu regelnden Gründe für den Erwerb der Staatsangehörigkeit erschöpfend aufzuzählen und ihnen keine rückwirkende Kraft zuzubilligen, auch ohne diese Worte aus der Fassung deutlich hervorgeht. Die Vorschrift im zweiten Absatz des früher geltenden Gesetzes, wonach die Adoption (Annahme an Kindes Statt) für sich allein den Erwerb der Staatsangehörigkeit nicht bewirkt, war aus dem gleichen Grunde entbehrlich, ebenso der § 12 des früheren Gesetzes, daß der Wohnsitz innerhalb eines Bundesstaates für sich allein die Staatsangehörigkeit nicht begründet.

2. Andere denkbare Erwerbsarten, wie die auf Optionsverträgen mit ausländischen Staaten, auf Gebietserwerbungen oder auf Gebietsänderungen beruhenden, kommen für die Regelung durch dieses Gesetz nicht in Betracht, sie sind nach den einschlägigen Staatsverträgen oder besonderen Gesetzen zu beurteilen.

A. An Gebietserwerbungen, die Einfluß auf die Staatsangehörigkeit hatten, sind zu erwähnen:

a) für die Elsaß-Lothringer der deutsch-französische Friedensvertrag vom 10. Mai 1871 (RGBl. S. 223);

b) für die Helgoländer das RG. vom 15. Dez. 1890 (RGBl. S. 207) betr. die Vereinigung von Helgoland mit dem Deutschen Reiche.

B. Gebietsänderungen oder Neubildungen von Ländern innerhalb des Deutschen Reichs werden regelmäßig auch die Staatsangehörigkeit der Gebietsbewohner berühren; sie erfolgen gemäß Art. 18 der RV. vom 11. August 1919 durch Reichsgesetz. Solcher Reichsgesetze sind bisher fünf*) ergangen:

a) Das Gesetz betr. die Vereinigung Coburgs mit Bayern vom 30. April 1920 (RGBl. S. 842):

§ 1. Das Gebiet von Coburg wird mit dem Lande Bayern vereinigt.

§ 2. Durch die Vereinigung werden bayerische Staatsangehörige alle Sachsen-Coburg-Gothaischen Staatsangehörigen,

1. die am Tage der Vereinigung in Bayern oder im Gebiete von Coburg Wohnsitz oder ständigen Aufenthalt haben,

---

*) Das Reichsgesetz betr. Oberschlesien vom 27. Nov. 1920, RGBl. S. 1987 — Bildung eines Landes Oberschlesien und Erwerb der oberschlesischen Staatsangehörigkeit — hat keine praktische Bedeutung gewonnen.

2. denen das Staatsministerium in Coburg Aufnahme- oder Einbürgerungsurkunde oder das Landratsamt Coburg, die Magistrate Coburg, Neustadt und Rodach oder der Stadtrat Königsberg Staatsangehörigkeitsausweis oder Heimatschein ausgestellt hat,

3. die durch Geburt, Legitimation oder Eheschließung der Staatsangehörigkeit einer der in Nr. 1 oder 2 bezeichneten Personen folgen.

Dieses Gesetz ist gemäß VO. des Reichspräsidenten vom 21. Juni 1920 (RGBl. S. 1329) am 1. Juli 1920 in Kraft getreten. Den einschlägigen bayerisch-coburgischen Staatsvertrag siehe bayer. GVBl. 1920 S. 336.

b) Das Gesetz betr. das Land Thüringen vom 30. April 1920 (RGBl. S. 841):

§ 1. Die Länder Sachsen-Weimar-Eisenach, Sachsen-Meiningen, Reuß, Sachsen-Altenburg, Sachsen-Gotha ohne das Gebiet von Coburg, Schwarzburg-Rudolstadt und Schwarzburg-Sondershausen werden mit Wirkung vom 1. Mai 1920 zu einem Lande Thüringen vereinigt.

§ 2. Durch die Vereinigung werden die Staatsangehörigen der sieben Länder Staatsangehörige des Landes Thüringen. Ausgenommen sind die Angehörigen des Gebiets von Coburg im Sinne des § 2 des Gesetzes über die Vereinigung Coburgs mit Bayern.

Diejenigen ehemaligen Sachsen-Coburg-Gothaischen Staatsangehörigen, die die bayerische Staatsangehörigkeit durch die Vereinigung Coburgs mit Bayern nicht erworben haben (siehe § 2 des Gesetzes betr. die Vereinigung Coburgs mit Bayern), sind Staatsangehörige des Landes Thüringen geworden*). Sie werden aber gemäß § 3 des Staatsvertrages über die Vereinigung Coburgs mit Bayern vom 14. Februar 1920 (bayer. Gesetz vom 16. Juni 1920, GVBl. S. 335) auf Antrag auch ohne vorherige Niederlassung in den bayerischen Staatsverband aufgenommen.

c) Das Gesetz betr. die Vereinigung von Pyrmont mit Preußen vom 24. März 1922 (RGBl. S. 281):

§ 1. Der Gebietsteil Pyrmont des Landes Waldeck-Pyrmont wird mit dem Lande Preußen vereinigt.

§ 2. Durch die Vereinigung werden preußische Staatsangehörige alle Staatsangehörigen des Landes Waldeck-Pyrmont, die

1. am Tage der Vereinigung in dem Gebietsteil Pyrmont ihren Wohnsitz oder dauernden Aufenthalt haben,

2. am Tage der Vereinigung ihren Wohnsitz oder dauernden Aufenthalt in Preußen haben, vorausgesetzt, daß sie oder ihre Eltern (§ 4 Abs. 1 RStG.) ihren Wohnsitz oder dauernden Auf-

---

*) So auch die Min.-Bek. vom 27. Juli 1922, StAnz. Nr. 174, betr. Staatsangehörigkeit in den vormals coburgischen Gebietsteilen.

enthalt im Gebietsteil Pyrmont früher gehabt haben oder noch haben,

3. durch Geburt, Legitimation oder Eheschließung der Staatsangehörigkeit einer der unter Nr. 1 und 2 bezeichneten Personen folgen.

§ 3. Dieses Gesetz tritt am 1. April 1922 in Kraft.

d) Das Gesetz über einen Gebietsaustausch zwischen Sachsen und Thüringen vom 30. März 1928 (RGBl. S. 115), in Kraft seit 1. April 1928, mit ausführlichen Bestimmungen über den Wechsel der Staatsangehörigkeit.

e) Das Gesetz über die Vereinigung von Waldeck mit Preußen vom 7. Dezember 1928 (RGBl. S. 401):

§ 1. Das Land Waldeck wird mit dem Lande Preußen vereinigt.

§ 2. Infolge der Vereinigung erhalten alle Staatsangehörigen des Landes Waldeck die preußische Staatsangehörigkeit; die waldeckische Staatsangehörigkeit erlischt.

§ 3. Das Gesetz tritt mit dem 1. April 1929 in Kraft.

C. Über den Erwerb der Reichsangehörigkeit durch Option (Wiedererwerb der infolge Gebietsabtrennung und feindlicher Annexion verlorenen Reichsangehörigkeit) auf Grund der Bestimmungen des Versailler Diktates siehe unten S. 191 ff.

3. Der Erwerb der Staatsangehörigkeit durch Geburt, Legitimaton und Eheschließung tritt mittelbar als Folge einer anderen Tatsache ohne einen besonderen auf den Erwerb der Staatsangehörigkeit gerichteten Willen ein; der Erwerb durch Aufnahme und Einbürgerung ist ein Akt unmittelbarer Verleihung, bedingt — mindestens soweit die §§ 7—13 in Frage kommen — durch einen auf diese Verleihung gerichteten Willensakt; wegen § 14 und § 15 Abs. I vgl. auch Anm. 8 zu § 25. Ob der Erwerb der Staatsangehörigkeit in einem deutschen Bundesstaat den Verlust der bisher besessenen Staatsangehörigkeit zur Folge hat, bemißt sich nach dem Rechte des Staates, dessen Staatsangehörigkeit der Erwerber bisher besaß.

4. Der Entwurf gebrauchte für den Erwerb der Staatsangehörigkeit durch einen In- oder Ausländer in gleicher Weise den Ausdruck „Aufnahme“, weil sich der Erwerb in beiden Fällen in seinem Wesen und seinen rechtlichen Wirkungen nicht unterscheide. Mit Rücksicht darauf, daß die Voraussetzungen beider Erwerbsarten verschieden sind, hat der Reichstag die frühere Unterscheidung der beiden unmittelbaren Erwerbsarten beibehalten, statt „Naturalisation“ aber das Wort „Einbürgerung“ gesetzt.

5. Der Ausdruck „Ausländer“ umfaßt auch die Staatlosen; anders z. B. ZPO. § 606 Abs. 4, vgl. E. 127 S. 195.

6. Außer den §§ 8 bis 16 behandeln aber auch die §§ 26 Abs. 3, 30, 31 und 32 Abs. 3 Fälle von Einbürgerung.

§ 4.[1]

I Durch die Geburt[2] erwirbt das eheliche[3] Kind eines Deutschen die Staatsangehörigkeit[4] des Vaters[5], das uneheliche[6] Kind einer Deutschen die Staatsangehörigkeit[4] der Mutter.[5]

II Ein Kind,[7,8] das in dem Gebiet eines Bundesstaats[9] aufgefunden wird (Findelkind), gilt[10] bis zum Beweise des Gegenteils als Kind eines Angehörigen dieses Bundesstaats.

1. Abs. 1 entspricht dem früher geltenden Recht und betont den Grundsatz der Abstammung (ius sanguinis) gegenüber dem Erwerb der Staatsangehörigkeit auf Grund des Geburtsortes (ius soli).

Wer die deutsche Staatsangehörigkeit auf Grund der Abstammung in Anspruch nimmt, muß nachweisen, daß sein Vater „Deutscher", oder wenn er außerehelich geboren ist, daß seine Mutter „Deutsche" war. Als Beweismittel dienen nicht nur Urkunden über den Erwerb oder den Besitz der Staatsangehörigkeit, sondern auch Belege über den Besitz und die Ausübung von Rechten oder über die Erfüllung von Pflichten, die den Besitz der Staatsangehörigkeit zur Voraussetzung haben. Es kommen insbesondere in Betracht der frühere Besitz eines Heimatrechtes in Bayern, der Besitz des Gemeindebürgerrechts, die Ausübung von Wahlrechten, welche den Besitz einer deutschen Staatsangehörigkeit zur Voraussetzung haben, und die Erfüllung der Militärdienstpflicht. Um eine möglichst rasche und sichere Feststellung der Staatsangehörigkeit, die durch Abstammung erworben wurde, zu ermöglichen, ist es notwendig, daß nicht nur die Privaten, sondern auch die Gemeindeverwaltungen und Behörden alle Urkunden und Akten, die mittelbar oder unmittelbar über die Staatsangehörigkeit Aufschluß geben, wie insbesondere Verehelichungsakten, Verzeichnisse der Bürger, Heimatberechtigten, Wahlberechtigten, möglichst lange und sorgfältig aufbewahren, daß die Gemeinden von allen neuanziehenden Personen sorgfältig den Nachweis über ihre Staatsangehörigkeit verlangen und daß die Staatsangehörigkeit in den gemeindlichen Einwohnerverzeichnissen sorgfältig verzeichnet wird (VollzB. Z. 48; vgl. dazu GemZ. 1931 S. 802).

2. Der Erwerb der Staatsangehörigkeit durch Geburt tritt unabhängig davon ein, ob die Geburt im Inland oder Ausland erfolgt.

3. Die Ehelichkeit eines Kindes ist nach dem einschlägigen bürgerlichen Rechte zu beurteilen, und zwar ist für die Ehelichkeit der Kinder eines Reichsdeutschen das deutsche Recht maßgebend (Art. 18 EG. BGB.). Art. 18 des EG. zum BGB. lautet:

„Die eheliche Abstammung eines Kindes wird nach den deutschen Gesetzen beurteilt, wenn der Ehemann der Mutter zur Zeit der Geburt des Kindes Deutscher ist oder, falls er vor der Geburt des Kindes gestorben ist, zuletzt Deutscher war."

Wechselt die Mutter eines ehelichen Kindes in der Zeit zwischen dem Tode des Ehemannes und der Geburt des Kindes die Staatsangehörigkeit, so erwirbt das Kind nicht die neue Staatsangehörigkeit der Mutter, sondern die des verstorbenen Vaters.

Nach deutschem Recht sind die Voraussetzungen der Ehelichkeit eines Kindes in den §§ 1591 bis 1600 BGB. geregelt.

Liegt über die Ehelichkeit eines Kindes ein rechtskräftiges gerichtliches Erkenntnis vor, so sind auch die Verwaltungsbehörden und Verwaltungsrichter daran bei der Würdigung des Besitzes der Staatsangehörigkeit durch Abstammung gebunden; denn Erkenntnisse in Familienstandsachen (§§ 640 ff. ZPO.) sind rechtswirksam gegen jedermann. Soweit aber gerichtliche Erkenntnisse nicht vorliegen, haben die Verwaltungsbehörden und Verwaltungsrichter die Frage der Ehelichkeit auf Grund der bürgerlich-rechtlichen Bestimmungen selbständig zu würdigen. Ihre Entscheidung hat aber nur Wirkung für den betreffenden Fall, nicht allgemein für alle Rechtsverhältnisse und nicht für jedermann.

4. Besitzt der eheliche Vater oder die außereheliche Mutter die Staatsangehörigkeit in mehreren Bundesstaaten, so erwirbt das Kind eine jede von ihnen.

5. Maßgebend ist, daß der Vater, oder die außereheliche Mutter, zur Zeit der Geburt des Kindes Reichsdeutscher war. Ist der Vater des ehelichen Kindes vor dessen Geburt gestorben, so muß er bei seinem Ableben Reichsdeutscher gewesen sein (Art. 18 EG.BGB.). Siehe auch Anm. 3.

6. Auch für den Begriff der Unehelichkeit eines Kindes ist das bürgerliche Recht entscheidend. Unehelich ist ein Kind, dessen Eltern nicht verheiratet sind oder die in einer der Form nach nichtigen Ehe (§ 1324 BGB.), oder die in einer solchen nichtigen Ehe leben, deren Nichtigkeit beide bei Eingehung der Ehe kannten (§ 1699 BGB.).

Inwieweit die Kinder aus einer vor dem Inkrafttreten des BGB. geschlossenen nichtigen oder ungültigen Ehe als eheliche Kinder anzusehen sind, bestimmt sich nach den früheren Gesetzen (Art. 207 EG.BGB.).

7. Das RStG. hält grundsätzlich am Rechte des Familienzusammenhanges (jus sanguinis) fest; § 4 Abs. 2 bringt ein, in der Natur der Sache liegendes, Zugeständnis an das Recht des Geburtslandes oder Aufenthaltslandes (jus soli). Da im früheren Gesetze eine solche ausdrückliche Bestimmung fehlte, hat es keine rückwirkende Kraft.

8. Die Bestimmung bezieht sich nur auf aufgefundene K i n d e r. Als Kind wird man im Sinne dieses Absatzes eine Person zu bezeichnen haben, die zufolge ihrer J u g e n d und dadurch bedingten mangelhaften Entwicklung über ihre persönlichen Verhältnisse keinen genügenden Aufschluß geben kann, so daß ihre Staatsangehörigkeit nicht zu ermitteln ist. Daß die Auffindung u n m i t t e l b a r n a c h d e r G e b u r t erfolgt sei, ist nicht erforderlich. Im Anschluß an § 104

BGB. dürfte als Grenze das 7. Lebensjahr anzunehmen sein. Als Findelkinder sind nicht nur diejenigen Kinder zu bezeichnen, deren Geburtsort, Geburtszeit und Eltern unbekannt sind, sondern auch Kinder, deren Geburtsort und Geburtszeit feststeht, deren Eltern aber vor Feststellung ihrer Persönlichkeit gestorben sind oder die sich nach der Geburt des Kindes heimlich entfernt haben (verlassene Kinder).

Unter diese Bestimmungen fallen nicht Personen, die wegen körperlicher oder geistiger Gebrechen (Blöde, Taubstumme u. dgl.) über ihre persönlichen Verhältnisse keine Angaben machen können. Solche Personen sind bis zur Feststellung ihrer Staatsangehörigkeit als staatlos zu behandeln.

9. Auf Kinder, die in einem Schutzgebiete aufgefunden wurden, auch wenn sie der weißen Rasse angehörten und deutsch sprachen, fand diese Bestimmung keine Anwendung (s. § 35 dieses Ges.), wohl aber ist sie anzuwenden auf Kinder fremder Rassen, die innerhalb eines Bundesstaates aufgefunden werden — ein seltsames und unbefriedigendes Ergebnis.

10. Das Gesetz stellt nur eine Rechtsvermutung auf, die durch jeden Gegenbeweis beseitigt werden kann. Die zur Entscheidung über den Besitz der Staatsangehörigkeit zuständige Bezirksverwaltungsbehörde (s. § 1 Anm. 6) hat bei jedem Findelkind die Frage seiner Staatsangehörigkeit zu prüfen. Siehe dazu VollzB. Ziffer 2, unten S. 111.

Diese Prüfung kann zu folgenden Ergebnissen führen:

a) Die Rechtsvermutung, die § 4 Abs. 2 aufstellt, läßt sich nicht entkräften. Dann gilt das Kind als Angehöriger des Bundesstaates, in dessen Gebiet es aufgefunden wird.

b) Ergibt die Prüfung, daß die eigentliche Staatsangehörigkeit des Findelkindes zu ermitteln ist, und besteht zwischen allen Beteiligten Übereinstimmung, so hat es dabei sein Bewenden. Als Beteiligte kommen in Betracht das Findelkind, vertreten durch den dafür aufzustellenden Vormund, die zuständige Behörde des Bundesstaates, in dessen Gebiet das Kind aufgefunden wurde und die zuständige Behörde des Staates (deutscher Bundesstaat oder ausländischer Staat), in dem die Staatsangehörigkeit in Anspruch genommen wird.

Bestreitet der gesetzliche Vertreter des Kindes die ermittelte Staatsangehörigkeit, so steht ihm in Bayern der Verwaltungsrechtsweg offen, sowohl wenn er behauptet, das Kind sei bayerischer Staatsangehöriger, als auch wenn er im Gegensatz zu den beteiligten Behörden diese Staatsangehörigkeit bestreitet. In dem Verfahren kann aber nur festgestellt werden, ob das Kind bayerischer Staatsangehöriger ist oder nicht; ein Ausspruch über das Vorhandensein einer fremden Staatsangehörigkeit kann nicht erfolgen. (Vgl. Anm. 8 zu § 1.)

Erachtet die zuständige Behörde des Bundesstaates, in dessen Gebiet das Kind aufgefunden wurde, dessen Staatsangehörigkeit in einem anderen Bundesstaate oder in einem ausländischen Staate für gegeben, wird aber diese Staatsangehörigkeit von dem anderen Bundesstaate oder vom ausländischen Staate nicht anerkannt, dann ist die Staatsangehörigkeit nicht festgestellt, und es hat das Kind nach dem Regelfalle als Angehöriger des Bundesstaates zu gelten, in dessen Gebiete es gefunden wurde. Diesem Bundesstaate steht außer diplomatischen Verhandlungen kein Verfahren gegen den anderen Bundesstaat und noch viel weniger gegen einen ausländischen Staat wegen der Feststellung der Staatsangehörigkeit offen. Der gesetzliche Vertreter des Kindes kann aber gegen den Staat, dessen Angehöriger nach seiner Auffassung das Findelkind ist, die Feststellung dieser Staatsangehörigkeit nach den Vorschriften des betreffenden Staates veranlassen.

§ 5.[1]

Eine nach den deutschen Gesetzen wirksame[2] Legitimation[3] durch einen Deutschen begründet[4] für das Kind[5] die Staatsangehörigkeit des Vaters.[6]

1. Dieser Paragraph regelt im Anschluß an § 4 des früheren Gesetzes einen Erwerbsgrund der Staatsangehörigkeit nur für uneheliche Kinder, und zwar ist es gleichgültig, ob das uneheliche Kind noch die mit der Geburt erworbene Staatsangehörigkeit besitzt, oder ob es inzwischen mit oder ohne seine Mutter eine andere Staatsangehörigkeit erworben hat. Auf die Staatsangehörigkeit der Mutter kommt es **nicht an.**

2. Der Entwurf hatte folgende Fassung:

„Durch die von einem Deutschen nach den deutschen Gesetzen bewirkte Legitimation erwirbt das Kind die Staatsangehörigkeit des Vaters."

Beide Fassungen kommen zum gleichen Endergebnis. Der Entwurf hatte unmittelbar auf das geltende bürgerliche Recht verwiesen. Die Fassung des Gesetzes läßt auch eine nach ausländischem Recht erfolgte Legitimation zu, wenn sie nur nach deutschem Rechte wirksam ist. Art. 22 EG.BGB. verlangt aber für die Wirksamkeit der Legitimation durch einen Deutschen, daß diese den Grundsätzen des deutschen Rechtes entspricht. Das Gesetz kommt also auf dem Umwege über sogenannte Kollisionsnormen (Art. 22 EG.BGB.) zu dem gleichen Ziele, zu dem der Entwurf unmittelbar gelangen wollte.

3. Als eine nach den deutschen Gesetzen wirksame Legitimation kommt jetzt nur mehr die durch nachfolgende Ehe (§§ 1719 ff. BGB.) oder durch Ehelichkeitserklärung (§§ 1723 ff. BGB.) in Betracht. Für die Zeit vor Inkrafttreten dieses Gesetzes ist das jeweils geltende bürgerliche Recht zu beachten (Art. 209 EG.BGB.).

Nach § 1719 BGB. erlangt ein uneheliches Kind dadurch, daß sich der Vater mit der Mutter verheiratet, mit der Eheschließung die rechtliche Stellung eines ehelichen Kindes. Diese Wirkung tritt kraft Gesetzes und selbst gegen den Willen der Eheschließenden in dem Augenblick ein, da die Ehe als geschlossen gilt. Eine Zustimmung oder sonstige Mitwirkung des Kindes oder seines gesetzlichen Vertreters findet nicht statt.

Wenn § 1722 BGB. bestimmt, daß die Eheschließung zwischen den Eltern für die Abkömmlinge des unehelichen Kindes die Wirkungen der Legitimation auch dann habe, wenn das uneheliche Kind selbst vor der Eheschließung gestorben sei, so bewegen sich diese Wirkungen der Legitimation nur auf dem Gebiete des bürgerlichen Rechtes. Der Erwerb der Staatsangehörigkeit des Vaters wird durch die Legitimation nur für das lebende außereheliche Kind und durch dieses allenfalls gemäß § 4 dieses Ges. für dessen Abkömmlinge begründet. Ist das außereheliche Kind bei der Eheschließung schon gestorben, so erwerben seine gemäß § 1722 BGB. legitimierten Abkömmlinge die Staatsangehörigkeit des Vaters des außerehelichen Kindes nicht.

Gemäß §§ 1723 ff. BGB. kann ein uneheliches Kind auf Antrag seines Vaters durch eine Verfügung der Staatsgewalt für ehelich erklärt werden. Die Ehelichkeitserklärung steht dem Bundesstaate zu, dem der Vater angehört; ist der Vater ein Reichsdeutscher, der keinem Bundesstaat angehört (unmittelbarer Reichsangehöriger), so steht sie dem Reichskanzler zu. Über die Erteilung der einem Bundesstaate zustehenden Ehelichkeitserklärung hat die Landesregierung zu bestimmen.

In Bayern erfolgt die Ehelichkeitserklärung gemäß § 20 der Zuständigkeitsverordnung vom 24. Dez. 1899/8. Dez. 1915 (GVBl. 1899 S. 1233 und 1915 S. 731) mit Verordnung vom 15. Nov. 1918 (GVBl. S. 1231) durch das Staatsministerium der Justiz. Der Antrag auf Ehelichkeitserklärung ist bei dem Amtsgericht einzureichen, in dessen Bezirk der Vater seinen Wohnsitz oder in Ermangelung eines im Deutschen Reiche gelegenen Wohnsitzes seinen Aufenthalt hat. Hat der Vater in Bayern keinen Wohnsitz oder Aufenthalt, so ist der Antrag bei dem Amtsgerichte München einzureichen.

4. Der Erwerb der Staatsangehörigkeit tritt erst mit der Wirksamkeit der Legitimation ein, er hat also keine rückwirkende Kraft. Ob das Kind daneben noch seine bisherige Staatsangehörigkeit beibehält, bemißt sich nach dem Rechte des Staates, dem das Kind bisher angehörte. Eine bisher besessene andere deutsche Staatsangehörigkeit geht verloren (§ 17 Ziff. 5).

Auch wenn das Kind schon bisher, sei es durch Geburt oder durch Verleihung, die gleiche Staatsangehörigkeit wie der Vater besaß, erhält diese Staatsangehörigkeit durch die Legitimation eine andere rechtliche Grundlage.

5. Wird ein Kind weiblichen Geschlechtes legitimiert, nachdem es sich schon verheiratet hat, dann kann die Wirkung der Legitimation in bezug auf die deutsche Staatsangehörigkeit nicht mehr eintreten, weil nach § 17 Ziff. 6 dieses Gesetzes für eine Deutsche die bisherige Staatsangehörigkeit durch die Eheschließung mit dem Angehörigen eines anderen Bundesstaates oder einem Ausländer verloren geht und die Ehefrau nur mit ihrem Ehemann oder mit dessen Willen ihre Staatsangehörigkeit wechseln kann (§ 18 des Ges.).

Wird dagegen ein Mann legitimiert, der schon verheiratet ist, so erwerben auch dessen Frau und allenfallsige Kinder die Staatsangehörigkeit des legitimierenden Reichsdeutschen: Ehefrau und Kinder folgen der kraft Gesetzes eintretenden Änderung der Staatsangehörigkeit des Ehemannes und des Vaters (§§ 6 und 4 des Ges.).

6. Besitzt der Vater die Staatsangehörigkeit in mehreren deutschen Bundesstaaten, so erwirbt das legitimierte Kind jede von ihnen.

§ 6.[1]

Durch die Eheschließung[2] mit einem Deutschen erwirbt[3] die Frau[4] die Staatsangehörigkeit des Mannes.[5]

1. Die Vorschrift entspricht dem § 5 des früher geltenden Gesetzes.

2. Die Ehe muß nach deutschem Recht gültig sein. Ob die Ehe im Inlande oder Auslande geschlossen wurde, ist gleichgültig.

Wenn ein Reichsdeutscher die Ehe mit einer Reichsdeutschen im Inlande schließt, bemessen sich die Voraussetzungen für die Gültigkeit der Ehe nach ihrer materiell-rechtlichen und formalen Seite gemäß den §§ 1303 ff. BGB.

Schließt ein Reichsdeutscher die Ehe mit einer Ausländerin, so wird die Eingehung der Ehe, gleichgültig ob die Ehe im Inland oder im Ausland geschlossen wird, hinsichtlich ihrer materiell-rechtlichen Erfordernisse in Ansehung eines jeden der Verlobten nach den Gesetzen des Staates beurteilt, dem er angehört (Art. 13 Abs. 1 EG. BGB.); hinsichtlich der Form der Eheschließung sind in diesem Falle die am Orte der Eheschließung geltenden Gesetze zu beachten (Art. 11 Abs. 1 EG. BGB.).

Soweit ein Reichsdeutscher die Ehe mit einer Ausländerin, sei es im Inlande oder Auslande, schließt, ist wegen der Form und der materiell-rechtlichen Voraussetzungen der Eheschließung auch das Haager Übereinkommen vom 12. Juni 1902 zur Regelung des Geltungsbereiches der Gesetze auf dem Gebiete der Eheschließung (RGBl. 1904 S. 221 ff.) zu beachten. Dieses Abkommen gilt gegenwärtig im Verhältnis zwischen Deutschland, Luxemburg, den Niederlanden, Schweden, der Schweiz, Italien, Danzig und Polen (RGBl. 1904 S. 249; 1905 S. 716; 1914 S. 9; 1929 II S. 635, 640).

Durch eine nichtige Ehe wird eine Änderung in der Staatsangehörigkeit der Frau nicht bewirkt. Ein Rechtsakt, der von Anfang an nichtig ist, kann Rechtswirkungen nur hervorrufen, wenn ein Gesetz diese ausdrücklich bestimmt. Es kann auch keinen Unterschied machen, ob die Ehe aus formellen oder materiellen Gründen nichtig ist (vgl. BGH. Bd. 12 S. 11 u. Bd. 35 S. 48). Im Falle der Scheidung geht die durch die Eheschließung erworbene deutsche Staatsangehörigkeit nicht verloren, siehe auch DJZ. 1927 S. 237.

3. Der Erwerb tritt nach einem allgemein anerkannten Grundsatz ohne irgendeinen besonderen Willensakt der Frau kraft Gesetzes ein. Diese staatsrechtliche Wirkung der Eheschließung kann nicht ausgeschlossen werden. Ob die Frau ihre bisherige Staatsangehörigkeit daneben behält, bemißt sich nach den Gesetzen des Staates, dem sie bisher angehörte (Belgierinnen siehe unten S. 142). Die bisher in einem anderen deutschen Bundesstaate besessene Staatsangehörigkeit geht durch die Eheschließung verloren (§ 17 Ziff. 6); besaß die Frau schon vor der Eheschließung die gleiche Staatsangehörigkeit wie der Mann, so erhält diese eine neue rechtliche Grundlage.

4. Der Erwerb der Staatsangehörigkeit durch die Eheschließung tritt nur bei der Frau selbst ein; er erstreckt sich nicht auf Kinder der Frau aus einer früheren Ehe, auf uneheliche Kinder der Frau nur dann, wenn sie durch die Eheschließung legitimiert werden (s. § 5; vgl. BGH. Bd. 39 S. 150).

5. Besitzt der Mann die Staatsangehörigkeit in mehreren Bundesstaaten, so wird sie von der Frau ebenfalls in diesen sämtlichen Bundesstaaten erworben.

Wurde die Ehe vor dem 1. Januar 1916 von einem Bayern ohne das vorgeschriebene distriktspolizeiliche Verehelichungszeugnis geschlossen, war aber die Ehe sonst bürgerlich gültig, so wurde die bayerische Staatsangehörigkeit erworben; nur für die Heimatverhältnisse der Ehefrau und ihrer Kinder griffen die Folgen des Art. 31 HeimatG. (GVBl. 1899 S. 470) Platz.

§ 7.[1]

I Die Aufnahme muß[2] einem Deutschen[3] von jedem Bundesstaat, in dessen Gebiet er sich niedergelassen[4] hat,[5] auf seinen Antrag erteilt werden, falls kein Grund vorliegt, der nach den §§ 3 bis 5 des Gesetzes über die Freizügigkeit vom 1. November 1867 (Bundes-Gesetzbl. S. 55) die Abweisung eines Neuanziehenden oder die Versagung der Fortsetzung des Aufenthalts rechtfertigt.[6]

II Der Antrag einer Ehefrau[7] bedarf[8] der Zustimmung des Mannes; die fehlende[9] Zustimmung kann durch die Vormundschaftsbehörde[10] ersetzt werden. Für eine unter elterlicher Gewalt[11] oder unter Vormundschaft[12] stehende Person wird, wenn sie das sechzehnte Lebensjahr noch nicht vollendet hat, der Antrag von dem gesetzlichen Vertreter[13] gestellt;[14] hat sie das sechzehnte Lebensjahr vollendet, so bedarf[8] ihr Antrag[15] der Zustimmung[16] des gesetzlichen Vertreters.

1. Abs. 1 entspricht im wesentlichen dem § 7 des früher geltenden Gesetzes und ist ein Ausfluß der in Art. 3 Abs. 1 der Reichsverfassung vom 16. April 1871 (vgl. jetzt Art. 111 der RV. vom 11. August 1919) begründeten politischen Freizügigkeit; Abs. 2 enthält eine neue Vorschrift.

Die Bestimmung dieses Paragraphen findet auch auf die unmittelbare Reichsangehörigkeit entsprechende Anwendung (§ 35).

Die Aufnahmegesuche sind in Bayern bei der Bezirksverwaltungsbehörde des Niederlassungsortes, in kreisunmittelbaren Städten, auch in München, in Nürnberg und in Fürth, beim Stadtrat schriftlich einzureichen oder niederzuschreiben. Der Gesuchsteller hat seine Staatsangehörigkeit in einem deutschen Bundesstaate (oder die unmittelbare Reichsangehörigkeit) nachzuweisen. Das Gesuch muß die Angabe enthalten, auf welche Familienangehörigen sich die Aufnahme erstrecken soll. Der Geburtstag und -ort des Gesuchstellers und seiner Angehörigen ist im Zweifelsfalle durch Urkunden darzutun (VollzB. Z. 4).

Die Bezirksverwaltungsbehörde hat den Bezirksfürsorgeverband der Niederlassungsgemeinde (also gemäß Fürsorgepflicht-Ausführungsverordnung vom 27. März 1924, GVBl. S. 126, den städt. Wohlfahrtsausschuß bzw. den Ortsfürsorgeausschuß) zur beschlußmäßigen Äußerung aufzufordern, ob er Veranlassung hat, einen Antrag auf Ab- oder Wegweisung des Gesuchstellers nach den §§ 4 oder 5 des Freizügigkeitsges. zu stellen (VollzB. Z. 6). Die Bezirksverwaltungsbehörde prüft, ob die Voraussetzungen des § 3 FreizügG. gegeben sind (VollzB. Z. 7).

Die Aufnahme eines Deutschen steht in Bayern der Bezirksverwaltungsbehörde zu, in deren Bezirk er sich niedergelassen hat (VollzB. Z. 3).

Erachtet die Bezirksverwaltungsbehörde die Voraussetzungen der Aufnahme nicht als erfüllt, so läßt sie den Gesuchsteller hiervon unter kurzer Angabe der Gründe verständigen und darüber vernehmen, ob er das Gesuch aufrecht erhält. In diesem Fall hat die Bezirksverwaltungsbehörde über das Gesuch verwaltungsrechtlich zu entscheiden (VollzB. Z. 10).

Die Verhandlungen über die Aufnahme von Deutschen sind beschleunigt zu erledigen (VollzB. Z. 4); wegen der Gebühr für die Aufnahmeurkunde siehe § 38 des Ges.

2. Es besteht ein im Verwaltungsrechtsverfahren erzwingbarer Anspruch (§ 40 des Ges. mit Art. 8 Ziff. 1 des bayer. VGHG.), wenn die gesetzlichen Voraussetzungen gegeben sind. Diese Bestimmung regelt nur die Voraussetzungen, unter denen die Staatsangehörigkeit gewährt werden muß; der Bundesstaat kann von dem Vorhandensein dieser Voraussetzungen absehen. Voraussetzung des Rechtsanspruches ist also:

a) daß der Antrag von einem Reichsdeutschen gestellt wird;

b) daß der Reichsdeutsche sich in dem Bundesstaat niedergelassen hat;

c) daß kein Grund für die Abweisung eines Neuanziehenden oder für die Versagung der Fortsetzung des Aufenthalts vorliegt.

Wenn die Voraussetzungen unter b und c nicht vorliegen, ist der Bundesstaat nicht verpflichtet, jedoch berechtigt, die Aufnahme zu gewähren. Jedoch kann in Bayern ohne vorherige Niederlassung die Aufnahme nur aus besonderen Gründen mit Genehmigung des Staatsministeriums des Innern erteilt werden (VollzB. Z. 9). Eine besondere Bestimmung gilt für die ehemals Sachsen-Coburg-Gothaischen Staatsangehörigen, die nicht durch die Vereinigung Coburgs mit Bayern bayerische Staatsangehörige geworden sind; deren Aufnahme ist in Bayern gemäß § 3 des Staatsvertrages vom 14. Febr. 1920 (GVBl. S. 336) auch ohne vorherige Niederlassung möglich. Siehe oben Anm. 2 B zu § 3 RStG., VollzB. Z. 9 Abs. 2.

3. Der Anspruch steht nicht nur den mittelbaren, sondern auch den unmittelbaren Reichsangehörigen zu. Der Besitz der Reichsangehörigkeit ist nachzuweisen (VollzB. Z. 4) und allenfalls als Zwischenpunkt in dem Verfahren über den Anspruch auf Aufnahme festzustellen (VGH. Bd. 11 S. 116).

4. Der Begriff der „Niederlassung" ist verschieden von dem Begriffe „Wohnsitz", wie er in § 7 BGB. behandelt ist. Der Begriff „Niederlassung" knüpft an rein tatsächliche Merkmale an und ist weitergehend als der Begriff „Wohnsitz".

Nach der Rechtsprechung des bayer. VGH. (Bd. 4 S. 91) erfordert der Begriff „Niederlassung" nur den Besitz einer eigenen Wohnung oder eines bestimmten Unterkommens, verbunden mit der erklärten Absicht, dauernden Aufenthalt in der Wohngemeinde zu nehmen; s. auch Reger Bd. 37 S. 193, ferner RVBl. 1929 S. 656 und DJZ. 1931 S. 795.

5. Wer einen Anspruch auf Aufnahme geltend machen will, muß sich in dem Bundesstaat niedergelassen haben; die Absicht, sich niederlassen zu wollen, genügt nicht. Wenn die Gemeindebehörde nicht aus eigener Kenntnis die Niederlassung bestätigen kann, so hat der Gesuchsteller die erforderlichen Unterlagen für diese Bestätigung beizubringen. Wenn die Absicht des Bleibens nach Erwerb der Staatsangehörigkeit wieder aufgegeben wird, so hat dies auf die erworbene Staatsangehörigkeit keinen Einfluß.

6. über die Gründe, die die Abweisung eines Neuanziehenden oder die Versagung der Fortsetzung des Aufenthalts rechtfertigen, s. die §§ 3 mit 5 FreizügG. (vgl. dazu Ziegler, Aufenthaltsgesetz und Freizügigkeitsgesetz, 4. Aufl. S. 79 ff.), die folgendes bestimmen:

„§ 3. Insoweit bestrafte Personen nach den Landesgesetzen Aufenthaltsbeschränkungen durch die Polizeibehörde unterworfen werden können, behält es dabei sein Bewenden.

Solchen Personen, welche derartigen Aufenthaltsbeschränkungen in einem Bundesstaate unterliegen, oder welche in einem Bundesstaate innerhalb der letzten zwölf Monate wegen wiederholten Bettelns oder wegen wiederholter Landstreicherei bestraft worden sind, kann der Aufenthalt in jedem anderen Bundesstaate von der Landespolizeibehörde verweigert werden.

Die besonderen Gesetze und Privilegien einzelner Ortschaften und Bezirke, welche Aufenthaltsbeschränkungen gestatten, werden hiermit aufgehoben.

§ 4. Die Gemeinde ist zur Abweisung eines neu Anziehenden nur dann befugt, wenn sie nachweisen kann, daß derselbe nicht hinreichende Kräfte besitzt, um sich und seinen nicht arbeitsfähigen Angehörigen den notdürftigen Lebensunterhalt zu verschaffen, und wenn er solchen weder aus eigenem Vermögen bestreiten kann, noch von einem dazu verpflichteten Verwandten erhält. Den Landesgesetzen bleibt vorbehalten, diese Befugnis der Gemeinden zu beschränken.

Die Besorgnis vor künftiger Verarmung berechtigt den Gemeindevorstand nicht zur Zurückweisung.

§ 5. Einem Hilfsbedürftigen, dem Armenfürsorge gewährt wird, kann die Fortsetzung des Aufenthalts in einer Gemeinde versagt werden, wenn diese nicht im Bezirke des endgültig verpflichteten Fürsorgeverbandes liegt und die Übernahme durch den endgültig verpflichteten Fürsorgeverband verlangt werden kann (§ 14 der Verordnung über die Fürsorgepflicht vom 13. Februar 1924, RGBl. I S. 103). Die Versagung muß sich zugleich gegen die Personen richten, deren gleichzeitige Übergabe oder Übernahme nach der angeführten Verordnung verlangt werden muß.

Dies gilt auch für hilfsbedürftige Minderjährige, denen Fürsorge gewährt wird, sofern es sich nicht um uneheliche, vollverwaiste oder getrennt von beiden Elternteilen untergebrachte Minderjährige unter 16 Jahren handelt [§ 5 in der Fassung nach § 30 Reichs-Fürsorgepflicht-Verordnung vom 13. Febr. 1924, RGBl. I S. 103, in Kraft seit 1. April 1924, und nach § 30 der Notverordnung des Reichspräsidenten vom 5. Juni 1931, RGBl. I S. 279].“

Bei der Prüfung der Frage, ob einem Aufnahmegesuch Versagungsgründe aus den §§ 4 oder 5 FreizügG. entgegenstehen, ist zu untersuchen, ob der um Aufnahme Nachsuchende als Neuanziehender (vgl. dazu Ziegler a. a. O. S. 90) anzusehen ist oder nicht;

ersteren Falles können Versagungsgründe lediglich aus den Bestimmungen des § 4, letzteren Falles ausschließlich aus jenen des § 5 FreizügG. abgeleitet werden (VGH. Bd. 24 S. 329). Im übrigen ist die praktische Bedeutung des § 5 FreizügG. in seiner jetzigen Fassung nur gering.

Liegen die Voraussetzungen des § 3 FreizügG. vor, so ist es gleichgültig, ob der Nachsuchende Neuanziehender ist oder nicht. Zu § 3 FreizügG. vgl. auch das bayer. Aufenthaltsgesetz vom 21.August 1914 (GVBl. 1915 S. 589).

Die Aufnahme kann versagt werden, wenn nur Gründe vorliegen, welche die Abweisung oder die Versagung des Aufenthaltes rechtfertigen. Daß die Abweisung oder die Versagung des Aufenthaltes auch wirklich erfolgt, ist nicht notwendig. Das Vorliegen der Gründe wird als Zwischenpunkt in dem Verwaltungsrechtsstreit über den Anspruch auf Aufnahme festgestellt (s. Anm. 2).

Gegen die Verleihung der Staatsangehörigkeit steht dem Ortsfürsorgeausschuß der Niederlassungsgemeinde nur ein Äußerungs-, nicht aber ein Einspruchs- oder Beschwerderecht zu. Wird jedoch von der Niederlassungsgemeinde die Wegweisung des Bewerbers beantragt, so hat zunächst die Entscheidung hierüber im gesetzlichen Instanzenzug zu erfolgen (VGH. Bd. 4 S. 198).

7. Daß die Ehefrau selbständig einen Anspruch auf Aufnahme erheben kann, war dem früheren Rechte fremd. Die Voraussetzungen für den Anspruch schließen sich zunächst denen für die Niederlassungsfreiheit der Ehefrau an (s. § 2 Abs. II FreizügG.). Der Anspruch kann also geltend gemacht werden, wenn die Ehefrau sich gemäß § 2 FreizügG. selbständig und getrennt vom Manne niedergelassen hat; der Antrag kann aber auch gestellt werden, wenn die Niederlassung der Frau zusammen und gemeinsam mit dem Manne erfolgt, der Mann aber keinen Antrag auf Aufnahme gestellt hat. Die Stellung eines selbständigen Antrages der Frau neben dem gleichen Antrag des Mannes ist nicht möglich, weil die dem Manne erteilte Aufnahme beim Mangel eines Vorbehaltes kraft Gesetzes auch für die Frau wirkt (§ 16 Abs. II des Ges.).

Die Zustimmung des Ehemannes muß schriftlich erklärt sein. Die Unterschrift bedarf der amtlichen Beglaubigung, wenn die Erklärung nicht bei einer öffentlichen Behörde niedergeschrieben ist (VollzB. Z. 5).

8. Die Zustimmung des Ehemannes oder des gesetzlichen Vertreters ist wesentliche Voraussetzung für die Rechtsgültigkeit des Antrages. Ohne die Zustimmung oder deren Ersetzung liegt ein Antrag, der genehmigt werden könnte, überhaupt nicht vor. Einem solchen Antrage darf nicht stattgegeben werden. Vgl. dazu Anm. 5 zu § 16.

9. Die Bestimmungen des BGB. über die Ersetzung einer Zustimmungserklärung durch die Vormundschaftsbehörde beziehen sich nur auf das bürgerliche Recht, regeln aber nicht die hier in Betracht kommenden Fragen des öffentlichen Rechtes. Es war daher eine ausdrückliche Bestimmung darüber erforderlich, wenn hier die Ersetzung der Zustimmungserklärung durch die Vormundschaftsbehörde zulässig sein sollte.

Die Zustimmung kann ersetzt werden, sowohl dann, wenn der Mann sich weigert, die Zustimmung zu erteilen, als auch dann, wenn er wegen Krankheit, Abwesenheit u. dgl. eine Erklärung nicht abgeben kann.

10. Die Zuständigkeit und das Verfahren richtet sich nach den Vorschriften über die freiwillige Gerichtsbarkeit, die sachliche Würdigung nach den bürgerlich-rechtlichen Bestimmungen.

Zuständig ist das Vormundschaftsgericht, in dessen Bezirk der Ehemann seinen Wohnsitz oder in Ermangelung eines inländischen Wohnsitzes seinen Aufenthalt hat.

Ist der Mann Reichsdeutscher und hat er im Inland weder Wohnsitz noch Aufenthalt, so ist das Gericht zuständig, in dessen Bezirk er seinen letzten inländischen Wohnsitz hatte. In Ermangelung eines solchen Wohnsitzes wird das zuständige Gericht, falls der Ehemann einem Bundesstaat angehört, von der Landesjustizverwaltung, andernfalls vom Reichsjustizministerium bestimmt.

Hat der Mann die Reichsangehörigkeit verloren, so ist, wenn der Mann im Inland weder Wohnsitz noch Aufenthalt hat, das Gericht zuständig, in dessen Bezirk die Frau ihren Wohnsitz oder in Ermangelung eines inländischen Wohnsitzes ihren Aufenthalt hat (§§ 45 mit 36 FGG.).

Gegen die Entscheidung des Vormundschaftsgerichtes ist Beschwerde zum Landgerichte zulässig, die sowohl dem Ehemanne als der Ehefrau zusteht (§§ 19 und 20 FGG.). Der Beschluß des Beschwerdegerichtes kann durch weitere Beschwerde angefochten werden, die in Bayern an das Oberste Landesgericht geht und nur dann zulässig ist, wenn die Entscheidung auf einer Verletzung des Gesetzes beruht (§ 27 FGG. mit Art. 42 Abs. 3 bayer. AG.GVG.). Siehe dagegen Anm. 13 zu § 19.

Über die Form der Beschwerde siehe § 21 FGG.

Das Gesetz bestimmt nicht, unter welchen sachlichen Voraussetzungen das Gericht die mangelnde Zustimmung des Ehemannes zu ersetzen hat. Dem Gerichte ist die freie Würdigung des Sachverhaltes überlassen. Im Anschlusse an die in den §§ 113, 1308, 1358, 1379, 1402 und 1447 BGB. aufgestellten Voraussetzungen wird das Gericht die Zustimmung dann zu erteilen haben, wenn die Aufnahme im Interesse der Frau liegt, oder wenn die Zustimmung ohne einen wichtigen oder ohne einen ausreichenden Grund verweigert wird.

Ist die fehlende Zustimmung des Mannes zum Aufnahmeantrag einer Ehefrau durch das Vormundschaftsgericht ersetzt, so hat die Bezirksverwaltungsbehörde festzustellen, daß die Ersetzung rechtskräftig ist (VollzB. Nr. 8).

11. Unter elterlicher Gewalt ist zu verstehen das Recht und die

Pflicht, für Person und Vermögen des Kindes zu sorgen, insbesondere aber das Kind zu vertreten. Die elterliche Gewalt endigt mit der Minderjährigkeit (§§ 1626, 1627, 1630 BGB.). Die elterliche Gewalt steht zunächst dem Vater zu (§§ 1627, 1630 BGB.); der Mutter steht sie zu, wenn die Voraussetzungen des § 1684 BGB. vorliegen, wenn nämlich

a) der Vater gestorben oder für tot erklärt ist;

b) der Vater die elterliche Gewalt verwirkt hat und die Ehe aufgelöst ist.

Gemäß § 1680 BGB. verwirkt der Vater die elterliche Gewalt, wenn er wegen eines an dem Kinde verübten Verbrechens oder vorsätzlich verübten Vergehens zu Zuchthausstrafe oder zu einer Gefängnisstrafe von mindestens sechs Monaten verurteilt wurde.

Die Verwirkung der elterlichen Gewalt tritt mit der Rechtskraft des Urteils kraft Gesetzes ohne weiteren richterlichen Ausspruch ein.

Dem Vater und der Mutter steht die elterliche Gewalt nur bei ehelichen Kindern zu.

Bei ehelichen Doppelwaisen und bei unehelichen Kindern wird die elterliche Gewalt durch den Vormund ausgeübt (§§ 1707, 1773 und 1793 BGB.).

12. Unter Vormundschaft stehen die Minderjährigen unter den Voraussetzungen des § 1773 BGB. und die entmündigten volljährigen Personen (§ 1896 BGB.).

13. Gesetzlicher Vertreter ist also entweder der Vater oder die Mutter oder der Vormund (s. Anm. 10 und 11).

14. Der unter elterlicher Gewalt oder unter Vormundschaft Stehende kann sich entweder selbständig mit Genehmigung des gesetzlichen Vertreters in dem Bundesstaate aufhalten (§ 2 Abs. 1 FreizügG.), oder er kann sich mit dem gesetzlichen Vertreter niedergelassen haben. Er kann mit Genehmigung des gesetzlichen Vertreters eine selbständige Niederlassung dann begründen, wenn ihm die natürliche Handlungsfähigkeit eigen und er imstande ist, sich eine eigene Wohnung oder ein Unterkommen aus eigener Kraft zu verschaffen (BGH. Bd. 49 S. 129). Hat der Vater den Antrag für seine Person gestellt und ist er der gesetzliche Vertreter des Kindes, dann bedarf es keines besonderen Antrages für das Kind (§ 16 Abs. 2 des Ges.).

15. Da man bis zum 1. April 1924 mit Vollendung des sechzehnten Lebensjahres selbständig einen Unterstützungswohnsitz erwerben konnte (§ 10 UWG.), hat das RStAG. den selbständigen Antrag auf Aufnahme in den Staatsverband von diesem Lebensalter an zugelassen. Die Zulässigkeit des selbständigen Antrages gründet sich auf die, wenn auch beschränkte Geschäftsfähigkeit des sechzehn Jahre alten Kindes. Man muß daher folgern, daß volljährige Personen, die wegen Geisteskrankheit unter Vormundschaft stehen, also vollständig geschäftsunfähig sind, einen selbständigen Antrag nicht stellen können, daß vielmehr für diese immer der gesetzliche Vertreter handeln muß, während Personen, die wegen Geistesschwäche, wegen Verschwendung oder Trunksucht entmündigt und welche nur beschränkt geschäftsfähig sind, den Antrag selbständig stellen können (vgl. Reger Bd. 34 S. 167).

Sollen Minderjährige unter elterlicher Gewalt ohne ihre gesetzlichen Vertreter oder sollen Personen unter Vormundschaft aufgenommen werden, so müssen sie das Aufnahmegesuch selbst stellen, wenn sie das sechzehnte Lebensjahr vollendet haben (VollzB. Nr. 5).

16. Dieser Zustimmung bedarf insbesondere auch eine unter elterlicher Gewalt oder unter Vormundschaft stehende Ehefrau neben der Zustimmung des Ehemannes.

Der Vormund hat durch Vorlage der Bestallung nachzuweisen, daß ihm die gesetzliche Vertretung zusteht. Die Zustimmung des gesetzlichen Vertreters, dem die elterliche Gewalt nicht zusteht, muß schriftlich erklärt sein. Die Unterschrift bedarf der amtlichen Beglaubigung, wenn die Erklärung nicht bei einer öffentlichen Behörde niedergeschrieben ist (VollzB. Nr. 5).

Die erforderliche Zustimmung des gesetzlichen Vertreters kann nicht wie die Zustimmung des Ehemannes durch die Vormundschaftsbehörde ersetzt werden.

§ 8.[1]

I Ein Ausländer,[2] der sich im Inland[3] niedergelassen[4] hat,[5] kann[6] von dem Bundesstaat, in dessen Gebiet die Niederlassung erfolgt ist, auf seinen Antrag[7] eingebürgert werden, wenn er

1. nach den Gesetzen seiner bisherigen Heimat[8] unbeschränkt geschäftsfähig ist oder nach den deutschen Gesetzen[9, 10] unbeschränkt geschäftsfähig[11] sein würde oder der Antrag in entsprechender Anwendung[12] des § 7 Abs. 2 Satz 2 von seinem gesetzlichen Vertreter[13] oder mit dessen Zustimmung gestellt wird,
2. einen unbescholtenen Lebenswandel[14] geführt hat,
3. an dem Orte seiner Niederlassung eine eigene Wohnung oder ein Unterkommen[15] gefunden hat und
4. an diesem Orte sich und seine Angehörigen zu ernähren[16] imstande ist.

II Vor der Einbürgerung ist über die Erfordernisse unter Nr. 2 bis 4 die Gemeinde des Niederlassungsorts und, sofern diese keinen selbständigen Armenverband bildet, auch der Armenverband zu hören.[17]

1. Die Bestimmung entspricht im wesentlichen dem § 8 des früher geltenden Gesetzes.

Die Einbürgerungsgesuche sind in Bayern bei der Bezirksverwaltungsbehörde des Niederlassungsortes, in kreisunmittelbaren Städten, auch in München, in Nürnberg und in Fürth, beim Stadtrat schriftlich einzureichen oder niederzuschreiben. Sie müssen alle Angaben enthalten, die zur Ausfüllung des Verzeichnisses Anlage 8 zur VollzB. benötigt sind, dann die Erklärung, ob die gleichzeitige Einbürgerung der Ehefrau und der unter elterlicher Gewalt stehenden Kinder beantragt wird. Antragsteller unter elterlicher Gewalt oder Vormundschaft, die das 16. Lebensjahr vollendet haben, müssen das Einbürgerungsgesuch selbst unterzeichnen. Der gesetzliche Vertreter, dem die elterliche Gewalt nicht zusteht, hat die Vertretungsbefugnis nachzuweisen. Seine Zustimmung muß schriftlich abgegeben sein. Die Unterschrift bedarf der amtlichen Beglaubigung, wenn die Zustimmung nicht bei einer öffentlichen Behörde niedergeschrieben ist (VollzB. Z. 11).

Die Angaben über die persönlichen Verhältnisse (Name, Geburtstag und -ort, Staatsangehörigkeit, Wehrdienstverhältnis, Abstammung usw.) sollen durch Urkunden belegt werden (VollzB. Z. 12).

Die Bezirksverwaltungsbehörde prüft zunächst, ob der Gesuchsteller unbeschränkt geschäftsfähig ist, ob der Antrag vom gesetzlichen Vertreter oder mit seiner Zustimmung gestellt ist. Dann unterrichtet sie sich über den bisherigen Lebenswandel, die Wohnungsverhältnisse und die wirtschaftliche Lage des Antragstellers und seiner Angehörigen. Der Gesuchsteller ist verpflichtet, auf Verlangen die erforderlichen Auskünfte zu geben und die nötigen Unterlagen zu beschaffen (VollzB. Z. 13).

Die Bezirksverwaltungsbehörde gibt gemäß VollzB. Z. 14 dem Gemeinderat (Stadtrat) und dem Fürsorgeverband (dazu unten Anm. 17) Gelegenheit zur Äußerung und hört gemäß VollzB. Z. 15 die Behörden früherer Niederlassungs- oder Aufenthaltsorte über das Einbürgerungsgesuch (dazu unten Anm. 1 zu § 9). Sodann legt sie die Verhandlungen mit gutachtlicher Äußerung der Regierung, K. d. J., vor (VollzB. Z. 15 Abs. 3).

Die Einbürgerung von Ausländern und Staatlosen steht der Regierung, Kammer des Innern, zu, in deren Bezirke sie sich niedergelassen haben (VollzB. Z. 16). Die Regierung führt das in Z. 16 bis 19 der VollzB. geregelte Verfahren durch.

2. Ausländer ist sowohl jeder Angehörige eines außerdeutschen Staates als auch eine staatlose Person. Vgl. dazu § 3 des Gesetzes gegen die Kapitalflucht vom 8. Sept. 1919 (RGBl. S. 1540).

3. Inland im Sinne dieses Paragraphen ist das Gebiet des Deutschen Reiches (das Gebiet der deutschen Bundesstaaten). Die Einbürgerung auf Grund der Niederlassung in den Schutzgebieten war in § 33 geregelt. Auf Grund des § 35 hatten allerdings auch im Falle des § 33 die sachlichen Voraussetzungen des § 8 Abs. 1 Geltung.

4. Über den Begriff „Niederlassung" s. Anm. 4 zu § 7.

5. Im Gegensatze zu dem früher geltenden Gesetze, welches nur die Absicht der Niederlassung verlangte, muß jetzt die Niederlassung vollzogen sein, ehe die Einbürgerung erfolgen kann.

Wiedereinbürgerung ohne Niederlassung: siehe § 13 RStAG. und Min.-Bek. vom 9. April 1923, StAnz. Nr. 83 (unten S. 141).

6. Während § 7 die Voraussetzungen feststellt, bei deren Vorhandensein einem Deutschen die Aufnahme erteilt werden **muß**, enthält dieser Paragraph die Bedingungen, denen jeder Ausländer genügen muß, ehe ihm die Einbürgerung erteilt werden **kann**. Dieser Paragraph verpflichtet die Bundesstaaten, die Einbürgerung nicht zu gewähren, wenn die gesetzlichen Voraussetzungen nicht gegeben sind. Wenn dieser Paragraph das Mindestmaß an Voraussetzungen feststellt, ohne deren Vorhandensein die Einbürgerung nicht erfolgen darf, so steht nichts im Wege, daß der einzelne Bundesstaat im Wege der Dienstanweisung an seine zum Vollzuge des Gesetzes berufenen Behörden für die Einbürgerung noch weitere Erfordernisse aufstellt. (Siehe auch Anm. 5 zu § 9.)

Der Ausländer hat, abgesehen von den Fällen der §§ 10, 11, 15, 26 Abs. 3, 30, 31 und 32 Abs. 3, keinen Rechtsanspruch auf Einbürgerung; es steht ihm daher zur Verfolgung seines Antrags kein Verwaltungsrechtsverfahren, sondern nur die Dienstaufsichtsbeschwerde offen, die in Bayern an das Staatsministerium des Innern geht.

7. Das Gesetz verlangt nicht, daß der Antragsteller aus seiner bisherigen Staatsangehörigkeit entlassen worden sei. Dies ist aber zur Vermeidung unerwünschter Doppelstaatsangehörigkeiten und damit unklarer Staatsangehörigkeitsverhältnisse unter allen Umständen zweckmäßig. Wenn auch nicht das Gesetz, so trägt doch die deutsche Verwaltungsübung diesem Erfordernis schon seit langem Rechnung, wenigstens im Grundsatz; zum Teil haben auch Staatsverträge zwischen dem Deutschen Reiche und anderen Staaten dieses Erfordernis aufgestellt, so frühere Verträge mit Persien, der Türkei, Marokko, Österreich-Ungarn, derzeit der Staatsangehörigkeitsvertrag zwischen dem Deutschen Reiche und der Tschechoslowakei vom 29. Juni 1920, s. unten S. 229.

Ziff. 19 der bayer. VollzB. schreibt vor, daß die Einbürgerung **regelmäßig** von dem Nachweis der Entlassung aus dem bisherigen Staatsverbande abhängig zu machen ist. Dieses Nachweises bedürfen nicht die Angehörigen der Staaten, nach deren Gesetzen die Staatsangehörigkeit durch die Einbürgerung in Bayern verloren wird (zur Zeit Belgien, Brasilien, Chile, Dänemark, Danzig, Finnland, Italien, Luxemburg, Niederlande, Norwegen, Rumänien, Schweden, Vereinigte Staaten von Amerika). Ebenso sind jugoslawische Staatsangehörige von der Beibringung dieses Nachweises allgemein befreit. Türkische Staatsangehörige haben, an Stelle des Nachweises der Entlassung aus dem türkischen Staatsverbande, den Nachweis darüber zu erbringen, daß die Türkische Regierung den Erwerb einer deutschen Staatsangehörigkeit genehmigt hat.

Im übrigen behält sich das Staatsministerium des Innern vor, vom Nachweise der Entlassung aus der bisherigen Staatsangehörigkeit oder dem für türkische Staatsangehörige vorgeschriebenen Nachweise zu befreien.

Hat ein Gesuchsteller noch die Entlassung aus seiner bisherigen Staatsangehörigkeit nachzuweisen, so ist ihm die Einbürgerung nur unter der Bedingung zuzusichern, daß der Nachweis in angemessener Frist erbracht wird und daß in der Zwischenzeit keine Umstände eintreten, die zu einer anderen Beurteilung des Einbürgerungsantrages Anlaß geben (VollzB. Z. 19 Abs. 2).

8. Als Gesetze der bisherigen Heimat sind die desjenigen Staates zu erachten, dem der Antragsteller angehörte (siehe auch Art. 7 Abs. 1 EG. BGB.).

9. Das deutsche Gesetz kommt in Betracht

a) bei staatenlosen Personen unbedingt,

b) bei den Angehörigen auswärtiger Staaten dann, wenn es für den Gesuchsteller günstiger ist.

10. Erwirbt ein Ausländer, der volljährig ist oder die rechtliche Stellung eines Volljährigen hat, die Reichsangehörigkeit, so behält er die rechtliche Stellung eines Volljährigen, auch wenn er nach den deutschen Gesetzen nicht volljährig ist (Art. 7 Abs. 2 EG. BGB.).

Abweichend von dem deutschen Rechte tritt die Volljährigkeit ein

in *Persien* mit dem vollendeten 15. Lebensjahre, in der *Türkei* mit dem vollendeten 16. Lebensjahre für Mohammedaner und mit dem 21. Lebensjahre für Nichtmohammedaner, in *Sowjetrußland* mit dem vollendeten 18. Jahre, in der *Schweiz*, in *Estland*, in *China* und in *Japan* mit dem vollendeten 20. Lebensjahre, in *Argentinien* mit dem vollendeten 22. Lebensjahre, in *Spanien* mit dem 23. Lebensjahre, in *Ungarn* mit dem vollendeten 24. Lebensjahre, in *Bolivien*, *Chile* und *San Salvador* mit dem vollendeten 25. Lebensjahre.

In den übrigen europäischen und außereuropäischen Staaten tritt die Volljährigkeit wie in Deutschland mit dem vollendeten 21. Lebensjahre ein.

11. Es ist Sache des Gesuchstellers, seine unbeschränkte Geschäftsfähigkeit nachzuweisen. Doch wird es im freien Ermessen der Behörde stehen, unter welchen Voraussetzungen sie den Nachweis für erbracht hält. Dabei wird auch der Zweck der Bestimmung zu beachten sein, die verhüten will, daß geschäftsunfähige Personen die deutsche Staatsangehörigkeit erwerben, ohne daß dieser Erwerb mangels der vorhandenen Geschäftsfähigkeit von dem bisherigen Heimatstaat anerkannt wird.

Der Nachweis der unbeschränkten Geschäftsfähigkeit wird erbracht durch die Feststellung,

a) daß der Gesuchsteller nach dem Rechte seines Heimatstaates volljährig ist, oder daß er nach deutschem Rechte volljährig wäre, also das 21. Lebensjahr vollendet hat,

b) daß für den Gesuchsteller weder nach dem Rechte seines Heimatstaates noch nach deutschem Rechte eine Vormundschaft bestellt ist.

Die Geschäftsfähigkeit nach deutschem Rechte bemißt sich nach den §§ 104 ff. BGB.

Nach § 104 BGB. ist geschäftsunfähig

a) wer nicht das siebente Lebensjahr vollendet hat,

b) wer sich in einem die freie Willensbestimmung ausschließenden Zustande krankhafter Störung der Geistestätigkeit befindet, sofern nicht der Zustand seiner Natur nach ein vorübergehender ist,

c) wer wegen Geisteskrankheit entmündigt ist.

Beschränkt geschäftsfähig ist

a) nach § 106 BGB. ein Minderjähriger, der das siebente Lebensjahr vollendet hat,

b) nach § 114 BGB., wer wegen Geistesschwäche, wegen Verschwendung oder wegen Trunksucht entmündigt, oder wer nach § 1906 BGB. unter vorläufige Vormundschaft gestellt ist.

12. Eine Ehefrau kann selbständig einen Antrag auf Einbürgerung stellen, ohne daß es der Zustimmung des Ehemannes bedarf. (Vgl. Cahn, RStG. IV. Aufl. Anm. 9 zu § 8, dagegen Welser, RStG. Anm. 10 zu § 8.)

13. Wer gesetzlicher Vertreter ist, regelt sich nach dem Recht des Staates, dem der Gesuchsteller angehört. Bei staatlosen Personen wird das deutsche Recht anzuwenden sein.

Im übrigen siehe die Anm. 10 ff. zu § 7.

14. Es ist Sache des freien Ermessens der einzelnen Bundesstaaten und beim Mangel von Vorschriften der Zentralbehörde Sache des freien Ermessens der mit dem Vollzug des Gesetzes betrauten Behörden, welche Nachweise sie für den unbescholtenen Lebenswandel verlangen und unter welchen Voraussetzungen sie den Lebenswandel als unbescholten erachten wollen. Zunächst werden die Strafliſten zu erholen sein. Da aber der Lebenswandel nur festgestellt werden kann, wenn sich der Gesuchsteller einige Zeit im Inland, wenn auch in einem anderen Bundesstaate aufgehalten hat, wird man in der Regel die Einbürgerung erst nach einer längeren Niederlassungsdauer erteilen. In fast allen Staaten ist eine mehr oder minder lange Niederlassungsdauer vorgeschrieben, vor deren Ablauf die Einbürgerung nicht erfolgen darf. (Siehe auch Anm. 5 zu § 9.)

15. Der Begriff „Wohnung oder Unterkommen" entspricht dem § 1 Abs. I Ziff. 1 des Freizügigkeitsgesetzes. Die Wohnung oder das Unterkommen muß auch für diejenigen Familienmitglieder ausreichen, denen gegenüber der Gesuchsteller die gesetzliche Unterhaltspflicht hat.

16. Der Gesuchsteller muß imstande sein, an dem Orte, den er zu seiner Niederlassung gewählt hat, sich und die Seinen zu ernähren. Als Angehörige kommen diejenigen Personen in Betracht, denen gegenüber er die gesetzliche Unterhaltspflicht hat und die mit ihm kraft Gesetzes eingebürgert werden. Der Begriff „ernähren" ist im weitesten Sinne zu fassen; er umfaßt all die Bedürfnisse, für welche bei mangelnden Mitteln allenfalls die Armenpflege einzutreten hat. Der Gesuchsteller muß daher nicht nur jetzt, sondern voraussichtlich dauernd imstande sein, für sich und seine Angehörigen nicht nur die Nahrung im engeren Sinne, sondern auch Wohnung, Kleidung, Krankenpflege u. dgl. durch redlichen Erwerb zu beschaffen. Das wirtschaftliche Auskommen des Gesuchstellers muß gesichert sein. Es werden zweckmäßig jeweils die Vermögens-, Einkommens- und Besteuerungsverhältnisse erhoben. Siehe ferner Anm. 5 zum folgenden Paragraphen.

17. Der frühere „Armenverband" heißt seit dem 1. April 1924 „Fürsorgeverband", in mittelbaren Gemeinden „Ortsfürsorgeverband", in kreisunmittelbaren Städten „Bezirksfürsorgeverband". Da in Bayern jede Gemeinde einen Fürsorgeverband bildet (Art. 3 der VO. vom 27. März 1924, GVBl. S. 126), wäre die Einvernahme des Fürsorgeverbandes reichsgesetzlich nur dann nötig, wenn mehrere Gemeinden zu einem Fürsorgeverband vereinigt sind. In Bayern ist jedoch die Einvernahme des Ortsfürsorgeausschusses bzw. des städt. Wohlfahrtsausschusses durch die Vollzugsbekanntmachung vorgeschrieben (VollzB. Z. 14).

Die Gemeinde oder der Fürsorgeausschuß haben nur ein Erinnerungsrecht, nicht aber ein Recht der Antragstellung oder Beschwerde.

Die Erklärung ist in Bayern durch Beschluß des Gemeinderates oder Stadtrates und des Fürsorgeausschusses abzugeben. Die Tatsachen, die der Beschlußfassung zugrunde liegen, müssen aus den Erhebungen, aus gemeindeamtlichen Bestätigungen oder aus den Beschlüssen selbst ersichtlich sein (VollzB. Z. 14). Bei Erwerb der unmittelbaren Reichsangehörigkeit findet Abs. II des § 8 keine Anwendung (s. § 35).

§ 9.[1]

I Die Einbürgerung[2] in einen Bundesstaat[3] darf erst erfolgen, nachdem durch den Reichskanzler festgestellt worden ist, daß keiner der übrigen Bundesstaaten Bedenken dagegen erhoben hat; erhebt ein Bundesstaat Bedenken, so entscheidet[4] der Bundesrat. Die Bedenken können nur[5] auf Tatsachen gestützt werden, welche die Besorgnis rechtfertigen, daß die Einbürgerung des Antragstellers das Wohl des Reiches oder eines Bundesstaates gefährden würde.

II Die Vorschriften des Abs. 1 finden keine Anwendung[6]

1. auf ehemalige Angehörige[7] des Bundesstaates, bei dem der Antrag gestellt wird, auf deren Kinder oder Enkel[8] sowie auf Personen, die von einem Angehörigen des Staates an Kindes Statt angenommen[9] sind, es sei denn,[10] daß der Antragsteller einem ausländischen Staate angehört;
2. auf Ausländer,[11] die im Deutschen Reich[12] geboren sind, wenn sie sich in dem Bundesstaate, bei dem der Antrag gestellt wird, bis zur Vollendung des 21. Lebensjahres dauernd[13] aufgehalten haben und die Einbürgerung innerhalb zweier Jahre[14] nach diesem Zeitpunkt beantragen.

1. Dieser Paragraph baut den Bundesratsbeschluß vom 22. Januar 1891 weiter aus. Auf Grund dieses Beschlusses sollten die Bundesregierungen „auf Naturalisationsgesuche früherer Reichsangehöriger oder solcher Reichsausländer, welche sich in einem anderen Bundesstaate aufgehalten haben oder noch aufhalten, nicht eher Entscheidung treffen, als bis den Behörden derjenigen Bundesstaaten Gelegenheit zur Äußerung gegeben war, die entweder als Heimatstaat des Antragstellers oder, weil dieser sich auf ihrem Gebiete aufgehalten hat oder noch aufhält, im Hinblick auf § 1 Nr. 1 FreizügG. oder § 7 des Bundes- und StaatsangehörigkeitsG. vom 1. Juni 1870 ein Interesse zur Sache haben". Durch dieses Verfahren sollte den mitbeteiligten Bundesstaaten die Möglichkeit gegeben werden, sich gegen unliebsamen Zuzug insoweit zu schützen, als die von ihren Behörden im gegebenen Falle geltend gemachten Einwendungen nach bundesfreundlichem Ermessen der zur Verbescheidung des Naturalisationsgesuches zuständigen Behörde als zutreffend anerkannt wurden.

Diesem Gedanken entspricht die in Bayern stets geübte Verwaltungspraxis, wonach die Behörden früherer Niederlassungs- oder Aufenthaltsorte des Gesuchstellers, innerhalb oder außerhalb Bayerns, über das Einbürgerungsgesuch zu hören sind. Zu diesem Zweck hat sich die Bezirksverwaltungsbehörde an die Behörden zu wenden, die nach Anlage 9 der VollzB. zur Ausstellung der Einbürgerungsurkunden zuständig sind (VollzB. Z. 15).

Der Gedanke wurde in sachlich erweiterter Form in das Gesetz übernommen und zugleich die Möglichkeit vorgesehen, daß etwaige Meinungsverschiedenheiten durch den Bundesrat ausgeglichen werden.

Die Vorschrift wird in der Weise ausgeführt, daß den einzelnen Bundesregierungen die erforderlichen Mitteilungen über die aufzunehmenden Personen innerhalb bestimmter Zeiträume und unter Verwendung von Listen gemacht werden; das Muster für diese Listen wurde vom Bundesrat bestimmt (s. Anlage 8 zur VollzB.). Das Verzeichnis für den Antrag ist in Bayern dem Staatsministerium des Innern in 20 Ausfertigungen vorzulegen (VollzB. Z. 18), das ihn an das Reichsministerium des Innern weiterbefördert.

Hierzu hat der Bundesrat in seiner Sitzung vom 27. November 1913 folgende Ausführungsvorschriften beschlossen:

a) Jeder Bundesstaat sendet zum ersten jeden Monats an den Reichskanzler (Reichsamt des Innern)*) unter Verwendung des festgesetzten Musters in 28**) Stücken ein Verzeichnis derjenigen Personen, deren Einbürgerung von ihm beabsichtigt wird und auf die die Vorschrift des § 9 Abs. 1 anzuwenden ist.

b) Die Verzeichnisse werden vom Reichskanzler zusammengestellt und den Bundesstaaten umgehend zugesandt. Die Zusammenstellung erfolgt derart, daß jeder Bundesstaat die von den übrigen Bundesstaaten eingesandten Verzeichnisse erhält.

c) Die Bundesstaaten prüfen die Verzeichnisse und bezeichnen bis zum 15. des nächstfolgenden Monats dem Reichskanzler (Reichsamt des Innern) die Personen, gegen deren Einbürgerung Bedenken bestehen. Sofern keine Mitteilung innerhalb dieser Frist eingegangen ist, wird angenommen, daß Bedenken nicht erhoben werden.

d) Von dem Ergebnis der Umfrage macht der Reichskanzler jedem Bundesstaate hinsichtlich der von ihm übermittelten Einbürgerungsanträge alsbald Mitteilung.

e) Über Einbürgerungsanträge, gegen die Bedenken erhoben sind, werden die beteiligten Bundesstaaten unmittelbar miteinander ins Benehmen treten. Erkennt der Bundesstaat, bei dem der Einbürgerungsantrag gestellt ist, die Bedenken als begründet an, oder nimmt der Bundesstaat, der die Bedenken erhoben hat, diese zurück, so hat der Bundesstaat dem Reichskanzler (Reichsamt des Innern) eine entsprechende Erklärung abzugeben, die der Reichskanzler dem anderen Bundesstaate mitteilt. Vor Eingang der Mitteilung, daß die Bedenken zurückgenommen sind, darf die Einbürgerung nicht erfolgen. Kommt eine Einigung unter den beteiligten Bundesstaaten nicht zustande, so führt der Reichskanzler die Entscheidung des Bundesrates***) herbei (ZBl. für das Deutsche Reich 1913 S. 1212).

---

*) Jetzt: an das Reichsministerium des Innern.

**) Jetzt: 18.

***) Jetzt: des Reichsrates (Ausschuß für innere Verwaltung), Art. 60 ff. RV. vom 11. Aug. 1919.

Dem Reichsministerium des Innern selbst steht ein Recht, Bedenken zu erheben, nicht zu; es vermittelt nur die Einvernahme der Bundesstaaten und führt allenfalls die Entscheidung des Reichsrates herbei (s. dagegen Anm. 10 zu § 13).

2. Gelangt die zuständige Behörde des Bundesstaates schon selbst zu dem Entschlusse, das Gesuch um Einbürgerung abzuweisen, so entfällt das in diesem Paragraphen vorgeschriebene Verfahren.

Das Verfahren nach § 9 greift nur dann Platz, wenn kein Rechtsanspruch auf Einbürgerung besteht, also nicht in den Fällen der §§ 10, 11, 15, 26 Abs. 3, 30, 31 und 32 Abs. 3. Dies ergibt sich daraus, daß im Falle des § 12 der § 9 Abs. 1 ausdrücklich für anwendbar erklärt wurde, aber auch daraus, daß bei einem im Instanzenzug verfolgbaren Rechtsanspruch für ein Verfahren nach § 9 Abs. 1 überhaupt kein Raum bleibt.

3. Bei Verleihung der unmittelbaren Reichsangehörigkeit ist die Bestimmung entsprechend anzuwenden (s. § 35).

4. An dem Verfahren ist der Gesuchsteller in keiner Weise beteiligt. Der Reichsrat (früher Bundesrat) trifft gegebenenfalls eine Entscheidung zwischen den verschiedenen Auffassungen der einzelnen Bundesstaaten. Der Gesuchsteller selbst wird je nach der Entscheidung des Reichsrates nur von der zur Einbürgerung zuständigen Behörde des Staates verbeschieden, in dem er die Einbürgerung erbeten hat. Die Entscheidung des Reichsrates erfolgt mit der Mehrheit der in ihm vertretenen Stimmen.

Die Entscheidung des Reichsrates ist nur dann notwendig, wenn der Bundesstaat, bei dem die Einbürgerung beantragt ist, nicht selbst das erhobene Bedenken zum Anlaß nimmt, die Einbürgerung zu versagen.

Die Entscheidung, wodurch ein Bedenken für begründet erklärt wird, verpflichtet den einzelnen Bundesstaat gegenüber dem Reich; hat aber ein Bundesstaat eine Einbürgerung trotz der Entscheidung, daß dagegen Bedenken bestehen, vorgenommen, so ist die Einbürgerung rechtswirksam. Trotz der Entscheidung, daß ein erhobenes Bedenken nicht begründet sei, kann der angegangene Bundesstaat das Einbürgerungsgesuch ablehnen.

5. Der Bundesstaat muß die Tatsachen anführen, die die Besorgnis rechtfertigen, daß die Einbürgerung das Wohl des Reiches oder eines Bundesstaates gefährden würde. Es wird sich vor allem darum handeln, die Einbürgerung von Leuten zu verhindern, die in politischer, wirtschaftlicher, sittlicher und gesundheitlicher Beziehung einen unerwünschten Zuwachs, eine Gefährdung der staatlichen und völkischen Interessen bedeuten würden. Angesichts der gegenwärtigen Überflutung Deutschlands durch Ausländer fremden Stammes, besonders aus dem Osten, wird die hier gegebene Einspruchsmöglichkeit mit besonderer Entschiedenheit anzuwenden sein. Die Einbürgerung wird nur dann vertreten werden können, wenn der Einzubürgernde in staatsbürgerlicher, kultureller und wirtschaftlicher Beziehung ein wertvoller Bevölkerungszuwachs ist, wenn er sich und seine Familie durch redlichen Erwerb ohne Inanspruchnahme öffentlicher Mittel unterhalten kann und wenn er sich während des letzten Krieges nicht feindlich gegenüber Deutschland und dem deutschen Heere verhalten hat. Diese Voraussetzungen werden auf fremdstämmige Angehörige der im Osten des Deutschen Reiches liegenden Staaten nur in sehr begrenztem Umfang zutreffen; Einbürgerungsgesuche solcher fremdstämmiger Ausländer sind daher mit besonderer Sorgfalt zu prüfen. Regelmäßig wird auch ein langjähriger Aufenthalt in Deutschland und die Beherrschung der deutschen Sprache als Voraussetzung für die Einbürgerung zu fordern sein.

Dagegen wird bei der Wiedereinbürgerung derjenigen Deutschen, die ihre deutsche Staatsangehörigkeit infolge des Diktats von Versailles verloren haben, regelmäßig mit besonderem Entgegenkommen und besonderer Beschleunigung verfahren werden können (vgl. z. B. die Min.-Bek. vom 1. Mai 1920, StAnz. Nr. 104, unten S. 139; ferner die Min.-Bek. vom 9. April 1923, StAnz. Nr. 83, unten S. 141).

Es braucht sich nicht um die Gefährdung desjenigen Bundesstaates zu handeln, der das Bedenken erhebt. Jeder Bundesstaat kann sich auch auf die Gefährdung der anderen Bundesstaaten oder des Reiches berufen. In der Würdigung der Frage, ob die behaupteten Tatsachen überhaupt vorliegen und ob sie die vom Gesetze verlangte Besorgnis rechtfertigen, ist der Reichsrat vollständig frei. Es kann daher ein Bundesstaat seine Bedenken auch damit begründen, daß die in Abs. I Ziff. 1 mit 4 des § 8 verlangten Voraussetzungen für die Einbürgerung nicht vorliegen, wenn er behauptet, daß dieser Mangel die Besorgnis der Gefährdung des Wohles des Reichs oder eines Bundesstaates rechtfertige.

6. In den Fällen des Abs. II verbescheidet die Behörde des Bundesstaates, in dem die Einbürgerung beantragt ist, das Gesuch selbständig. Es besteht allerdings in Bayern auch hier die Dienstesvorschrift, daß die das Einbürgerungsgesuch behandelnde Bezirksverwaltungsbehörde im Falle der Ziff. 1 bei der zuständigen Behörde eines beteiligten anderen Bundesstaates wegen der Einbürgerung anfragt (VollzB. Z. 15). Im Falle der Ziff. 2 fehlt es nach dem angenommenen gesetzlichen Tatbestand an der Grundlage für eine solche Anfrage.

7. Ehemaliger Angehöriger eines Bundesstaates ist jeder, der dessen Staatsangehörigkeit überhaupt einmal besessen hat. Es ist gleichgültig, seit wann und aus welchem Grunde diese Staatsangehörigkeit verloren wurde und welche anderen Staatsangehörigkeiten der Gesuchsteller inzwischen besessen hat.

8. Auch uneheliche Abstammung von einer Reichsdeutschen ge-

nügt, eheliche Abstammung von einer vormals reichsdeutschen Frau jedoch nicht.

9. Da derjenige, der in diesem Falle an Kindes Statt angenommen hat, ein Reichsdeutscher ist, muß die Annahme nach deutschem Rechte erfolgt sein, wenn sie wirksam sein soll (Art. 22 Abs. 1 EG. BGB.). Die Annahme an Kindes Statt nach deutschem Recht bemißt sich nach den §§ 1741 ff. BGB.

10. Der Nebensatz bezieht sich auf alle in diesem Absatz angeführten Personenklassen. Die Ausnahme des Abs. 2 Ziff. 1 tritt daher für alle Personenklassen nur ein, wenn sie zur Zeit des Gesuches staatlos sind. Dieser staatsrechtliche Zustand kann auch dadurch herbeigeführt werden, daß der Antragsteller vorher die Entlassung aus seiner bisherigen ausländischen Staatsangehörigkeit erwirkt.

11. Abs. II Ziff. 2 bringt in das RStAG. eine, wenn auch schwache, Spur des Rechtes des Geburtslands (jus soli); vgl. Anm. 7 zu § 4, oben S. 26. Ob der Gesuchsteller während seines Aufenthaltes die ausländische Staatsangehörigkeit gewechselt hat, ob er insbesondere aus dem Angehörigen eines ausländischen Staates ein Staatloser geworden ist, tut nichts zur Sache.

12. Aus dem Erfordernis, daß der Aufenthalt bis zum 21. Lebensjahr dauernd bestanden haben muß, ergibt sich der Schluß, daß der Bundesstaat, bei dem der Antrag gestellt wird, zugleich der Geburtsstaat des Gesuchstellers sein muß.

13. Entfernungen aus dem Bundesstaat, die nicht in der Absicht erfolgt sind, den Aufenthalt aufzugeben, sind nicht schädlich. Es ist nicht ununterbrochener Aufenthalt im Sinne des Art. 6 und 7 bayer. HeimatG. verlangt.

14. Die Einbürgerung muß also in der Zeit von der Vollendung des 21. bis zur Vollendung des 23. Lebensjahres beantragt werden. Ein früher oder später gestellter Antrag erfährt die Begünstigung nicht. Nach Vollendung des 21. Lebensjahres darf der Aufenthalt unterbrochen worden sein, er kann in einen anderen Bundesstaat und auch ins Ausland verlegt worden sein; nur muß sich der Gesuchsteller zur Zeit der Antragstellung wieder in dem Bundesstaat niedergelassen haben, in dem er geboren ist.

Die Gebühr für die Einbürgerung gemäß §§ 8, 9 RStG. ist 50—1000 *RM*, s. unten Anm. 3 zu § 38.

§ 10.[1]

Die Witwe[2] oder geschiedene[3] Ehefrau eines Ausländers,[4] die zur Zeit ihrer Eheschließung eine Deutsche[5] war, muß[6] auf ihren Antrag von dem Bundesstaat,[7] in dessen Gebiete sie sich niedergelassen[8] hat, eingebürgert[9] werden, wenn sie den Erfordernissen[10] des § 8 Abs. I Nr. 1, 2 entspricht. Über das Erfordernis unter Nr. 2 ist vor der Einbürgerung die Gemeinde[11] des Niederlassungsorts zu hören.

1. Eine Bestimmung dieses Inhalts war dem früher geltenden Rechte fremd. Die meisten ausländischen Staaten gewähren ihren ehemaligen, mit einem Ausländer verheirateten weiblichen Angehörigen die Möglichkeit, nach Auflösung der Ehe unter erleichterten Formen und Bedingungen ihre ursprüngliche Staatsangehörigkeit wieder zu erwerben. Das Gesetz schließt sich der Auffassung an, daß es billig sei, Witwen und geschiedenen Frauen, die die deutsche Staatsangehörigkeit durch Verheiratung mit einem Ausländer verloren haben, den Wiedererwerb der Staatsangehörigkeit ohne Rücksicht auf die armenrechtlichen Erfordernisse des § 8 des Gesetzes zu ermöglichen.

2. Als Witwe ist auch die Frau eines für tot erklärten Ausländers anzusehen; die Todeserklärung muß nach dem Rechte des Staates wirksam sein, dem der für tot Erklärte angehört hat. Doch besteht auch die Möglichkeit, einen Ausländer in Deutschland nach Maßgabe des Art. 9 Abs. 2 und 3 EG. BGB. für tot zu erklären.

Die sachlichen Voraussetzungen für die Todeserklärung sind in den §§ 13 bis 18 BGB. geregelt; das Verfahren und das Recht der Antragstellung bestimmen die §§ 960 ff. ZPO.

3. Die Scheidung muß, gleich der „Scheidung" des deutschen BGB., das Band der Ehe völlig lösen und die Eingehung einer neuen Ehe gestatten; Trennung nur von Tisch und Bett ersetzt die Scheidung nicht (s. BGH. Bd. 37 S. 37 und Reger Bd .36 S. 104). Eine für nichtig erklärte Ehe ist für die Staatsangehörigkeit der Frau ohne Wirkung, so daß hier ein Wiedererwerb der Staatsangehörigkeit überhaupt nicht in Frage kommt (s. Anm. 2 zu § 6).

Maßgebend für die Scheidung sind nach Art. 17 EG. BGB. die Gesetze des Staates, dem der Ehemann zur Zeit der Erhebung der Klage angehört. Ferner ist das Haager Übereinkommen vom 12. Juni 1902 (RGBl. 1904 S. 231 ff.) zu beachten (gültig zwischen Deutschland, Luxemburg, den Niederlanden, Schweden, Italien, Danzig und Polen, aber nicht mehr der Schweiz, RGBl. 1929 II S. 171).

4. Ausländer ist der Angehörige eines nichtdeutschen Staates und der Staatlose.

5. Es macht keinen Unterschied, ob die deutsche Staatsangehörigkeit durch Abstammung oder auf andere Weise erworben worden war.

Auf eine Reichsdeutsche, die durch eine frühere Ehe die deutsche Staatsangehörigkeit verloren und dann in zweiter Ehe wieder einen Ausländer geheiratet hat, treffen die Voraussetzungen dieses Paragraphen nicht zu. Die Frau muß bei Abschluß der Ehe, die durch den Tod des Ehemannes oder durch Scheidung aufgelöst wurde, Reichsdeutsche gewesen sein. Ebensowenig ist dieser Paragraph anzuwenden auf Frauen, die einen Reichsdeutschen geheiratet und mit diesem zusammen später die Reichsangehörigkeit verloren haben.

6. Die Frau hat einen im Verwaltungsrechtsverfahren verfolgbaren Anspruch auf Einbürgerung (§ 40 des Ges. mit Art. 8 Ziff. 1 VGHG.). Der Prüfung des Verwaltungsrichters unterliegen sämtliche Voraussetzungen des Anspruchs, insbesondere auch die Frage, ob die Frau den Erfordernissen des § 8 Abs. 1 Nr. 1 und 2 entspricht, ob sie also geschäftsfähig ist und einen unbescholtenen Lebenswandel geführt hat (VGH. Bd. 37 S. 37 und Reger Bd. 36 S. 104). Bescholtener Lebenswandel kann, abgesehen von gerichtlichen Strafen, auch dann vorliegen, wenn die Scheidung aus Verschulden der Ehefrau erfolgt ist (vgl. dazu Reger Bd. 37 S. 405).

Ein Verfahren nach § 9 Abs. 1 findet nicht statt.

Die Behandlung des Antrages, insbesondere die Zuständigkeit, bemißt sich nach den Bemerkungen in Ziff. 1 zu § 8 des Gesetzes. Gebühr 20 *RM*, s. unten Anm. 3 zu § 38.

7. Es ist nicht erforderlich, daß der Bundesstaat, in dem sie sich niederläßt, derselbe ist, dessen Staatsangehörigkeit sie früher besessen hat. Die Frau kann auch die unmittelbare Reichsangehörigkeit besessen haben.

8. S. Anm. 4 zu § 7.

9. Daß die Witwe oder geschiedene Ehefrau die bisherige ausländische Staatsangehörigkeit aufgibt, ist nicht erforderlich. Ob sie diese ausländische Staatsangehörigkeit durch die Einbürgerung verliert, bemißt sich nach dem Rechte des ausländischen Staates, dem sie bisher angehörte.

Inwieweit sich die Einbürgerung auf die Kinder der Witwe oder geschiedenen Ehefrau erstreckt, ergibt sich aus § 16 Abs. 2 des Ges. mit Art. 19 EG. BGB.

10. S. Anm. 8 mit 14 zu § 8.

11. Die Niederlassungsgemeinde hat sich nur darüber zu äußern, ob die Frau einen unbescholtenen Lebenswandel geführt hat. Zur Beurteilung dieser Frage kann auch auf die Führung im Ausland zurückgegriffen werden. Die Gemeinde hat nur ein Erinnerungs-, kein Einspruchs- oder Beschwerderecht. Die Erklärung muß in Bayern durch Beschluß des Gemeinderates oder Stadtrates erfolgen. Eine Einvernahme des Ortsfürsorgeausschusses oder des städt. Wohlfahrtsausschusses findet nicht statt.

Beim Erwerb der unmittelbaren Reichsangehörigkeit findet Satz 2 des § 10 keine Anwendung (§ 35).

§ 11.[1]

Ein ehemaliger Deutscher, der als Minderjähriger die Reichsangehörigkeit durch Entlassung[2] verloren hat, muß[3] auf seinen Antrag von dem Bundesstaat,[4] in dessen Gebiet er sich niedergelassen[5] hat, eingebürgert[6] werden, wenn er den Erfordernissen[7] des § 8 Abs. 1 entspricht und den Antrag innerhalb[8] zweier Jahre nach der Volljährigkeit[9] stellt. Die Vorschrift des § 8 Abs. 2 findet Anwendung.[10]

1. Auch diese Bestimmung bedeutet wie die des § 10 eine Durchbrechung des Satzes, daß ein Rechtsanspruch auf Einbürgerung nicht besteht. Sie hat den Zweck, Personen, die im Stande der Minderjährigkeit die deutsche Staatsangehörigkeit auf Antrag verloren haben, den Wiedererwerb innerhalb zweier Jahre nach erreichter Volljährigkeit zu erleichtern.

2. Der Paragraph bezieht sich sowohl auf die Fälle, in denen ein minderjähriger Reichsdeutscher seine Staatsangehörigkeit durch die Entlassung seines Vaters oder seiner Mutter verloren hat, als auch auf die Personen, die ihre Staatsangehörigkeit als Minderjährige auf Antrag oder mit Zustimmung ihres gesetzlichen Vertreters selbständig verloren haben. Alle anderen Arten von Verlustgründen der Staatsangehörigkeit werden nicht berührt.

3. Es besteht ein im Verwaltungsrechtsverfahren verfolgbarer Anspruch auf Einbürgerung (§ 40 des Ges. mit Art. 8 Ziff. 1 VGHG.). Der Prüfung des Verwaltungsrichters unterliegen alle Voraussetzungen des Anspruchs, also auch die des § 8 Abs.1 Ziff. 1 mit 4.

Ein Verfahren nach § 9 Abs. 1 findet nicht statt. Die Gebühr für die Einbürgerung beträgt 20 *RM* (s. unten Anm. 3 zu § 38).

4. Welchem Bundesstaat der Gesuchsteller früher angehört hat, ist gleichgültig; er kann auch die unmittelbare Reichsangehörigkeit besessen haben.

5. S. Anm. 4 zu § 7.

6. Daß die ausländische Staatsangehörigkeit aufgegeben wird, ist nicht erforderlich. Ob die ausländische Staatsangehörigkeit durch die Einbürgerung verloren wird, bemißt sich nach dem Rechte des ausländischen Staates, dem der Gesuchsteller bisher angehörte.

Die Wirkung der Einbürgerung auf die Ehefrau und auf Kinder des Gesuchstellers bemißt sich nach § 16 Abs. 2 des Ges.

7. S. § 8 Anm. 8 mit 16.

8. Der Anspruch auf Einbürgerung kann nicht vor erreichter Volljährigkeit geltend gemacht werden.

9. Ob der Gesuchsteller volljährig ist, bemißt sich nach dem Rechte des Staates, dem er bisher angehörte. Die Staaten, in denen die Volljährigkeit abweichend vom deutschen Rechte geregelt ist, s. in Anm. 10 zu § 8. Ist der Gesuchsteller nach seiner Entlassung aus der deutschen Staatsangehörigkeit staatlos geblieben, so ist für die Volljährigkeit das deutsche Recht maßgebend (Art. 29 EG. BGB.).

10. S. Anm. 17 zu § 8.

§ 12.[1]

Ein Ausländer, der mindestens ein Jahr[2] wie ein Deutscher im Heere oder in der Marine aktiv gedient hat, muß[3] auf seinen Antrag[4] von dem Bundesstaat, in dessen Gebiet er sich niedergelassen[5] hat, eingebürgert[6] werden, wenn er den Erfordernissen[7] des § 8 Abs. 1 entspricht und die Einbürgerung nicht das Wohl des Reichs oder eines Bundesstaats gefährden würde. Die Vorschriften[8] des § 8 Abs. 2 und des § 9 Abs. 1 finden Anwendung.[9]

1. Abgesehen von dem Falle des § 11 RMilG. (RGBl. 1913 S. 593) hat diese Bestimmung praktische Bedeutung dann, wenn jemand als Angehöriger eines ausländischen Staates in Deutschland geboren und in Unkenntnis seiner Eigenschaft als Ausländer zum Militärdienst ausgehoben wurde, ferner in den zahlreichen Fällen, wo Männer deutschen Stammes, aber fremder Staatsangehörigkeit oder staatlos, während des Krieges 1914—1918 als Kriegsfreiwillige in das deutsche Heer oder in die deutsche Flotte eingetreten sind.

Nach dem derzeit geltenden Recht ist ein Militärdienst von Ausländern nicht mehr vorgesehen, da gemäß § 1 Abs. 2 des Wehrgesetzes vom 23. März 1921 (RGBl. S. 329) alle Angehörigen der deutschen Wehrmacht die deutsche Staatsangehörigkeit besitzen müssen. An sich ist auch der Dienst in der Reichswehr dem aktiven Dienst i. S. des § 12 RStG. nicht gleichzustellen, vielmehr ist als Heeresdienst im Sinne des § 12 des Gesetzes nur der anzusehen, der unter der Geltung der allgemeinen Wehrpflicht abgeleistet wurde (VollzV. Z. 20).

2. Für die Berechnung der einjährigen aktiven Dienstzeit ist § 7 der früheren WehrO. maßgebend. (Frühere VollzV. Z. 25 Abs. 1). Vgl. §§ 17 bis 19 des Wehrmachtversorgungsgesetzes vom 4. Aug. 1921, RGBl. S. 993.

3. Obwohl die gleiche Ausdrucksweise für den Anspruch wie in den §§ 10 und 11 gewählt ist, besteht in diesem Falle doch kein im Verwaltungsrechtswege verfolgbares Recht (§ 40 Abs. 1). Über das dem Gesuchsteller zustehende Beschwerderecht s. Anm. 9.

4. Eine Frist für die Stellung des Antrages besteht nicht.

5. S. Anm. 4 zu § 7.

6. Daß die ausländische Staatsangehörigkeit aufgegeben wird, ist nicht erforderlich. Ob die ausländische Staatsangehörigkeit durch die Einbürgerung verloren wird, bemißt sich nach dem Rechte des ausländischen Staates, dem der Gesuchsteller bisher angehörte.

Die Wirkung der Einbürgerung auf die Ehefrau und auf Kinder des Gesuchstellers bemißt sich nach § 16 Abs. 2 des Ges.

Gebühr 20 *RM*, s. unten Anm. 3 zu § 38.

7. S. Anm. 8 mit 16 zu § 8.

8. S. Anm. 17 zu § 8 und Anm. 1 mit 4 zu § 9.

9. Der Unterschied zwischen der Einbürgerung nach § 8 und § 12 liegt darin, daß im Falle des § 8 die Einbürgerung nur vorgenommen werden darf, wenn die Voraussetzungen dieses Paragraphen gegeben sind, daß aber im übrigen der Bundesstaat noch freie Hand hat, ob er die zulässige Einbürgerung gewähren und die nach § 9 erforderliche Einvernahme der anderen Bundesstaaten herbeiführen will, während im Falle des § 12 die Einvernahme der anderen Bundesstaaten nach § 9 herbeigeführt und die Einbürgerung erteilt werden muß, wenn die Voraussetzungen des § 8 Abs. 1 gegeben sind und von andern Bundesstaaten keine Bedenken erhoben werden.

Das Erfordernis des § 8 Abs. 1 Ziff. 2 des Gesetzes erstreckt sich auch auf die Führung während der aktiven Dienstzeit.

Erachtet die zuständige Behörde des Bundesstaates, in dem die Einbürgerung beantragt wird, die Voraussetzungen des § 8 Abs. 1 nicht für gegeben, dann eröffnet sie dem Gesuchsteller die Abweisung des Gesuches, ohne daß die anderen Bundesstaaten zuvor einvernommen werden. Dem Gesuchsteller steht hiegegen das Recht der Beschwerde an die Zentralbehörde des Bundesstaates zu.

Erachtet die Behörde des Bundesstaates, in dem die Einbürgerung beantragt wird, die Voraussetzungen des § 8 Abs. 1 für gegeben, dann greift das Verfahren nach § 9 des Gesetzes Platz (s. Anm. 3 und 4 zu § 9). Liegt jedoch ein Fall des § 9 Abs. 2 Ziff. 1 oder 2 vor, dann finden die Vorschriften des § 9 Abs. 1 selbstverständlich auch in diesem Falle keine Anwendung.

§ 13.[1]

Ein ehemaliger[2] Deutscher, der sich nicht im Inland niedergelassen hat, kann[3] von dem Bundesstaate,[4] dem er früher angehört hat, auf seinen Antrag eingebürgert[5] werden, wenn er den Erfordernissen[6] des § 8 Abs. 1 Nr. 1, 2 entspricht; dem ehemaligen Deutschen steht gleich, wer von einem solchen abstammt[7] oder an Kindes Statt[8] angenommen ist. Vor der Einbürgerung[9] ist dem Reichskanzler[10]

Mitteilung zu machen; die Einbürgerung unterbleibt,[11] wenn der Reichskanzler Bedenken[12] erhebt.

1. Diese Bestimmung bedeutet einen Ausbau des in § 21 Abs. 4 des früher geltenden Gesetzes niedergelegten Gedankens. Die Möglichkeit der Einbürgerung auch ohne Niederlassung im Inland dient dem Bestreben, Deutsche im Ausland, die die staatsrechtliche Zugehörigkeit zum Reiche aus irgendwelchen Gründen verloren haben, dem Deutschen Reiche wieder zu gewinnen.

Das Gesetz geht über die Bestimmung des § 21 Abs. 4 des früher geltenden Gesetzes in dreifacher Richtung hinaus. Einmal sieht es die Möglichkeit der Wiederaufnahme in den Reichsverband ohne Begründung einer inländischen Niederlassung nicht nur für ehemalige Reichsdeutsche vor, sondern auch für Abkömmlinge von ehemaligen Reichsdeutschen. Sodann besteht diese Möglichkeit ohne Rücksicht auf den Grund, aus dem der Wiederaufzunehmende oder sein Vorfahr die Reichsangehörigkeit verloren hat. Endlich beschränkt sich diese Möglichkeit nicht auf staatlose Personen, sondern ist auch für solche frühere Reichsdeutsche oder Abkömmlinge von früheren Reichsdeutschen gegeben, die eine fremde Staatsangehörigkeit erworben haben.

Gemäß Min.-Bek. vom 9. April 1923, StAnz. Nr. 83 (unten S. 141) ist diese Gesetzesvorschrift auch anzuwenden auf die Wiedereinbürgerung in Deutschland lebender ehemaliger Reichsdeutscher, die durch den Vers.Vertr. ihre deutsche Staatsangehörigkeit verloren haben und mangels einer Niederlassung nicht nach § 8 RStAG. eingebürgert werden können.

2. Es ist ohne Belang, auf welche Weise früher die deutsche Staatsangehörigkeit erworben war, wie es auch gleichgültig ist, wie die deutsche Staatsangehörigkeit verloren wurde. Auch solche Personen kommen in Frage, die die Staatsangehörigkeit in einem deutschen Bundesstaate besessen und schon vor der Gründung des Deutschen Reiches verloren haben.

3. Der ehemalige Reichsdeutsche hat ebensowenig wie der Ausländer im Falle des § 8 einen Rechtsanspruch auf Einbürgerung. Es sind nur die Voraussetzungen, unter denen der ehemalige Reichsdeutsche eingebürgert werden darf, in drei wesentlichen Punkten gegenüber dem gewöhnlichen Ausländer erleichtert:

a) Der ehemalige Reichsdeutsche braucht sich nicht im Inlande niedergelassen zu haben, um eingebürgert werden zu können,

b) der ehemalige Reichsdeutsche braucht auch nicht im Auslande die im Interesse der Armenpflege getroffenen Voraussetzungen des § 8 Abs. 1 Nr. 3 und 4 zu erfüllen,

c) nicht wie in § 9 jeder Bundesstaat, sondern nur der Reichskanzler*) hat das Recht, gegen die Einbürgerung Bedenken zu erheben.

---

*) Jetzt: das Auswärtige Amt.

Läßt sich der ehemalige Reichsdeutsche und die Personen, die ihm nach diesem Paragraphen gleichstehen, im Inlande nieder, so finden auf sie die §§ 8 und 9 des Gesetzes Anwendung, wenn nicht die Voraussetzungen der §§ 10 und 11 auf sie zutreffen.

4. Im Gegensatz zu den §§ 10 und 11 kann diese erleichterte Form der Einbürgerung nur von dem Bundesstaate gewährt werden, dem der Gesuchsteller früher einmal angehörte. Besaß der Gesuchsteller die Staatsangehörigkeit, sei es nebeneinander, sei es nacheinander, in mehreren Bundesstaaten, so hat er die Wahl, an welchen er sich mit seinem Gesuche wenden will.

In Bayern steht die Einbürgerung der Regierung, Kammer des Innern zu, in deren Bezirk der ehemalige Reichsdeutsche die letzte Niederlassung hatte. In zweiter Linie ist die Regierung der letzten Niederlassung der Eltern oder des letztlebenden Elternteiles des Antragstellers zuständig. Ist auch hiernach eine Zuständigkeit nicht begründet, so ist die Regierung von Oberbayern, K. d. J., zuständig (VollzB. Z. 21).

5. Daß der Gesuchsteller seine bisherige Staatsangehörigkeit aufgibt, ist nicht erforderlich; ob er seine bisherige ausländische Staatsangehörigkeit durch die Einbürgerung verliert, bemißt sich nach dem Rechte des Staates, dem er bisher angehörte. Die Wirkung der Einbürgerung auf Ehefrau und Kinder bemißt sich nach § 16 Abs. 2 des Gesetzes.

6. S. Anm. 8 mit 14 zu § 8.

7. Der Grad der Abstammung ist nicht beschränkt; es kann daher auf jede unmittelbare Abstammung von einem Reichsdeutschen auch des entferntesten Grades zurückgegriffen werden. Auch die uneheliche Abstammung von einer reichsdeutschen Mutter genügt, selbst wenn der uneheliche Abkömmling durch Legitimation später eine ausländische Staatsangehörigkeit erworben hat. Dagegen genügt nicht die außereheliche Abstammung von einem reichsdeutschen Vater, die nicht zur Legitimation geführt hat.

8. Die Annahme an Kindes Statt muß von dem ehemaligen Reichsdeutschen erfolgt sein; sie hat die Begünstigung dieser Bestimmung nicht mehr, wenn sie selbst durch den Abkömmling eines ehemaligen Reichsdeutschen geschah, der selbst die deutsche Staatsangehörigkeit niemals besessen hatte.

Die Annahme an Kindes Statt muß rechtswirksam nach dem Rechte des Staates sein, dem der ehemalige Reichsdeutsche zur Zeit der Annahme angehörte. War er zur Zeit der Annahme staatlos, so richtet sich die Rechtsgültigkeit nach dem Rechte des Staates, dem er zuletzt angehörte (Art. 29 EG. BGB.).

9. Gelangt die zuständige Behörde des Bundesstaates schon selbst zu dem Entschlusse, das Gesuch abzuweisen, so bedarf es einer Mitteilung an den Reichskanzler (jetzt: Auswärtiges Amt) nicht. Im übrigen muß der Bundesstaat die Verbescheidung des Einbürgerungsgesuches so lange aussetzen, bis das Auswärtige Amt eine Erklärung abgegeben hat.

In Bayern haben die Regierungen die abgeschlossenen Verhandlungen mit einem Verzeichnisse nach Anlage 8 der VollzB. und mit Gutachten dem Staatsministerium des Innern vorzulegen (VollzB. Z. 21 Abs. 2).

10. An die Stelle des Reichskanzlers ist nunmehr das Auswärtige Amt getreten. Im Falle des § 13 findet nicht wie im Falle des § 8 eine Einvernahme der Bundesstaaten nach § 9 statt, sondern es erfolgt nur Mitteilung an das Reich, das hier allein Bedenken erheben kann, während im Falle des § 9 ihm ein Recht, Bedenken zu erheben, nicht zusteht (s. Anm. 1 zu § 9 am Schlusse).

Die Zustimmung des Reiches zur Einbürgerung erscheint angezeigt, weil es sich bei diesen Personen im wesentlichen um die Gewährung des Schutzes des Reichs handelt. Dies trifft namentlich dann zu, wenn Personen in Frage kommen, die bereits eine fremde Staatsangehörigkeit besitzen, die also durch den Erwerb der Reichsangehörigkeit zu Streitigkeiten mit dem fremden Staat Anlaß geben können.

Bei Wiedereinbürgerung im Inlande lebender ehemaliger Reichsdeutscher, die durch den Vers.Vertr. ihre deutsche Staatsangehörigkeit verloren haben, hat das Auswärtige Amt allgemein auf die Erhebung von Bedenken verzichtet; die Mitteilung an den Reichskanzler (Ausw. Amt) kann daher in diesen Fällen unterbleiben (Min.-Bek. vom 9. April 1923, StAnz. Nr. 83, s. unten S. 141).

11. Der Ausdruck „unterbleibt" hat nicht den Sinn, daß eine Einbürgerung, die erfolgt ist, ohne daß dem Reiche Mitteilung gemacht wurde, ohne daß seine Erklärung abgewartet wurde oder ohne daß sein Bedenken berücksichtigt wurde, rechtsunwirksam wäre. Der Ausdruck hat vielmehr nur die Bedeutung einer Anweisung an den Bundesstaat in dem Sinne: „Die Einbürgerung hat zu unterbleiben."

Beachtet der Bundesstaat das vorgeschriebene Verfahren nicht oder berücksichtigt er nicht das vom Reiche erhobene Bedenken, so ist die vorgenommene Einbürgerung rechtswirksam.

12. Das Reich braucht nicht wie die Bundesstaaten in § 9 seine Bedenken auf Tatsachen stützen und es braucht sie insbesondere nicht auf solche Tatsachen zu beschränken, welche die Besorgnis rechtfertigen, daß die Einbürgerung des Antragstellers das Wohl des Reichs oder eines Bundesstaates gefährden würde. Das Reich braucht seine Bedenken überhaupt nicht zu begründen. Die Einbürgerung muß schon dann unterbleiben, wenn das Reich erklärt, es habe dagegen Bedenken.

§ 14.[1]

I Die von der Regierung[2] oder der Zentral- oder höheren Verwaltungsbehörde[3] eines Bundesstaates vollzogene[4] oder bestätigte Anstellung[5] im unmittelbaren oder mittelbaren Staatsdienst,[6] im Dienste einer Gemeinde[7] oder eines Gemeindeverbandes,[8] im öffentlichen Schuldienst[9] oder im Dienste einer von dem Bundesstaat anerkannten[10] Religionsgesellschaft gilt[11] für einen Deutschen als Aufnahme, für einen Ausländer als Einbürgerung,[12] sofern nicht in der Anstellungs- oder Bestätigungsurkunde[13] ein Vorbehalt gemacht wird.

II *Diese Vorschrift findet keine Anwendung auf die Anstellung als Offizier oder Beamter des Beurlaubtenstandes.*[14]

1. Die Bestimmungen dieses Paragraphen entsprechen im wesentlichen dem § 9 des früher geltenden Gesetzes.

2. Regierung ist für Bayern gleichbedeutend mit Staatsregierung.

a) Nach dem bis November 1918 geltenden Staatsrecht gehören hierher die Anstellungen, die durch den König oder durch ein oder mehrere Staatsministerien vollzogen oder bestätigt wurden. Die näheren Vorschriften sind in § 2 der VO. über den Vollzug des Beamtengesetzes vom 10. Dez. 1908 (GVBl. S. 1041) enthalten; ferner kommt in Betracht Art. 60 AG. z. GVG. vom 23. Febr. 1879, GVBl. S. 273.

b) Derzeit gehören hierher die Anstellungen, die durch den Landtag, den Ministerpräsidenten, das Gesamtministerium oder die einzelnen Ministerien oder die von diesen beauftragten Behörden vollzogen werden; siehe hierüber VO. vom 15. Nov. 1918 (GVBl. S. 1231) und §§ 58 und 61 Ziff. 4 der bayer. V.-Urk. vom 14. Aug. 1919.

c) Auf Grund des oben erwähnten § 2 der VO. vom 10. Dez. 1908 haben mehrere Ministerien die ihnen untergeordneten Behörden zur Ernennung bestimmt bezeichneter Klassen von Beamten ermächtigt. Diese Vorschriften gelten unter sinngemäßer Anwendung des die VO. vom 6. Sept. 1908 (GVBl. S. 681) ersetzenden Beamtenbesoldungsgesetzes vom 2. Juni 1920 (GVBl. S. 275) und seiner Anlage weiter, soweit die unten genannten Behörden noch als bayerische Behörden bestehen.

1. Das Staatsministerium des Innern hat mit Entschließung vom 17. Febr. 1909 Nr. 5341 ermächtigt
die Regierungen, Kammern des Innern, das Statistische Landesamt, das Allgemeine Reichsarchiv (jetzt Generaldirektor der staatlichen Archive, untersteht nunmehr dem Staatsministerium des Äußern), das Landesversicherungsamt (untersteht jetzt dem Staatsministerium für Landwirtschaft und

Arbeit), die Polizeidirektion München, die Landesgestütsverwaltung (untersteht jetzt dem Staatsministerium f. Landwirtschaft u. Arbeit), die Versicherungskammer, das Gendarmerie-Korps-Kommando (nunmehr Landes-Gendarmerie-Direktion, § 4 Abs. II u. V, § 6 der Min.-Bek. vom 25. Sept. 1919, GVBl. S. 639), das Wasserversorgungsbüro (nunmehr Landesamt für Wasserversorgung).

2. Das Staatsministerium des Innern für Kirchen- und Schulangelegenheiten hat mit Entschl. vom 10. Nov. 1909 Nr. 26 566 ermächtigt
die Regierungen, Kammern des Innern.

3. Das Staatsministerium der Finanzen hat mit Entschließung vom 26. Jan. 1909 Nr. 2728 ermächtigt
die Generaldirektion der Zölle und indirekten Steuern (besteht infolge der Einrichtung der Reichsfinanzverwaltung als bayerische Behörde nicht mehr), die Generaldirektion der Berg-, Hütten- und Salzwerke (die bayer. Berg-, Hütten- und Salinenwerke sind gemäß VO. vom 31. März 1924, GVBl. S. 138, einer Aktiengesellschaft übertragen worden), die Regierungsforstkammern, die Bankdirektion in Nürnberg (nunmehr Bayer. Staatsbank in München).

4. Das Staatsministerium für Verkehrsangelegenheiten hat mit Bekanntmachung vom 16. Febr. 1909 (GVBl. S. 175) ermächtigt
die Eisenbahndirektionen, die Oberpostdirektionen, das Personalamt der Staatseisenbahnen, das Personalamt der Posten und Telegraphen. — Die gesamte bayerische Verkehrsverwaltung ist inzwischen vom Reich übernommen worden. Die Reichsbahn ist 1924 der Reichsbahngesellschaft übereignet worden, s. unten Anm. 2 zu § 15 des Ges.

5. Für die Beamten der ehemaligen bayerischen Militärverwaltung war § 20 der VO. vom 10. Dez. 1908 (GVBl. S. 1049) und die Kriegsmin.-Bek. vom 5. März 1909 (MilVOBl. S. 85) maßgebend.

Alle voraufgeführten Stellen und Behörden sind „höhere Verwaltungsbehörden" im Sinne des § 14*).

3. Höhere Verwaltungsbehörden in diesem Sinne sind in Bayern alle staatlichen Stellen und Behörden, die außer den Zentralstellen nach den jeweils geltenden Vorschriften ermächtigt sind, Anstellungen für die in diesem Paragraphen genannten Dienste zu vollziehen oder zu bestätigen (VollzB. Z. 22 Abs. 1).

4. Ob eine Anstellung im unmittelbaren oder mittelbaren Staatsdienst von der Regierung oder von der Zentral- oder höheren Verwaltungsbehörde eines Bundesstaates jeweils vollzogen oder bestätigt wird, richtet sich nach dem für jeden der in Betracht kom-

---

*) Vgl. Reindl, Bayer. Beamtengesetz Anm. 3 zu Art. 4.

menden Beamten in jedem Bundesstaate besonderen geltenden Recht. Es kann die Anstellung im unmittelbaren Staatsdienst durch eine Wahl oder durch eine niedere Behörde vollzogen und durch die Regierung oder höhere Verwaltungsbehörde bestätigt werden, wie es andererseits der Fall sein kann, daß die Anstellung im mittelbaren Staatsdienst unmittelbar durch die Regierung oder die höhere Verwaltungsbehörde vollzogen wird.

Ob die Anstellung vollzogen oder bestätigt wurde, bildet kein Unterscheidungsmerkmal für die Art des Dienstes. Die verschiedene Ausdrucksweise berücksichtigt nur die verschiedenen Möglichkeiten, aus denen eine Anstellung im öffentlichen Dienst erst durch eine Erklärung der Regierung oder höheren Verwaltungsbehörde wirksam wird.

5. Entsprechend der Ersetzung des Wortes „Aufnahmeurkunde" in den §§ 7 und 8 des Gesetzes durch „Aufnahme" und „Einbürgerung" ist auch hier „Bestallung" durch „Anstellung" ersetzt worden. Eine sachliche Änderung gegenüber dem früheren Rechte ist hierdurch nicht beabsichtigt; vielmehr ergibt sich aus § 16 Abs. 1 des Gesetzes, daß die Anstellung, um die bezeichnete Wirkung herbeizuführen, die Aushändigung einer Urkunde zur Voraussetzung hat (s. dazu Reger Bd. 36 S. 274).

Als Anstellung gilt nicht nur die Verleihung einer planmäßigen Stelle (s. Art. 2 des bayer. BG.), sondern jede Aufnahme in das Dienstverhältnis (s. Entw. S. 24), das dauernde Beziehungen zwischen dem Staat und dem Angestellten herstellt. Dabei ist jedoch erforderlich, daß durch die Anstellung ein öffentlich-rechtliches Dienstverhältnis begründet werde; vgl. hierzu Bl. Bd. 61 S. 273 ff. und Bd. 56 S. 129 ff.; BGH. Bd. 12 S. 444 und Bd. 6 S. 255; ferner Reger Bd. 36 S. 274.

Keine „Anstellung" ist z. B. die Aufnahme von Staatsdienstanwärtern in den staatlichen Vorbereitungsdienst, auch nicht die Aufnahme eines Privatdozenten in den Lehrkörper einer Hochschule oder die Verleihung von Titel und Rang eines außerordentlichen Professors an einen Privatdozenten.

Siehe auch Reger, IV. Ergänzungsband, S. 456.

6. Das Gesetz hält die verschiedenen Dienstesarten begrifflich nicht scharf auseinander, wenn es neben dem mittelbaren Staatsdienst noch den Dienst in einer Gemeinde, in einem Gemeindeverband oder in einer öffentlichen Schule hervorhebt; denn auch dieser Dienst ist zum Teil sogar unmittelbarer Staatsdienst, auf alle Fälle aber mittelbarer Staatsdienst.

Soll die Unterscheidung von mittelbarem und unmittelbarem Dienst beim Staatsdienst im engeren Sinne des Wortes, abgesehen von Gemeinde- und Schuldienst, eine Bedeutung haben, so kann ihr die nur in bezug auf die Besoldung zukommen. Unmittelbare Staatsdiener sind diejenigen, die von staatlichen Organen angestellt und aus der Staatskasse besoldet werden. Mittelbare Staatsdiener dagegen sind diejenigen, die von staatlichen Organen angestellt, aber sei es durch Gebühren, sei es durch einen anderen Rechtsträger als durch den Staat besoldet werden. Für Besoldung durch Gebühren kommen in Betracht die Eichmeister und die Notare, für die Besoldung durch andere Rechtsträger die Beamten der Kreise, der Versicherungskammer, der Landesversicherungsanstalten und die Stiftungsbeamten.

Der Hofdienst war in Bayern nicht Staatsdienst; selbst eine durch den König unmittelbar erfolgte Anstellung im Hofdienst konnte daher nicht die Wirkung einer Aufnahme oder Einbürgerung haben.

7. In Bayern war (bis 1919) nur die Bestätigung der Wahl zum rechtskundigen Bürgermeister und zum rechtskundigen Magistratsrat in einer Gemeinde mit städtischer Verfassung die Bestätigung einer Anstellung im Gemeindedienst (Art. 74 mit 78 der rechtsrheinischen Gemeindeordnung vom 29. April 1869).

Nach dem Gesetz über die Selbstverwaltung vom 22. Mai 1919 (GVBl. S. 239) Art. 4, wie auch nach der Gemeindeordnung und Bezirksordnung vom 17. Okt. 1927, GVBl. S. 293, 325, ist für die Ämter der Gemeinde, der Ortschaft und des Bezirkes keinerlei Bestätigung der Aufsichtsbehörde mehr notwendig; zu berufsmäßigen Mitgliedern der Gemeinderäte können jedoch nach der Gemeindeordnung vom 17. Okt. 1927 (Art. 63, 64, 78) nur Reichsdeutsche gewählt werden. Die Kreisbeamten, d. s. die Beamten der aus Kreismitteln unterhaltenen Anstalten und Schulen, gelten im allgemeinen als Staatsbeamte, vgl. Art. 188, 189 BG.; noch bestimmter Art. 38 der Kreisordnung vom 17. Okt. 1927, GVBl. S. 335.

8. Gemeindeverbände waren in Bayern bis 1919 die Distriktsgemeinden (s. dazu Art. 23 des Distriktsratsgesetzes vom 28. Mai 1852) und die Kreisgemeinden.

9. Öffentlicher Schuldienst war in Bayern nur der Dienst in den Schulen, die von den Gemeinden nach Maßgabe des SchulbedarfsG. für den Schulpflichtbesuch errichtet und unterhalten wurden, nämlich die öffentlichen Volksschulen und Volksfortbildungsschulen. Nunmehr ist aber auch der Volksschuldienst Staatsdienst, da gemäß Art. 1 Abs. III des bayer. Volksschullehrergesetzes vom 14. August 1919 (GVBl. S. 437) „die Volksschullehrer Beamte des Staates" sind.

Durch die von den Regierungen, Kammern des Innern, vorgenommenen Anstellungen der Lehrkräfte (Volksschullehrer, Volksschulfachlehrer) an öffentlichen Volksschulen wird die Aufnahme oder Einbürgerung bewirkt (s. VGH. Bd. 6 S. 255). Hierher ist auch die Anstellung als isrealitischer Volksschullehrer (VSchLG. Art. 149, s. a. KultME. vom 27. Juli 1914 Nr. 8361 betr. den Vollzug des RStG., vgl. ferner Bl. Bd. 68 S. 50) oder als Lehrer an einer Bekenntnissonderschule (VSchLG. Art. 147) zu rechnen.

Der Dienst an den von den Kreisen errichteten Schulen (Realschulen, Progymnasien, Oberrealschulen, Landwirtschaftsschulen) ist ebenso Staatsdienst wie der Dienst an den vom Staate errichteten Schulen (Gymnasien, Hochschulen); ebenso ist der Dienst an den aus öffentlichen Mitteln (von Bezirken, Bauernkammern usw.) unterhaltenen und mit staatlichen Landwirtschaftslehrern besetzten Landwirtschaftsschulen Staatsdienst.

Der Dienst an den vom Staate nicht unterstützten (Art. 190 BG.), von Gemeinden, Bezirken usw. ohne gesetzliche Verpflichtung errichteten Fachschulen, Fortbildungsschulen und -kursen mit freiwilligem Schulbesuch ist weder Staatsdienst noch öffentlicher Schuldienst.

10. Nach dem derzeit geltenden Recht (RV. vom 11. August 1919 Art. 137, V.-Urk. vom 14. August 1919 § 18) gibt es keine staatliche Anstellung oder Bestätigung der Anstellung im Kirchendienst mehr.

Nach früherem Recht galt folgendes:

Die Religionsgesellschaft mußte in dem Staate anerkannt sein, durch dessen Organe die Anstellung oder Bestätigung der Anstellung zu erfolgen hatte, wenn sie die Wirkung der Aufnahme oder Einbürgerung haben sollte.

Anerkannte Religionsgesellschaften waren in Bayern nach Tit. IV § 9 Abs. 2 der V.-Urk. vom 26. Mai 1818 zunächst die drei christlichen Kirchengesellschaften, nämlich die katholische Kirche, die protestantische Kirche r. d. Rh. und die Vereinigte protestantische Kirche der Pfalz.

Ferner waren anerkannt die Juden durch das Judenedikt vom 10. Juni 1813 in Verbindung mit § 25 des Religionsediktes (2. Beil. zur V.-Urk.).

Als anerkannte Privatglaubensgesellschaften bestanden sodann die Mennoniten, die Herrnhuter, die Anglikaner, Irvingianer, Methodisten, Altkatholiken, Griechen, Adventisten u. a. m.

Die Anstellung oder die Bestätigung einer Anstellung durch die Regierung oder höhere Verwaltungsbehörde kam bei den im eigentlichen Kirchendienst stehenden Priestern der katholischen Kirche in Bayern dann in Betracht, wenn es sich um die endgültige Übertragung einer Pfründe handelte. War die Pfründe landesherrlichen Patronates, so erfolgte die Anstellung unmittelbar durch K. Ernennung; bestand für die Pfründe das freie Besetzungsrecht des Bischofs oder ein Privatpatronat, dann wurde die so erfolgte Anstellung, sei es durch den Landesherrn, sei es durch die Kreisregierung, Kammer des Innern, bestätigt. Seit der Trennung von Staat und Kirche (Art. 137 Abs. 3 der RV. vom 11. August 1919, § 18 Abs. III der bayer. V.-Urk. vom 14. August 1919) bedarf es für die Anstellung im Kirchendienst keiner staatlichen Bestätigung mehr. Nach Art. 14 § 3 des Konkordates vom 29. März 1924 (Gesetz vom 15. Januar 1925, GVBl. S. 53) müssen lediglich vor Ernennung eines Pfarrers die Personalien des in Aussicht genommenen Geistlichen der

Staatsregierung mitgeteilt werden. Jedoch müssen gemäß Art. 13 §§ 1, 2 des Konkordats die in der Leitung und Verwaltung der Diözesen und der Diözesanbildungsanstalten, die in der Pfarrseelsorge und die für die Erteilung des Religionsunterrichtes an den Volksschulen verwendeten Geistlichen, ferner die Oberen der Orden, Kongregationen, Ordens- und Kongregations-Niederlassungen, die in Bayern ihren Sitz haben, die bayerische oder eine andere deutsche Staatsangehörigkeit besitzen.

Die Ernennung der Hilfspriester und die nur vorübergehende Besetzung der Pfründen geschah schon nach früherem Rechte durch die Bischöfe ohne jede staatliche Mitwirkung, hatte daher nie die Wirkung einer Aufnahme oder Einbürgerung.

Für die Anstellung als protestantischer Pfarrer galt das gleiche wie für die Übertragung einer Pfründe in der katholischen Kirche. Auch bei ihr erfolgte entweder unmittelbare Anstellung durch die Regierung oder die Bestätigung einer Präsentation

Da die protestantischen Hilfsgeistlichen teils vom Oberkonsistorium, teils von den Konsistorien angestellt wurden und da diesen Stellen der Rang einer höheren Verwaltungsbehörde zukam, hatte auch die Anstellung als Hilfsgeistlicher der protestantischen Kirche in Bayern die Wirkung der Aufnahme oder Einbürgerung, soferne die Form des § 16 Abs. 1 beachtet wurde.

Seit Anfang 1920 (VO. betr. die Aufhebung der landeskirchlichen Verfassung der Protestantischen Kirche in Bayern r. d. Rh und der Vereinigten protestantischen Kirche der Pfalz vom 28. Jan 1920, GVBl. S 29) erfolgte die Anstellung der protestantischen Geistlichen ohne Mitwirkung staatlicher Behörden. Nach Art. 30 des Vertrages mit der evang.-luth. Kirche in Bayern r d. Rh. vom 15. Nov 1924 bezw nach Art. 23 des gleichzeitigen Vertrages mit der Pfälzischen Landeskirche (Gesetz vom 15 Jan 1925, GVBl. S. 53) müssen lediglich vor Ernennung eines Pfarrers die Personalien des in Aussicht genommenen Geistlichen der Staatsregierung mitgeteilt werden. Jedoch müssen gemäß Art. 26, 27, 28 bezw. Art. 19, 20, 21 der angeführten Verträge die als Organe der Kirchenleitung, als Leiter und Beamte der Predigerseminare, die in der Pfarrseelsorge und die für die Erteilung des Religionsunterrichtes in den Volksschulen verwendeten Geistlichen, sonstige Religionslehrer an Volksschulen, die Beamten der kirchlichen Oberbehörden, endlich die Leiter und Geistlichen der Diakonen- und Diakonissenanstalten die bayerische oder eine andere deutsche Staatsangehörigkeit besitzen.

Bei den Juden bedurfte die Wahl zum Rabbiner und Rabbinersubstituten der Bestätigung durch die Kreisregierung (§ 26 JudEd.), ebenso die Anstellung als Religionslehrer (ME. vom 28. Jan. 1882); die Bestätigung durfte aber nur erteilt werden, wenn die betr. Kultusbeamten schon deutsche Staatsangehörige waren. Eine Bestätigung der übrigen Kultusbeamten (Vorsänger, Vorbeter, Kantoren, Beschneider, Schächter) fand nicht statt. (Vgl. KultME. vom 27. Juli 1914 Nr. 8361 betr. den Vollzug des RStG.).

11. Die Vorschriften der §§ 7 mit 13 kommen hier nicht weiter in Betracht. Die Anstellung oder Bestätigung der Anstellung vollzieht sich lediglich nach dem jeweils geltenden Beamtenrecht.

12. Die Einbürgerung eines Ausländers durch Anstellung im bayerischen Staatsdienste wird nur ausnahmsweise vorkommen, da § 68 Abs. 1 der bayer. V.-Urk. vom 14. August 1919 (erheblich weitergehend als Art. 3 Ziff. 1 des BG. vom 16. August 1908) bestimmt:

> „Zu einem öffentlichen Amte*) kann nur berufen werden, wer seit mindestens fünf Jahren die deutsche Reichsangehörigkeit besitzt. Ausnahmen sind nur auf Grund eines Beschlusses des Gesamtministeriums zulässig."

Im übrigen findet die Vorschrift selbstverständlich auch auf Frauen Anwendung, die im Dienste eines Bundesstaates angestellt werden.

Die Wirkung auf die Ehefrau und auf Kinder bemißt sich nach § 16 Abs. 2 des Gesetzes.

13. Wenn eine Anstellungs- und eine Bestätigungsurkunde ausgefertigt wird, kann der Vorbehalt rechtswirksam sowohl in der einen als auch in der anderen, als auch in beiden Urkunden erfolgen.

Der Vorbehalt muß in der Urkunde gemacht werden. Es genügt nicht, daß der Vorbehalt in sonstiger Weise, sei es mündlich oder schriftlich, gemacht wird.

Die Form und der Inhalt des Vorbehaltes in der Urkunde ist frei. Es muß aber aus der Anstellungs- oder Bestätigungsurkunde deutlich hervorgehen, daß der Anstellung oder Bestätigung die Wirkung der Aufnahme oder Einbürgerung nicht zukommen soll.

Ob ein Vorbehalt gemacht werden soll, ist Sache des freien Ermessens der anstellenden oder bestätigenden Stelle. Der Vorbehalt kann auch dahin gehen, daß die Aufnahme oder Einbürgerung sich nicht auf die Ehefrau und Kinder oder nur auf einzelne von ihnen erstrecken soll.

Die Aufnahme und Einbürgerung durch Anstellung oder Bestätigung einer Anstellung behält ihre Wirkungen auch dann, wenn das Dienstverhältnis beendigt ist. Aufnahme und Einbürgerung sind zwar durch die Anstellung bedingt, aber nicht von dem Fortbestehen des Dienstverhältnisses abhängig.

Da Nichtbayern mit der Aushändigung der Anstellungsurkunde nach § 16 Abs. I die bayer. Staatsangehörigkeit erwerben, ist ihnen die Urkunde regelmäßig erst an dem Tage auszuhändigen, an dem die Anstellung wirksam wird (VollzB. Z. 22 Abs. 3).

---

*) Über den Begriff des „öffentlichen Amtes" im Sinne dieser Verfassungsbestimmung vgl. Meinzolt, BBl. 1927, 5. und 6. Heft.

14. a) Offiziere und Beamte des früheren bayerischen aktiven Heeres standen im Staatsdienst; auf sie fand daher die Bestimmung des Gesetzes unbeschränkt Anwendung. (Wegen der Ernennung zum Lazarettinspektor s. VGH. Bd. 12 S. 444.) Vgl. noch Reger Bd. 47 S. 108, ferner Anm. 13 Abs. 2 zu § 16.

Die Praxis hat unter der Herrschaft des Gesetzes vom 1. Juni 1870 angenommen, daß als Anstellung i. S. des § 9 dieses Gesetzes auch die Ernennung zum Offizier oder Beamten des Beurlaubtenstandes zu verstehen ist, daß also eine solche Ernennung auch die Aufnahme oder Einbürgerung begründet.

Da der Gesetzgeber diese Praxis als zu Recht bestehend anerkannt hat, kommt allen vor dem 1. Januar 1914 erfolgten Anstellungen als Offizier oder Beamter des Beurlaubtenstandes die Wirkung der Aufnahme oder Einbürgerung nach Maßgabe des § 9 des früher geltenden Gesetzes zu.

Unter den Ausdruck „Offizier" fallen auch die Sanitäts- und Veterinäroffiziere.

b) Die RV. vom 11. August 1919 kennt keine bayerische Militärhoheit und kein bayerisches Heer mehr, s. RV. Art. 47, Wehrgesetz vom 23 März 1921 § 8. Der bayerische Teil der Reichswehr (§§ 12, 14 Wehrgesetz) bildet lediglich einen landsmannschaftlichen Verband, seine Angehörigen stehen aber nicht im bayerischen Staatsdienst

§ 15.[1]

I Die im Reichsdienst[2] erfolgte Anstellung[3] eines Ausländers,[4] der seinen dienstlichen Wohnsitz[5] in einem Bundesstaate hat, gilt[6] als Einbürgerung[7] in diesem Bundesstaat, soferne nicht in der Anstellungsurkunde[8] ein Vorbehalt gemacht wird.

II Hat der Angestellte[9] seinen dienstlichen Wohnsitz[10] im Ausland[11] und bezieht er ein Diensteinkommen[12] aus der Reichskasse, so muß[13] er von dem Bundesstaate, bei dem er den Antrag stellt,[14] eingebürgert[15] werden; bezieht er kein Diensteinkommen aus der Reichskasse,[16] so kann[17] er mit Zustimmung[18] des Reichskanzlers eingebürgert[19] werden.

1. Der Abs. 1 entspricht dem § 9 Abs. 2 des früher geltenden Rechtes.

Der § 9 Abs. 2 des früher geltenden Rechtes erwähnte nur Ausländer, die in einem Bundesstaat ihren dienstlichen Wohnsitz haben. Dagegen konnten die im Reichsdienst angestellten Ausländer, deren dienstlicher Wohnsitz im Ausland lag, die Reichsangehörigkeit nicht erwerben, weil es zu einer Einbürgerung ihrer Niederlassung im Reichsgebiet bedurft hätte. Da aber gerade diese ein erhebliches

Interesse daran haben können, sich durch Erlangung der Reichsangehörigkeit den Schutz des Reiches zu sichern, auch nach dem § 29 Z. 2 und § 57 Z. 1 ReichsbeamtenG. vom 31. März 1873 (RGBl. 1873 S. 61, 1907 S. 245) nur die die Reichsangehörigkeit besitzenden Reichsbeamten Anspruch auf Wartegeld und Ruhegehalt haben, so wurde, um den im Ausland wohnenden Reichsbeamten gerecht zu werden, durch das Gesetz betreffend die Naturalisation von Ausländern, welche im Reichsdienst angestellt sind, vom 20. Dez. 1875 (RG.-Bl. S. 324) auch diesen, sofern sie ein Diensteinkommen aus der Reichskasse beziehen, ein Anspruch auf Einbürgerung gegeben. Dieser gesetzgeberische Gedanke ist im ersten Satze des Abs. 2 dieses Paragraphen wiederholt. Das Gesetz gewährt aber daneben auch den im Ausland im Reichsdienst angestellten Ausländern, die kein Diensteinkommen aus der Reichskasse beziehen, also insbesondere den Wahlkonsuln, die Möglichkeit, eine deutsche Staatsangehörigkeit zu erwerben.

2. Im Reichsdienst steht ein jeder, der — bis November 1918 — durch den Kaiser, durch den Reichskanzler oder durch eine vom Reichskanzler oder durch Reichsgesetz ermächtigte Behörde oder, nach dem jetzt geltenden Recht, durch den Reichspräsidenten oder die durch Reichsgesetz ermächtigten Behörden im Dienste des Reiches angestellt wurde.

Zum Reichsdienst gehört auch der Dienst in der Reichswehr (Reichsheer und Reichsmarine); die Anstellung von Ausländern wird hier jedoch in der Regel nicht in Betracht kommen, da § 1 Abs. 2 des Wehrges. vom 23. März 1921 vorschreibt, daß alle Angehörigen der Wehrmacht die deutsche Staatsangehörigkeit besitzen müssen.

Die Beamten der „Reichsbank" stehen auf Grund des RG. über die Autonomie der Reichsbank vom 26. Mai 1922 (RGBl. II S. 135) nicht mehr im Reichsdienst. Desgleichen stehen die Beamten der „Reichsbahn" auf Grund des RG. über die Deutsche Reichsbahngesellschaft vom 30. Aug. 1924 (RGBl. II S. 272) nicht mehr im Reichsdienst, jedoch ist gemäß § 1 Abs. II des Reichsbahn-Personalgesetzes vom 30. Aug. 1924 (RGBl. II S. 287) der „Besitz der deutschen Staatsangehörigkeit" Voraussetzung für die Ernennung zum Reichsbahnbeamten.

3. Über die Anstellung der Reichs b e a m t e n (§ 1 des ReichsBG.) und Offiziere der Kaiserlichen Marine n a c h f r ü h e r e m R e c h t e s. RV. vom 16. April 1871 Art. 18, 50, 53, 56, ferner die kaiserliche Verordnung vom 23. Nov. 1874 (RGBl. S. 135).

Nach Art. 46 der derzeit geltenden RV. vom 11. August 1919 ernennt der Reichspräsident die Reichsbeamten und Offiziere, soweit nicht durch Gesetz etwas anderes bestimmt ist; er kann das Ernennungsrecht durch andere Behörden ausüben lassen. Siehe dazu die Verordnung über die Ernennung und Entlassung von Reichsbeamten vom 14. Juni 1922, RGBl. S. 577.

4. Die Anstellung eines Reichsdeutschen im Reichsdienst bringt in dessen Staatsangehörigkeit keinerlei Änderung hervor.

5. Es handelt sich hier nicht um den Begriff der Niederlassung, wie in den §§ 7 und 8 des Gesetzes, sondern um den Wohnsitz im Sinne des § 7 BGB.

6. S. Anm. 11 zu § 14.

7. S. Anm. 12 zu § 14.

8. S. Anm. 13 zu § 14.

9. S. Anm. 3.

10. S. Anm. 5.

11. Zum Ausland gehörten nicht die deutschen Schutzgebiete. Hatte der Angestellte seinen dienstlichen Wohnsitz in einem Schutzgebiete, so fand Abs. 1 dieses Paragraphen auf ihn Anwendung. Der Angestellte erwarb die unmittelbare Reichsangehörigkeit (§ 35 des Ges.).

12. Es kommt nicht darauf an, ob das Diensteinkommen ein etatsmäßiges ist oder nicht. Der Schwerpunkt liegt nur darin, daß der Angestellte seine ganze Tätigkeit dem Reichsdienst widmet und nicht das ihm übertragene Amt als ein Ehren- oder Nebenamt versieht. Es handelt sich hier hauptsächlich um das an den Botschaften, Gesandtschaften oder Konsulaten angestellte Schreib- und Unterpersonal (Kanzleigehilfe, Kanzleidiener, Pförtner usw.), das vielfach aus den Angehörigen eines fremden Staates genommen wird.

13. Es besteht ein im Verwaltungsrechtsverfahren verfolgbarer Anspruch (§ 40 des Ges. mit Art. 8 Ziff. 1 bayer. VGHG.), der keinerlei weitere Voraussetzung hat als die Tatsache der Anstellung im Reichsdienst, des dienstlichen Wohnsitzes im Ausland und des Bezuges eines Diensteinkommens aus der Reichskasse. § 9 Abs. 1 des Ges. findet keine Anwendung. Für die Einbürgerungsurkunde wird eine Gebühr von 20 *RM* erhoben (s. § 38 des Ges. und Anm. 3 dazu).

14. Der Angestellte hat freie Wahl, in welchem Bundesstaate er die Staatsangehörigkeit erwerben will; er kann sich auch für die Erwerbung der unmittelbaren Reichsangehörigkeit entscheiden (§ 35 des Ges.). In Bayern ist zur Einbürgerung die Regierung von Oberbayern, Kammer des Innern zuständig (VollzB. Z. 23).

15. Die Wirkung der Einbürgerung auf Ehefrau und Kinder bemißt sich nach § 16 Abs. 2 des Ges.

Soweit hier Nichtchristen in Frage kommen, denen nach ihrer Religion und auch nach den Gesetzen ihres bisherigen Staates die Vielehe gestattet war, wird jeweils zu erwägen sein, welcher Vorbehalt bezüglich der Ehefrau und Kinder in der Urkunde über die Einbürgerung zu machen ist.

Die Einbürgerung des Gesuchstellers muß erfolgen, auch ohne daß er seine bisherige Staatsangehörigkeit aufgibt. Ob die Einbürgerung im Deutschen Reiche den Verlust der bisherigen Staatsangehörigkeit nach sich zieht, bemißt sich nach den Gesetzen des Staates, dem der Angestellte bisher angehörte.

16. Ein Einkommen aus Gebühren für dienstliche Inanspruchnahme durch Private ist kein Einkommen aus der Reichskasse. Es kommen hier hauptsächlich die Wahlkonsuln in Betracht.

17. Auch hier kann sich der Angestellte an jeden Bundesstaat und an jede zur Verleihung der unmittelbaren Reichsangehörigkeit ermächtigte Behörde wenden. Diese sind aber, wie im Falle des § 8 des Ges., frei in der Entschließung darüber, ob sie auch im Falle der gesetzlichen Zulässigkeit die Einbürgerung erteilen wollen oder nicht. Wenn § 40 Abs. 1 allgemein auf § 15 verweist, so ist dies ungenau. Die Verweisung kann sich nur auf § 15 Abs. 2 erster Halbsatz beziehen.

Als gesetzliche Voraussetzungen für die Zulässigkeit der Einbürgerung kommen nur in Frage die Tatsachen der Anstellung im Reichsdienst, des dienstlichen Wohnsitzes im Auslande und des Nichtbezuges eines Diensteinkommens aus der Reichskasse.

Wegen der Zuständigkeit s. Anm. 14.

18. Die erforderte Zustimmung des Reichskanzlers (jetzt: des Reichsministeriums des Innern) hat dieselbe Bedeutung wie der Schlußsatz in § 13. Will die zuständige Behörde das Gesuch um Einbürgerung ohne weiteres abweisen, so bedarf es der Einvernahme des Reiches nicht mehr. Im übrigen s. Anm. 10 mit 12 zu § 13.

19. S. Anm. 15.

§ 16.[1]

I Die Aufnahme[2] oder Einbürgerung[3] wird wirksam[4] mit der Aushändigung[5] der von der höheren Verwaltungsbehörde[6] hierüber[7] ausgefertigten[8] Urkunde[9] oder der Urkunde[10] über die unter den Voraussetzungen des § 14 oder des § 15 Abs. 1 erfolgte Anstellung.[11]

II Die Aufnahme oder Einbürgerung erstreckt sich, insofern nicht[12] in der Urkunde ein Vorbehalt[13] gemacht wird, zugleich auf die Ehefrau[14] und auf diejenigen Kinder,[15] deren gesetzliche Vertretung dem Angenommenen oder Eingebürgerten kraft elterlicher Gewalt[16] zusteht. Ausgenommen sind Töchter, die verheiratet sind oder verheiratet gewesen sind.

1. Die Bestimmung faßt die §§ 10 und 11 des früher geltenden Gesetzes zusammen, ohne deren Inhalt wesentlich zu ändern.

2. Die Fälle der Aufnahme s. in den §§ 7 und 14 des Ges.

3. Die Fälle der Einbürgerung sind in den §§ 8 mit 15, 26, 30, 31 und 32 behandelt; dazu kommen noch die Fälle des Erwerbs der unmittelbaren Reichsangehörigkeit nach den §§ 33 mit 35 des Ges.

4. Die Wirksamkeit besteht darin, daß der Aufgenommene oder Eingebürgerte die Rechte erwirbt, die jedem Staatsangehörigen unter den gleichen Voraussetzungen zustehen, und daß er die diesen Staatsangehörigen obliegenden Pflichten zu erfüllen hat.

5. Die Urkunde über die Aufnahme, Einbürgerung, Anstellung oder Bestätigung muß in den Besitz und zur Kenntnis desjenigen gelangen, um dessen Aufnahme oder Einbürgerung es sich handelt. Eine Aushändigung an Familienangehörige, Angestellte u. dgl., die nicht zu einer Aushändigung an die aufzunehmende oder einzubürgernde Person führt, hat nicht die Wirkung einer Aufnahme oder Einbürgerung. Dagegen genügt die Aushändigung an einen genügend Bevollmächtigten; bei nicht geschäftsfähigen Personen ist die Aushändigung an den gesetzlichen Vertreter erforderlich. Lebt der Gesuchsteller im Ausland, so darf die Urkunde nur durch Vermittlung des zuständigen deutschen Konsulats ausgehändigt werden (VollzB. Z. 24 Abs. 3).

Ist die Urkunde von der zuständigen Behörde ausgefertigt, so hat sie mit der Aushändigung die Wirkung der Aufnahme oder Einbürgerung, auch wenn die materiellen oder formellen Voraussetzungen für die Aufnahme, Einbürgerung, Anstellung oder Bestätigung nicht vorlagen (s. auch R e g e r, IV. Erg.-Bd., S. 139). Die Verleihung der Staatsangehörigkeit durch Aushändigung der Urkunde ist ein Formalakt. Die Zurücknahme (Anfechtung) der Staatsangehörigkeitsverleihung muß jedoch dann als zulässig erachtet werden, wenn die verleihende Behörde durch falsche Angaben, gefälschte Papiere des Antragstellers oder sonstige vorsätzliche Täuschung über das Vorhandensein der für die Staatsangehörigkeitsverleihung erforderlichen rechtlichen Voraussetzungen in Irrtum versetzt worden ist. Im übrigen unterliegt die Verleihung keinem Anfechtungs- oder Nichtigkeitsverfahren. Vgl. dazu S e y d e l - P i l o t y, Bayer. Staatsrecht, Bd. I S. 146 und K e l l e r - T r a u t m a n n, RStG. Anm. II zu § 16 (S. 214—217).

Eine Anstellungsurkunde, durch die in Bayern die Staatsangehörigkeit erworben wird, soll regelmäßig erst an dem Tage ausgehändigt werden, an dem die Anstellung wirksam wird (VollzB. Z. 22 Abs. 2).

Nachweis des Tages, an dem die Aufnahme-, Einbürgerungs- oder Anstellungsurkunde ausgehändigt wurde, ist zu den amtlichen Verhandlungen zu nehmen (VollzB. Z. 24 Abs. 1).

6. Zur Erteilung der Aufnahme sind in Bayern die Bezirksverwaltungsbehörden zuständig, zur Erteilung der Einbürgerung die Kreisregierungen, Kammern des Innern (VollzB. Z. 3 u. 16). (Wegen der übrigen Bundesstaaten s. Spalte 4 der Anlage 9 zu den Vollzugsvorschriften, unten S. 134).

7. Nur die Urkunde über die Verleihung der Staatsangehörigkeit oder über die Anstellung oder Bestätigung einer Anstellung hat die Wirkung, daß sie mit ihrer Aushändigung den Besitz der Staatsangehörigkeit erzeugt und zwar auch dann, wenn die Voraussetzungen für den Verleihungsakt nicht vorlagen. Eine Urkunde, die den Besitz der Staatsangehörigkeit bestätigt, hat diese Wirkung nicht. Eine irrtümlich ausgestellte und ausgehändigte Bestätigung über den Besitz der Staatsangehörigkeit ist ohne Rechtswirkung für die Staatsangehörigkeit, s. hierzu auch Anm. 8 (drittletzter Absatz) zu § 1.

8. Eine Ausfertigung der Urkunde liegt vor, wenn sie mit Datum und dem Amtssiegel versehen ist und die eigenhändige Unterschrift des Beamten trägt, der zur Aufnahme, Einbürgerung, Anstellung oder Bestätigung ermächtigt ist. Es genügt nicht eine Abschrift der Urkunde, auch nicht eine beglaubigte Abschrift der Urkunde, selbst wenn die Beglaubigung durch den Beamten erfolgt wäre, der die Ausfertigung zu unterzeichnen hat. Ebensowenig hat es Bedeutung, wenn der Inhalt der Urkunde schriftlich oder mündlich mitgeteilt wird.

Wer zur Ausfertigung der Anstellungs- und Bestätigungsurkunden befugt ist, bemißt sich nach den für jedes Dienstgebiet für das Reich und für die Bundesstaaten jeweils bestehenden Sondervorschriften.

9. Die Form der Aufnahme- und Einbürgerungsurkunden hat der Bundesrat bestimmt (§ 39 Abs. 1). S. Bek. des Reichskanzlers vom 29. Nov. 1913 in Nr. 59 des ZBl. für das Deutsche Reich und bayer. MABl. 1914 S. 133 ff., 1918 S. 343 ff., GVBl. 1929 S. 187).

10. Ob bei einer Anstellung oder Bestätigung eine Urkunde ausgehändigt wird und welche Form diese Urkunde hat, bemißt sich nach den für jedes Dienstgebiet, für das Reich und für die Bundesstaaten jeweils bestehenden Sondervorschriften.

11. Damit also eine unter den Voraussetzungen des § 14 oder § 15 Abs. 1 erfolgte Anstellung oder Bestätigung die Wirkung der Aufnahme oder Einbürgerung hat, muß in formeller Beziehung hinzukommen,

1. daß über die Anstellung oder Bestätigung überhaupt eine Urkunde ausgefertigt wird,

2. daß diese Urkunde dem Angestellten oder Bestätigten ausgehändigt wird.

Fehlt es auch nur an einem dieser Erfordernisse, dann tritt die Wirkung der Aufnahme oder Einbürgerung nicht ein. Im Falle des § 14 und des § 15 Abs. 1 steht dann die Möglichkeit der Aufnahme nach § 7 und der Einbürgerung nach § 8 offen. Siehe Reger Bd. 36 S. 274.

12. S. Anm. 13 zu § 14.

13. Der Vorbehalt kann von dem Gesuchsteller und Angestellten oder von der Behörde ausgehen. Als Vorbehalt ist es nicht anzusehen, wenn die Namen der Ehefrau und der Kinder in der Urkunde nicht aufgeführt sind. Der Vorbehalt muß ausdrücklich ausgesprochen sein.

Der Vorbehalt für Angestellte hatte besondere Bedeutung für die im preußischen Heere als Offiziere oder im Offiziersrang stehende Militärbeamte angestellten Angehörigen eines anderen Bundesstaates. Durch eine Reihe der zwischen Preußen und einzelnen Bundesstaaten abgeschlossenen Militärkonventionen war bestimmt, daß solche Anstellungen von Angehörigen anderer Bundesstaaten im preußischen Heere stets als unter dem Vorbehalt des § 9 des früher geltenden Gesetzes erfolgt gelten sollten. Diese Vereinbarungen behielten auch gegenüber diesem Gesetze ihre Wirkung. Vgl. Reger Bd. 37 S. 407.

Die Behörde ist vollkommen frei, welche Vorbehalte sie jeweils in der Urkunde machen will. Ist der Gesuchsteller oder Angestellte damit nicht einverstanden, daß ein von ihm erbetener Vorbehalt nicht gemacht wurde, oder daß ein von ihm nicht beabsichtigter Vorbehalt gemacht wurde, ist aber die Aushändigung der mit dem Vorbehalt ausgefertigten Urkunde erfolgt, so ist die Aufnahme oder Einbürgerung mit dem Vorbehalte wirksam geworden. Auch gegenüber der Nichtübereinstimmung in bezug auf diesen Vorbehalt macht sich die Aushändigung der Urkunde als Formalakt geltend; es gibt in diesem Falle gegenüber der Urkunde kein Anfechtungs- und Nichtigkeitsverfahren.

Alle Angehörigen, die mit dem Familienhaupt aufgenommen oder eingebürgert werden sollen, sind in die Aufnahme- oder Einbürgerungsurkunde mit Namen, Geburtstag und -ort einzutragen (VollzB. S. 24 Abs. 2); doch ist dies nur eine Ordnungsvorschrift; wird sie nicht beachtet, so ist die Aufnahme oder Einbürgerung doch für den Angehörigen wirksam.

14. Die Rechtsgültigkeit der Ehe ist nach dem Rechte des Staates zu beurteilen, dem der Aufgenommene oder Eingebürgerte zur Zeit der Eheschließung angehörte; bei einem Staatlosen ist das Recht des Staates maßgebend, dem er zuletzt angehört hat, und wenn er einem Staate nicht angehört hat, das Recht des Staates, in dem er seinen Wohnsitz oder Aufenthalt gehabt hat (Art. 29 EG. BGB.).

15. Die namentliche Bezeichnung der von der Aufnahme oder Einbürgerung betroffenen Kinder hat rechtsbegründende Wirkung, Reger Bd. 36 S. 276.

Über Adoptivkinder siehe Bl. Bd. 65 S. 303.

16. Das Recht der elterlichen Gewalt ist nach dem Rechte des Staates zu beurteilen, dem der Aufgenommene oder Eingebürgerte zur Zeit der Aufnahme oder Einbürgerung angehörte (BGH. Bd. 26 S. 129; s. auch Reger, IV. Erg.-Bd. S. 142). Bei Staatlosen ist Art. 29 EG. BGB. maßgebend. (Anderer Meinung Cahn, RStG. Anm. 13 zu § 16.)

Gegenüber einem unehelichen Kinde steht der deutschen Frau die elterliche Gewalt nicht zu (§ 1707 BGB.). S. im übrigen Anm. 10 zu § 7.

§ 17.[1]

Die Staatsangehörigkeit[2] geht verloren[3,4,5]

1. durch Entlassung[6] (§§ 18 bis 24),
2. durch den Erwerb einer ausländischen Staatsangehörigkeit (§ 25),
3. durch Nichterfüllung der Wehrpflicht (§§ 26, 29),[7]
4. durch Ausspruch der Behörde (§§ 27—29),[8]
5. für ein uneheliches Kind durch eine von dem Angehörigen eines anderen Bundesstaates oder von einem Ausländer bewirkte und nach den deutschen Gesetzen wirksame[9] Legitimation,
6. für eine Deutsche durch Eheschließung[10] mit dem Angehörigen eines anderen Bundesstaates oder mit einem Ausländer.[11]

1. Gegenüber dem früher geltenden Rechte ist der Verlustgrund des zehnjährigen Aufenthaltes im Auslande (s. Einleitung S. 12) weggefallen, der Verlust durch den Erwerb einer ausländischen Staatsangehörigkeit und durch Nichterfüllung der Wehrpflicht ist neu hinzugekommen. Vgl. auch Anm. 2 zu § 3 dieses Gesetzes.

2. Auf die unmittelbare Reichsangehörigkeit finden die Vorschriften entsprechende Anwendung (§ 35 des Ges.).

3. Das Gesetz hat keine rückwirkende Kraft (vgl. Entsch. des BGH. vom 13. Juli 1921 Nr. 9 I/21).

In Bayern sind daher bis zum 13. Mai 1871 die Verlustgründe des bayer. Indigenatsediktes (Beilage I zu Titel IV § 1 der V.-Urk. vom 26. Mai 1818) maßgebend. Für die Zeit vom 13. Mai 1871 bis 1. Jan. 1914 kommen die Verlustgründe in Betracht, wie sie im § 13 RG. über die Erwerbung und den Verlust der Bundes- und Staatsangehörigkeit vom 1. Juni 1870 aufgeführt und in den §§ 14 mit 21 dieses Gesetzes näher behandelt sind.

Wer unter der Herrschaft des früher geltenden Rechtes die Staatsangehörigkeit verloren hat, für den bleibt der Verlust bestehen, auch wenn der Verlustgrund jetzt nicht mehr oder nur unter anderen Voraussetzungen als solcher anerkannt wird.

Wegen der aus Staatsverträgen sich ergebenden abweichenden Verlustgründe s. § 36 des Ges.

4. Durch das Versailler Diktat haben 6½ Millionen Reichsangehörige (davon sind 3½ Millionen deutschen Stammes) ihre deutsche Staatsangehörigkeit verloren und sind französische, belgische, dänische, polnische, tschechoslowakische, litauische, Danziger Staatsangehörige geworden. Die Bewohner des Saarbeckengebietes dagegen haben ihre deutsche Staatsangehörigkeit behalten. Siehe hierüber S. 259.

Der Verlust der Staatsangehörigkeit durch Option für Frankreich auf Grund des deutsch-französischen Friedensvertrags vom 10. Mai 1871 und für Dänemark auf Grund des preußisch-österreichisch-dänischen Friedensvertrags vom 30. Okt. 1864 (s. dazu den deutsch-dänischen Vertrag vom 11. Jan. 1907, Deutscher Reichsanzeiger 1907 Nr. 20) sei hier lediglich erwähnt.

5. Trotz des Verlustes der Staatsangehörigkeit bleiben gegenüber solchen ehemaligen Staatsangehörigen, die die Reichsangehörigkeit verloren, eine fremde Staatsangehörigkeit aber nicht erworben haben, gewisse Beziehungen insofern bestehen, als ihre Rückübernahme nach Deutschland auf Grund der bestehenden Übernahmeverträge mit ausländischen Staaten verlangt werden kann.

Siehe hierzu die Verordnung über die Auflösung der Flüchtlingslager vom 17. Dez. 1923 (RGBl. I S. 1202):

§ 14. Die Pflicht zur Übernahme neu eintreffender Personen ... richtet sich nach folgenden Bestimmungen:

a) Deutsche und staatlose ehemalige Deutsche sind von dem Lande zu übernehmen, dessen Staatsangehörigkeit sie besitzen oder besessen haben,

b) staatlose Personen deutscher Abkunft von dem Lande, dem ihre letzten nachweisbaren deutschen Vorfahren angehört haben.

Sofern nicht ein anderes bewiesen wird, gilt ein im Reichsgebiet wohnhaft gewesener Vorfahre als Angehöriger des Landes, innerhalb dessen der letzte nachweisbare inländische Wohnsitz gelegen ist.

c) Für unmittelbare Reichsangehörige, staatlose ehemalige unmittelbare Reichsangehörige und staatlose ehemalige Elsaß-Lothringer*) bestimmt der Reichsminister des Innern das zur Übernahme verpflichtete Land.

d) .....

Auch in anderen Fällen kann die früher besessene Reichsangehörigkeit noch mitwirken, vgl. z. B. das Reichsentlastungsgesetz vom 4. Juni 1923 (RGBl. S. 305):

§ 11. Wer infolge einer im Friedensvertrage bestimmten Gebietsabtretung die Reichsangehörigkeit verloren hat, ohne die

---

*) Vgl. über die „staatlosen ehemaligen Elsaß-Lothringer" unten S. 139.

Staatsangehörigkeit des erwerbenden Staates zu erhalten, gilt, sofern er bis zur endgültigen Entscheidung über seinen Antrag die Reichsangehörigkeit wiedererwirbt, auch für die zwischenliegende Zeit als Reichsangehöriger im Sinne des Liquidationsschädengesetzes und als Deutscher im Sinne des Abschnitts III des Reichsausgleichsgesetzes.

6. Die Entlassung aus dem bayerischen Staatsverbande steht der Bezirksverwaltungsbehörde (d. i. dem Bezirksamt, in kreisunmittelbaren Städten, auch in München, Nürnberg und Fürth, dem Stadtrat) zu. Örtlich zuständig ist die Behörde, in deren Bezirk der Gesuchsteller seine Niederlassung hat oder zuletzt hatte; in zweiter Linie ist die Behörde der letzten Niederlassung der Eltern oder des letztlebenden Elternteils zuständig. Ist hiernach keine zuständige Behörde vorhanden, so ist der Stadtrat München zuständig. Bei Ehefrauen bemißt sich die Zuständigkeit nach der des Ehemannes, es sei denn, daß die Ehe aufgelöst ist und die Ehefrau seither eine eigene Niederlassung in Bayern hat oder hatte (VollzB. Z. 25 Abs. 2).

Das Gesuch muß alle Angaben enthalten, die in die Entlassungsurkunde (Anlage 3 oder 4 zur VollzB.) aufzunehmen sind. Es ist anzugeben, ob sich die Entlassung auch auf die Ehefrau und die Kinder erstrecken soll. Das Gesuch ist durch Heimatschein oder Staatsangehörigkeitsausweis zu belegen (VollzB. Z. 25 Abs. 3).

7. Die Wehrpflicht beruhte auf Art. 57 der RV. vom 16. April 1871 (s. a. das Gesetz betr. die Verpflichtung zum Kriegsdienst vom 9. Nov. 1867, GVBl. S. 131). Sie ist nunmehr abgeschafft: siehe Art. 173 des Versailler Diktats, RGBl. 1919 S. 931, ferner § 1 des RG. über die Abschaffung der allgemeinen Wehrpflicht usw. vom 21. Aug. 1920 (RGBl. S. 1608), endlich § 1 des Wehrgesetzes vom 23. März 1921 (RGBl. S. 329). Ein schwacher Nachhall der früheren allgemeinen Wehrpflicht ist die Bestimmung des § 86 der bayer. V.-Urk. vom 14. Aug. 1919.

Soweit nach den bis 1918/19 geltenden Vorschriften die Staatsangehörigkeit durch Nichterfüllung der Wehrpflicht verloren ging, hat es dabei sein Bewenden.

8. Hierzu kam vom 14. Aug. 1918 bis zum 31. Dez. 1923 noch § 23 des Gesetzes gegen die Steuerflucht vom 26. Juli 1918 (RGBl. S. 951); s. unten S. 153.

9. S. Anm. 3 und 4 zu § 5. Vgl. auch Reger Bd. 41 S. 216. Die Frage, ob eine Legitimation die im Gesetze vorgesehenen Wirkungen auszuüben geeignet ist, muß im Falle der Legitimation durch einen D e u t s c h e n nach m a t e r i e l l e m deutschem Rechte, im Falle der Legitimation durch einen A u s l ä n d e r nach den deutschen K o l l i s i o n s n o r m e n beurteilt werden (s. Art. 22 EG. BGB.).

10. Ist die Ehe nichtig, so wird die Staatsangehörigkeit nicht verloren (s. Anm. 2 zu § 6). Wird die Ehe geschieden, so lebt die deutsche Staatsangehörigkeit dadurch nicht wieder auf.

Vgl. auch ZfRpfl. 1921 Nr. 7/8 S. 97.

11. Ausländer ist auch ein Staatloser.

§ 18.[1]

Die Entlassung einer Ehefrau kann nur[2] von dem Manne und, soferne dieser ein Deutscher[3] ist, nur zugleich mit seiner Entlassung beantragt[4] werden. Der Antrag bedarf[5] der Zustimmung[6] der Frau.

1. Das frühere Gesetz gewährte dem Ehemann die Möglichkeit, mit dem Antrag auf Entlassung auch seine Ehefrau staatlos zu machen, sofern nicht in der Entlassungsurkunde die im § 19 vorgesehene Ausnahme gemacht wurde. War dem Ehemann sodann nach einer ausländischen Gesetzgebung das Recht eingeräumt, durch seine Aufnahme in die fremde Staatsangehörigkeit diese zugleich auf seine Frau zu übertragen, so konnte unter Umständen ihre rechtliche Lage, z. B. beim ehelichen Güterrecht oder beim Ehescheidungsrecht, ohne ihr Zutun und wider ihren Willen erheblich verschlechtert werden. Dieser Möglichkeit sucht das Gesetz entgegenzutreten, indem es im übrigen auch hierbei den sonst vertretenen Standpunkt der Familienzusammengehörigkeit wahrt.

2. Wenn die Ehefrau den Antrag stellt und der Ehemann ihm zustimmt oder ihn genehmigt, dann wird der Antrag gerade so zu beurteilen sein, als ob ihn der Mann mit Zustimmung der Ehefrau gestellt hätte.

3. Als Fälle, daß die Ehefrau Reichsdeutsche, der Mann aber Ausländer ist, kommen insbesondere folgende in Betracht:

a) Der Mann wurde nach § 19 des früheren Gesetzes entlassen, für die Frau aber wurde eine Ausnahme gemacht.

b) Der Mann hat nach § 21 Abs. 1 des früheren Gesetzes die Staatsangehörigkeit durch mehr als zehnjährigen Aufenthalt im Ausland verloren, die Ehefrau hat sich aber während dieser Zeit nicht bei ihm befunden (§ 21 Abs. 2 des früheren Gesetzes).

c) Der Mann wurde nach dem jetzigen Rechte entlassen, der Name der Ehefrau wurde aber in der Entlassungsurkunde nicht aufaufgeführt (§ 23 Abs. 2 des Ges.).

4. Für den Ehemann kann den Antrag sein gesetzlicher Vertreter stellen.

5. Es liegt erst dann ein rechtsgültiger Antrag vor, wenn die Zustimmung der Frau hinzukommt. Wurde jedoch die Entlassungsurkunde ausgefertigt und ausgehändigt, ohne daß die Zustimmung vorlag, so ist die Entlassung, so wie sie verfügt wurde, wirksam (s. § 23 Abs. 1 und Anm. 3 daselbst).

6. Die Zustimmung der Frau kann nicht ersetzt werden, weil eine solche Ersetzung nicht ausdrücklich in *diesem* Gesetze vorgesehen ist (s. Anm. 8 zu § 7).

Steht die Ehefrau unter elterlicher Gewalt oder unter Vormundschaft, so ist die Zustimmung durch den gesetzlichen Vertreter zu erklären. Ist als gesetzlicher Vertreter der Ehemann bestellt, so liegt ein Fall des Interessenwiderstreites vor, der nach § 1909 BGB. durch Bestellung eines Pflegers zu lösen ist.

Verweigert die Ehefrau ihre Zustimmung, so muß die Entlassung des Ehemannes und gegebenen Falles die der Kinder erfolgen; der Name der Ehefrau darf aber in der Entlassungsurkunde nicht aufgeführt werden, und die Entlassung hat für sie keine Wirkung.

§ 19.[1]

I Die Entlassung einer Person, die unter elterlicher Gewalt[2] oder unter Vormundschaft[3] steht, kann nur[4] von dem gesetzlichen Vertreter[5] und nur mit Genehmigung des deutschen Vormundschaftsgerichts[6] beantragt[7] werden. Gegen[8] die Entscheidung des Vormundschaftsgerichts steht auch[9] der Staatsanwaltschaft[10] die Beschwerde[11] zu; gegen den Beschluß des Beschwerdegerichts ist die weitere Beschwerde[12] unbeschränkt[13] zulässig.

II Die Genehmigung des Vormundschaftsgerichts ist nicht erforderlich, wenn der Vater oder die Mutter die Entlassung für sich und zugleich kraft elterlicher Gewalt[14] für ein Kind beantragt und dem Antragsteller die Sorge[15] für die Person des Kindes zusteht. Erstreckt sich der Wirkungskreis eines der Mutter bestellten Beistandes[16] auf die Sorge für die Person des Kindes, so bedarf die Mutter zu dem Antrag auf Entlassung des Kindes der Genehmigung[17] des Beistandes.

1. Die deutsche Staatsangehörigkeit ist ein so wertvolles Gut des Mündels, daß ihre Aufgabe nur durch sehr schwerwiegende Gründe gerechtfertigt werden kann. Dabei kommen neben den privatrechtlichen und wirtschaftlichen Interessen des Mündels ganz besonders auch die öffentlich-rechtlichen Interessen des Reiches und des Staates in Frage. Die Aufgabe, diese öffentlich-rechtlichen Interessen zur Geltung zu bringen, ist in ähnlichen Fällen der Staatsanwaltschaft übertragen. Es empfahl sich daher, auch hier das Rechtsmittel der Beschwerde (§§ 20, 57 Nr. 9 FGG.) ausdrücklich der Staatsanwaltschaft zu gewähren. Dabei konnte aber die weitere Beschwerde, die ihr alsdann wie den übrigen Beteiligten gemäß § 27 des genannten Gesetzes zusteht, nicht lediglich auf die Rüge von Rechtsverletzungen beschränkt bleiben; denn es handelt sich hier regelmäßig um die Beurteilung tatsächlicher Verhältnisse, die so bedeutsam sind, daß eine möglichst einheitliche Behandlung wünschenswert erscheint (Entw. S. 26).

Bedarf der Antrag auf Entlassung einer Person unter elterlicher Gewalt oder Vormundschaft der Genehmigung des deutschen Vormundschaftsgerichtes, so hat die Bezirksverwaltungsbehörde die abgeschlossenen Verhandlungen an das nach den §§ 36, 43 FGG. (RGBl. 1898 S. 776 ff.) zuständige deutsche Vormundschaftsgericht zur Beschlußfassung über die Erteilung der Genehmigung zu leiten. Ist nach § 36 Abs. 1 oder 2 Satz 1, § 43 kein deutsches Vormundschaftsgericht zuständig, so hat die Bezirksverwaltungsbehörde die Akten dem Staatsministerium der Justiz zur Bestimmung des zuständigen Vormundschaftsgerichtes vorzulegen (VollzB. Z. 27 Abs. 1). Weiter hat die Bezirksverwaltungsbehörde bei dem Staatsanwalt anzufragen, ob er sich gegen die Entscheidung des Vormundschaftsgerichtes beschwert (VollzB. Z. 27 Abs. 2).

2. S. Anm. 10 zu § 7.

3. S. Anm. 11 zu § 7.

4. Eine Antragstellung durch einen sechzehn Jahre alten Minderjährigen, wie bei der Aufnahme oder Einbürgerung, ist ausgeschlossen, wohl aber steht ihm gegen den Beschluß des Vormundschaftsgerichtes ein Beschwerderecht zu (§ 59 FGG.). Dieses Beschwerderecht hat auch der volljährige Entmündigte, wenn er nicht geschäftsunfähig, sondern nur in seiner Geschäftsfähigkeit beschränkt ist.

5. Gesetzlicher Vertreter ist entweder der Vater oder die Mutter oder der Vormund (s. Anm. 10 mit 12 zu § 7).

Der Vormund hat bei Stellung des Antrages seine Bestallung nachzuweisen. In den Fällen, in denen die Genehmigung des Vormundschaftsgerichtes erforderlich ist, haben die gesetzlichen Vertreter ihre Unterschrift vor einer öffentlichen Behörde niederzuschreiben oder amtlich beglaubigen zu lassen (VollzB. Z. 26).

6. Das Gesetz schreibt ausdrücklich die Genehmigung des deutschen Vormundschaftsgerichtes vor, um jeden Zweifel darüber auszuschließen, als ob beabsichtigt sei, etwa auch einem ausländischen Vormundschaftsgerichte, das über einen reichsdeutschen im Auslande wohnenden Mündel die Vormundschaft führt, eine so weitreichende Befugnis einzuräumen.

Zuständig ist dasjenige deutsche Vormundschaftsgericht (Amtsgericht), bei welchem eine allenfalls schon anhängige Vormundschaft geführt wird.

Wird über die zu entlassende Person keine Vormundschaft bei einem deutschen Gerichte geführt, so sind die §§ 35 und 36 FGG. entsprechend anzuwenden. Es ist zunächst dasjenige Amtsgericht zuständig, in dessen Bezirk die zu entlassende Person zur Zeit des Antrages ihren Wohnsitz oder in Ermangelung eines inländischen Wohnsitzes ihren Aufenthalt hat. Hat der zu Entlassende im Inland weder Wohnsitz noch Aufenthalt, so ist das Gericht zuständig, in dessen Bezirk der zu Entlassende seinen letzten inländischen Wohnsitz hatte.

In Ermangelung eines solchen Wohnsitzes wird das zuständige Gericht, wenn der zu Entlassende einem Bundesstaat angehört, von der Landesjustizverwaltung, wenn er die unmittelbare Reichsangehörigkeit besitzt, von dem Reichskanzler (Reichsjustizministerium) bestimmt.

7. Die Genehmigung des Vormundschaftsgerichtes ist ein Bestandteil des Antrags. Die zur Entscheidung über die Entlassung zuständige Behörde kann sich mit dem Entlassungsantrag erst befassen, wenn die Genehmigung des Vormundschaftsgerichtes vorliegt. Das Vormundschaftsgericht hat bei seiner Entscheidung nicht nur die privaten Interessen des Mündels, sondern auch die öffentlichen Interessen des Staates und des Reiches zu würdigen (Bekanntmachung des bayer. Justizministeriums vom 12. April 1916, JustizMBl. S. 22; s. auch ZfRpfl. 1918 S. 288, Reger Bd. 41 S. 220).

8. Der Staatsanwaltschaft steht das Beschwerderecht nicht nur dann zu, wenn das Vormundschaftsgericht die Einreichung des Entlassungsantrages genehmigt, sondern auch, wenn es diese Genehmigung versagt, obzwar die Mitwirkung der Staatsanwaltschaft in erster Linie deshalb festgesetzt wurde, um eine bei Entlassung des Mündels zu befürchtende Schädigung öffentlich-rechtlicher Interessen hintanzuhalten.

9. Außer der Staatsanwaltschaft hat ein Beschwerderecht der Vormund oder der gesetzliche Vertreter, der den Antrag auf Entlassung stellt, und der Entmündigte und der Minderjährige nach § 59 FGG. Der Mündel, der das 14. Lebensjahr vollendet hat, soll auch über den Antrag gehört werden (§ 1827 BGB.).

10. Zuständig ist die Staatsanwaltschaft an dem Landgerichte, in dessen Bezirk das zuständige Vormundschaftsgericht gelegen ist.

11. Wegen Form und Frist der Beschwerde s. § 21 FGG.

12. Die weitere Beschwerde geht in Bayern an das Oberste Landesgericht (Art. 42 Abs. 3 bayer. AG. GVG.), in den übrigen Bundesstaaten an das dem Landgerichte übergeordnete Oberlandesgericht.

13. Auf die Anfrage, welche Bedeutung dem Worte „unbeschränkt" zukomme, ob insbesondere das Wort in rechtlicher oder in zeitlicher Beziehung zu verstehen sei, gab der Regierungsvertreter in der Reichstagskommission folgende Erklärung ab:

„Die Vorschrift muß im Zusammenhange mit den einschlägigen Vorschriften des Gesetzes über die Angelegenheiten der freiwilligen Gerichtsbarkeit gelesen werden; darnach ist die Beschwerde an keine Frist gebunden; denn unter die Fälle der sofortigen Beschwerde, die im § 60 des Ges. aufgezählt sind, ist die Beschwerde gegen eine Verfügung über die Staatsangehörigkeit des Minderjährigen nicht einzubeziehen. Eine solche Verfügung ist nicht nur im § 14 a des bisher geltenden Gesetzes, sondern auch im § 1827 BGB. vorgesehen; sie hätte also im § 60 erwähnt werden müssen.

„Nach § 29 Abs. 3 FGG. ist hiernach auch das gegen die

Entscheidung des Beschwerdegerichts zulässige Rechtsmittel nicht eine sofortige, sondern eine zeitlich unbeschränkte Beschwerde.

„Sachlich dagegen würde gemäß § 27 des Ges. die weitere Beschwerde auf den Fall beschränkt sein, daß die Entscheidung des Beschwerdegerichtes auf einer Verletzung des Gesetzes beruhte. Diese Beschränkung will das Gesetz für die Beschwerde gegen Entscheidungen über die Staatsangehörigkeit des Minderjährigen aufheben, weil bei ihnen auch in der dritten Instanz nicht sowohl rechtliche als tatsächliche Erwägungen ausschlaggebend sein müssen. Hieraus folgt, daß die weitere Beschwerde sowohl zeitlich wie sachlich unbeschränkt ist."

Zeitlich finden die Beschwerde und die weitere Beschwerde ihre Grenze darin, daß sie gegenstandlos werden, wenn das Vormundschaftsgericht oder das Beschwerdegericht die Zustimmung zum Entlassungsantrag gegeben hat und daraufhin die Entlassung rechtswirksam (s. § 23) erfolgt ist. Siehe aber Anm. 1 Abs. 2 letzter Satz.

14. Wird die Entlassung von dem Inhaber der elterlichen Gewalt für sich und seine Kinder beantragt, so entfallen die wesentlichen Gründe für die in Abs. 1 getroffene Regelung.

15. Die Sorge für die Person des Kindes ist von der elterlichen Gewalt getrennt in den Fällen der §§ 1628, 1630 mit 1795 und 1796, 1635 und 1637 BGB. bei ehelichen und im Falle des § 1707 BGB. bei unehelichen Kindern. Siehe Reger Bd. 38 S. 67.

16. Siehe BGB. §§ 1687 ff. Der Beistand hat seine Bestallung nachzuweisen (VollzB. Z. 26).

17. Die Genehmigung ist ein wesentlicher Bestandteil des Antrags.

§ 20.[1]

Die Entlassung aus der Staatsangehörigkeit in einem Bundesstaate[2] bewirkt[3] gleichzeitig die Entlassung aus der Staatsangehörigkeit in jedem anderen Bundesstaate, soweit sich der Entlassene nicht die Staatsangehörigkeit in einem anderen Bundesstaate durch eine Erklärung[4] gegenüber der zuständigen[5] Behörde des entlassenden Staates vorbehält.[6] Dieser Vorbehalt muß[7] in der Entlassungsurkunde vermerkt werden.

1. Unter der Herrschaft des früheren Gesetzes haben sich nicht nur aus dem gleichzeitigen Besitze der Reichsangehörigkeit und einer ausländischen Staatsangehörigkeit, sondern auch durch die Zugehörigkeit zu mehreren Bundesstaaten Unzuträglichkeiten ergeben. Diese Unzuträglichkeiten waren im letzteren Falle allerdings nicht so bedenklich, weil hier infolge des staatsrechtlichen Bandes zwischen den Bundesstaaten von einem Widerstreite politischer Pflichten, insbesondere der Treuverpflichtung, nicht die Rede sein konnte. Immerhin erscheint es mit dem Grundbegriffe der Staatsangehörigkeit nicht recht vereinbar, daß jemand durch zufällige Ereignisse, wie durch die vorübergehende Anstellung eines Vorfahren im Dienste eines Bundesstaates oder im Falle der Aufnahme in einem neuen Wohnsitzstaate durch die unbeabsichtigte Beibehaltung der bisherigen Staatsangehörigkeit, mehreren Bundesstaaten angehört, ohne die Beziehungen zu ihnen irgendwie aufrecht zu erhalten. Praktisch unerwünschte Folgen zeigten sich beispielsweise, wenn ein mehreren Bundesstaaten Angehörender zum Zweck der Auswanderung seine Reichsangehörgkeit aufgeben wollte, seine Entlassung aber, sei es aus Unkenntnis des Gesetzes, sei es, weil er sich seiner mehrfachen Staatsangehörigkeit nicht bewußt war, nur aus einem Bundesstaat nahm; denn in einem solchen Falle hatte er wider seinen Willen die Reichsangehörigkeit und die sich daraus ergebenden Rechte und Pflichten beibehalten.

Wenn ferner das BGB. gewisse wichtige Entscheidungen auf dem Gebiete des Familienrechts, wie die Befreiung von Ehehindernissen, den Behörden des Staates zuweist, dem der Beteiligte angehört, so geht es von dem Gedanken aus, daß er diesem Staat besonders nahesteht. Dieser Gedanke ist aber nicht auszuführen, wenn für die Entscheidungen auch Staaten in Betracht kommen, zu denen der Beteiligte nur auf Grund vorübergehender oder längst vergangener Ereignisse in ein Zugehörigkeitsverhältnis getreten ist.

Aus diesen Gründen sucht das Gesetz die mehrfache Staatsangehörigkeit möglichst zu beseitigen. Immerhin ist denkbar, daß jemand ein dauerndes Interesse daran haben kann, mehreren Bundesstaaten anzugehören. Das Gesetz läßt deshalb für die Wünsche der Beteiligten entsprechenden Spielraum (Entwurf S. 19).

Um die Mißstände zu beseitigen, hatte der Entwurf in den §§ 20 und 27 folgende zwei Bestimmungen vorgeschlagen:

a) Der Angehörige eines Bundesstaates verliert die Staatsangehörigkeit in diesem Staat mit der Aufnahme in einen anderen Bundesstaat.

b) Wer zur Zeit des Inkrafttretens dieses Gesetzes mehreren Bundesstaaten angehört, kann innerhalb zweier Jahre erklären, welchen dieser Staaten er weiter angehören will. In Ermangelung einer solchen Erklärung behält er diejenige Staatsangehörigkeit, welche er oder die Person, von der er abstammt, zuletzt erworben hat.

Die Reichstagskommission hat aber diese beiden Bestimmungen abgelehnt und dafür den jetzigen § 20 in das Gesetz eingefügt.

2. Auf die unmittelbare Reichsangehörigkeit findet die Bestimmung entsprechende Anwendung (§ 35).

3. Die Entlassung aus der Staatsangehörigkeit in jedem anderen Bundesstaate sowie aus der unmittelbaren Reichsangehörigkeit tritt kraft Gesetzes ein, auch wenn der andere Bundesstaat nicht gehört ist, und wenn die Staatsangehörigkeit in dem anderen Bundesstaat oder die unmittelbare Reichsangehörigkeit nicht bekannt ist.

Die Bezirksverwaltungsbehörde, die die Entlassungsurkunde ausfertigt, hat die vorbehaltlose Entlassung den Bundesstaaten mitzuteilen, denen der Entlassene angehört hatte. Die Mitteilung ist an die zur Ausfertigung der Entlassungsurkunden zuständigen Behörden (Anlage 9 zur VollzB.) zu richten. Ist die örtlich zuständige Behörde nicht bekannt, so ist die Mitteilung dem Staatsministerium des Innern zur Weiterleitung vorzulegen (VollzB. Z. 32 Abs. 1).

4. Die Erklärung ist an keine Form gebunden; sie kann auch mündlich abgegeben werden. Soweit zu dem Antrag auf Entlassung eine Zustimmung (§ 18) oder eine Genehmigung (§ 19) erforderlich ist, umfaßt sie auch die Erklärung über den Vorbehalt.

5. Zuständige Behörde ist in Bayern die Bezirksverwaltungsbehörde (Bezirksamt oder Stadtrat), s. oben Anm. 6 zu § 17.

6. Die Abgabe der Vorbehaltserklärung an die zuständige Behörde ist die Tatsache, durch die der Verlust der bezeichneten Staatsangehörigkeit hintangehalten wird. Damit die Erklärung Wirkung haben kann, muß sie zur Kenntnis der zuständigen Behörde gelangen, ehe die auszuhändigende Entlassungsurkunde ausgehändigt wird.

7. Wird der Vorbehalt in der Entlassungsurkunde nicht vermerkt, so behält er gleichwohl seine Wirkung. Die Vorschrift, daß der Vorbehalt in der Entlassungsurkunde vermerkt werden muß, ist eine Dienstesvorschrift an die zuständigen Behörden, aber keine Voraussetzung für die Rechtswirksamkeit des Vorbehaltes.

§ 21.[1]

Die Entlassung muß[2] jedem[3] Staatsangehörigen[4] auf seinen Antrag erteilt[5] werden, wenn er die Staatsangehörigkeit in einem anderen Bundesstaat besitzt[6] und sich diese gemäß § 20 vorbehält.

1. Die unterschiedliche Behandlung der Entlassungsanträge, je nachdem der Antragsteller unter Beibehaltung seiner Reichsangehörigkeit nur Angehöriger eines anderen Bundesstaates werden oder die Reichsangehörigkeit aufgeben will, ist wie in dem früher geltenden Gesetze beibehalten. (Siehe § 15 des früher geltenden Gesetzes.)

2. Der Staatsangehörige hat in diesem Falle einen im Verwaltungsrechtsverfahren verfolgbaren Anspruch auf Entlassung (§ 40 des Ges. mit Art. 8 Ziff. 1 bayer. VGHG.). Voraussetzungen dieses Anspruches sind: a) Besitz der Staatsangehörigkeit in dem Bundesstaat, in dem die Entlassung beantragt wird, b) ein Antrag, der allenfalls die Voraussetzungen der §§ 19 und 20 erfüllen muß, c) der Besitz der Staatsangehörigkeit in einem anderen Bundesstaate und d) der Vorbehalt dieser anderen Staatsangehörigkeit.

3. Bezüglich der unter elterlicher Gewalt und unter Vormundschaft stehenden Personen s. § 19, bezüglich der Ehefrauen § 18.

4. Auf die unmittelbare Reichsangehörigkeit ist die Bestimmung nicht anzuwenden (§ 35).

5. Wegen der Zuständigkeit zur Entgegennahme des Antrags s. Anm. 6 zu § 17.

6. Den Besitz muß der Gesuchsteller bei seinem Antrag auf Entlassung durch einen Heimatschein oder Staatsangehörigkeitsausweis des betreffenden Bundesstaates aus jüngster Zeit nachweisen (VollzB. Z. 25). Besitzt er eine deutsche Staatsangehörigkeit und behält er diese sich vor, so haben weitere Ermittelungen zu unterbleiben (VollzB. Z. 28 Abs. 1).

§ 22.*)

I Fehlt es an den Voraussetzungen[1] des § 21, so wird die Entlassung nicht erteilt[2]

1. *Wehrpflichtigen,[3] über deren Dienstverpflichtung noch nicht endgültig entschieden ist, sofern sie nicht ein Zeugnis der Ersatzkommission darüber beibringen, dass nach der Ueberzeugung der Kommission die Entlassung nicht in der Absicht nachgesucht wird, die Erfüllung der aktiven Dienstpflicht zu umgehen,*
2. Mannschaften des aktiven Heeres,[4] der aktiven Marine[4] *oder der aktiven Schutztruppen,*
3. *Mannschaften des Beurlaubtenstandes der in § 56 Nr. 2 bis 4 des Reichsmilitärgesetzes bezeichneten Art, sofern sie nicht die Genehmigung der Militärbehörde erhalten haben,*
4. *sonstigen Mannschaften des Beurlaubtenstandes, nachdem sie eine Einberufung zum aktiven Dienste erhalten haben,*
5. Beamten[5] und Offizieren,[6] *mit Einschluss derer des Beurlaubtenstandes,* bevor sie aus dem Dienst entlassen sind.

II Aus anderen[7] als den in Abs. 1 bezeichneten Gründen darf in Friedenszeiten die Entlassung nicht versagt werden. Für die Zeit eines Krieges oder einer Kriegsgefahr bleibt dem Kaiser der Erlaß besonderer Anordnungen[8] vorbehalten.

*) Siehe Fußnote zu § 2.

1. Diese Voraussetzungen sind:

a) Besitz der Staatsangehörigkeit noch in einem anderen Bundesstaat,

b) Vorbehalt dieser weiteren Staatsangehörigkeit nach § 20 des Gesetzes.

Bestehen Zweifel, ob die Voraussetzungen des § 22 erfüllt sind, so hat sich die Bezirksverwaltungsbehörde, soweit Beamte in Betracht kommen, an die vorgesetzte Dienstesstelle, soweit Offiziere oder Mannschaften in Betracht kommen, an den Truppenteil zu wenden (VollzV. Z. 30).

2. Die in Abs. 1 aufgeführten Personen haben keinen Rechtsanspruch auf Entlassung aus der Staatsangehörigkeit, so lange sie nicht die Entlassung aus dem Dienst erhalten haben. Im übrigen ist auch hier der verwaltungsrechtlich gesicherte Anspruch auf Entlassung gegeben (§ 40 des Ges. mit Art. 8 Ziff. 1 VGHG.).

3. Über die Wehrpflicht s. oben S. 73 Anm. 7 zu § 17.

4. Zu den Mannschaften des aktiven Heeres und der aktiven Marine gehören:

a) die Unteroffiziere und Mannschaften der Reichswehr (Reichsheer und Reichsmarine), § 1 des Wehrgesetzes vom 23. März 1921;

b) alle in Kriegszeiten zum Dienst in Heer und Flotte aufgebotenen oder freiwillig eingetretenen Mannschaften von dem Tage der Einstellung an bis zum Ablauf des Tages der Entlassung.

5. Unter Beamten sind alle Personen zu verstehen, die sich in einem öffentlich-rechtlichen Dienstverhältnis zum Reiche oder zu einem Bundesstaate, sei es unmittelbar oder mittelbar, befinden, solange dieses Dienstverhältnis nicht endgültig gelöst ist. Das Dienstverhältnis eines bayerischen Beamten ist nicht gelöst, wenn er

1. einstweilig in den Ruhestand mit Wartegeld versetzt ist (Art. 38 ff. BG.),

2. zeitweilig in den Ruhestand mit Ruhegehalt versetzt ist (Art. 49 BG.),

3. vorläufig seines Dienstes enthoben ist (Art. 170 ff. BG.).

6. Hierher gehören auch die Sanitäts- und Veterinäroffiziere.

7. Die in Abs. 1 aufgeführten Fälle, in denen die Entlassung verweigert werden darf, sind erschöpfend. Wegen Verweigerung der **Aushändigung** der Entlassungsurkunde s. § 23 Abs. 1 Satz 2.

8. Eine solche kaiserliche Verordnung ist am 3. Aug. 1914 (RGBl. S. 323) ergangen. Hiernach durften Wehrpflichtige bis auf weiteres nicht aus der Staatsangehörigkeit entlassen werden; s. unten Anm. 8 zu § 27.

§ 23.[1]

[I] Die Entlassung [2] wird wirksam [3] mit der Aushändigung [4] einer von der höheren Verwaltungsbehörde [5] des Heimat-

staats[6] ausgefertigten[7] Entlassungsurkunde.[8] Die Urkunde wird nicht ausgehändigt[9] an Personen, die verhaftet[10] sind oder deren Verhaftung oder Festnahme von einer Gerichts- oder Polizeibehörde angeordnet[11] ist.[12]

II Soll[13] sich die Entlassung zugleich auf die Ehefrau[14] oder die Kinder des Antragstellers[15] beziehen, so müssen auch diese Personen in der Entlassungsurkunde mit Namen aufgeführt werden.

1. Abs. 1 Satz 1 entspricht im wesentlichen dem § 18 Abs. 1 des früheren Gesetzes. Die Vorschrift des Abs. 2 entspricht dem Grundsatz, daß der Verlust der Staatsangehörigkeit tunlichst erschwert werden soll.

2. Nach Art. 44 Ziff. 1, Art. 66 Ziff. 1 und Art. 86 Ziff. 1 des BG. ruht der Anspruch auf das Wartegeld, auf den Ruhegehalt und auf Witwen- und Waisengeld, wenn der Berechtigte die Reichsangehörigkeit verliert, bis zu deren Wiedererlangung. Zur Sicherung des Vollzugs dieser Vorschriften wurden die Regierungen, Kammern des Innern, durch Entschließung des bayer. Staatsministeriums des Innern vom 24. Nov. 1911 Nr. 27 b 18 beauftragt, in allen Fällen, in denen sie dem Empfänger eines Wartegeldes, eines Ruhegehaltes oder von Witwen- und Waisengeld die Entlassung aus dem bayerischen Staatsverband mit der Wirkung des Verlustes der deutschen Reichsangehörigkeit erteilen, der auszahlenden Staatskasse Mitteilung zu machen. Es ist gleichgültig, ob der Entlassene innerhalb oder außerhalb des Deutschen Reiches seinen Wohnsitz hat. Die Mittelung hat zu unterbleiben, wenn der Entlassene die Staatsangehörigkeit in einem anderen Bundesstaate besitzt und sich diese gemäß § 20 vorbehält.

Diese Vorschrift ist jetzt ausgedehnt auf die vorbehaltlose Entlassung einer jeden Person, die Anspruch auf Pension, Wartegeld, Ruhegehalt, Witwen- oder Waisengeld, Witwen-, Waisen-, Eltern- oder Enkelrente hat. Die Entlassung ist dem Amte mitzuteilen, das den Bezug auszahlt (VollzB. Z. 32). Außer dem Beamtengesetze kommen noch folgende Bestimmungen in Betracht: K. Verordnung vom 26. Juni 1894 § 27 Ziff. 2, § 37 Ziff. 2; Offizierspensionsgesetz vom 31. Mai 1906 § 23 Ziff. 1; K. Verordnung vom 14. Okt. 1912 § 23 Ziff. 1, § 42 Ziff. 2; Mannschaftsversorgungsgesetz vom 31. Mai 1906 § 35 Ziff. 1; Militärhinterbliebenengesetz vom 17. Mai 1907 § 31 Abs. 1; Beamtenhinterbliebenengesetz vom 17. Mai 1907 § 15 Ziff. 1, ferner Reichsbeamtengesetz i. d. F. vom 18. Mai 1907 (RGBl. S. 245) § 29 Ziff. 2 und § 57 Ziff. 1; bayer. Volksschullehrergesetz vom 14. Aug. 1919 (GVBl. S. 437) Art. 57 und 78; Offiziersentschädigungsgesetz vom 13. Sept. 1919 (RGBl. S. 1654) § 7 Ziff. 5; Kapitulantenentschädigungsgesetz vom 13. Sept. 1919 (RGBl. S. 1659)

§ 10 Ziff. 4 und Wehrmachtversorgungsgesetz i. d. F. vom 19. Sept. 1925 (RGBl. S. 349) § 22 Ziff. 1, § 65 Ziff. 1; Reichsversorgungsgesetz i. d. F. vom 22. Dez. 1927 (RGBl. S. 515) § 61; Altrentnergesetz i. d. F. vom 22. Dez. 1927 (RGBl. S. 531); Kriegspersonenschädengesetz i. d. F. vom 22. Dez. 1927 (RGBl. S. 533) § 13.

Über belgische Ehefrauen deutscher Reichsangehöriger s. die Min.-Bek. vom 6. Aug. 1923, unten S. 142.

3. Die Wirksamkeit besteht darin, daß der Verlust der Staatsangehörigkeit in dem entlassenden Bundesstaat und ohne weiteres in all den Bundesstaaten eintritt, deren Staatsangehörigkeit sich der Entlassene nicht nach § 20 vorbehalten hat. Der Entlassene verliert alle aus der Staatsangehörigkeit entspringenden Rechte gegenüber dem Bundesstaat und ist aus allen Pflichten, die auf der Staatsangehörigkeit beruhen, entlassen. Die Aushändigung der Entlassungsurkunde ist ein Formalakt, der keinem Anfechtungs- oder Nichtigkeitsverfahren unterliegt (s. Anm. 5 zu § 16). Nachweis des Tages, an dem die Entlassungsurkunde ausgehändigt wurde, ist zu den amtlichen Verhandlungen zu nehmen (VollzB. Z. 31).

An die im Auslande lebenden Antragsteller dürfen die Entlassungsurkunden nur durch Vermittlung der deutschen Konsulate ausgehändigt werden (VollzB. Z. 31).

4. Die Entlassungsurkunde bleibt ohne Wirkung, solange sie nicht in die Hände des Antragstellers oder seines Bevollmächtigten oder gesetzlichen Vertreters gelangt ist (s. auch Anm. 5 zu § 16).

Die mit Anträgen auf Entlassung aus der Staatsangehörigkeit vorgelegten Heimatscheine und Staatsangehörigkeitsausweise der Gesuchsteller, ebenso Pässe, verlieren mit der Aushändigung der Entlassungsurkunde regelmäßig ihre Gültigkeit. Um eine mißbräuchliche Verwendung dieser Ausweispapiere zu vermeiden, sind sie bei Aushändigung der Entlassungsurkunde zurückzubehalten (VollzB. Z. 31).

5. Zuständige Verwaltungsbehörde ist in Bayern die Bezirksverwaltungsbehörde (Bezirksamt oder Stadtrat), s. oben Anm. 6 zu § 17).

6. Besitzt der Gesuchsteller die Staatsangehörigkeit in mehreren Bundesstaaten und will er sich nicht nach § 20 eine oder die andere Staatsangehörigkeit vorbehalten, so hat er für sein Entlassungsgesuch unter den Bundesstaaten, aus deren Staatsangehörigkeit er entlassen werden will, die Wahl. (Siehe auch Anm. 3 zu § 20.)

7. Siehe Anm. 8 zu § 16.

8. Die Form der Entlassungsurkunde hat der Bundesrat bestimmt (§ 39 Abs. 1; VollzB. Anlage 3 und 4).

9. Das Gesuch um Entlassung muß behandelt, auch muß bei gegebenen gesetzlichen Voraussetzungen die Entlassung verfügt und es muß die Urkunde ausgefertigt werden, nur die Aushändigung hat zu unterbleiben. Das Verbot der Aushändigung ist eine Dienstesvorschrift. Erfolgt die Aushändigung trotz des Verbotes, so hat sie die gesetzliche Wirkung.

10. Gleichgültig ist, ob es sich um Straf-, Untersuchungs- oder Polizeihaft handelt.

11. Abgesehen von den richterlichen Anordnungen auf Verhaftung kommen insbesondere die Anordnungen der Staatsanwaltschaft in Betracht. Gerichts- und Polizeibehörden sind auch die Konsularbehörden.

12. Aus anderen Gründen, insbesondere wegen Steuerrückständen u. dgl. darf weder die Entlassung noch die Aushändigung der Entlassungsurkunde verweigert werden.

Die Aushändigung der Entlassungsurkunde darf auch nicht schon dann verweigert werden, wenn jemand sich in strafrechtlicher Untersuchung befindet oder mit der Verbüßung einer Strafe rückständig ist. Doch wird den zuständigen Behörden in solchen Fällen von dem Gesuche um Entlassung Mitteilung zu machen sein, damit sie daraus gegebenen Falles Anlaß nehmen, die Verhaftung oder die Festnahme anzuordnen.

Um jeweils das Geeignete vorkehren zu können, hat die Bezirksverwaltungsbehörde dann, wenn die vorbehaltlose Entlassung beantragt wird, zu erheben, ob der Entlassung keine Bedenken vom Standpunkt der Polizei oder Strafrechtspflege oder der gesetzlichen Unterhaltspflicht oder wegen Rückständen mit öffentlichen Leistungen entgegenstehen (VollzB. Z. 28). Welche weiteren Schritte jeweils die besondere Sachlage erfordert, muß nach Lage jedes einzelnen Falles beurteilt werden. Auf alle Fälle sind auftauchende Bedenken den zu ihrer Erledigung zuständigen Behörden mitzuteilen. (Siehe auch Anm. 2 zu § 39.)

13. Nach § 19 Abs. 1 des früheren Gesetzes galt die entgegengesetzte Vorschrift. Die Entlassung erstreckte sich, wenn nicht dabei eine Ausnahme gemacht wurde, zugleich auf die Ehefrau und auf diejenigen Kinder, deren gesetzliche Vertretung dem Entlassenen kraft elterlicher Gewalt zustand.

Jetzt bedarf es keiner besonderen Erwähnung in der Entlassungsurkunde, wenn sich die Entlassung auf die Kinder und auf die Ehefrau nicht erstrecken soll.

14. Siehe § 18.

15. Siehe § 19.

§ 24.[1]

[1] Die Entlassung gilt als nicht erfolgt,[2] wenn der Entlassene[3] beim Ablaufe eines Jahres[4] nach der Aushändigung der Entlassungsurkunde seinen Wohnsitz[5] oder seinen dauernden Aufenthalt im Inland hat.

II Diese Vorschrift findet keine Anwendung, wenn der Entlassene sich die Staatsangehörigkeit in einem anderen Bundesstaat gemäß § 20 vorbehalten hat.

1. Die Vorschrift entspricht im wesentlichen dem § 18 Abs. 2 des früheren Gesetzes. Es soll durch sie verhindert werden, daß die Entlassung lediglich zu dem Zweck nachgesucht wird, um auf dem Wege einer Scheinauswanderung lästigen Verpflichtungen gegen das bisherige Vaterland zu entgehen. Durch die etwas veränderte Fassung und durch die Ausdehnung der Frist von sechs Monaten auf ein Jahr wird die Absicht des Gesetzgebers in zweckmäßigerer Weise zur Geltung gebracht.

2. Tritt die Bedingung ein, dann werden die Wirkungen der Entlassung (s. Anm. 2 zu § 23) mit rückwirkender Kraft wieder aufgehoben. Es ist dann so anzusehen, als ob die Entlassung niemals erfolgt wäre. Es lebt nicht nur die Staatsangehörigkeit wieder auf, aus der die Entlassung ausdrücklich erfolgt ist, sondern auch jede Staatsangehörigkeit, deren Verlust durch die Entlassung gemäß § 20 eingetreten ist. Die Wirkungen der Entlassung werden bei Eintritt der Bedingung auch dann aufgehoben, wenn der Entlassene inzwischen eine fremde Staatsangehörigkeit erworben hat (VGH. Bd. 38 S. 29).

Der Wiedererwerb tritt kraft Gesetzes ohne irgendwelche behördliche Erklärung ein. Doch ist es üblich und zweckmäßig, nach Ablauf dieser Frist von Amts wegen festzustellen, ob die Entlassung wirksam geblieben ist. Wird dabei die Richtigkeit der behördlichen Feststellung, daß der Entlassene Reichsdeutscher geblieben sei, bestritten, so ist die etwaige bayerische Staatsangehörigkeit des Entlassenen im Verwaltungsrechtswege von Amts wegen festzustellen (s. VollzB. Z. 1 und Anm. 8 zu § 1).

Die ausgestellte Entlassungsurkunde ist einzuziehen (VollzB. Z. 33). Daraus, daß der Wiedererwerb der bisherigen Staatsangehörigkeit mit rückwirkender Kraft eintritt, ergibt sich, daß der Entlassene alle aus der Staatsangehörigkeit sich ergebenden Pflichten nachholen muß, soweit deren Nachholung tatsächlich möglich ist.

3. Wurden mit dem Antragsteller zugleich die Ehefrau und Kinder entlassen, so ist die Wirkung dieser Vorschrift für jede entlassene Person gesondert zu beurteilen. Es kann sich daher ergeben, daß nach einem Jahre die Folgen der Entlassung für einen Teil der Familie beseitigt sind, für einen anderen nicht (s. VGH. Bd. 11 S. 88).

4. Wegen Berechnung der Frist s. § 188 BGB.

War am 1. Januar 1914 die sechsmonatige Frist nach § 18 Abs. 2 des früher geltenden Gesetzes noch im Lauf, so wurde sie auf ein Jahr verlängert (VGH. Bd. 38 S. 29).

Die Frist beginnt mit dem Tage, an dem dem Entlassenen selbst, seinem Bevollmächtigten oder gesetzlichen Vertreter die Entlassungsurkunde ausgehändigt wurde.

Maßgebend ist lediglich der Zeitpunkt, der ein Jahr nach dem Tage der Aushändigung der Entlassungsurkunde liegt. Ob der Entlassene in der Zwischenzeit vorübergehend seinen Wohnsitz oder Aufenthalt ins Ausland verlegt hatte oder nicht, ist gleichgültig.

Bis zum Ablaufe des Jahres bleibt der Entlassene Ausländer, auch wenn er seinen Aufenthalt im Deutschen Reiche behält oder vor Ablauf des Jahres wieder nimmt. Er kann insbesondere während dieser Zeit wie jeder andere Ausländer aus dem Gebiete eines Bundesstaates oder des Deutschen Reiches ausgewiesen werden.

Nach der Entschließung des bayer. Staatsministeriums des Innern vom 24. März 1896 Nr. 2383 wurde zwischen sämtlichen Landesregierungen Einverständnis darüber erzielt, es sei bei der Erledigung von Aufnahmegesuchen in Zukunft an dem Grundsatze festzuhalten, daß Personen, welche aus der Staatsangehörigkeit des einen Bundesstaates entlassen worden sind und vor Ablauf von sechs Monaten nach Aushändigung der Entlassungsurkunde — ohne in der Zwischenzeit ihren Wohnsitz in das Ausland verlegt zu haben — den Erwerb der Staatsangehörigkeit in einem anderen Bundesstaate nachsuchen, nicht als Ausländer im Sinne des § 8 des Staatsangehörigkeitsgesetzes zu behandeln sind.

Dieses Einverständnis der Landesregierungen steht allerdings im Widerspruch mit der vom Gesetze vorgeschriebenen Wirkung, wonach die Aushändigung der Entlassungsurkunde den Entlassenen zum Ausländer macht, wonach er also nur in den vom Gesetze vorgeschriebenen Formen und unter den vom Gesetze gegebenen Voraussetzungen (§§ 8 mit 15) eingebürgert werden kann, aber nicht auf alle Fälle aufgenommen (§ 7) werden muß.

5. Die Frage, ob der Entlassene im Inland einen Wohnsitz hat, ist nach § 7 BGB. zu beurteilen. Es ist auch ein doppelter Wohnsitz, im Inland sowohl wie im Ausland, möglich; s. hierüber BGH. Bd. 38 S. 29, ferner Reger Bd. 41 S. 98.

§ 25.[1]

I Ein Deutscher,[2] der im Inland weder seinen Wohnsitz[3] noch seinen dauernden Aufenthalt hat, verliert[4,5] seine[6] Staatsangehörigkeit mit[7] dem Erwerb einer ausländischen Staatsangehörigkeit, wenn dieser Erwerb auf seinen Antrag[8] oder auf den Antrag des Ehemannes oder des gesetzlichen Vertreters[9] erfolgt,[10] die Ehefrau und der Vertretene jedoch nur,[11] wenn die Voraussetzungen[12] vorliegen, unter denen nach den §§ 18, 19 die Entlassung beantragt werden könnte.

II Die Staatsangehörigkeit verliert nicht,[13] wer vor[14] dem Erwerbe der ausländischen Staatsangehörigkeit auf seinen Antrag die schriftliche[15] Genehmigung der zuständigen[16] Behörde seines[18] Heimatstaats zur Beibehaltung seiner Staatsangehörigkeit erhalten hat. Vor der Erteilung der Genehmigung ist[18] der deutsche Konsul[19] zu hören.[20]

III Unter Zustimmung des Bundesrats kann von dem Reichskanzler angeordnet[21] werden, daß Personen, welche die Staatsangehörigkeit in einem bestimmten[22] ausländischen Staat erwerben wollen, die im Abs. 2 vorgesehene Genehmigung nicht erteilt werden darf.[23]

1. Die im § 21 Abs. 1 des früher geltenden Gesetzes enthaltene Vorschrift über den Verlust der Staatsangehörigkeit durch zehnjährigen Aufenthalt im Ausland ist beseitigt. Das Gesetz geht davon aus, daß der Verlust der Staatsangehörigkeit durch Umstände bedingt sein muß, die den Willen des Beteiligten, seinem Vaterlande nicht weiter anzugehören, deutlich erkennen lassen.

2. Die Bestimmung findet auf die unmittelbare Reichsangehörigkeit entsprechende Anwendung (§ 35).

3. Der Begriff des Wohnsitzes ist nach § 7 BGB. zu beurteilen. S. auch BGH. Bd. 38 S. 29.

4. Auch das in § 1 der VO. vom 3. Aug. 1914 (RGBl. S. 323) ausgesprochene Verbot der Entlassung hinderte den kraft Gesetzes eintretenden Verlust der Staatsangehörigkeit nicht, s. Anm. 8 zu § 27 unten S. 95.

5. Diese Bestimmung hat keine rückwirkende Kraft, Reger Bd. 42 S. 287, auch JW. 1923 S. 31; das RStAG. vom 1. Juni 1870 kannte diesen Verlustgrund nicht. S. auch Anm. 13.

6. Es wird die Staatsangehörigkeit in jedem Bundesstaate, in dem sie besessen wurde, verloren. In bezug auf die sogenannten Bankroftverträge mit den Vereinigten Staaten von Nordamerika ist zu bemerken, daß auch der Erwerb des amerikanischen Bürgerrechts den sofortigen Verlust der Reichsangehörigkeit nach sich zieht und daß dieser nicht erst nach fünf Jahren eintritt (s. § 36 und S. 154).

7. Maßgebend ist der Zeitpunkt, in dem nach dem Rechte des ausländischen Staates die ausländische Staatsangehörigkeit erworben wurde. Der Verlust der deutschen Staatsangehörigkeit tritt aber nicht ein, wenn der Erwerb der fremden Staatsangehörigkeit unter einer aufschiebenden Bedingung erfolgt.

8. Ist die ausländische Staatsangehörigkeit nach dem Rechte des ausländischen Staates durch Geburt innerhalb des Staatsgebiets, durch Aufenthalt, Wohnsitz, Grundbesitz oder aus einem anderen Grunde in dem fremden Staate kraft Gesetzes erworben worden, so wird die deutsche Staatsangehörigkeit dadurch, nach deutschem Rechte, nicht verloren (bezügl. Südwestafrika s. unten S. 259). Die deutsche Staatsangehörigkeit wird auch nicht verloren durch die Anstellung als Beamter in einem ausländischen Staat und den durch diese Anstellung bewirkten Erwerb der ausländischen Staatsangehörigkeit, auch dann nicht, wenn die Anstellung auf Grund einer Bewerbung erfolgt ist.

Als Erwerb der ausländischen Staatsangehörigkeit auf Antrag ist es aber zu erachten, wenn das fremde Recht im Falle der Geburt innerhalb des fremden Staatsgebietes unter gewissen Voraussetzungen ein Optionsrecht gibt und wenn von diesem Optionsrecht zugunsten des Auslandstaates Gebrauch gemacht wird.

9. Siehe Anm. 10 zu § 7.

10. Für eine Ehefrau oder einen Vertretenen tritt der Verlust der Staatsangehörigkeit nicht nur dann ein, wenn die ausländische Staatsangehörigkeit auf den Antrag des Ehemannes oder des gesetzlichen Vertreters erworben wird, sondern auch dann, wenn dieser Erwerb auf ihren eigenen Antrag erfolgt.

11. Wird für eine Ehefrau oder einen Vertretenen der Antrag auf Einbürgerung im Auslande selbständig gestellt, so verlieren sie die deutsche Staatsangehörigkeit nur dann, wenn sie im Inlande weder Wohnsitz noch dauernden Aufenthalt haben. Auf den Wohnsitz oder dauernden Aufenthalt des Ehemannes oder gesetzlichen Vertreters kommt es in diesem Falle nicht an. Beantragt aber der Ehemann oder der gesetzliche Vertreter zugleich auch für sich und für den Vertretenen kraft elterlicher Gewalt die Einbürgerung im Ausland, dann kommt es nur darauf an, daß der Ehemann oder der Inhaber der elterlichen Gewalt im Inland weder Wohnsitz noch dauernden Aufenthalt hat. Der Wohnsitz oder Aufenthalt der Ehefrau oder des Vertretenen ist in diesem Falle belanglos.

12. Für eine Ehefrau ist Voraussetzung,

a) falls auch der Ehemann Reichsdeutscher ist, daß der Ehemann ebenfalls seine Einbürgerung in dem fremden Staate beantragt und daß die Ehefrau dem Antrag zugestimmt hat;

b) falls der Ehemann schon Ausländer ist, daß die Ehefrau dem vom Ehemann gestellten Antrag zugestimmt hat (s. § 18 und die Anmerkungen 5 und 6 hierzu).

Für eine Person, die unter elterlicher Gewalt oder Vormundschaft steht, kann der Antrag auf Einbürgerung in den fremden Staat selbständig nur mit Genehmigung des deutschen Vormundschaftsgerichtes gestellt werden (s. § 19 Abs. 1 und die Anmerkungen hierzu).

13. Über doppelte und mehrfache Staatsangehörigkeit siehe JW. 1924 S. 1481 ff. und S. 1529, auch DJZ. 1926 S. 432.

14. Die Genehmigung zum Erwerb der ausländischen Staatsangehörigkeit muß vor dem Zeitpunkte, in dem dieser Erwerb eintritt, in schriftlicher Ausfertigung der zuständigen Behörde im Besitze des Antragstellers, seines Bevollmächtigten oder gesetzlichen Vertreters sein. Ob und wann der Antrag auf Erwerb der ausländischen Staatsangehörigkeit schon gestellt wurde, ist gleichgültig. Ist die Genehmigung zur Beibehaltung der Staatsangehörigkeit zwar vor dem Erwerb der fremden Staatsangehörigkeit schon erteilt worden, hat der Antragsteller aber die schriftliche Ausfertigung erst nach dem Erwerb der fremden Staatsangehörigkeit erhalten, so ist sie wirkungslos.

15. Die Genehmigung ist schriftlich erteilt, wenn sie in einem mit Datum und der Unterschrift eines zuständigen Beamten versehenen Schriftstück niedergelegt ist. Drahtliche Übermittlung genügt nicht.

16. Die Genehmigung zur Beibehaltung der bayerischen Staatsangehörigkeit erteilt die Regierung, K. d. J. Sie sendet die Verhandlungen zur Einvernahme des Konsuls an das Staatsministerium des Äußern ein, falls nicht der Konsul zu dem Antrage bereits Stellung genommen hat. Örtlich zuständig ist die Regierung, in deren Bezirk der Gesuchsteller, gegebenenfalls seine Eltern die letzte Niederlassung hatten; ersatzweise ist die Reg. von Oberbayern, K. d. J. zuständig (VollzB. Z. 34, 21 Abs. 1).

17. Besitzt der Antragsteller die Staatsangehörigkeit in mehreren deutschen Bundesstaaten, so wird sie nur in demjenigen Bundesstaat beibehalten, dessen zuständige Behörde die Genehmigung erteilt hat.

18. Die Vorschrift enthält eine gesetzliche Dienstvorschrift für die zur Erteilung der Genehmigung zuständige Behörde. Wird die Genehmigung erteilt, ohne daß der deutsche Konsul gehört wurde, so ist sie gleichwohl wirksam.

19. Zuständig ist derjenige deutsche Konsul, in dessen Dienstbezirk der die Genehmigung zur Beibehaltung seiner Staatsangehörigkeit beantragende Reichsdeutsche sich aufhält. Hat der Antragsteller in jüngerer Zeit seinen Wohnsitz im Auslande gewechselt oder hat er an mehreren Orten im Ausland einen Wohnsitz oder dauernden Aufenthalt, so werden auch die für diese Orte zuständigen deutschen Konsuln zu hören sein, damit der Zweck der Vorschrift erreicht wird, nämlich zu prüfen, ob durch die Beibehaltung der deutschen Staatsangehörigkeit dem politischen Interesse des Reichs Rechnung getragen wird.

20. Die Einvernahme des Konsuls erfolgt nur zur Aufklärung der zuständigen inländischen Behörde; ein Beschwerde- oder Erinnerungsrecht gegen die Verfügung der inländischen Behörde steht dem Konsul nicht zu.

21. Die Anordnung hat in Form einer Bekanntmachung des

Reichskanzlers zu erfolgen und ist im Reichsgesetzblatt zu veröffentlichen.

22. Die Anordnung ist eine allgemeine und muß sich auf alle Personen beziehen, welche in dem ausländischen Staate die Staatsangehörigkeit erwerben. Eine solche Anordnung ist bis jetzt noch nicht ergangen.

23. Die Anordnung des Reichskanzlers ist ihrem Wesen nach eine Dienstesvorschrift für die zuständigen Behörden der einzelnen Bundesstaaten und des Reichs bei der unmittelbaren Reichsangehörigkeit. Wird die Genehmigung gleichwohl im Widerspruch mit einer Anordnung des Reichskanzlers erteilt, so ist sie wirksam.

§ 26.[1] *)

I *Ein militärpflichtiger[2] Deutscher,[3] der im Inland[4] weder seinen Wohnsitz[5] noch seinen dauernden Aufenthalt hat,[6] verliert[7] seine Staatsangehörigkeit mit der Vollendung des einunddreissigsten Lebensjahrs, sofern er bis zu diesem Zeitpunkt noch keine endgültige Entscheidung über seine Dienstverpflichtung herbeigeführt hat, auch eine Zurückstellung über diesen Zeitpunkt hinaus nicht erfolgt ist.*

II Ein fahnenflüchtiger[8] Deutscher,[3] der im Inland[4] weder seinen Wohnsitz[5] noch seinen dauernden Aufenthalt hat,[9] verliert[7] seine Staatsangehörigkeit mit dem Ablauf von zwei Jahren nach Bekanntmachung[10] des Beschlusses, durch den er für fahnenflüchtig erklärt worden ist (§ 360 der Militärstrafgerichtsordnung). *Diese Vorschrift findet keine Anwendung auf Mannschaften der Reserve, der Land- oder Seewehr und der Ersatzreserve, die für fahnenflüchtig erklärt worden sind, weil sie einer Einberufung zum Dienst keine Folge geleistet haben, es sei denn, dass die Einberufung nach Bekanntmachung der Kriegsbereitschaft oder nach Anordnung der Mobilmachung erfolgt ist.*

III Wer auf Grund der Vorschriften des Abs. 1 oder 2 seine Staatsangehörigkeit verloren hat, kann[11] von einem Bundesstaate nur nach Anhörung[12] der Militärbehörde[13]

*) S. Fußnote zu § 2.

eingebürgert werden. Weist er nach, daß ihm ein Verschulden nicht zur Last fällt, so darf[14] ihm die Einbürgerung von dem Bundesstaate, dem er früher angehörte,[15] nicht versagt werden.

1. Abgesehen von dem Verluste der deutschen Staatsangehörigkeit bei Erwerb einer fremden Staatsangehörigkeit auf Antrag (§ 25) hat das Gesetz den in § 21 Abs. 1 des früher geltenden Gesetzes vorgesehenen Verlust durch zehnjährigen Aufenthalt im Auslande noch durch die Ausbürgerung wegen Nichterfüllung der Wehrpflicht ersetzt. Diese Bestimmung beruhte auf dem Gedanken: Ohne Wehrgemeinschaft keine Volksgemeinschaft!

Siehe weiter Anm. 3 zu § 22 und Anm. 2 zu § 41.

2. Die Militärpflicht bemaß sich nach § 10 des RMilG. Sie begann mit dem 1. Januar des Kalenderjahres, in dem der Wehrpflichtige das 20. Lebensjahr vollendete und dauerte so lange, bis über seine Dienstverpflichtung endgültig entschieden war.

3. Die Bestimmung bezog sich auch auf die unmittelbare Reichsangehörigkeit (§ 35).

4. Zum Inland gehörten auch die deutschen Schutzgebiete (§ 2 Abs. 2).

5. Siehe Anm. 4 zu § 25.

6. Ein militärpflichtiger Deutscher, der im Inland seinen Wohnsitz oder dauernden Aufenthalt hatte, verlor seine Staatsangehörigkeit nicht, auch wenn es ihm aus irgendwelchen Gründen gelang, sich der Erfüllung der Militärpflicht zu entziehen.

Der Verlust der Staatsangehörigkeit trat auch nur dann ein, wenn der militärpflichtige Deutsche den ganzen Zeitraum hindurch vom 1. Januar des Kalenderjahres, in dem er das 20. Lebensjahr vollendete, bis zur Vollendung des 31. Lebensjahres im Inlande weder einen Wohnsitz noch einen dauernden Aufenthalt hatte. Bestand zu irgendeiner Zeit dieses Zeitraumes ein Wohnsitz oder dauernder Aufenthalt im Inland, so war der Verlust der Staatsangehörigkeit ausgeschlossen.

7. Der Verlust trat kraft Gesetzes ohne irgendeine Erklärung einer Behörde ein und hatte auch Wirkung für die Ehefrau und Kinder nach Maßgabe des § 29. Auch das in § 1 der VO. vom 3. August 1914 (RGBl. S. 323) ausgesprochene Verbot der ausdrücklichen Entlassung ist auf den kraft Gesetzes stillschweigend eingetretenen Verlust der Staatsangehörigkeit ohne Einfluß, s. Anm. 8 zu § 72, unten S. 95.

8. Der Tatbestand der Fahnenflucht ist umschrieben in § 69 des MilStGB. für das Deutsche Reich vom 20. Juni 1872, RGBl. S. 174. Dieser Tatbestand ist auch unter der derzeitigen Wehrver-

fassung des Deutschen Reiches möglich, es kann also auch ein Angehöriger der Reichswehr die Staatsangehörigkeit nach obiger Vorschrift verlieren (a. M. Isay, RStAG., Berlin 1929). Die Fahnenflucht hat bezw. hatte nur dann den Verlust der Staatsangehörigkeit zur Folge,

a) wenn sie durch Entfernung oder Fernbleiben vom aktiven Dienst in der Truppe erfolgte,

b) wenn Mannschaften der Reserve, der Land- oder Seewehr oder der Ersatzreserve einer Einberufung zum Dienst nach Bekanntmachung der Kriegsbereitschaft oder nach Anordnung der Mobilmachung keine Folge leisteten.

9. Der Mangel eines Wohnsitzes oder dauernden Aufenthaltes im Inlande mußte ununterbrochen von dem Zeitpunkt der Bekanntmachung des Beschlusses bis zum Ablaufe der zweijährigen Frist vorhanden sein. Siehe dazu Reger 43 S. 461.

10. Die Bekanntmachung hatte gemäß § 360 der MilStGerO. vom 1. Dez. 1898 (RGBl. S. 1189) im Reichsanzeiger zu erfolgen. Von den zahlreichen Fällen der Fahnenflucht im Kriege 1914—1918 sind nur wenige bekanntgemacht worden.

11. Die Einbürgerung richtet sich nach den §§ 8, 9 und 13 des Ges. Dazu kommt noch, daß die Militärbehörde gehört werden muß (a. M. Isay, a. a. O.).

Die Einbürgerung steht der Regierung, Kammer des Innern, zu, in deren Bezirk sich der ehemalige Deutsche niedergelassen hat. Hat er in Bayern keine Niederlassung, so ist die Regierung zuständig, in deren Bezirk er die letzte Niederlassung hatte; in zweiter Linie ist die Regierung der letzten Niederlassung der Eltern oder des letztlebenden Elternteils des Antragstellers zuständig. Ist auch hiernach eine Zuständigkeit nicht begründet, so ist die Regierung von Oberbayern, K. d. J., zuständig (VollzB. Z. 35 mit 21).

12. Die Militärbehörde hat kein Antrags- oder Beschwerderecht. Ihre Äußerung dient nur zur Benachrichtigung der zur Einbürgerung zuständigen Behörde, die davon pflichtgemäß Gebrauch zu machen hat. Die Pflicht, die Militärbehörde zu hören, ist nur eine Dienstvorschrift. Eine unter Verletzung dieser Vorschrift erteilte Einbürgerung ist wirksam.

13. Militärbehörden sind die Wehrkreiskommandos (früher für Offiziere die Generalkommandos, sonst die Bezirkskommandos). Die örtliche Zuständigkeit richtet sich nach dem Niederlassungsorte, bei Mangel einer Niederlassung im Inlande nach dem letzten inländischen Wohnsitze.

14. In diesem Falle besteht ein im Verwaltungsrechtswege verfolgbarer Anspruch (§ 40 mit Art. 8 Ziff. 1 VGHG.), und zwar ohne Rücksicht auf die in den §§ 8 mit 13 gegebenen Voraussetzungen. Ob ein Verschulden bei Verletzung der Militärpflicht vorlag oder nicht, ist allenfalls im Verwaltungsrechtsstreite festzustellen. Untauglichkeit ist als mangelndes Verschulden unter Berücksichtigung der sonstigen Umstände des Falles nur dann zu erachten, wenn eine ganz unzweifelhafte, absolute Untauglichkeit, z. B. Blindheit, Fehlen eines Armes u. dgl., vorlag.

15. Es kommt nur der Wiedererwerb derjenigen Staatsangehörigkeit in Betracht, die nach Abs. 1 oder 2 verloren wurde. Ein Bundesstaat, dessen Staatsangehörigkeit früher aus einem anderen Grunde verloren oder dessen Staatsangehörigkeit von dem Gesuchsteller früher überhaupt nicht besessen wurde, hat diese Pflicht der Einbürgerung nicht. Ihm gegenüber kommt auch in diesem Falle nur eine Einbürgerung nach § 8 des Ges. in Frage.

§ 27.[1]

I Ein Deutscher,[2] der sich im Ausland aufhält, kann[3] seiner[4] Staatsangehörigkeit durch Beschluß der Zentralbehörde[5] seines Heimatstaats[6] verlustig erklärt[7] werden, wenn er im Falle eines Kriegs oder einer Kriegsgefahr einer vom Kaiser angeordneten Aufforderung[8] zur Rückkehr keine Folge leistet.

II Gehört er mehreren Bundesstaaten an, so verliert er durch den Beschluß die Staatsangehörigkeit in allen Bundesstaaten.

1. Diese Bestimmung entspricht der Vorschrift des § 20 des früher geltenden Gesetzes.

2. Die Vorschrift bezieht sich auch auf die unmittelbaren Reichsangehörigen (§ 35) und auf diejenigen, die daneben noch eine ausländische Staatsangehörigkeit besitzen.

3. Es liegt im freien Ermessen der Zentralbehörde, ob sie den Ausspruch erlassen will. Da der Ausspruch von der Zentralbehörde ausgeht, ist seine Anfechtung nicht möglich. Dagegen ist die Zentralbehörde selbst befugt, ihren Beschluß aufzuheben, wenn sich herausstellt, daß sie dabei von falschen Voraussetzungen ausgegangen ist.

4. Wegen der Wirkung dieses Ausspruchs auf Ehefrau und Kinder siehe § 29.

5. In Bayern das Staatsministerium des Innern (s. VollzB. Z. 36).

6. Hat er die Staatsangehörigkeit in mehreren Bundesstaaten, so kann jeder von ihnen das Verfahren einleiten, um ihn der Staatsangehörigkeit für verlustig zu erklären.

7. Eine Bekanntgabe des Beschlusses an den Betroffenen in irgendeiner Form wird erforderlich sein; da er sich im Auslande befindet und ihm nach Lage der vorausgesetzten politischen Verhältnisse eine unmittelbare Zustellung schwerlich wird gemacht werden können, wird irgendeine Form der öffentlichen Bekanntmachung zu wählen sein. Vgl. auch die Bek. vom 12. Juli 1917, RGBl. S. 603.

8. Die Aufforderung kann allgemein ergehen; sie kann sich aber auch auf bestimmte Länder und Personenklassen beschränken. Vgl. Reger Bd. 37 S. 290.

In dem früher geltenden Gesetz war angeordnet, daß in der Aufforderung zur Rückkehr eine Frist für die Rückkehr zu bestimmen sei. Nur wenn diese Frist versäumt war, konnte die Aberkennung der Staatsangehörigkeit erfolgen. Das Gesetz hat diese Vorschrift nicht übernommen. Es ist daher fortan aus dem Inhalt jeder einzelnen Aufforderung zu entnehmen, ob und wann die Frist zur Rückkehr abgelaufen ist

Auf Grund des § 27 dieses Gesetzes sind folgende Kaiserliche Verordnungen ergangen:

a) Verordnung betreffend die Entlassung aus der Reichs- und Staatsangehörigkeit und die Rückkehr der Deutschen im Ausland. Vom 3. August 1914 (RGBl. S. 323).

§ 1 dieser Verordnung lautet: „Wehrpflichtige sind bis auf weiteres nicht aus der Staatsangehörigkeit oder unmittelbaren Reichsangehörigkeit zu entlassen."

Diese Bestimmung bezieht sich nur auf die ausdrückliche behördlich erteilte Entlassung, nicht auch auf den Verlust der Staatsangehörigkeit kraft Gesetzes (Entsch. des bayer. VGH. vom 26. Nov. 1919, Reger 5. Ergänzungsband S. 106).

b) Verordnung, betreffend die Rückkehr der Deutschen im Ausland Vom 15 August 1914 (RGBl S. 385)

c) Verordnung, betreffend die Rückkehr der Deutschen im Ausland. Vom 1. Febr. 1916 (RGBl. S 83).

d) Verordnung, betreffend die Rückkehr der Deutschen im Ausland. Vom 26. Febr. 1917 (RGBl. S. 211).

Diese vier Verordnungen sind mit Wirksamkeit vom 19 Juli 1919 formell aufgehoben worden durch die Verordnung vom 10. Juli 1919, RGBl. S. 651.

§ 28.[1]

I Ein Deutscher,[2] der ohne Erlaubnis seiner Regierung[3] in ausländische Staatsdienste getreten[4] ist, kann[5] seiner[6] Staatsangehörigkeit durch Beschluß der Zentralbehörde[7] seines Heimatstaats[8] verlustig erklärt[9] werden, wenn er einer Aufforderung zum Austritt[10] nicht Folge leistet.

II Gehört er mehreren Bundesstaaten an, so verliert er durch den Beschluß die Staatsangehörigkeit in allen Bundesstaaten. 11

1. Diese Bestimmung entspricht dem § 22 des früheren Gesetzes. Der frühere § 23 wurde gestrichen, weil sich sein Inhalt ohne weiteres aus der Fassung dieses Paragraphen ergibt.

2. Siehe Anm. 2 zu § 27.

3. Welche Stelle jeweils die Erlaubnis zu erteilen hat, bestimmt sich nach dem Rechte des einzelnen Bundesstaates. In Bayern war früher die Genehmigung des Königs erforderlich (V.-Urk. Beil. I § 10), jetzt ist die Zuständigkeit des Staatsministeriums des Äußern anzunehmen, VO. vom 15. Nov. 1918, GVBl. S. 1231.

Gehört ein Deutscher mehreren Bundesstaaten an, so muß er die Genehmigung von der Regierung eines jeden dieser Bundesstaaten einholen.

4. Es kann sich um den Eintritt in den unmittelbaren oder mittelbaren, in den bürgerlichen oder militärischen Dienst eines auswärtigen Staates handeln.

Die einmal erteilte Erlaubnis kann nicht mit der Wirkung zurückgenommen werden, daß bei Ungehorsam im Falle der Aufforderung zum Austritt die Staatsangehörigkeit aberkannt werden könnte. Die Pflicht zur Rückkehr bei Voraussetzung des § 27 bleibt jedoch bestehen.

5. Siehe Anm. 3 zu § 27.

6. Siehe Anm. 4 zu § 27.

7. In Bayern ist zuständig das Staatsministerium des Innern (VollzB. Z. 36 Abs. 1).

8. Hat er die Staatsangehörigkeit in mehreren Bundesstaaten, so kann jeder von ihnen das Verfahren einleiten, und zwar der einzelne Bundesstaat auch dann, wenn ein anderer die Erlaubnis zum Eintritt in den ausländischen Staatsdienst erteilt hat.

9. Auch hier muß der Beschluß dem Betroffenen in irgendeiner Form, die allenfalls von der Zentralbehörde zu bestimmen ist, bekannt gemacht werden (siehe Anm. 7 zu § 27).

10. Zuständig, diese Aufforderung zu erlassen, ist in Bayern das Staatsministerium des Äußern, wenn sie nicht im Namen des Reichs allgemein ergeht (VollzB. Z. 36 Abs. 2). Eine solche Aufforderung ist durch Min.-Bek. vom 21. Nov. 1919 Nr. 21928 (St.-Anz. Nr. 285) ergangen.

Die Aufforderung kann allgemein ergehen; sie kann sich aber auch auf bestimmte Länder oder Personen und Personenklassen beschränken.

Wegen der Frist zum Austritt findet das in Anm. 8 Abs. 2 zu § 27 Gesagte entsprechende Anwendung.

11. Der Verlust der Staatsangehörigkeit in allen Bundesstaaten tritt auch dann ein, wenn einer von ihnen die Erlaubnis zum Eintritt in den ausländischen Staatsdienst erteilt hatte (s. Anmerkung 8).

§ 29.[1]

Der Verlust der Staatsangehörigkeit in den Fällen des § 26 Abs. 1, 2 und der §§ 27, 28 sowie der Wiedererwerb[2] der Staatsangehörigkeit in den Fällen des § 26 Abs. 3 Satz 2 erstreckt[3] sich zugleich auf die Ehefrau und auf diejenigen Kinder, deren gesetzliche Vertretung dem Ausgeschiedenen oder dem Wiedereingebürgerten kraft elterlicher Gewalt[4] zusteht, soweit sich die Ehefrau oder die Kinder mit ihm in häuslicher Gemeinschaft[5] befinden. Ausgenommen sind Töchter, die verheiratet sind oder verheiratet gewesen sind.

1. Diese Vorschrift bringt den Grundsatz, daß die Familienglieder der Staatsangehörigkeit des Familienhauptes folgen, zur Geltung, und zwar auch in den Fällen der §§ 27 und 28, wo seine Geltung nach dem früheren Gesetze (§§ 20 und 21) bestritten war. Der Wortlaut schließt sich an die in ihrer Beziehung zum Staatsangehörigkeitsgesetze gegenstandslos gewordene Vorschrift des Art. 41 Nr. 4 EG. BGB. an.

Der Verlust der Staatsangehörigkeit durch behördlichen Ausspruch war auch möglich gemäß § 23 des Gesetzes gegen die Steuerflucht vom 26. Juli 1918, RGBl. S. 951; s. unten S. 153.

2. Für den Wiedererwerb im Falle des § 26 Abs. 3 Satz 1 ist der Inhalt des gestellten Einbürgerungsgesuches und der Einbürgerungsurkunde maßgebend (§ 16 Abs. 2).

3. Da der Verlust der Staatsangehörigkeit beim Ehemann oder Vater in den Fällen des § 26 Abs. 1 und 2 kraft Gesetzes eintritt, tritt die Wirkung auch ohne weiteres kraft Gesetzes für die Ehefrau und die Kinder ein.

Im Falle der §§ 27 und 28 wird die Staatsangehörigkeit ausdrücklich durch eine Behörde aberkannt. Es ist nicht notwendig, daß der Beschluß auf Entziehung der Staatsangehörigkeit irgendwie angibt, ob und inwieweit er sich auf die Ehefrau und auf die Kinder erstreckt; denn auch hier treten die Wirkungen für die Ehefrau und die Kinder kraft Gesetzes ein. Doch wird nichts im Wege stehen, bei klargelegten Fällen ausdrücklich festzustellen, inwieweit durch die Aberkennung die Ehefrau und die Kinder berührt werden.

In Zweifelsfällen hat die Feststellung, ob bei der Ehefrau und den Kindern der Verlust der Staatsangehörigkeit eingetreten ist oder nicht, in Bayern im Verwaltungsrechtswege zu erfolgen (Art. 8 Ziff. 1 BGHG.).

Die Familienangehörigen, auf die sich der Wiedererwerb der Staatsangehörigkeit erstreckt, sind in den Einbürgerungsurkunden mit Namen, Geburtstag und -ort anzugeben (VollzB. Z. 37).

4. Ob dem Ausgeschiedenen die elterliche Gewalt zusteht, ist nach deutschem Rechte zu beurteilen (s. Anm. 10 zu § 7). Bei dem Wiedereingebürgerten ist zu unterscheiden, ob er inzwischen eine ausländische Staatsangehörigkeit erworben hat oder nicht. Ersteren Falles richtet sich die Entscheidung der Frage, ob ihm die elterliche Gewalt zusteht, nach dem Rechte des fremden Staates, dem er angehört, letzteren Falles ist Art. 29 EG. BGB. maßgebend.

5. Der Verlust tritt in diesen Fällen auch dann nicht ein, wenn sich die Ehefrau und die Kinder zwar ebenfalls im Auslande, aber nicht in der häuslichen Gemeinschaft mit dem Ehemanne oder Vater befinden. Umgekehrt haben die Ehefrau und die Kinder keinen Anspruch, mit dem Ehemann oder Vater nach § 26 Abs. 3 Satz 2 eingebürgert zu werden, wenn sie zwar mit dem Ehemann oder Vater nach § 26 Abs. 1 und 2 die Staatsangehörigkeit verloren haben, wenn sie aber zur Zeit der Einbürgerung sich nicht in dessen häuslicher Gemeinschaft befinden.

Mit Rücksicht auf § 16 Abs. 2 muß aber im Falle der Wiedereinbürgerung ein Vorbehalt gemacht werden, wenn sich die Wiedereinbürgerung auf die Ehefrau, auf alle oder bestimmte Kinder, deren gesetzliche Vertretung dem Wiedereingebürgerten kraft elterlicher Gewalt zusteht, nicht erstrecken soll. Würde ein solcher Vorbehalt nicht gemacht, dann hat die Wiedereinbürgerung des Ehemanns und Vaters für die Ehefrau und diejenigen Kinder, deren gesetzliche Vertretung dem Wiedereingebürgerten kraft elterlicher Gewalt zusteht, auch dann Wirkung, wenn ihnen mangels der häuslichen Gemeinschaft ein Anspruch auf Einbürgerung nicht zustand.

§ 30.[1] *)

Ein ehemaliger Deutscher,[2] der vor dem Inkrafttreten dieses Gesetzes[3] die Reichsangehörigkeit durch Entlassung[4] verloren hat, aber bei Anwendung[5] der Vorschrift des § 24 Abs. 1 als nicht entlassen gelten würde, muß[6] auf seinen Antrag von dem Bundesstaat, in dessen Gebiet er sich niedergelassen[7] hat, eingebürgert[8] werden, wenn er seit dem im § 24 Abs. 1 bezeichneten Zeitpunkt[9] seinen Wohnsitz[10] im Inland

---

*) Siehe Fußnote zu § 2.

behalten hat und den Erfordernissen[11] des § 8 Abs. 1 entspricht, auch den Antrag innerhalb eines Jahres nach dem Inkrafttreten dieses Gesetzes stellt.[12] Die Vorschrift des § 8 Abs. 2 findet Anwendung.

1. Die Bestimmung war im Gesetzentwurfe nicht vorgesehen; sie wurde vom Reichstage in das Gesetz eingefügt und hat den Charakter einer Übergangsvorschrift, die seit 1. Jan. 1915 gegenstandslos geworden ist.

2. Ob der ehemalige Deutsche eine ausländische Staatsangehörigkeit erworben hatte oder nicht, war ohne Bedeutung.

3. In Betracht kommt die Zeit vom Inkrafttreten des Gesetzes über die Bundes- und Staatsangehörigkeit vom 1. Juni 1870 bis zum 31. Dez. 1913.

Das Gesetz über die Bundes- und Staatsangehörigkeit vom 1. Juni 1870 ist in Kraft getreten:

a) In den Staaten des ehemaligen Norddeutschen Bundes, in Württemberg, Baden und Hessen am 1. Jan. 1871,

b) in Bayern am 13. Mai 1871,

c) in Elsaß-Lothringen am 28. Jan. 1873,

d) in Helgoland am 1. April 1891.

4. Die Staatsangehörigkeit mußte in sämtlichen Bundesstaaten gemäß §§ 14 mit 19 des früher geltenden Gesetzes verloren gegangen sein; ein anderer Verlustgrund kam nicht in Betracht, insbesondere nicht eine Entlassung auf Grund früherer landesrechtlicher Bestimmungen.

Die Vorschrift fand auch Anwendung auf Ehefrauen und Kinder, die mit dem Ehemann oder Vater die Entlassung erhalten hatten. Diese hatten bei gegebenen Voraussetzungen einen selbständigen Wiedereinbürgerungsanspruch (s. auch Anm. 3 zu § 24). Für Personen, die als Minderjährige entlassen wurden, kommt auch § 11 in Betracht. Auf Abkömmlinge, die erst nach der Entlassung geboren wurden, bezieht sich die Vorschrift nicht.

5. Voraussetzung ist also, daß der Entlassene beim Ablauf eines Jahres nach der Aushändigung der Entlassungsurkunde seinen Wohnsitz oder dauernden Aufenthalt im Inland hatte. Wo er sich vom Zeitpunkte der Aushändigung bis zum Ablauf des Jahres befunden, ob er inzwischen insbesondere eine fremde Staatsangehörigkeit erworben hatte, ist gleichgültig. Der Aufenthalt in den Schutzgebieten galt als Aufenthalt im Inland erst, seitdem diese als Inland erklärt waren (RG. vom 15. März 1888 Art. II § 6 Abs. 3, RGBl. S. 73).

6. Es bestand ein in Bayern im Verwaltungsrechtswege verfolgbarer Anspruch (§ 40 mit Art. 8 Ziff. 1 BGHG.).

7. S. Anm. 4 zu § 7.

8. Die Wirkung auf die Ehefrau und auf die Kinder bemißt sich nach § 16 Abs. 2 des Ges. Die gesetzliche Wirkung auf die Ehefrau und auf Kinder trat auch dann ein, wenn die Ehe erst nach der Entlassung aus der Reichsangehörigkeit geschlossen wurde.

9. Der Wohnsitz im Inlande mußte ununterbrochen mindestens seit dem Ablaufe eines Jahres nach der Aushändigung der Entlassungsurkunde bestehen.

10. Für den Begriff des Wohnsitzes s. § 7 BGB.

11. Waren die Erfordernisse des § 8 Abs. 1 gegeben, dann bestand für den Bundesstaat das Recht und die Pflicht der Einbürgerung. Lagen die Erfordernisse nicht vollständig vor, dann durfte die Einbürgerung nicht erfolgen.

12. Die Frist endete am 31. Dez. 1914.

§ 31.[1]

I Ein ehemaliger Deutscher,[2] der vor dem Inkrafttreten[3] dieses Gesetzes die Reichsangehörigkeit nach § 21[4] des Gesetzes über die Erwerbung und den Verlust der Bundes- und Staatsangehörigkeit vom 1. Juni 1870 (Bundes-Gesetzbl. S. 355) durch zehnjährigen Aufenthalt im Auslande verloren hat,[5] muß[6] von dem Bundesstaat, in dessen Gebiet er sich niedergelassen[7] hat, eingebürgert[8] werden, wenn er keinem Staate angehört.[9]

II Das gleiche gilt von dem ehemaligen Angehörigen[10] eines Bundesstaats oder eines in einen solchen einverleibten Staates,[11] der bereits vor dem Inkrafttreten[3] des Gesetzes vom 1. Juni 1870 nach Landesrecht[12] seine Staatsangehörigkeit durch Aufenthalt außerhalb seines Heimatsstaats verloren hat.[13]

1. Um denjenigen ehemaligen Reichsdeutschen, die beim Inkrafttreten dieses Gesetzes ihre Staatsangehörigkeit auf Grund des § 21 Abs. 1 des früher geltenden Gesetzes verloren haben, nicht die ihnen bisher zustehende Möglichkeit des erleichterten Wiedererwerbs abzuschneiden, ist die Vorschrift des § 21 Abs. 5 hierher übernommen worden. Die veränderte Fassung soll lediglich zur Beseitigung eines früher aufgetretenen Zweifels ausdrücken, daß auch in diesem Falle der Besitz einer fremden Staatsangehörigkeit den erleichterten Wiedererwerb der einheimischen ausschließt. Vgl. Reger 38 S. 209.

Auf ehemalige Reichsdeutsche, die, ohne sich im Inland niederzulassen, ihre frühere Staatsangehörigkeit wiedererwerben wollen, findet der § 13 des Ges. Anwendung.

Im Abs. 2 ist eine neue Vorschrift hinzugefügt worden, um denjenigen Angehörigen eines deutschen Bundesstaats, die ihre Staatsangehörigkeit bereits vor dem Bestehen des früheren Reichsgesetzes nach Landesrecht durch Aufenthalt außerhalb ihres Heimatstaates verloren hatten, den Wiedererwerb zu erleichtern.

2. Ehefrauen und Kinder, die durch Aufenthalt im Ausland, wenn auch mit dem Ehemann oder Vater, die Reichsangehörigkeit verloren haben, haben ebenfalls einen selbständigen Anspruch auf Einbürgerung. Wurde die Ehe aber erst nach Verlust der Staatsangehörigkeit geschlossen, so besteht ein solcher selbständiger Anspruch nicht.

3. S. Anm. 3 zu § 30.

4. Die Gesetzesbestimmung s. unten S. 150.

5. Über den Eintritt des Verlustes siehe Keller-Trautmann, RStG. Anm. II zu § 31 (S. 324—327), ferner Seydel-Piloty, Bayer. Staatsrecht, S. 161—165, sodann VGH. Bd. 6 S. 96, Bd. 12 S. 230, Bd. 13 S. 339, Bd. 19 S. 138 und S. 201, Bd. 26 S. 88, Bd. 28 S. 205 und Reger Bd. 13 S. 410, Bd. 20 S. 477, Bd. 22 S. 408, Bd. 24 S. 201, Bd. 26 S. 136 und S. 557, Bd. 28 S. 132, Bd. 29 S. 110, Bd. 30 S. 513, Bd. 42 S. 287, Erg.-Bd. 3 S. 165 und S. 359, Bd. 48 S. 208, Bd. 49 S. 126, BBl. 1929 S. 57, GemZ. 1929 S. 63, 1931 S. 240, DJZ. 1925 S. 974, JW. 1926 S. 400, S. 2862, 1927 S. 827.

Die Rechtsprechung der deutschen Verwaltungsgerichte (Preußen, Bayern, Baden, Hamburg) hat daran festgehalten, daß die zehnjährige Frist des § 21 des RG. vom 1. Juni 1870 durch gelegentliche, vorübergehende Besuchs-, Erholungs-, Geschäftsreisen nicht unterbrochen wird. Anderer Ansicht waren das Reichsgericht und die preußische Verwaltungspraxis; deren Standpunkt ist neuerdings auch das Verwaltungsgericht Bremen mit Urteil vom 5. Juli 1926 beigetreten, JW. 1927 S. 827, ähnlich auch die Entscheidung des Reichswirtschaftsgerichts vom 6. März 1926, JW. 1926 S. 1363 und S. 1315. Die Frage ist auch in der französischen, belgischen, englischen Rechtsprechung viel erörtert worden (vgl. JW. 1925 S. 753, 1926 S. 431, DJZ. 1926 S. 564); die ausländischen Gerichte nützen den bedauerlichen Wirrwarr der deutschen Rechtsprechung und Praxis regelmäßig zum Schaden der reichsdeutschen oder früher reichsdeutschen Prozeßbeteiligten aus. Vgl. JW. 1928. S. 1176.

6. Es besteht in Bayern ein im Verwaltungsrechtswege verfolgbarer Anspruch (§ 40 mit Art. 8 Ziff. 1 VGHG.). § 9 des Ges. findet keine Anwendung. Die Gebühr für die Einbürgerung beträgt 20 *RM* (s. Anm. 3 zu § 38).

7. S. Anm. 4 zu § 7.

8. Die Wirkung auf Ehefrau und Kinder bemißt sich nach § 16 Abs. 2.

9. Gehört er einem fremden Staate an und läßt er sich im Inlande nieder, so sind für die Einbürgerung die §§ 8 und 9 des Ges. maßgebend. Der ehemalige, aber aufgegebene Besitz einer fremden Staatsangehörigkeit steht dem Anspruch auf Einbürgerung nicht entgegen.

10. S. Anm. 2. Das dort Gesagte findet auch hier entsprechende Anwendung.

11. Z. B. ehemalige Hannoveraner. Welche Staatsangehörigkeit Angehörige des einverleibten Staates erwarben, die zur Zeit der Einverleibung ihres Staates in einen anderen ihren Wohnsitz außerhalb des eigenen Staates hatten, bemißt sich nach dem Inhalt der die Einverleibung regelnden Staatsakte. In der Regel wird anzunehmen sein, daß diese Personen die Angehörigkeit zu dem einverleibenden Staate ohne Rücksicht auf den Wohnsitz erworben haben; diese Angehörigkeit konnten sie dann nur nach den Gesetzen ihres neuen Staates wieder verlieren. Sofern sich nach einzelnen Staatsakten die Einverleibung auf auswärts Wohnende nicht erstreckte, sind diese staatlos geworden, und es hat § 31 Abs. 2 des Ges. auch auf sie Anwendung zu finden.

12. Das bayerische Indigenat ging nach dem Edikt über das Indigenat vom 26. Mai 1818 durch einen wenn auch noch so langen Aufenthalt im Auslande ohne rechtsförmliche Auswanderung nicht verloren. Durch heimliche Auswanderung wurde nach diesem Edikte der Verlust des bayerischen Indigenats nur dann bewirkt, wenn der Auswandernde ein fremdes Indigenat erwarb (BGH. Bd. 3 S. 126; Bd. 21 S. 82; Bd. 37 S. 65).

13. Auch nach Abs. 2 ist für den Anspruch auf Einbürgerung vorausgesetzt, daß eine fremde Staatsangehörigkeit nicht besteht (s. Anm. 9).

§ 32.[1] *)

[I] ***Ein militärpflichtiger Deutscher, der zur Zeit des Inkrafttretens dieses Gesetzes[2] im Inland weder seinen Wohnsitz noch seinen dauernden Aufenthalt hat und vor diesem Zeitpunkt das neunundzwanzigste, aber noch nicht das dreiundvierzigste Lebensjahr[3] vollendet hat, verliert[4] seine[5] Staatsangehörigkeit mit dem Ablauf zweier Jahre, sofern[6] er innerhalb dieser Frist keine endgültige Entscheidung über seine Dienstverpflichtung herbeigeführt hat.***

*) Siehe Fußnote zu § 2.

II *Ein fahnenflüchtiger Deutscher der im § 26 Abs. 2 bezeichneten Art, der zur Zeit des Inkrafttretens dieses Gesetzes*[2] *im Inland weder seinen Wohnsitz noch seinen dauernden Aufenthalt hat und vor diesem Zeitpunkte das dreiundvierzigste Lebensjahr noch nicht vollendet hat, verliert*[4] *seine*[5] *Staatsangehörigkeit mit dem Ablauf zweier Jahre, sofern*[6] *er sich nicht innerhalb dieser Frist vor den Militärbehörden gestellt.*

III Die Vorschriften des § 26 Abs. 3 und des § 29 finden entsprechende Anwendung.

1. Der § 32 enthält die durch Aufnahme des § 26 erforderlich gewordenen Übergangsvorschriften.
2. 1. Jan. 1914.
3. Personen, die am 1. Jan. 1914 das 43. Lebensjahr bereits vollendet hatten, also nach Ablauf der zweijährigen Frist nicht mehr wehrpflichtig gewesen sein würden, unterlagen den Ausbürgerungsvorschriften dieses Paragraphen nicht.
4. Der Verlust trat kraft Gesetzes ohne weitere behördliche Erklärung ein.
5. Wegen der Wirkung auf die Ehefrau und auf Kinder s. Abs. 3 mit § 29.
6. Daß der Militärpflichtige innerhalb der Frist seinen Wohnsitz oder dauernden Aufenthalt ins Ausland verlegte und bei Ablauf der Frist noch innehatte, genügte für sich allein nicht.

Dritter Abschnitt.

Unmittelbare Reichsangehörigkeit.

§ 33.[1,2]

Die unmittelbare Reichsangehörigkeit kann[3] verliehen werden

1.) einem Ausländer,*[4] *der sich in einem Schutzgebiete niedergelassen*[5] *hat, oder einem Eingeborenen in einem Schutzgebiete;*

2.[6] einem ehemaligen Deutschen, der sich nicht im Inland niedergelassen hat; dem ehemaligen Deutschen steht gleich, wer von ihm abstammt oder an Kindes Statt angenommen ist.

---

*) Siehe Fußnote zu § 2.

1. Nach dem Gesetze vom 1. Juni 1870 bestand nur eine Reichsangehörigkeit, die die Staatsangehörigkeit in einem Bundesstaat zur Voraussetzung hatte. Durch die Gesetzgebung für die Schutzgebiete ist hierin insoferne eine Neuerung eingetreten, als eine von der Staatsangehörigkeit in den Bundesstaaten unabhängige Reichsangehörigkeit geschaffen wurde. Das Gesetz gibt im wesentlichen die Vorschrift des § 9 SchutzgebG. (RGBl. 1900 S. 815) wieder.

2. Über die Frage, ob frühere elsaß-lothr. Staatsangehörige, die nicht die französ. Staatsangehörigkeit erworben haben, staatlos oder unmittelbare Reichsangehörige geworden sind, s. unten S. 139.

3. Die Verleihung kann nur auf Antrag erfolgen und nur dann, wenn die Voraussetzungen des § 8 Abs. 1 vorliegen und wenn das Verfahren nach § 9 durchgeführt ist.

4. S. Anm. 1 zu § 8.

5. S. Anm. 4 zu § 7.

6. Die Ziff. 2 tritt für die unmittelbare Reichsangehörigkeit an Stelle des § 13. S. diesen Paragraphen und die Anm. dazu.

§ 34.[1]

Einem Ausländer, der im Reichsdienst angestellt ist und seinen dienstlichen Wohnsitz im Ausland hat, muß auf seinen Antrag die unmittelbare Reichsangehörigkeit verliehen werden, wenn er ein Diensteinkommen aus der Reichskasse bezieht; sie kann ihm verliehen werden, wenn er ein solches Einkommen nicht bezieht.

1. Die Vorschrift entspricht dem § 15 Abs. 2. S. diesen Paragraphen und die Anm. dazu.

§ 35.

Auf die unmittelbare Reichsangehörigkeit finden die Vorschriften dieses Gesetzes über die Staatsangehörigkeit in einem Bundesstaate mit Ausnahme[1] der Vorschriften des § 4 Abs. 2, des § 8 Abs. 2, des § 10 Satz 2, des § 11 Satz 2, des § 12 Satz 2 und der §§ 14, 21 mit der Maßgabe entsprechende Anwendung, daß an die Stelle der Zentralbehörde des Bundesstaats der Reichskanzler[2] und an die Stelle der höheren Verwaltungsbehörde der Reichskanzler[2] oder die von ihm bezeichnete Behörde treten.

1. Die Ausnahmen ergeben sich jeweils aus der Natur der betreffenden Vorschrift; nur die Ausnahme von der Vorschrift des § 4

Abs. 2 beruht auf einer Zweckmäßigkeitserwägung. Sonst finden die Vorschriften des Gesetzes über die mittelbare Reichsangehörigkeit entsprechende Anwendung. Darnach wird auch die unmittelbare Reichsangehörigkeit durch Geburt, Legitimation, Eheschließung und Einbürgerung erworben; auch geht die unmittelbare Reichsangehörigkeit aus den in § 17 aufgeführten Gründen verloren. Im übrigen ist bei jedem Paragraphen bemerkt, inwieweit die Vorschrift auf die unmittelbare Reichsangehörigkeit anzuwenden ist.

2. Jetzt: das Reichsministerium des Innern.

Vierter Abschnitt.

Schlußbestimmungen.

§ 36.[1]

Unberührt bleiben die Staatsverträge, die von Bundesstaaten[2] mit ausländischen Staaten vor dem Inkrafttreten dieses Gesetzes geschlossen sind.

1. Daß die Staatsverträge des Reichs durch das Gesetz nicht berührt werden, ist selbstverständlich. Siehe auch Art. 282 ff. des Diktats von Versailles (RGBl. 1919 S. 1089) und den Friedensvertrag mit den Vereinigten Staaten von Amerika vom 25. Aug. 1921 (RGBl. S. 1317 und 1369).

2. Für Bayern kam insbesondere der Vertrag mit den Vereinigten Staaten vom 26. Mai 1868 (sogenannter Bancroftvertrag) über die Staatsangehörigkeit der wechselseitigen Einwanderer in Betracht (s. auch Anm. 6 zu § 25). Dieser Vertrag, gleichzeitig und übereinstimmend auch mit dem Norddeutschen Bund, mit Württemberg, Baden und Hessen abgeschlossen, ist durch den Eintritt der Vereinigten Staaten in den Krieg (6. April 1917) aufgehoben und nach Friedensschluß innerhalb der vorgesehenen Frist (d. i. bis 11. Mai 1922) nicht erneuert worden. Er ist aber für die Vergangenheit noch von Belang und wird daher auszugsweise unten S. 154 abgedruckt. Siehe auch Reger Bd. 10 S. 60 und GemZ. 1922 S. 111.

§ 37.

Soweit in Reichsgesetzen oder in Landesgesetzen auf Vorschriften des Gesetzes über die Erwerbung und den Verlust der Bundes- und Staatsangehörigkeit vom 1. Juni 1870 oder des Gesetzes, betreffend die Naturalisation von Ausländern, welche im Reichsdienst angestellt sind, vom

20. Dezember 1875 verwiesen ist, treten an deren Stelle die entsprechenden Vorschriften des Gesetzes.

§ 38.[1]

I Die Reichsregierung erläßt mit Zustimmung des Reichsrats Vorschriften[2] über die Höchstsätze von Gebühren und Abgaben, die in den Fällen des § 7, der §§ 10, 11, 12, des § 15 Abs. 2 erster Halbsatz, des § 31 und des § 34 erster Halbsatz für die Erteilung von Aufnahme- oder Einbürgerungsurkunden erhoben[3, 4] werden.

II Das gleiche gilt für die Erteilung von Entlassungsurkunden.

1. Fassung des Reichsgesetzes vom 5. Nov. 1923 zur Abänderung des Gesetzes über das Paßwesen, des Gebührengesetzes für die Auslandsbehörden und des Reichs- und Staatsangehörigkeitsgesetzes (RGBl. 1923 Teil I S. 1077). Dieses RG. ist gemäß VO. vom 27. Juni 1924 (RGBl. 1924 Teil I S. 657) am 1. Juli 1924 in Kraft getreten. Bis dahin wurden die Aufnahme- und Einbürgerungsurkunden in den Fällen des § 7, der §§ 10, 11, 12, 30, 31 und des § 34 erster Halbsatz, ferner die Entlassungsurkunden in den Fällen des § 21 gebührenfrei erteilt, während für die Erteilung von Entlassungsurkunden im Falle des § 22 höchstens 3 *M* Gebühren erhoben werden durften. Diese dem § 24 des früheren Gesetzes nachgebildete Bestimmung erstreckte die Gebührenfreiheit auf fast alle Fälle, in denen das Gesetz einen Anspruch auf Einbürgerung einräumt.

2. Durch die VO. vom 27. Juni 1924 (RGBl. I S. 659) in Verbindung mit der VO. vom 12. Dez. 1924 § 2 Abs. 2 und Anlage 3 Nr. 13 (RGBl. I S. 777) wurden mit Wirkung vom 1. Juli 1924 folgende Höchstsätze vorgeschrieben:

für die Erteilung von Aufnahme- und Einbürgerungsurkunden
- im Falle des § 7 . . . . 10 *RM*
- in den Fällen der §§ 10, 11, 12, des § 15 Abs. 2, erster Halbsatz, des § 31 und des § 34, erster Halbsatz . . . . . 20 *RM*

für die Erteilung von Entlassungsurkunden
- im Falle des § 21 . . . . 10 *RM*
- in den übrigen Fällen der Entlassung . 50 *RM*

3. In Bayern werden gemäß Art. 157 des Kostengesetzes in der Fassung der Min.-Bek. vom 22. Okt. 1924 (GVBl. S. 209) und vom 26. Sept. 1928 (GVBl. S. 413) und VollzB. Z. 38 folgende Gebühren erhoben:

1. für Einbürgerungsurkunden (§§ 10, 11, 12, 15 Abs. 2 erster Halbsatz, 31 RStAG.) 20 *RM*
2. für Aufnahmeurkunden (§ 7 RStAG.) . 10 *RM*
3. für Entlassungsurkunden
   a) im Falle des § 21 RStAG. . . . 10 *RM*
   b) in den übrigen Fällen der Entlassung (es kommt nur § 22 in Frage) . 50 *RM*
4. für Urkunden über die Einbürgerung oder Anstellung von Ausländern, wenn nicht dem Eingebürgerten oder Angestellten ein Rechtsanspruch auf Einbürgerung zustand 50—1000 *RM*

Bei nachgewiesener oder offenkundiger Bedürftigkeit oder aus Billigkeitsgründen kann die Gebühr auf Antrag
im Falle 1 und 4 bis auf . . . . 5 *RM*
im Falle 2 und 3 bis auf . . . . 3 *RM*
ermäßigt oder ganz erlassen werden.

4. Die Vorbehandlung der Aufnahme-, Einbürgerungs- und Entlassungsgesuche ist bei den Bezirksverwaltungsbehörden, sowie allen staatlichen Stellen und Behörden gebührenfrei (VollzV. Z. 38 Abs. 2 und Kostengesetz vom 16. Febr. 1921, Art. 157 Abs. 2). Es ist sonach auch gebührenfrei die Tätigkeit der Vormundschaftsgerichte, soweit sie zur Vorbehandlung dieser Gesuche erforderlich ist. Wird ein Antrag auf Annahme, Einbürgerung oder Entlassung zurückgenommen, kann keine Gebühr nach Art. 143 Abs. II des Kostengesetzes angesetzt werden.

§ 39.

I Der Bundesrat[1] erläßt Bestimmungen über die Aufnahme-, Einbürgerungs- und Entlassungsurkunden sowie über die Urkunden,[2] die zur Bescheinigung der Staatsangehörigkeit dienen.

II Die Landeszentralbehörden[3] bestimmen, welche Behörden im Sinne dieses Gesetzes als höhere Verwaltungsbehörden und als Militärbehörden[4] anzusehen sind.

1. Der Bundesrat hat in seiner Sitzung vom 27. Nov. 1913 die Muster für diese Urkunden festgestellt (s. ZBl. für das Deutsche Reich Nr. 59/1913 S. 1201 ff. und bayer. VollzV. vom 16. März 1914, MABl. S. 133 ff. mit Min.-Bek. vom 16. Nov. 1918, MABl. S. 343). Bei Verwendung der Muster für Einzelpersonen müssen die auf Familienangehörige bezüglichen Vordrucke gestrichen oder abgeändert werden; insbesondere bedarf der Vorbehaltvermerk der Aufnahme- und Einbürgerungsurkunden bei der Verwendung der vorgeschriebenen Muster für Einzelpersonen einer Änderung. Es empfiehlt sich, dem Vorbehaltsvermerk bei der Aufnahme oder Einbürgerung von Einzelpersonen folgende Fassung zu geben, die sich dem vom Bundesrat vorgeschriebenen Wortlaut eng anschließt:

„Die Aufnahme (Einbürgerung) erstreckt sich nicht auf Familienangehörige" (MEntschl. vom 4. Mai 1914 Nr. 5604 a 32).

2. Die Heimatscheine und Staatsangehörigkeitsausweise sowie Bestätigungen über den Nichtbesitz der bayerischen Staatsangehörigkeit stellt in Bayern die Bezirksverwaltungsbehörde aus, in deren Bezirk der Antragsteller seine Niederlassung hat oder zuletzt hatte. Trifft keine dieser Voraussetzungen zu, so ist die Bezirksverwaltungsbehörde der letzten Niederlassung der Eltern oder des letztlebenden Elternteils des Antragstellers zuständig. Bei Ehefrauen bemißt sich die Zuständigkeit nach der des Ehemannes, es sei denn, daß die Ehe aufgelöst ist und die Frau seither eine eigene Niederlassung in Bayern hat oder hatte. In München ist die Polizeidirektion (Polizeiämter), in Nürnberg und Fürth die Polizeidirektion N.-F. zuständig. Die Polizeidirektion München ist auch zuständig, wenn eine Behörde nach Satz 1 und 2 nicht vorhanden ist (VollzB. Z. 42).

Welche Behörden in den anderen Bundesstaaten zuständig sind, Staatsangehörigkeitsausweise und Heimatscheine auszufertigen, ist aus Spalte 3 der Anlage 9 zur VollzB. ersichtlich.

Die Gültigkeit des Heimatscheines kann bis zu einem Zeitraume von zehn Jahren bemessen werden (VollzB. Z. 43).

Wenn der Bezirksverwaltungsbehörde die persönlichen Verhältnisse des Antragstellers nicht bekannt sind, hat sie vor Ausstellung des Heimatscheines zu prüfen, ob Anlaß besteht, an seiner Geschäftsfähigkeit zu zweifeln, dann, ob anzunehmen ist, daß sich der Antragsteller des Heimatscheines bedienen wird, um sich wesentlichen öffentlich-rechtlichen Pflichten im Inland zu entziehen. Der Heimatschein ist nach VollzB. Ziff. 44 zu versagen, wenn anzunehmen ist, daß der Antragsteller die öffentliche Sicherheit und Ordnung oder sonstige wichtige deutsche Belange gefährden könnte. Er ist ferner zu versagen, wenn anzunehmen ist, daß der Gesuchsteller sich einer Strafverfolgung oder Strafvollstreckung oder seinen Steuerpflichten oder seiner Dienstverpflichtung in der Reichswehr entziehen oder daß er in fremde Heeresdienste (z. B. die französische oder spanische Fremdenlegion) eintreten will. Er kann versagt werden, wenn anzunehmen ist, daß der Gesuchsteller sich seinen gesetzlichen Unterhaltspflichten entziehen will (VollzB. Z. 44, s. auch Anm. 12 zu § 23).

Der Staatsangehörigkeitsausweis ist nur auszustellen, wenn der Antragsteller den Besitz der Staatsangehörigkeit einwandfrei nachgewiesen hat. Über den Nachweis der Staatsangehörigkeit von Auslandsdeutschen, die sich früher in Rußland aufgehalten haben, s. die Min.-Bek. vom 16. März 1921 und 4. Mai 1921 (StAnz. Nr. 65 und 105), unten S. 140, 141.

Die Heimatscheine und Staatsangehörigkeitsausweise dürfen an einen im Inlande wohnenden oder sich aufhaltenden Antragsteller nur persönlich, allenfalls durch Vermittlung der für seinen Wohnort zuständigen Verwaltungsbehörde ausgehändigt werden. Den im Ausland wohnenden Gesuchstellern können die Heimatscheine unmittelbar durch die Post (eingeschrieben, gegen Rückschein) übersandt werden; durch die deutschen Konsulate sollen sie nur dann ausgehändigt werden, wenn dies beantragt oder aus besonderen Gründen veranlaßt ist (VollzB Z. 46).

3. Siehe jeweils die besonderen gesetzlichen Bestimmungen, in denen die „höheren Verwaltungsbehörden" und „Militärbehörden" erwähnt sind.

4. Auf Grund des § 39 Abs. II waren vom bayer. Staatsministerium des Innern und bayer. Kriegsministerium (Entschl. vom 4. Jan. 1914) als Militärbehörden im Sinne dieses Gesetzes für Offiziere die Generalkommandos, im übrigen die Bezirkskommandos bestimmt.

Gegenwärtig werden als Militärbehörden im Sinne dieses Gesetzes nur noch die Wehrkreiskommandos in Betracht kommen.

§ 40.

I Gegen die Ablehnung des Antrags auf Aufnahme gemäß § 7, auf Einbürgerung [1] in den Fällen der §§ 10, 11, 15, des § 26 Abs. 3, der §§ 30, 31, des § 32 Abs. 3 oder des Antrags auf Entlassung in den Fällen der §§ 21, 22 ist der Rekurs zulässig. [2]

II Die Zuständigkeit der Behörden und das Verfahren bestimmen sich nach den Landesgesetzen [3] und, soweit landesgesetzliche Vorschriften nicht vorhanden sind, nach den §§ 20, 21 der Gewerbeordnung.

1. Die Anführung des § 26 Abs. 3 ist dahin einzuschränken, daß der Verwaltungsrechtsweg („Rekurs") nur nach dem Satz 2 des § 26 Abs. 3, nicht aber auch im Falle des Satz 1 zulässig sein kann.

2. Die Zulässigkeit des „Rekurses", in Bayern des Verwaltungsrechtsweges, ist bei jedem einzelnen Paragraphen behandelt. Soweit diese Bestimmungen gemäß § 35 des Ges. auf die unmittelbare Reichsangehörigkeit Anwendung finden, fehlt es an einer Stelle, die zur Erledigung der Beschwerde zuständig wäre.

3. In Bayern nach dem Gesetz vom 9. August 1878 über die Errichtung eines Verwaltungsgerichtshofes, insbesondere nach Art. 8 Ziff. 1 dieses Gesetzes.

Erste Rechtsstufe sind in allen Fällen, in denen es sich um die Ablehnung eines Antrages auf Aufnahme oder Entlassung handelt, die Bezirksverwaltungsbehörden (Bezirksamt, in kreisunmittelbaren Städten, auch in München, in Nürnberg und in Fürth der Stadtrat), bei Ablehnung von Einbürgerungsanträgen die Regierungen, Kammern des Innern (verwaltungsrechtlicher Senat); auf Beschwerde entscheidet in zweiter Instanz der Verwaltungsgerichtshof (VollzB. Z. 37).

Abgesehen von den bestrittenen Rechtsansprüchen auf Aufnahme, Einbürgerung und Entlassung ist in Bayern der Verwaltungsrechtsweg auch dann zulässig, wenn es sich um einen Streit über den Besitz der Reichs- und Staatsangehörigkeit handelt. Erste Instanz sind hier die Bezirksverwaltungsbehörden, zweite und letzte Instanz ist der Verwaltungsgerichtshof (s. Anm. 8 zu § 1 und VollzB. Nr. 1).

§ 41.

Dieses Gesetz tritt am 1. Januar 1914 gleichzeitig mit einem Gesetze[1] zur Abänderung des Reichsmilitärgesetzes sowie des Gesetzes, betreffend Änderung der Wehrpflicht, vom 11. Februar 1888 in Kraft.[2]

1. Siehe RGBl. 1913 S. 593 und Wehrgesetz vom 23. März 1921 (RGBl. S. 329) § 48 Ziff. 20.

2. Soweit am 1. Januar 1914 ein Erwerb oder Verlust der Staatsangehörigkeit nach dem bis dahin geltenden Recht tatsächlich eingetreten ist, behält er seine Wirkung, auch wenn das neue Recht diesen Erwerbs- oder Verlustgrund überhaupt nicht mehr oder nur unter veränderten Voraussetzungen kennt. Das gilt insbesondere für den Verlust der Staatsangehörigkeit durch zehnjährigen Aufenthalt im Ausland (siehe dazu GemZ. 1931 S. 240).

III. Bayerische Vollzugsvorschriften.

1. Bekanntmachung des Staatsministeriums des Innern zum Vollzuge des Reichs- und Staatsangehörigkeitsgesetzes.

Vom 23. Dezember 1929 (GVBl. S. 179 ff.), geändert durch Min.-Bek. vom 13. Mai 1930 (GVBl. S. 136), vom 3. Oktober 1930 (GVBl. S. 357) und vom 24. Dezember 1930 (GVBl. S. 410)*).

1. **Zu § 1.**

Über den bestrittenen Besitz der bayerischen Staatsangehörigkeit entscheidet, wenn diese Frage den Hauptstreitpunkt des Verfahrens bildet, im ersten Rechtszuge die Bezirksverwaltungsbehörde, in den Städten München, Nürnberg und Fürth die Polizeidirektion**). Die örtliche Zuständigkeit bemißt sich nach Ziffer 42 (Gesetz über den Verwaltungsgerichtshof Art. 8 Ziff. 1, Art. 17 Abs. I).

2. **Zu § 4 Abs. II.**

Wird ein Kind in einer Gemeinde aufgefunden, die einem Bezirksamt untersteht, so hat die Ortspolizeibehörde diesem sofort zu berichten.

Die Bezirksverwaltungsbehörde (Bezirksamt, in kreisunmittelbaren Städten der Stadtrat) leitet unverzüglich umfassende Nachforschungen nach der Abstammung des aufgefundenen Kindes ein. Bleiben diese ergebnislos, so gilt das in Bayern aufgefundene Kind bis zum Beweise des Gegenteiles als Kind eines Bayern. Die Bezirksverwaltungsbehörde des Fundortes hat über die Staatsangehörigkeit des Kindes nach Einvernahme seines Vormundes und des Vormundschaftsgerichtes durch schriftliche Verfügung und, wenn Streit über die Staatsangehörigkeit besteht, verwaltungsrechtlich zu entscheiden. Eine Ausfertigung der Verfügung oder des Beschlusses ist dem Vormund und dem Vormundschaftsgericht, eine Abschrift dem Landesfürsorgeverbande zuzustellen.

---

*) Die Vollz.-Bek. vom 23. Dez. 1929 ist an die Stelle der mehrfach geänderten Vollz.-Bek. vom 3. März 1916 getreten. Wegen Coburg s. Min.-Bek. vom 14. April 1921, GVBl. S. 253, Anlage 3 Nr. 11—13.

**) Wegen der Polizeiämter in München s. oben S. 20, Anm. 8 zu § 1.

Ist der Fundort nicht zu ermitteln, so hat die Bezirksverwaltungsbehörde des ersten bekannten Aufenthaltsortes des Kindes die Nachforschungen einzuleiten und über die Staatsangehörigkeit zu entscheiden.

3. **Zu § 7.**

Die Aufnahme eines Deutschen steht der Bezirksverwaltungsbehörde (Bezirksamt, in kreisunmittelbaren Städten dem Stadtrate) zu, in deren Bezirk er sich niedergelassen hat.

4.

Die Aufnahmegesuche sind bei der Bezirksverwaltungsbehörde des Niederlassungsortes schriftlich einzureichen oder niederzuschreiben. Der Gesuchsteller hat seine Eigenschaft als Deutscher und seine Niederlassung nachzuweisen.

Das Gesuch muß die Angabe enthalten, auf welche Familienangehörigen sich die Aufnahme erstrecken soll. Der Tag und der Ort der Geburt des Gesuchstellers und seiner Angehörigen sind im Zweifelsfalle durch Urkunden darzutun.

Die Gesuche sind beschleunigt zu behandeln.

5.

Sollen Minderjährige unter elterlicher Gewalt ohne ihre gesetzlichen Vertreter oder sollen Personen unter Vormundschaft aufgenommen werden, so müssen sie das Aufnahmegesuch selbst stellen, wenn sie das 16. Lebensjahr vollendet haben. Das Gesuch bedarf der Zustimmung des gesetzlichen Vertreters. Der Vormund hat durch Vorlage der Bestallung nachzuweisen, daß ihm die gesetzliche Vertretung zusteht. In den Fällen des § 7 Abs. II des Gesetzes muß die Zustimmung des Ehemannes (Satz 1) oder des gesetzlichen Vertreters (Satz 2), dem die elterliche Gewalt nicht zusteht, schriftlich erklärt sein. Die Unterschrift bedarf der amtlichen Beglaubigung, wenn die Erklärung nicht bei einer öffentlichen Behörde niedergeschrieben ist.

6.

Die Bezirksverwaltungsbehörde hat den Bezirksfürsorgeverband*) der Niederlassungsgemeinde zur beschlußmäßigen Äußerung aufzufordern, ob er Veranlassung hat, einen Antrag auf Ab- oder Wegweisung des Gesuchstellers nach den §§ 4 oder 5 des Freizügigkeitsgesetzes zu stellen**).

---

*) In Bayern bildet jede Gemeinde einen „Bezirksfürsorgeverband"; zuständig, die Äußerung abzugeben, ist also der Ortsfürsorgeausschuß oder der städt. Wohlfahrtsausschuß, VO. vom 27. März 1924, **GVBl. S. 126.**

**) Siehe Anm. 1 (Abs. 4) zu § 7 RStAG. oben S. 32.

7.

Die Bezirksverwaltungsbehörde prüft, ob die Voraussetzungen des § 3 des Freizügigkeitsgesetzes gegeben sind.

8.

Ist die fehlende Zustimmung des Mannes zum Aufnahmeantrag einer Ehefrau durch das Vormundschaftsgericht ersetzt, so ist festzustellen, daß die Ersetzung rechtskräftig ist.

9.

Ohne vorherige Niederlassung kann die Aufnahme nur aus besonderen Gründen mit Genehmigung des Staatsministeriums des Innern erteilt werden. Zuständig ist die Bezirksverwaltungsbehörde des Aufenthaltsortes des Gesuchstellers. Diese hat zum Zwecke der Erholung der Genehmigung unter gutachtlicher Stellungnahme die Verhandlungen dem Staatsministerium des Innern vorzulegen. Besitzt der Gesuchsteller keinen Aufenthaltsort innerhalb Bayerns, so ist der Stadtrat München zuständig.

Bei der Aufnahme von ehemaligen Sachsen-Coburg-Gothaischen Staatsangehörigen, die die bayerische Staatsangehörigkeit durch die Vereinigung Coburgs mit Bayern nicht erworben haben, ist nach § 3 Halbsatz 2 des Staatsvertrages über die Vereinigung Coburgs mit Bayern vom 14. Februar 1920 (GVBl. S. 335) zu verfahren.

10.

Erachtet die Bezirksverwaltungsbehörde die Voraussetzungen der Aufnahme nicht als erfüllt, so läßt sie den Gesuchsteller hiervon unter kurzer Angabe der Gründe verständigen und darüber vernehmen, ob er das Gesuch aufrechthält. In diesem Falle hat die Bezirksverwaltungsbehörde über das Gesuch verwaltungsrechtlich zu entscheiden (Gesetz über den Verwaltungsgerichtshof Art. 8 Ziff. 1, Art. 9 Abs. 1).

11.

Zu §§ 8, 10—12, 26 Abs. III, 30, 31, 32 Abs. III.

Die Einbürgerungsgesuche sind bei der Bezirksverwaltungsbehörde des Niederlassungsortes (in kreisunmittelbaren Städten bei dem Stadtrate) schriftlich einzureichen oder niederzuschreiben. Sie müssen alle Angaben enthalten, die zur Ausfüllung des Verzeichnisses (Anlage 8) benötigt sind, ferner die Erklärung, ob die gleichzeitige Einbürgerung der Ehefrau und der unter elterlicher Gewalt stehenden Kinder beantragt wird. Gesuchsteller unter elterlicher Gewalt oder Vormundschaft, die das 16. Lebensjahr vollendet haben, müssen das Einbürgerungsgesuch selbst unterzeichnen. Der gesetzliche Vertreter, dem die elterliche Gewalt nicht zusteht, hat die Vertretungsbefugnis nachzuweisen. Seine Zustimmung muß schriftlich abgegeben sein. Die Unterschrift bedarf der amtlichen Beglaubigung, wenn die Zustimmung nicht bei einer öffentlichen Behörde niedergeschrieben ist.

12.

Die Angaben über die persönlichen Verhältnisse (Namen, Tag und Ort der Geburt, Staatsangehörigkeit, früheres Wehrdienstverhältnis, Abstammung usw.) sollen durch Urkunden belegt sein.

13.

Die Bezirksverwaltungsbehörde prüft zunächst, ob der Gesuchsteller unbeschränkt geschäftsfähig ist, ob der Antrag vom gesetzlichen Vertreter oder mit seiner Zustimmung gestellt ist. Dann unterrichtet sie sich über den bisherigen Lebenswandel, die Wohnungsverhältnisse und die wirtschaftliche Lage des Gesuchstellers und seiner Angehörigen. Der Gesuchsteller ist verpflichtet, auf Verlangen die erforderlichen Auskünfte zu geben und die nötigen Unterlagen zu beschaffen.

14.

Der Gemeinderat (Stadtrat) und außerdem der Bezirksfürsorgeverband*) der Niederlassungsgemeinde haben sich beschlußmäßig darüber zu äußern, ob die Erfordernisse des § 8 Abs. I Ziff. 2—4 des Gesetzes erfüllt sind. Die Tatsachen, die der Beschlußfassung zugrundeliegen, müssen aus den Erhebungen, aus gemeindeamtlichen Bestätigungen oder aus den Beschlüssen selbst ersichtlich sein.

15.

Hatte der Gesuchsteller nach vollendetem 12. Lebensjahre früher in Bayern anderweitig eine Niederlassung oder einen Aufenthaltsort, so ist die Bezirksverwaltungsbehörde des Niederlassungs- oder Aufenthaltsortes über das Einbürgerungsgesuch zu hören.

Hat der Gesuchsteller früher bereits einem deutschen Land angehört oder sich in dessen Gebiet aufgehalten, so ist den Behörden dieses Landes Gelegenheit zur Äußerung über das Einbürgerungsgesuch zu geben. Zu diesem Zwecke hat sich die Bezirksverwaltungsbehörde an die Behörden des betreffenden Landes zu wenden, die nach Anlage 9 zur Ausstellung der Einbürgerungsurkunden zuständig sind.

Sodann legt die Bezirksverwaltungsbehörde die Verhandlungen mit gutachtlicher Äußerung der Regierung, Kammer des Innern, vor.

16.

Die Einbürgerung von Ausländern und Staatlosen steht der Regierung, Kammer des Innern, zu, in deren Bezirke sie sich niedergelassen haben (§§ 8, 10—12 des Gesetzes). Die Regierung prüft

---

*) Ortsfürsorgeausschuß oder städt. Wohlfahrtsausschuß, VO. vom 27. März 1924, GVBl. S. 126.

zunächst, ob die gesetzlichen Voraussetzungen der Einbürgerung vollständig erfüllt sind und ob keine Tatsachen vorliegen, welche die Besorgnis rechtfertigen, daß die Einbürgerung das Wohl des Reiches oder Bayerns gefährden würde.

17.

Entschließt sich die Regierung aus den in Ziff. 16 aufgeführten oder aus anderen Gründen zur Abweisung des Antrages, so läßt sie dem Gesuchsteller eröffnen, daß ihm die Einbürgerung in Bayern nicht in Aussicht gestellt werden kann.

In den Fällen, in denen ein im Verwaltungsrechtswege verfolgbarer Anspruch auf Einbürgerung besteht (§§ 10, 11, 15, 26 Abs. 3, §§ 31, 32 Abs. 3 des Gesetzes), läßt die Regierung, Kammer des Innern, den Gesuchsteller darüber einvernehmen, ob er das Gesuch aufrecht hält. In diesem Falle hat die Regierung, Kammer des Innern, verwaltungsrechtlich zu entscheiden (Gesetz über den Verwaltungsgerichtshof Art. 8 Ziff. 1, Art. 9 Abs. I).

18. Zu § 9.

Erachtet die Regierung den Antrag für berücksichtigenswert, so füllt sie ein Verzeichnis nach Anlage 8 aus. In der letzten Spalte des Verzeichnisses sind erschöpfend die Angaben zu machen, die für die Beurteilung des Antrages von besonderem Werte sind. Insbesondere ist anzugeben, ob die nach Ziff. 15 einvernommenen Behörden anderer Länder Bedenken gegen die Einbürgerung geäußert haben. Die Verzeichnisse sind in zwanzigfacher Fertigung bis zum 20. jeden Monats dem Staatsministerium des Innern gesammelt vorzulegen. Am Kopfe des Verzeichnisses ist der Monat der Vorlage einzutragen. Die Verzeichnisse sind mit fortlaufenden Ordnungsnummern zu versehen.

Die Einbürgerungsurkunde (Anlage 2) darf erst ausgefertigt werden, wenn das Staatsministerium des Innern auf Grund der Mitteilung des Reichsministeriums des Innern oder der Entscheidung des Reichsrats bestätigt hat, daß gegen die Einbürgerung kein Bedenken besteht.

Die vorstehende Bestimmung gilt nicht für die Fälle, auf die § 9 Abs. I des Gesetzes keine Anwendung findet.

19.

Die Einbürgerung ist regelmäßig von dem Nachweise der Entlassung aus dem bisherigen Staatsverband abhängig zu machen (vgl. hierzu z.B. Art. 13 des Deutsch-Tschechoslowakischen Staatsangehörigkeitsvertrags vom 29. Juni 1920, RGBl. S. 2284, ratifiziert am 12. September 1922, RGBl. II 1922 S. 763). Dieses Nachweises bedürfen nicht die Angehörigen von Staaten, nach deren Gesetzen die Staatsangehörigkeit durch die Einbürgerung in Bayern verloren wird. Auf Grund des Rechtes ihres Heimatstaates sind von dem Nachweise der Entlassung allgemein befreit die Angehörigen von Belgien, Brasilien, Chile, Dänemark, Danzig, Finnland, Italien, Luxemburg, der Niederlande, von Norwegen, Rumänien, Schweden und der Vereinigten Staaten von Amerika. Bei der Einbürgerung türkischer Staatsangehöriger ist an Stelle des Nachweises der vorherigen Entlassung aus dem türkischen Staatsverbande der Nachweis darüber zu fordern, daß die Türkische Regierung den Erwerb einer deutschen Staatsangehörigkeit genehmigt hat*). Im übrigen behält sich das Staatsministerium des Innern vor, in besonderen Fällen von dem Nachweise der Entlassung aus der bisherigen Staatsangehörigkeit oder dem für türkische Staatsangehörige vorgeschriebenen Nachweise zu befreien. Jugoslawische Staatsangehörige sind von der Beibringung dieses Nachweises allgemein befreit**).

Hat ein Gesuchsteller noch die Entlassung aus seiner bisherigen Staatsangehörigkeit nachzuweisen, so ist ihm die Einbürgerung unter der Bedingung zuzusichern, daß dieser Nachweis in angemessener Frist erbracht wird und daß in der Zwischenzeit keine Umstände eintreten, die zu einer anderen Beurteilung des Einbürgerungsantrages Anlaß geben.

20. Zu § 12.

Als Heeresdienst im Sinne des § 12 des Gesetzes ist nur ein solcher anzusehen, der unter der Geltung der allgemeinen Wehrpflicht abgeleistet wurde.

21. Zu § 13.

Die Einbürgerung steht der Regierung, Kammer des Innern, zu, in deren Bezirke der ehemalige Deutsche die letzte Niederlassung hatte. Besaß der Gesuchsteller keine Niederlassung in Bayern, so ist die Regierung der letzten Niederlassung der Eltern oder des letztlebenden Elternteiles des Gesuchstellers zuständig. Ist hiernach eine Zuständigkeit nicht begründet, so ist die Regierung von Oberbayern, Kammer des Innern, zuständig.

Vor der Einbürgerung ist dem Auswärtigen Amte Mitteilung zu machen. Zu diesem Zwecke sind die abgeschlossenen Verhandlungen mit Gutachten und mit einem Verzeichnisse nach Anlage 8 dem Staatsministerium des Innern vorzulegen.

22. Zu § 14.

Höhere Verwaltungsbehörden sind alle staatlichen Stellen und Behörden, die außer den Zentralstellen nach den jeweils geltenden Vorschriften ermächtigt sind, Anstellungen für die im § 14 des Gesetzes genannten Dienste zu vollziehen oder zu bestätigen.

---

*) Hierzu ME. vom 1. Febr. 1929 Nr. 4004 b 19.

**) Änderungen durch Min.-Bek. vom 13. Mai 1930 (GVBl. S. 136) und 3. Okt. 1930 (GVBl. S. 357).

Da für Beamte der Gemeinden und Bezirke eine Bestätigung der Anstellung durch Staatsbehörden nicht in Frage kommt, erwerben diese Beamten durch ihre Anstellung nicht ohne weiteres die bayerische Staatsangehörigkeit. Für einen Angehörigen eines außerbayerischen deutschen Landes, der zum Beamten einer Gemeinde oder eines Bezirkes bestellt wird, besteht daher Veranlassung, um seine Aufnahme nachzusuchen.

Nichtbayern erwerben mit der Aushändigung der Anstellungsurkunde nach § 16 Abs. I des Gesetzes die bayerische Staatsangehörigkeit. Die Urkunde ist ihnen deshalb regelmäßig erst an dem Tag auszuhändigen, an dem die Anstellung wirksam wird.

23. **Zu § 15 Abs. II.**

In den Fällen des § 15 Abs. II des Gesetzes ist die Regierung von Oberbayern, Kammer des Innern, zur Einbürgerung zuständig.

24. **Zu § 16.**

Nachweis des Tages, an dem die Aufnahme-, Einbürgerungs- oder Anstellungsurkunde ausgehändigt wurde, ist zu den amtlichen Verhandlungen zu nehmen.

In die Aufnahme- und Einbürgerungsurkunde sind alle Angehörigen, die mit dem Familienhaupt aufgenommen oder eingebürgert werden sollen, mit Namen, Tag und Ort der Geburt einzutragen.

Lebt der Gesuchsteller im Auslande, so darf die Urkunde nur durch Vermittlung des zuständigen deutschen Konsulats ausgehändigt werden.

25. **Zu §§ 17—24.**

Die Entlassung aus dem bayerischen Staatsverbande steht der Bezirksverwaltungsbehörde (Bezirksamt, bei kreisunmittelbaren Städten dem Stadtrate) zu.

Das Entlassungsgesuch ist bei der Bezirksverwaltungsbehörde, in deren Bezirke der Gesuchsteller seine Niederlassung hat oder zuletzt hatte, schriftlich einzureichen oder niederzuschreiben. Besaß der Gesuchsteller keine Niederlassung in Bayern, so ist die Bezirksverwaltungsbehörde der letzten Niederlassung der Eltern oder des letztlebenden Elternteiles des Gesuchstellers zuständig. Bei Ehefrauen bemißt sich die Zuständigkeit nach der des Ehemannes, es sei denn, daß die Ehe aufgelöst ist und die Ehefrau seither eine eigene Niederlassung in Bayern hat oder hatte. Ist eine Behörde nach Satz 1 und 2 nicht vorhanden, so ist der Stadtrat München zuständig.

Das Gesuch muß alle Angaben enthalten, die in die Entlassungsurkunde (Anlage 3 oder 4) einzutragen sind. Ausdrücklich ist anzugeben, ob sich die Entlassung auch auf die Ehefrau und die Kinder erstrecken soll. Heimatschein und Staatsangehörigkeitsausweis, die sich im Besitze des Gesuchstellers befinden, sind dem Antrage beizufügen.

26. Zu § 19.

Der Vormund und der Beistand haben die Bestallung nachzuweisen. In den Fällen, in denen die Genehmigung des Vormundschaftsgerichts erforderlich ist, haben die gesetzlichen Vertreter ihre Unterschrift vor einer öffentlichen Behörde niederzuschreiben oder amtlich beglaubigen zu lassen.

27.

Bedarf der Antrag auf Entlassung einer Person unter elterlicher Gewalt oder Vormundschaft der Genehmigung des deutschen Vormundschaftsgerichts, so hat die Bezirksverwaltungsbehörde die abgeschlossenen Verhandlungen an das nach den §§ 36, 43 des Gesetzes über die Angelegenheiten der freiwilligen Gerichtsbarkeit (RGBl. 1898 S. 776ff.) zuständige deutsche Vormundschaftsgericht zur Beschlußfassung über die Erteilung der Genehmigung zu leiten. Ist nach § 36 Abs. I oder II Satz 1, § 43 kein deutsches Vormundschaftsgericht zuständig, so hat die Bezirksverwaltungsbehörde die Akten dem Staatsministerium der Justiz zur Bestimmung des zuständigen Vormundschaftsgerichts vorzulegen.

Vor der Verbescheidung des Gesuches hat die Bezirksverwaltungsbehörde bei dem Staatsanwalt anzufragen, ob er von dem Rechtsmittel der Beschwerde gegen die Entscheidung des Vormundschaftsgerichts Gebrauch macht.

28. Zu §§ 20—23.

Weist der Gesuchsteller nach, daß er und die Angehörigen, die mit ihm entlassen werden sollen, die Staatsangehörigkeit in einem anderen deutschen Lande besitzen und sich gemäß § 20 des Gesetzes vorbehalten, so haben weitere Ermittlungen zu unterbleiben.

Wird die Entlassung ohne Vorbehalt der Staatsangehörigkeit in einem anderen Lande beantragt, so hat die Bezirksverwaltungsbehörde zu erheben, ob der Entlassung keine Bedenken vom Standpunkte der Polizei oder Strafrechtspflege oder der gesetzlichen Unterhaltspflicht oder wegen Rückständen mit öffentlichen Leistungen entgegenstehen. In solchen Fällen sind die erforderlichen Maßnahmen zu treffen.

29.

Die Erklärung über den Vorbehalt der Staatsangehörigkeit in einem anderen deutschen Land ist an die in Ziff. 25 bezeichnete Bezirksverwaltungsbehörde zu richten.

Der Gesuchsteller hat den Besitz dieser Staatsangehörigkeit durch eine amtliche Urkunde aus jüngster Zeit nachzuweisen.

30.

Bestehen Zweifel, ob die Voraussetzungen des § 22 erfüllt sind, so hat sich die Bezirksverwaltungsbehörde, soweit Beamte in Frage kommen, an die vorgesetzte Dienststelle, soweit Offiziere oder Mannschaften in Frage kommen, an den Truppenteil zu wenden.

31.

Nachweis des Tages, an dem die Entlassungsurkunde ausgehändigt wurde, ist zu den amtlichen Verhandlungen zu nehmen. Lebt der Gesuchsteller im Auslande, so darf die Entlassungsurkunde nur durch Vermittlung des zuständigen deutschen Konsulats ausgehändigt werden.

Die mit den Entlassungsgesuchen vorgelegten Heimatscheine und Staatsangehörigkeitsausweise sind bei der Aushändigung der Entlassungsurkunde einzuziehen, soweit ihre Gültigkeit mit der Entlassung erlischt. Das gleiche gilt von Pässen, die sich im Besitze der entlassenen Person befinden.

32.

Die Bezirksverwaltungsbehörde hat die vorbehaltlose Entlassung den deutschen Ländern mitzuteilen, denen der Entlassene angehört. Die Mitteilung ist an die zur Ausfertigung der Entlassungsurkunden zuständigen Behörden (Anlage 9) zu richten. Ist die örtlich zuständige Behörde nicht bekannt, so ist die Mitteilung dem Staatsministerium des Innern zur Weiterleitung vorzulegen.

Die vorbehaltlose Entlassung einer Person, die Anspruch auf Pension, Wartegeld, Ruhegehalt, Witwen- oder Waisengeld, Witwen-, Waisen-, Eltern- oder Enkelrente hat, ist der auszahlenden Stelle mitzuteilen.

33. **Zu § 24 Abs. I und § 30.**

Gilt eine Entlassung nach § 24 Abs. I des Gesetzes als nicht erfolgt oder wird der Entlassene nach § 30 des Gesetzes wieder eingebürgert, so ist die Entlassungsurkunde einzuziehen.

34. **Zu § 25 Abs. II.**

Die Genehmigung zur Beibehaltung der bayerischen Staatsangehörigkeit erteilt die Regierung, Kammer des Innern. Sie legt die Verhandlungen zur Einvernahme des Konsuls dem Staatsministerium des Äußern vor, falls nicht der Konsul zu dem Antrage bereits Stellung genommen hat.

Die örtliche Zuständigkeit der Regierung bestimmt sich nach Ziff. 21.

35. **Zu § 26 Abs. III.**

Die Einbürgerung steht der Regierung, Kammer des Innern, zu, in deren Bezirk sich der ehemalige Deutsche niedergelassen hat. Trifft diese Voraussetzung nicht zu, so bestimmt sich die Zuständigkeit nach Ziff. 21.

36. **Zu §§ 27, 28.**

Zentralbehörde ist das Staatsministerium des Innern.

Die Aufforderung zum Austritt aus ausländischen Staatsdiensten (§ 28 Abs. I des Gesetzes) steht dem Staatsministerium des

Äußern zu, wenn sie nicht im Namen des Reiches im allgemeinen ergeht.

37. Zu § 29.

Die Familienangehörigen, auf die sich der Wiedererwerb der Staatsangehörigkeit nach § 29 des Gesetzes erstreckt, sind in der Einbürgerungsurkunde mit Namen, Tag und Ort der Geburt anzugeben.

38. Zu § 38.

Für die Erteilung von Aufnahme-, Einbürgerungs- und Entlassungsurkunden werden nachstehende Gebühren erhoben:

a) für Aufnahmeurkunden (§ 7 des Gesetzes) eine Gebühr von 10 *RM*; bei nachgewiesener oder offenkundiger Bedürftigkeit oder aus Billigkeitsgründen kann die Gebühr auf Antrag bis auf 3 *RM* ermäßigt oder ganz erlassen werden;
b) für Einbürgerungsurkunden in den Fällen der §§ 10, 11, 12, des § 15 Abs. II erster Halbsatz und des § 31 des Gesetzes eine Gebühr von 20 *RM*; bei nachgewiesener oder offenkundiger Bedürftigkeit oder aus Billigkeitsgründen kann die Gebühr auf Antrag bis auf 5 *RM* ermäßigt oder ganz erlassen werden;
c) für Urkunden über die Einbürgerung oder die Anstellung von Ausländern eine Gebühr von 50 bis 1000 *RM*, wenn nicht dem Eingebürgerten oder Angestellten ein Rechtsanspruch auf Einbürgerung zusteht (siehe Buchstabe b); bei nachgewiesener oder offenkundiger Bedürftigkeit des Gesuchstellers kann die Gebühr auf Antrag bis auf 5 *RM* ermäßigt werden;
d) für Entlassungsurkunden im Falle des § 21 des Gesetzes eine Gebühr von 10 *RM*, in den übrigen Fällen eine Gebühr von 50 *RM*; bei nachgewiesener oder offenkundiger Bedürftigkeit oder aus Billigkeitsgründen kann die Gebühr auf Antrag bis auf 3 *RM* ermäßigt oder ganz erlassen werden.

Die Vorbehandlung der Aufnahme-, Einbürgerungs- und Entlassungsgesuche ist bei den Bezirksverwaltungsbehörden sowie allen staatlichen Stellen und Behörden gebührenfrei (Kostengesetz vom 16. Februar 1921 Art. 157).

39. Zu § 39.

Die Formblätter für die Anlagen 1—8 sind von den zuständigen Stellen und Behörden zu beschaffen und aus den Mitteln für Geschäftsbedürfnisse zu bezahlen.

40.

Die Heimatscheine (Anlage 5) werden in besonderer Ausstattung hergestellt. Sie sind unmittelbar bei der Reichsdruckerei (Berlin SW., Oranienstr. 91) zu bestellen. Die Reichsdruckerei ist im Besitze des bayerischen Wappenstempels.

Die Druckkosten belaufen sich bei Sammelbestellungen, die den Bedarf für das laufende Jahr umfassen und bis zum 31. Oktober bei der Reichsdruckerei eingehen müssen, so daß die Bestellungen zusammen gedruckt werden können:

bis zu 50 Stück	auf	4.— *RM*,
für 51—100 Stück	auf	5.50 *RM*,
für je weitere, im Anschlusse gedruckte 100 Stück	auf	3.— *RM*,
für je 1000 Stück	auf	30.— *RM*,
für je weitere, im Anschlusse gedruckte 1000 Stück	auf	25.— *RM*,
für den besonderen Eindruck	auf	4.— *RM*.

Bei Nachbestellungen, die einzeln gedruckt werden müssen:

bis zu 50 Stück	auf	10.— *RM*,
für 51—100 Stück	auf	12.— *RM*,
für je weitere, im Anschlusse gedruckte 100 Stück	auf	3.50 *RM*,
für je 1000 Stück	auf	42.— *RM*,
für je weitere, im Anschlusse gedruckte 1000 Stück	auf	28.— *RM*,
für den besonderen Eindruck	auf	4.— *RM*.

41.

Die Aufnahme- und Entlassungsurkunden sowie die Staatsangehörigkeitsausweise (Anlage 1, 3, 4 und 6) lassen die Regierungen, Kammern des Innern, herstellen und am rechten oberen Rande mit ihrem Siegel versehen. Die Bezirksverwaltungsbehörden erhalten die benötigten Formblätter auf Bedarfsanzeige von der vorgesetzten Regierung, Kammer des Innern, gegen Ersatz der Herstellungskosten geliefert.

Aufnahme- und Entlassungsurkunden sowie Staatsangehörigkeitsausweise dürfen nur auf den vorgeschriebenen Formblättern ausgefertigt werden.

42.

Die Heimatscheine und Staatsangehörigkeitsausweise sowie Bestätigungen über den Nichtbesitz der bayerischen Staatsangehörigkeit (Anlagen 5, 6 und 7) stellt die Bezirksverwaltungsbehörde, in den Städten München, Nürnberg und Fürth die Polizeidirektion aus. Örtlich zuständig ist die Behörde, in deren Bezirke der Gesuchsteller seine Niederlassung hat oder zuletzt hatte. Besaß der Gesuchsteller keine Niederlassung in Bayern, so ist die Bezirksverwaltungsbehörde der letzten Niederlassung der Eltern oder des letztlebenden Elternteiles des Gesuchstellers zuständig. Bei Ehefrauen bemißt sich die Zuständigkeit nach der des Ehemannes, es sei denn, daß die Ehe aufgelöst ist und die Frau seither eine eigene Niederlassung in Bayern hat oder hatte. Ist eine Behörde nach Satz 2 und 3 nicht vorhanden, so ist die Polizeidirektion München zuständig.

43.

Die Gültigkeit des Heimatscheines kann bis zu einem Zeitraume von 10 Jahren bemessen werden.

44.

Der Heimatschein ist zu versagen, wenn Tatsachen die Annahme rechtfertigen, daß der Heimatschein in den Händen des Inhabers die Aufrechthaltung der öffentlichen Sicherheit und Ordnung oder sonstige erhebliche deutsche Belange gefährden würde.

Der Heimatschein ist ferner zu versagen, wenn Tatsachen die Annahme rechtfertigen, daß der Gesuchsteller den Heimatschein benutzen will, um

a) sich einer Strafverfolgung oder Strafvollstreckung zu entziehen,
b) sich seinen Steuerpflichten zu entziehen,
c) sich seiner Dienstverpflichtung in der Reichswehr zu entziehen,
d) in fremde Heeresdienste einzutreten.

Der Heimatschein kann versagt werden, wenn Tatsachen die Annahme rechtfertigen, daß der Gesuchsteller den Heimatschein benutzen will, um sich seinen gesetzlichen Unterhaltspflichten zu entziehen.

45.

Der Gesuchsteller ist bei Anlaß darauf aufmerksam zu machen, daß der Heimatschein die in ausländischen Staaten besonders vorgeschriebenen Reise- oder Ausweispapiere (Paß, Wanderbücher, Dienstbotenbücher) nicht ersetzt.

46.

Heimatschein und Staatsangehörigkeitsausweis sind im Inlande dem Gesuchsteller persönlich, allenfalls durch Vermittlung der für seinen Wohnort zuständigen Verwaltungsbehörde auszuhändigen.

Den im Auslande wohnenden Gesuchstellern können Heimatscheine unmittelbar durch die Post übersandt werden. Eine Aushändigung der Scheine durch die deutschen Konsularbehörden hat ausnahmsweise nur dann stattzufinden, wenn sie von den Beteiligten selbst beantragt wird oder aus besonderen Gründen veranlaßt ist.

Die Heimatscheine sind, soweit angängig, durch Einschreibbrief gegen Rückschein (gegebenenfalls unter Nachnahme der erwachsenen Kosten) und mit dem Vermerk auf dem Briefumschlag „Nur an den Empfänger persönlich auszuhändigen!" zu übersenden.

. . . .

47. Zu § 40.

Das Verfahren bemißt sich nach dem Gesetz über den Verwaltungsgerichtshof.

Im ersten Rechtszug entscheidet bei Anträgen auf Aufnahme oder auf Entlassung die Bezirksverwaltungsbehörde (Bezirksamt, in kreisunmittelbaren Städten der Stadtrat), bei Anträgen auf Einbürgerung der verwaltungsrechtliche Senat der Regierung, Kammer des Innern, im zweiten Rechtszuge der Verwaltungsgerichtshof.

48.

Staatsangehörigkeitsangaben in den Einwohnerverzeichnissen.

Die Staatsangehörigkeit der Einwohner wird in den Einwohnerverzeichnissen (Melderegistern) vorgetragen. Dieser Eintrag hat zwar nicht die Bedeutung einer Feststellung der Staatsangehörigkeit, seine Zuverlässigkeit ist jedoch von großer praktischer Bedeutung. Um diese Verlässigkeit zu erhöhen, ist folgendes zu beachten:

1. Neu zuziehende Personen sind aufzufordern, sich über ihre Staatsangehörigkeit durch einen Staatsangehörigkeitsausweis, einen Heimatschein, eine Einbürgerungsurkunde oder auf sonstige Art einwandfrei auszuweisen. Kann ein solcher Nachweis nicht erbracht werden, so hat die Gemeindebehörde oder das Einwohneramt weitere Ermittlungen anzustellen. Erst wenn hinreichend Klarheit geschaffen ist, darf die Spalte Staatsangehörigkeit im Einwohnerverzeichnis ausgefüllt werden. Dabei ist zu vermerken, auf welche Art der Nachweis der Staatsangehörigkeit erbracht worden ist, z. B. „Bayer, laut Staatsangehörigkeitsausweis des Bezirksamts E. vom ......".

2. Die Verwaltungsbehörden haben zum Zwecke der Ergänzung oder Richtigstellung des Einwohnerverzeichnisses der Gemeindebehörde oder dem Einwohneramte des Wohnsitzes der betreffenden Person Mitteilung zu machen.

a) von jeder ihnen bekannt werdenden Veränderung in den Staatsangehörigkeitsverhältnissen (insbesondere durch Einbürgerung, Aufnahme, Anstellung im Reichs- oder Staatsdienst, Entlassung, Erwerb einer fremden Staatsangehörigkeit),

b) von jeder im Verwaltungsrechtsverfahren nach Art. 8 Ziff. 1 des Gesetzes über den Verwaltungsgerichtshof erlassenen rechtskräftigen Entscheidung,

c) von jeder Ausstellung eines Staatsangehörigkeitsausweises oder Heimatscheines,

d) von allen Feststellungen über den Besitz einer außerbayrischen Staatsangehörigkeit, die auf ihre Veranlassung (z. B. aus Anlaß eines Paßgesuches) durch die zuständige Behörde des Heimatstaates getroffen worden sind.

In der Mitteilung ist jeweils anzugeben, wie der Eintrag im Einwohnerverzeichnisse zu lauten hat, z. B. „Bayer, laut Einbürgerungsurkunde der Regierung von Oberbayern, Kammer des Innern, vom....." oder „Württemberger, laut Mitteilung des Oberamtes Ulm vom .....".

3. Die Gemeindebehörden und Einwohnerämter haben darauf Bedacht zu nehmen, auch sonstige amtliche Mitteilungen über die Staatsangehörigkeitsverhältnisse der in den Einwohnerverzeichnissen aufgeführten Personen durch Einträge in der Spalte Staatsangehörigkeit festzuhalten.

4. Teilt eine Gemeindebehörde oder ein Einwohneramt einer

anderen Behörde mit, welche Staatsangehörigkeit im Einwohnerverzeichnisse vorgetragen ist, so ist auch ein etwaiger Vermerk über die Art des Nachweises der Staatsangehörigkeit mitzuteilen. Ist ein solcher Vermerk nicht vorhanden, so ist der Mitteilung der Staatsangehörigkeit beizusetzen: „nicht nachgewiesen". In gleicher Weise ist bei der Erteilung von Abmelde- und Abzugsbescheinigungen (Art. 2 des Aufenthaltsgesetzes vom 21. August 1914 — GVBl. 1915 S. 590 — und Ziff. 1 der MB. vom 5. Oktober 1915 — GVBl. S. 273) zu verfahren, wenn in diesen Bescheinigungen Angaben über die Staatsangehörigkeit gemacht werden.

Austausch von Einbürgerungsmitteilungen.

49.

Ein Austausch von Einbürgerungsmitteilungen findet statt zwischen den deutschen Ländern einerseits und der Freien Stadt Danzig, Mexiko und den Niederlanden andererseits. Bei Einbürgerung eines Angehörigen dieser Staaten ist jeweils eine Nachweisung nach Anlage 10 dem Staatsministerium des Innern vorzulegen.

50. **Statistik.**

Die Bezirksverwaltungsbehörden haben alljährlich bis 15. Januar der vorgesetzten Regierung, Kammer des Innern, für das abgelaufene Jahr eine Übersicht nach Anlage 12 zu übersenden. Die Regierungen, Kammern des Innern, stellen die Vorlagen der Bezirksverwaltungsbehörden zusammen und übersenden dem Statistischen Landesamte bis 1. Februar für das abgelaufene Jahr eine Übersicht nach Anlage 11.

51.

Aufgehoben werden:

die Ministerialbekanntmachung vom 3. März 1916 (MABl. S. 21 ff.),
" " vom 16. Nov. 1918 (MABl. S. 343 ff.),
" " vom 27. Nov. 1918 (MABl. S. 351),
" Ministerialentschließung vom 13. Dez. 1919 Nr. 5604 b 45 (MABl. S. 333),
" " vom 9. August 1920 Nr. 5604 b 43 (StAnz. Nr. 190),
" Ministerialbekanntmachung vom 12. Januar 1921 (MABl. S. 6),
" " vom 7. Februar 1922 (MABl. S. 61),
" Ministerialentschließung vom 17. Mai 1923 Nr. 4004 b 8 (MABl. S. 47),
" Ministerialbekanntmachung vom 19. Mai 1923 (MABl. S. 45),
" " vom 16. Juli 1924 (MABl. S. 112),
" " vom 17. Nov. 1924 (MABl. S. 159),
" " vom 17. Nov. 1924 (MABl. S. 160),
" " vom 20. Jan. 1925 (MABl. S. 10),

die Ministerialentschließung vom 15. April 1926 Nr. 4004 b 13 (MABl. S. 53),
„ Ministerialbekanntmachung vom 20. Juli 1927 (StAnz. Nr. 165),
„ Ministerialentschließung vom 24. Nov. 1927 Nr. 2557 c 12 (MABl. S. 65),

ferner die nichtveröffentlichte Ministerialentschließung vom 27. Nov. 1919 Nr. 5604 b 40,
„ vom 23. Jan. 1920 Nr. 5604 b 5,
„ vom 5. März 1920 Nr. 5604 b 14
„ vom 5. März 1921 Nr. 5604 b 16,
„ vom 15. Juni 1927 Nr. 4004 b 14,
„ vom 13. Sept. 1927 Nr. 4004 b 28,
„ vom 10. April 1928 Nr. 4004 b 2,
„ vom 27. Juli 1928 Nr. 4004 b 7.

Anlagen zur Vollzugsbekanntmachung.*)

Anlage 1.

Deutsches Reich.

(Freistaat Bayern.)

(Landeswappen.)

Siegel der Regierung, K. d. J.

Aufnahmeurkunde.

D..... (Name, Stand und Wohnort) ....

....

geboren am .... in ....

sowie seine Ehefrau .... geborene ....

und folgende von ihm kraft elterlicher Gewalt gesetzlich vertretene Kinder:

1. (Namen), geboren am .... in ....
2. " " " .... " ....
3. " " " .... " ....

....

ha.......... mit dem Zeitpunkt der Aushändigung dieser Urkunde die Staatsangehörigkeit im Freistaat Bayern durch Aufnahme erworben.

Die Aufnahme erstreckt sich nur auf die vorstehend aufgeführten Familienangehörigen.

.............................., den .... 19.....

(Siegel)

Bezirksamt / Stadtrat ....

(Unterschrift.)

---

*) Das Formblatt der „Urkunde über die Verleihung der unmittelbaren Reichsangehörigkeit", ferner das Formblatt des „Ausweises über die unmittelbare Reichsangehörigkeit" gemäß Bundesratsbeschluß vom 27. November 1913 ist abgedruckt im „Zentralblatt f. d. Deutsche Reich" 1913 S. 1204.

Anlage 2.

Deutsches Reich.

(Freistaat Bayern.)

(Landeswappen.)

Einbürgerungsurkunde.

D..... (Name, Stand und Wohnort) ....

....

geboren am .... in ....

sowie seine Ehefrau .... geborene ....

und folgende von ihm kraft elterlicher Gewalt gesetzlich vertretene Kinder:

1. (Namen), geboren am .... in ....
2. " " " .... " ....
3. " " " .... " ....

....

ha.......... mit dem Zeitpunkt der Aushändigung dieser Urkunde die Staatsangehörigkeit im Freistaat Bayern durch Einbürgerung erworben und .... damit Deutsche..... geworden.

Die Einbürgerung erstreckt sich nur auf die vorstehend aufgeführten Familienangehörigen.

...., den .... 19.....

(Siegel)

Regierung von/der ....,

Kammer des Innern.

(Unterschrift.)

Anlage 3.

Freistaat Bayern.

(Landeswappen.)

Siegel der Regierung, K. d. J.

Entlassungsurkunde.

D...... (Namen, Stand und Wohnort) ....

geboren am .... in ....
sowie seiner Ehefrau ...., geborenen ....
und folgenden von ihm kraft elterlicher Gewalt gesetzlich vertretenen Kindern:

1. (Namen), geboren am .... in ....
2. " " " "
3. " " " " ....

ist mit dem Zeitpunkt der Aushändigung dieser Urkunde die Entlassung aus der Staatsangehörigkeit im Freistaat Bayern erteilt worden unter Vorbehalt der Staatsangehörigkeit im ....

...., den .... 19.....

Siegel

Bezirksamt / Stadtrat ....

(Unterschrift.)

nlage 4.

Siegel der Regierung, K. d. J.

Deutsches Reich.

(Freistaat Bayern.)

(Landeswappen.)

Entlassungsurkunde.

D...... (Namen, Stand und Wohnort) ....

....

eboren am .... in ....

wie seine Ehefrau .... geborene ....

nd folgende von ihm kraft elterlicher Gewalt gesetzlich vertretene Kinder:

1. (Namen), geboren am .... in ....
2. " " " .... " ....
3. " " " .... " ....

a.......... mit dem Zeitpunkt der Aushändigung dieser Urkunde die Staatsngehörigkeit im Freistaat Bayern und damit die Reichsangehörigkeit durch :ntlassung verloren.

...., den .... 19......

Bezirksamt / Stadtrat ....

Siegel

(Unterschrift.)

Anlage 5

Deutsches Reich.

(Freistaat Bayern.)

(Landeswappen.)

Heimatschein.

(Für den Aufenthalt im Ausland.)

D..... (Namen, Stand und Wohnort) ....

geboren am .... in ....

sowie seine Ehefrau .... geborene ....

und folgende von ihm kraft elterlicher Gewalt gesetzlich vertretene Kinder:

1. (Namen), geboren am .... in ....
2. " " " .... "
3. " " " .... "

besitz..... die Staatsangehörigkeit im Freistaat Bayern und .... somi

Deutsche.....

Diese Bescheinigung gilt bis zum .... 19.....

.................................., den .... 19......

Bezirksamt (Polizeidirektion)
Stadtrat ....

(Unterschrift.)

Siegel

....

(Unterschrift des Inhabers.) *)

---

*) Der Inhaber hat den Heimatschein, ehe er ihn einer ausländischen Behörde vorlegt, eigenhändig zu unterschreiben.

(Anlage 6.

Freistaat Bayern.

(Landeswappen.)

Siegel der Regierung, K. d. J.

Staatsangehörigkeits-Ausweis.

(Zur Benutzung im Inland.)

D..... (Namen, Stand und Wohnort), geboren am ....
. ... besitzt die Staatsangehörigkeit im Freistaat Bayern.

.............................., den .... 19.....

Bezirksamt (Polizeidirektion) ....
Stadtrat

(Unterschrift.)

Siegel

Anlage

Deutsches Reich.

(Freistaat Bayern.)

Bestätigung.

D..... (Namen, Stand und Wohnort) ....

....

geboren am .... in ....

wird bestätigt, daß $\frac{\text{er}}{\text{sie}}$

sowie seine Ehefrau ...., geborene ....

und folgende von ihm kraft elterlicher Gewalt gesetzlich vertretene Kinder:

1. .... geboren am .... in ....
2. " " " ....
3. .... " " .... " ....

die Staatsangehörigkeit im Freistaate Bayern nicht besitz..... und somit kein....

Deutsch...

...., den .... 19......

Bezirksamt (Polizeidirektion) ....
Stadtrat

(Unterschrift.)

(Siegel)

Heftrand

Anlage 8.

..........................-Verzeichnis; lfde. Nr.

Antrag gestellt in Bayern bei der Regierung von/der ....

Zuname:	....	
Vornamen: (sämtliche, Rufnamen unterstreichen)	....	
Geburtsangabe: (Tag, Monat, Jahr)	....	
Geburtsort: (auch Bezirk und Land)	....	
Glaubensbekenntnis:	....	
Beruf oder Gewerbe: (auch frühere Berufe)	....	
Staatsangehörigkeit: (auch frühere)	....	
Nationalität: (Pole, Tscheche, Ruthene usw.)	....	
Militärverhältnis im Heimatstaat und im Inland:	....	
Familienstand: (verheiratet oder ledig; Zahl der mit einzubürgernden Kinder)	....	
Name der Eltern des Antragstellers:	Vater:	Mutter: ....
Deren Wohn- und Aufenthaltsort:	....	
Deren Glaubensbekenntnis:	....	....
Deren Staatsangehörigkeit:	....	....
Deren Nationalität:	....	
Aufenthaltsorte des Antragstellers seit seiner Geburt:	....	
Besondere Bemerkungen:	....	

Anlage 9.

Verzeichnis

derjenigen Behörden, die befugt sind:

1. Staatsangehörigkeitsausweise und Heimatscheine auszufertigen,
2. Aufnahme=, Einbürgerungs= und Entlassungsurkunden auszufertigen,
3. die Genehmigung zur Beibehaltung der Staatsangehörigkeit (§ 25 Abs. 2) zu erteilen.

Lfd. Nr.	Land	Behörden, die befugt sind: Staatsangehörigkeitsausweise und Heimatscheine auszufertigen	Aufnahme=, Einbürgerungs= und Entlassungsurkunden auszufertigen	Die Genehmigung zur Beibehaltung der Staatsangehörigkeit (§ 25 Abs. 2) zu erteilen
1	2	3	4	5
1	Preußen	die Regierungspräsidenten; für Berlin der Polizeipräsident, bis auf weiteres auch die Polizeipräsidenten in Frankfurt a. M., Wiesbaden, Köln, Hannover, Kiel, Königsberg, Kassel, Altona und Stettin; soweit es sich um Gebiete handelt, die infolge der Bestimmungen des Versailler Vertrages abgetreten worden sind, ist der Regierungspräsident zuständig, zu dessen Bezirke das betreffende Gebiet vor der Abtretung gehört hat. Der Regierungspräsident in Schneidemühl ist zuständig für die abgetretenen Teile der ehemaligen Regierungsbezirke Danzig, Bromberg und Posen sowie für die Kreise Flatow, Konitz und Schlochau	die Regierungspräsidenten; für Berlin der Polizeipräsident	wie in Spalte 4
2	Bayern	die Bezirksämter und Stadträte der unmittelbaren Städte*), in den Städten München, Nürnberg und Fürth die Polizeidirektion	die Kreisregierungen, K. d. I., für Einbürgerungsurkunden; im übrigen die Bezirksämter und die Stadträte der unmittelbaren Städte	die Kreisregierungen, Kammern d. Innern

*) Den Kreisregierungen sind zur Zeit außer München, Nürnberg und Fürth unmittelbar untergeordnet folgende Städte: Amberg, Ansbach, Aschaffenburg, Augsburg, Bad Kissingen, Bamberg, Bayreuth, Coburg, Deggendorf, Dillingen, Dinkelsbühl, Donauwörth, Eichstätt, Erlangen, Forchheim, Frankenthal, Freising, Günzburg, Hof, Ingolstadt, Kaiserslautern, Kaufbeuren, Kempten, Kitzingen, Kulmbach, Landau (Pfalz), Landsberg, Landshut, Lindau, Ludwigshafen a. Rh., Marktredwitz, Memmingen, Neuburg, Neumarkt i. O., Neustadt a. H., Neustadt b. Cob., Neu=Ulm, Nördlingen, Nürnberg, Passau, Pirmasens, Regensburg, Reichenhall, Rodach, Rosenheim, Rothenburg o. T., Schwabach, Schwandorf, Schweinfurt, Selb, Speyer, Straubing, Traunstein, Weiden, Weißenburg i. B., Würzburg, Zweibrücken.

Lfd. Nr.	Land	Behörden, die befugt sind: Staatsangehörigkeitsausweise und Heimatscheine auszufertigen	Aufnahme-, Einbürgerungs- und Entlassungsurkunden auszufertigen	Die Genehmigung zur Beibehaltung der Staatsangehörigkeit (§ 25 Abs. 2) zu erteilen
1	2	3	4	5
3	Sachsen	die Amtshauptmannschaften und die Stadträte in Städten, denen die Geschäfte der unteren Staatsverwaltungsbehörde voll übertragen sind im Auftrage der Kreishauptmannschaften	die Kreishauptmannschaften Bautzen, Chemnitz, Dresden, Leipzig, Zwickau	das Ministerium des Innern
4	Württemberg	das Polizeipräsidium Stuttgart und die Oberämter	wie in Spalte 3	das Ministerium des Innern
5	Baden	die Bezirksämter	wie in Spalte 3	wie in Spalte 3
6	Thüringen	das Thür. Ministerium des Innern in Weimar, das mit der Ausfertigung der Staatsangehörigkeitsausweise und Heimatscheine die thür. Landräte Stadtroda, Weimar, Eisenach, Meiningen, Hildburghausen, Sonneberg, Schleiz, Greiz, Altenburg, Gera, Saalfeld, Rudolstadt, Arnstadt, Gotha, Sondershausen und die Kreisabteilung Camburg und die Stadtvorstände in Gera, Jena, Gotha, Weimar, Eisenach, Altenburg, Greiz, Apolda, Arnstadt und Zella-Mehlis beauftragt hat	wie in Spalte 3	wie in Spalte 3 das Thür. Ministerium des Innern in Weimar
7	Hessen	die Hessischen Kreisämter	wie in Spalte 3	wie in Spalte 3
8	Hamburg	1. für das Hamburgische Staatsgebiet: die Polizeibehörde in Hamburg; 2. für das Hamburgische Amt Ritzebüttel: namens der Polizeibehörde in Hamburg der Amtsverwalter in Cuxhaven	wie in Spalte 3	wie in Spalte 3
9	Mecklenburg	das Ministerium des Innern in Schwerin	wie in Spalte 3	wie in Spalte 3
10	Braunschweig	die Kreisdirektionen und das Polizeipräsidium in Braunschweig	wie in Spalte 3	der Braunschweigische Minister des Innern
11	Oldenburg	1. für den Landesteil Oldenburg: die Ämter und die Magistrate der Städte I. Kl.*) 2. für den Landesteil Lübeck: die Regierung in Eutin und der Stadtmagistrat daselbst	1. für den Landesteil Oldenburg: das Ministerium des Innern 2. für den Landesteil Lübeck: die Regierung in Eutin	das Ministerium des Innern in Oldenburg

*) d. s. z. Zt. die Städte: Oldenburg, Varel, Jever, Rüstringen und Delmenhorst.

Lfd. Nr.	Land	Behörden, die befugt sind: Staatsangehörigkeitsausweise und Heimatscheine anzufertigen	Aufnahme-, Einbürgerungs- und Entlassungsurkunden auszufertigen	Die Genehmigung zur Beibehaltung der Staatsangehörigkeit (§ 25 Abs. 2) zu erteilen
1	2	3	4	5
	Oldenburg	3. für den Landesteil Birkenfeld: die Regierung in Birkenfeld	3. für den Landesteil Birkenfeld; die Regierung i. Birkenfeld	
12	Anhalt	die Regierung, Abt. d. Innern, in Dessau. Mit der Ausfertigung der Staatsangehörigkeitsausweise sind diejenigen Kreispolizeibehörden (sämtl. Anhaltische Kreisdirektionen und die Polizeiverwaltungen in Dessau, Köthen, Zerbst und Bernburg) beauftragt, in deren Verwaltungsbezirke der Nachsuchende seinen Wohnsitz hat oder, sofern er einen Wohnsitz in Anhalt nicht mehr hat, seinen letzten Wohnsitz in Anhalt gehabt hat	die Regierung, Abt. des Innern, in Dessau	wie in Spalte 4
13	Bremen	1. für das Stadt- und Landgebiet Bremen sowie für die Stadt Vegesack: die Polizeidirektion Bremen; 2. für die Hafenstadt Bremerhaven: das Amt in Bremerhaven	wie in Spalte 3	die Polizeikommission des Senats
14	Lippe	die Lippische Regierung in Detmold	wie in Spalte 3	wie in Spalte 3
15	Lübeck	das Stadt- und Landamt in Lübeck	wie in Spalte 3	wie in Spalte 3
16	Mecklenburg-Strelitz	das Ministerium, Abteilung des Innern, in Neustrelitz	wie in Spalte 3	wie in Spalte 3
17	Schaumburg-Lippe	die Landesregierung in Bückeburg	wie in Spalte 3	wie in Spalte 3

Anlage 10.

Nachweisung

[üb]er die Einbürgerung eines .... Staatsangehörigen

in Bayern

[au]f Grund des § .... des Reichs- und Staatsangehörigkeitsgesetzes vom 22. Juli 1913.

Des Eingebürgerten

a) Vor- und Zuname: ....

b) Geburtsort: ....

c) Geburtstag: ....

d) letzter Wohnsitz oder Aufenthalt des Eingebürgerten in seinem bisherigen Heimatstaate: ....

e) falls der Eingebürgerte keinen Wohnsitz oder Aufenthalt in seinem bisherigen Heimatstaate hatte oder falls dieser unbekannt, letzter Wohnsitz oder Aufenthalt des Vaters daselbst: ....

---

a) Tag der Ausfertigung der Einbürgerungs-(Anstellungs-)Urkunde ....

b) Tag, an dem durch Aushändigung der Einbürgerungs-(Anstellungs-)Urkunde die Einbürgerung — gemäß § 16 Abs. 1 a. a. O. — wirksam geworden ist: ....

Namentliche Bezeichnung der miteingebürgerten Familienmitglieder — § 16 Abs. 2 a. a. O. — mit Angabe des Geburtsorts und des Geburtstags: ....

Bemerkungen (wenn möglich sind hier die Vornamen sowie das Datum und der Ort der Geburt des Vaters des Eingebürgerten anzugeben): ....

.............................., den .... 19.....

(Bezeichnung der Behörde).

Anlage 11.

Regierungsbezirk .... Jahr ....

Vollzug des Reichs- und Staatsangehörigkeitsgesetzes.

Zahl der	Nach §	7	8	10	11	12	13	15 Abs. 2	21	31
		des Reichs- und Staatsangehörigkeitsgesetzes								
Aufgenommenen	männlich weiblich									
Eingebürgerten	männlich weiblich									
Entlassenen	männlich weiblich									

Anlage 12.

Bezirksamt / Stadtrat .... Jahr ....

Vollzug des Reichs- und Staatsangehörigkeitsgesetzes.

Zahl der	Nach	§ 7	§ 21	§ 22	
		des Reichs- und Staatsangehörigkeitsgesetzes			
Aufgenommenen	männlich weiblich				
Entlassenen	männlich weiblich				

2. Bekanntmachung des Staatsministeriums des Innern über Wahlrecht und Staatsangehörigkeit der vormaligen Elsaß-Lothringer.

Vom 1. Mai 1920 (StAnz. Nr. 104).

Mit dem Inkrafttreten des Friedensvertrages sind diejenigen Elsaß-Lothringer, die nicht nach Art. 53 des Vertrages und der Anlage hierzu (s. unten S. 187 ff.) die französische Staatsangehörigkeit erwarben, oder die nicht zugleich Angehörige eines anderen deutschen Landes waren, staatenlos geworden*).

Die Elsaß-Lothringer sind daher, wenn sie bei den Reichs- und Landtagswahlen ein aktives oder passives Wahlrecht ausüben wollen, auf den vorherigen Erwerb der Staatsangehörigkeit in einem deutschen Lande angewiesen. Soweit sie sich in Bayern niedergelassen haben, können sie bei der Gemeindebehörde des Niederlassungsortes, in München beim Stadtrat, unter Vorlage der erforderlichen Nachweise, insbesondere über die bisherige elsaß-lothringische Staatsangehörigkeit, dann Tag und Ort der Geburt, für sich und ihre Familienangehörigen um Einbürgerung nachsuchen.

Soweit Personen der in Frage stehenden Art inzwischen die unmittelbare Reichsangehörigkeit (§ 33 Ziff. 2 RStG.) erworben haben, können sie bei der Gemeindebehörde ihres nunmehrigen Niederlassungsortes, in München beim Stadtrat, unter Vorlage der

---

*) Dieser von der Reichsregierung vertretenen Ansicht, die auch im Reichsentlastungsgesetz vom 4. Juni 1923 § 11 und in der VO. über die Auflösung der Flüchtlingslager vom 17. Dez. 1923 § 14 (beide Bestimmungen s. oben S. 72) zum Ausdruck kommt, hat sich auch das OLG. Dresden mit Urteil vom 8. Juni 1925 (JW. 1926 S. 389) und schließlich das Reichsgericht mit Urteil vom 22. Febr. 1928 (E. 120 S. 198, JW. 1928 S. 1454, ZRpfl. 1928 S. 190) angeschlossen. Ebenso auch Schwalb, Zeitschr. f. Völkerrecht 1927 S. 57 ff. und JW. 1930 S. 1810 ff. Diese Gesetzesauslegung wird überwiegend mit sehr gewichtigen Gründen bekämpft, so hat das OLG. Celle mit Urteil vom 1. Febr. 1922 entschieden, daß eine mit einem Elsaß-Lothringer verheiratete Reichsdeutsche die Reichsangehörigkeit nicht verliert, wenn ihr Ehemann auf Grund des VersVertr. die französische Staatsangehörigkeit erwirbt, sondern daß sie unmittelbare Reichsangehörige wird, JW. 1922 S. 1459, ebenso das OLG. Darmstadt in dem vom RGer. aufgehobenen Urteil. Im Ergebnis ebenso Weck, JW. 1922 S. 1459 und 1928 S. 1454, ferner Schwartz, BayGemVZ. 1923 S. 513, Isay, JW. 1929 S. 1541, Strupp, JW. 1929 S. 1557, Schätzel, Die elsaß-lothr. Staatsangehörigkeitsregelung und das Völkerrecht, Berlin 1929.

vorbezeichneten Urkunden auch um Aufnahme in den bayerischen Staatsverband nachsuchen.

Alle im Vorstehenden bezeichneten Gesuche sind mit größter Beschleunigung zu behandeln. Bei Prüfung der in § 8 des Gesetzes bezeichneten Voraussetzungen ist weitgehende Nachsicht zu gewähren. Im übrigen sind die Regierungen, K. d. J., mit Weisungen versehen, die weitere Erleichterungen in der Behandlung der Gesuche um Einbürgerung der vormaligen elsaß-lothringischen Staatsangehörigen zulassen.

---

3. Bekanntmachung des Staatsministeriums des Innern betreffend den Nachweis der Staatsangehörigkeit von Auslandsdeutschen.

Vom 16. März 1921 Nr. 5604 b 18 (StAnz. Nr. 65).

Die Nachprüfung der Staatsangehörigkeitsverhältnisse von angeblich bayerischen Staatsangehörigen, die sich vor dem Inkrafttreten des Reichs- und Staatsangehörigkeitsgesetzes vom 22. Juli 1913 ununterbrochen länger als 10 Jahre in Rußland aufgehalten haben und für die daher die Vermutung spricht, daß sie die bayerische Staatsangehörigkeit auf Grund des § 21 des Reichsgesetzes vom 1. Juni 1870 verloren haben, wird überall da auf Schwierigkeiten stoßen, wo die behauptete Eintragung in eine deutsche Konsulatsmatrikel nicht durch Matrikelauszüge usw. nachgewiesen werden kann. Da die früheren deutschen Konsulate in Rußland bisher noch nicht wieder in Tätigkeit getreten sind, so kann zur Zeit im allgemeinen auf deren Matrikelbücher nicht zurückgegriffen werden. Erreichbar sind einstweilen nur die Matrikelbücher der früheren deutschen Konsularbehörden in Warschau, Riga und Reval, wo jetzt deutsche diplomatische Vertretungen bestehen. Im übrigen ist eine Auskunft über die Eintragung oder Nichteintragung in die Matrikel eines der früheren deutschen Konsulate in Rußland zunächst nur dadurch zu erlangen, daß eine dienstliche Äußerung der mit der Matrikelführung früher betrauten Beamten herbeigeführt wird.

Auf Antrag wird den Beteiligten vom Auswärtigen Amt in Form einer schriftlichen Bestätigung mitgeteilt, daß sie als Deutsche, oder, wenn die Unterlagen dazu ausreichen, als Angehörige eines bestimmten deutschen Landes in der Matrikel eines deutschen Konsulates verzeichnet sind, oder sie werden davon benachrichtigt, daß die Matrikel des von ihnen angegebenen früheren deutschen Konsulats beim Auswärtigen Amt nicht aufbewahrt wird, daß das Matrikelbuch zur Zeit auch sonst nicht zugänglich ist, und daß ihnen infolgedessen eine Abschrift aus der Matrikel über ihre Eintragung jetzt nicht erteilt werden kann.

Nötigenfalls muß versucht werden, durch Ermittelungen im Inland eine möglichste Klärung der Staatsangehörigkeitsverhältnisse der in Rede stehenden Auslandsdeutschen herbeizuführen. Letzten Endes wird es der Entscheidung derjenigen Stellen, gegenüber denen der Nachweis der deutschen Reichsangehörigkeit zu erbringen ist, zu überlassen sein, ob sie die etwa beschafften Unterlagen als ausreichend anerkennen wollen oder nicht.

Zur Geltendmachung von Schadensersatzansprüchen soll übrigens die Erteilung von förmlichen Staatsangehörigkeitsausweisen nicht erfolgen. (Vgl. MinE. vom 23. Juni 1920 Nr. 2084 d 12, StAnz. Nr. 146.)

---

4. Bekanntmachung des Staatsministeriums des Innern betreffend den Nachweis der Staatsangehörigkeit von Auslandsdeutschen.

Vom 4. Mai 1921 Nr. 5604 b 30 (StAnz. Nr. 105).

Nach Anzeige des deutschen Überleitungskommissars für die innere und allgemeine Verwaltung in Posen nehmen inländische Behörden zur Feststellung der Staatsangehörigkeitsverhältnisse von Personen, die früher in dem jetzt polnischen Gebiet der Provinz Posen gewohnt haben, häufig seine Vermittlung in Anspruch. Da nunmehr in Posen ein deutsches Konsulat errichtet worden ist, sind künftig derartige Ersuchen unmittelbar an dieses, und zwar unter der Ortsbezeichnung „Poznan" zu richten.

Da jetzt auch für Georgien eine deutsche diplomatische Vertretung, und zwar in Tiflis besteht, ist die Bekanntmachung vom 16. März 1921 Nr. 5604 b 18 (StAnz. Nr. 65 Zeile 14 von oben) durch Hinzusetzung des Wortes „Tiflis" zu ergänzen.

---

5. Bekanntmachung des Staatsministeriums des Innern über die Wiedereinbürgerung im Inlande lebender ehem. Deutscher.

Vom 9. April 1923 Nr. 4004 b 4 (StAnz. Nr. 83).

Die Einbürgerung einer großen Anzahl jetzt in Deutschland lebender ehem. Deutscher, die durch den Vertrag von Versailles ihre deutsche Staatsangehörigkeit verloren haben und nicht oder nicht mehr in der Lage sind, für Deutschland zu optieren, ist auf Grund des § 8 des R.u.StAG. nicht möglich, da sie wegen Wohnungsnot oder aus anderen Gründen eine neue Erwerbsstellung und damit eine Niederlassung im Inlande bisher nicht begründen konnten, sondern vielfach in Flüchtlingslager aufgenommen werden mußten. In gleicher Lage sind ehemalige Deutsche, die während oder nach Ende des Krieges aus dem Auslande nach Deutschland zurückgekehrt sind. Dagegen besteht gegen die Anwendung des § 13 R.u.StAG. auf solche Personen im Einverständnisse mit dem Reichsmin. des Innern kein Bedenken, soferne die sonstigen Voraussetzungen gegeben sind.

Soweit es sich um die Wiedereinbürgerung im Inlande lebender ehem. Deutscher handelt, die durch den Vertrag von Versailles ihre deutsche Staatsangehörigkeit verloren haben, hat das Auswärtige Amt allgemein auf die Erhebung von Bedenken verzichtet. Das gleiche gilt für im Inlande lebende Personen, die von solchen ehem. Deutschen abstammen oder an Kindes Statt angenommen worden sind. Die im § 13 a. a. O. vorgeschriebene Mitteilung an den Reichskanzler (jetzt Ausw. Amt) kann daher in diesen Fällen unterbleiben. In allen übrigen Fällen, in denen der Verlust der Reichsangehörigkeit aus anderen Gründen eingetreten ist oder wo es sich um die Wiedereinbürgerung im Auslande lebender ehem. Deutscher handelt, muß diese Mitteilung jedoch nach wie vor erfolgen.

---

6. Bekanntmachung des Staatsministeriums des Innern über die Staatsangehörigkeit von belgischen Ehefrauen deutscher Reichsangehöriger.

Vom 6. August 1923 Nr. 4014 a 4 (MABl. S. 68).

Nach dem belgischen Gesetze vom 15. Mai 1922 über den Erwerb und Verlust der Staatsangehörigkeit verlieren die belgische Staatsangehörigkeit Frauen, welche einen Ausländer heiraten, wenn sie auf Grund des ausländischen Gesetzes die Staatsangehörigkeit ihres Mannes erwerben, sowie unter der gleichen Voraussetzung jene Ehefrauen, deren Mann freiwillig eine ausländische Staatsangehörigkeit erwirbt. Jedoch kann sich in beiden Fällen die Frau, falls sie belgischer Abstammung ist, die belgische Staatsangehörigkeit durch eine vor dem Standesbeamten ihres Wohnsitzes in Belgien oder vor den belgischen Gesandtschafts- und Konsularbehörden im Ausland abgegebene Erklärung erhalten; die Erklärung muß erfolgen innerhalb eines Zeitraumes von 6 Monaten, gerechnet von dem Tage der Verheiratung oder von dem Tage, an dem der Ehemann die belgische Staatsangehörigkeit verloren hat. Nach Nummer V der Übergangsbestimmungen des genannten Gesetzes konnten Ehefrauen belgischer Abstammung, bei denen der Verlust der belgischen Staatsangehörigkeit aus den oben angeführten Gründen bei Inkrafttreten des Gesetzes bereits eingetreten war, ihre belgische Staatsangehörigkeit wieder gewinnen, wenn sie die erwähnte Erklärung innerhalb eines Zeitraumes von 6 Monaten nach Inkrafttreten des Gesetzes abgaben. Von der aus dieser Übergangsbestimmung sich ergebenden Befugnis haben wohl alle in Belgien und auch sehr viele außerhalb

Belgiens wohnhafte Ehefrauen belgischer Abstammung, die durch die Eheschließung mit Deutschen die Reichsangehörigkeit erworben haben, Gebrauch gemacht, um bessere Aussichten für die Freigabe ihres beschlagnahmten Vermögens zu haben. Aus dem gleichen Grunde werden voraussichtlich auch in Zukunft Belgierinnen, die mit Deutschen die Ehe eingehen, die zur Erhaltung der belgischen Staatsangehörigkeit erforderliche Erklärung abgeben.

Der Wiedererwerb der belgischen Staatsangehörigkeit auf Grund der vorerwähnten Bestimmungen bewirkt regelmäßig nicht den Verlust der Reichsangehörigkeit (RStAG. §§ 25, 18). Diese Personen besitzen daher sowohl die deutsche als die belgische Staatsangehörigkeit.

Daraus ergibt sich, daß ihnen Ansprüche auf etwaige Renten und Pensionen, deren Auszahlung von der Fortdauer der Reichsangehörigkeit abhängig ist, ungeachtet des Wiedererwerbs der belgischen Staatsangehörigkeit erhalten bleiben.

---

7. Bekanntmachung der Staatsministerien für Soziale Fürsorge und des Innern an die Bezirksverwaltungsbehörden und die Orts- und Bezirksfürsorgestellen für Kriegsbeschädigte und Kriegshinterbliebene betreffend Nachweis der deutschen Reichsangehörigkeit Versorgungsberechtigter.

Vom 30. Januar 1924 Nr. 2704 a 2 (StAnz. Nr. 28).

Den Ersuchen der Versorgungsämter um Bestätigung der Staatsangehörigkeit deutscher Kriegsbeschädigter oder Kriegshinterbliebener, die zur Erlangung von Versorgungsgebührnissen den Besitz der Staatsangehörigkeit in einem der deutschen Länder nachzuweisen haben, ist im Weg einfachen Schriftwechsels kostenlos nachzukommen.

Die Fürsorgestellen wollen die Versorgungsberechtigten in geeigneten Fällen entsprechend belehren.

---

8. Bekanntmachung des Staatsministeriums des Innern über die litauische Staatsangehörigkeit.

Vom 28. April 1924 (MABl. S. 92).

Als litauische Staatsangehörige sind in Deutschland nur diejenigen Personen anzusehen, die im Besitz eines gültigen litauischen Auslandspasses sind und bei der litauischen Gesandtschaft oder bei den zuständigen Konsulaten als in Deutschland wohnend gemeldet sind.

Alle außerhalb Litauens wohnenden Personen, die ihre etwaigen Rechte auf die litauische Staatsangehörigkeit bis zum 1. Jan. 1923 bei den Litauischen Vertretungen nicht geltend gemacht haben, sind nach dem litauischen Gesetze dieser Rechte verlustig gegangen und werden von der Litauischen Regierung nicht mehr als litauische Staatsangehörige anerkannt. Insbesondere gelten nicht als litauische Staatsangehörige diejenigen in Deutschland wohnenden ehemaligen russischen Reichsangehörigen, die aus dem Gebiete des jetzigen litauischen Staates stammen und entweder einen alten russischen Paß, einen deutschen Oberostpaß oder einen von den deutschen Behörden mit dem Vermerke „Staatsangehörigkeit Litauen" ausgestellten Personalausweis besitzen, jedoch weder bei der litauischen Gesandtschaft noch bei den litauischen Konsulaten die Feststellung ihrer Staatsangehörigkeit und die Ausstellung eines litauischen Nationalpasses veranlaßt haben.

Die völkerrechtliche Verpflichtung der litauischen Regierung, frühere litauische Staatsangehörige und solche frühere russische Reichsangehörige, die in dem heutigen litauischen Staatsgebiet heimatzuständig waren und jetzt staatlos sind, im Falle der Ausweisung nach Litauen zu übernehmen, wird hierdurch nicht berührt.

9. Bekanntmachung des Staatsministeriums des Innern über die Erhebung von Gebühren für die Ausstellung von Staatsangehörigkeitsausweisen.

Vom 19. September 1925 Nr. 4004 b 30 (StAnz. Nr. 217).

Nach den in Polen geltenden Bestimmungen müssen der Anmeldung von Aufwertungsansprüchen für gewisse Obligationen Urkunden über die Staatsangehörigkeit des Hinterlegers bezw. der Person, die am 21. Mai 1924 Eigentümerin der Obligation war, beigefügt werden.

Staatsangehörigkeitsausweise, deren Ausstellung zu diesem Zwecke beantragt wird, sind gebührenfrei auszustellen.

10. Bekanntmachung des Staatsministeriums des Innern über Staatsangehörigkeitsausweise.

Vom 28. Oktober 1927 Nr. 4004 a 6 (StAnz. Nr. 251).

Nach Mitteilung der Direktion der Reichsdruckerei wird von den Bezirksverwaltungsbehörden bei Bestellungen von Staatsangehörigkeitsausweisen außer dem Aufdrucke des Landeswappens häufig auch der Aufdruck des Siegels der ausstellenden Behörde gefordert. Da bei der Reichsdruckerei Druckstöcke für diese Siegelaufdrucke nicht vorhanden sind, können solche Aufträge nur dann berücksichtigt werden, wenn bei der Bestellung die erforderlichen Druckstöcke gleichzeitig mit dem Druckmuster eingesandt werden . . . .

IV. Texte früherer Gesetze.

1. Bayerisches Indigenatsedikt.

(GBl. für das Königreich Bayern 1818 S. 141 ff.)

§ 1. Zum vollen Genusse aller bürgerlichen öffentlichen und Privatrechte in Bayern wird das Indigenat erfordert, welches entweder durch die Geburt, oder durch die Naturalisation erworben wird.

§ 2. Vermöge der Geburt steht jedem das bayerische Indigenat zu, dessen Vater oder Mutter zur Zeit seiner Geburt die Rechte dieses Indigenats besessen haben.

§ 3. Durch Naturalisation wird das Indigenat erlangt:

a) wenn eine Ausländerin einen Bayer heiratet;

b) wenn Fremde in das Königreich einwandern, sich darin ansässig machen und die Entlassung aus dem fremden persönlichen Untertansverbande beigebracht haben;

c) durch ein besonderes nach erfolgter Vernehmung des Staatsrates ausgefertigtes Königl. Dekret.

§ 4. Durch den bloßen Besitz oder eine zeitliche Benützung liegender Gründe, durch Anlegung eines Handels, einer Fabrik, oder durch die Teilnahme an einem von beiden, ohne förmliche Niederlassung und Ansässigmachung, werden die Indigenatsrechte nicht erworben.

§ 5. Auf gleiche Weise können die Fremden, welche in Bayern sich aufhalten, um ihre wissenschaftliche, Kunst- oder industrielle Bildung zu erlangen, oder sich in Geschäften zu üben, oder welche sich in Privatdiensten befinden, ohne sich förmlich ansässig gemacht, oder eine Anstellung erlangt zu haben; oder solche Individuen, welche mit ihrem Domizil den an andere Souveräns übergegangenen Landesteilen angehören, vorbehaltlich der vertragsgemäßen Rückwanderung, auf die Rechte eines Einheimischen keine Ansprüche machen.

§ 6. Das erworbene Indigenat geht verloren:

1. durch Erwerbung oder Beibehaltung eines fremden Indigenats ohne besondere Königl. Bewilligung;
2. durch Auswanderung;*)
3. durch Verheiratung einer Bayerin mit einem Ausländer.

---

*) Vgl. Anm. 12 zu § 31 RStG., oben S. 102.

§ 7. Das Indigenat ist die wesentliche Bedingung, ohne welche man zu Kron-Oberhof-Ämtern oder Pfründen nicht gelangen, und ohne welche man das bayerische Staatsbürgerrecht nicht ausüben kann.

§ 8. Nebst dem Indigenat wird zu letzterem erfordert:

a) die gesetzliche Volljährigkeit;

b) die Ansässigkeit im Königreiche entweder durch den Besitz besteuerter Gründe, Renten oder Rechte, oder durch Ausübung besteuerter Gewerbe, oder durch den Eintritt in ein öffentliches Amt;

c) bei den Neueinwandernden ein Zeitverlauf von sechs Jahren, vorbehaltlich der zur Ausübung gewisser vorzüglicher staatsbürgerlicher Rechte in konstitutionellen Gesetzen enthaltenen besonderen Bestimmungen.

§ 9. Nur derjenige Bayer, welcher den oben bemerkten Bedingungen Genüge geleistet hat, erhält den politischen Stand eines Staatsbürgers im Königreiche und die verfassungsmäßige Teilnahme an der Ständeversammlung.

§ 10. Das Staatsbürgerrecht geht verloren:

1. mit dem Indigenate;
2. durch die ohne Königl. ausdrückliche Erlaubnis geschehene Annahme von Diensten oder Gehalten oder Pensionen oder Ehrenzeichen einer auswärtigen Macht, vorbehaltlich der verwirkten besonderen Strafen;
3. durch den bürgerlichen Tod.

§ 11. Diejenigen bayerischen Untertanen, welche mit ausdrücklicher Königl. Erlaubnis in fremde Dienste getreten sind, bleiben verpflichtet:

a) in ihr Vaterland zurückzukehren, sobald sie entweder durch einen an sie gerichteten direkten Befehl oder durch die Generalverordnung zurückberufen werden;

b) der fremden Macht, in deren Dienst sie übergehen wollen, den Diensteid nur unter dem Vorbehalte zu leisten, nie gegen ihr Vaterland zu dienen;

c) auch ohne besondere Zurückberufung den fremden Dienst zu verlassen, sobald diese Macht in Kriegsstand gegen Bayern tritt.

§ 12. Bayerische Untertanen können Besitzungen in einem anderen Staate haben und erwerben, auch an Handelsetablissements und Fabriken teilnehmen, wenn keine bleibende persönliche Ansässigkeit in dem fremden Staate verbunden ist und es unbeschadet ihrer Untertanspflicht gegen das Königreich geschehen kann.

§ 13. Auswärtige Untertanen können in dem Königreiche Bayern Grundeigentum gleich den Königlichen Untertanen besitzen. Sie unterliegen hierbei den Pflichten der Forensen.

§ 14. Den Standesherren, welche sich ihren Aufenthalt in den zum Deutschen Bunde gehörenden oder mit demselben in Frieden lebenden Staaten wählen, bleiben alle durch die Königliche Deklaration zugestandenen Rechte vorbehalten.

§ 15. Sie ſind dagegen wie jede andere Forenſis gehalten

a) alle nach den Geſetzen des Königreichs auf ihren Gütern haftenden Staatslaſten und Verbindlichkeiten genau zu erfüllen;

b) in Hinſicht auf dieſe Verbindlichkeit eine Stellvertretung und in Anſehung der Lehengüter einen Lehenträger aus bayeriſchen Untertanen anzuordnen;

c) ſie können ſowohl von dem Fiskus als von den Königlichen Untertanen nicht nur in Real- ſondern auch in Perſonal-Klagſachen, inſoweit die in Bayern gelegenen Güter einen zureichenden Exekutionsgegenſtand darbieten oder dafür angenommen werden wollen, vor den geeigneten Königlichen Gerichten belangt werden.

In den übrigen Verhältniſſen ſind die Forenſen als Fremde zu behandeln.

§ 16. Den Fremden wird in dem Königreiche die Ausübung derjenigen bürgerlichen Privatrechte zugeſtanden, die der Staat, zu welchem ein ſolcher Fremder gehört, den Königlichen Untertanen zugeſteht.

§ 17. Werden in einem auswärtigen Staate durch Geſetze oder beſondere Verfügungen entweder Fremde im allgemeinen oder bayeriſche Untertanen insbeſondere von den Vorteilen gewiſſer Privatrechte ausgeſchloſſen, welche nach den allda geltenden Geſetzen den Einheimiſchen zuſtehen, ſo iſt gegen die Untertanen eines ſolchen Staats derſelbe Grundſatz anzuwenden.

§ 18. Zur Ausübung eines ſolchen Retorſionsrechtes muß allezeit die beſondere Königliche Genehmigung erholt werden.

§ 19. Fremde, welche mit Königlicher Erlaubnis in dem Königreiche ſich aufhalten, genießen alle bürgerlichen Privatrechte, ſolange ſie allda zu wohnen fortfahren und jene Erlaubnis nicht zurückgenommen iſt.

---

2. Reichsgeſetz über die Erwerbung und den Verluſt der Bundes- und Staatsangehörigkeit.

Vom 1. Juni 1870 in der Faſſung des EG. BGB.

§ 1. Die (Bundes-)Reichsangehörigkeit wird durch die Staatsangehörigkeit in einem Bundesſtaate erworben und erliſcht mit deren Verluſt.

§ 2. Die Staatsangehörigkeit in einem Bundesſtaate wird fortan nur begründet:

1. durch Abſtammung (§ 3);
2. durch Legitimation (§ 4),
3. durch Verheiratung (§ 5),
4. für einen (Norddeutſchen) Deutſchen durch Aufnahme und } (§§ 6 ff.)
5. für einen Ausländer durch Naturaliſation } (§§ 6 ff.)

Die Adoption hat für ſich allein die Wirkung nicht.

§ 3. Durch die Geburt, auch wenn diese im Ausland erfolgt, erwerben eheliche Kinder eines (Norddeutschen) Deutschen die Staatsangehörigkeit des Vaters, uneheliche Kinder einer (Norddeutschen) Deutschen die Staatsangehörigkeit der Mutter.

§ 4. Ist der Vater eines unehelichen Kindes ein (Norddeutscher) Deutscher und besitzt die Mutter nicht die Staatsangehörigkeit des Vaters, so erwirbt das Kind durch eine den gesetzlichen Bestimmungen gemäß erfolgte Legitimation die Staatsangehörigkeit des Vaters.

§ 5. Die Verheiratung mit einem (Norddeutschen) Deutschen begründet für die Ehefrau die Staatsangehörigkeit des Mannes.

§ 6. Die Aufnahme, sowie die Naturalisation (§ 2 Nr. 4 und 5) erfolgt durch eine von der höheren Verwaltungsbehörde ausgefertigte Urkunde.

§ 7. Die Aufnahme-Urkunde wird jedem Angehörigen eines anderen Bundesstaats erteilt, welcher um dieselbe nachsucht und nachweist, daß er in dem Bundesstaate, in welchem er die Aufnahme nachsucht, sich niedergelassen habe, sofern kein Grund vorliegt, welcher nach den §§ 2 bis 5 des Gesetzes über die Freizügigkeit vom 1. November 1867 (Bundesgesetzbl. S. 55) die Abweisung eines Neuanziehenden oder die Versagung der Fortsetzung des Aufenthaltes rechtfertigt.

§ 8. Die Naturalisations-Urkunde darf Ausländern nur dann erteilt werden, wenn sie

1. nach den Gesetzen ihrer bisherigen Heimat dispositionsfähig sind, es sei denn, daß der Mangel der Dispositionsfähigkeit durch die Zustimmung des Vaters, des Vormundes oder Kurators des Aufzunehmenden ergänzt wird;
2. einen unbescholtenen Lebenswandel geführt haben;
3. an dem Orte, wo sie sich niederlassen wollen, eine eigene Wohnung oder ein Unterkommen finden;
4. an diesem Orte nach den daselbst bestehenden Verhältnissen sich und ihre Angehörigen zu ernähren imstande sind.

Vor Erteilung der Naturalisations-Urkunde hat die höhere Verwaltungsbehörde die Gemeinde, bzw. den Armenverband desjenigen Ortes, wo der Aufzunehmende sich niederlassen will, in Beziehung auf die Erfordernisse unter Nr. 2, 3 und 4 mit ihrer Erklärung zu hören.

§ 9. Eine von der Regierung oder von einer Zentral- oder höheren Verwaltungsbehörde eines Bundesstaates vollzogene oder bestätigte Bestallung für einen in den unmittelbaren oder mittelbaren Staatsdienst oder in den Kirchen-, Schul- oder Kommunaldienst aufgenommenen Ausländer oder Angehörigen eines anderen Bundesstaates vertritt die Stelle der Naturalisations-Urkunde, bzw. Aufnahme-Urkunde, sofern nicht entgegenstehender Vorbehalt in der Bestallung ausgedrückt wird.

Ist die Anstellung eines Ausländers im Bundesdienst erfolgt, so erwirbt der Angestellte die Staatsangehörigkeit in demjenigen Bundesstaate, in welchem er seinen dienstlichen Wohnsitz hat.

§ 10. Die Naturalisations-Urkunde, bzw. Aufnahme-Urkunde, begründet mit dem Zeitpunkte der Aushändigung alle mit der Staatsangehörigkeit verbundenen Rechte und Pflichten.

§ 11. Die Verleihung der Staatsangehörigkeit erstreckt sich, insofern nicht dabei eine Ausnahme gemacht wird, zugleich auf die Ehefrau und auf diejenigen minderjährigen Kinder, deren gesetzliche Vertretung dem Aufgenommenen oder Naturalisierten kraft elterlicher Gewalt zusteht. Ausgenommen sind Töchter, die verheiratet oder verheiratet gewesen sind.

§ 12. Der Wohnsitz innerhalb eines Bundesstaates begründet für sich allein die Staatsangehörigkeit nicht.

§ 13. Die Staatsangehörigkeit geht fortan nur verloren:

1. durch Entlassung auf Antrag (§§ 14 ff.);
2. durch Ausspruch der Behörde (§§ 20 und 22);
3. durch zehnjährigen Aufenthalt im Auslande*) (§ 21);
4. bei unehelichen Kindern durch eine den gesetzlichen Bestimmungen gemäß erfolgte Legitimation, wenn der Vater einem anderen Staate angehört als die Mutter;
5. bei einer (Norddeutschen) Deutschen durch Verheiratung mit dem Angehörigen eines anderen Bundesstaates oder mit einem Ausländer.

§ 14. Die Entlassung wird durch eine von der höheren Verwaltungsbehörde des Heimatstaates ausgefertigte Entlassungs-Urkunde erteilt.

§ 14 a. Die Entlassung eines Staatsangehörigen, der unter elterlicher Gewalt oder Vormundschaft steht, kann von dem gesetzlichen Vertreter nur mit Genehmigung des Vormundschaftsgerichts beantragt werden.

Die Genehmigung des Vormundschaftsgerichts ist nicht erforderlich, wenn der Vater oder die Mutter die Entlassung für sich und zugleich kraft elterlicher Gewalt für ein Kind beantragt. Erstreckt sich der Wirkungskreis eines der Mutter bestellten Beistandes auf die Sorge für die Person des Kindes, so bedarf die Mutter in einem solchen Falle der Genehmigung des Beistandes zu dem Antrag auf Entlassung des Kindes.

§ 15. Die Entlassung wird jedem Staatsangehörigen erteilt, welcher nachweist, daß er in einem anderen Bundesstaate die Staatsangehörigkeit erworben hat.

In Ermangelung dieses Nachweises darf sie nicht erteilt werden:

1. Wehrpflichtigen, welche sich in dem Alter vom vollendeten siebenzehnten bis zum vollendeten fünfundzwanzigsten Lebensjahre befinden, bevor sie ein Zeugnis der Kreis-Ersatzkom-

---

*) Vgl. hierzu Anm. 5 zu § 31 RStG., oben S. 101.

mission darüber beigebracht haben, daß sie die Entlassung nicht bloß in der Absicht nachsuchen, um sich der Dienstpflicht im stehenden Heere oder in der Flotte zu entziehen;

2. Militärpersonen, welche zum stehenden Heere oder zur Flotte gehören, Offizieren des Beurlaubtenstandes und Beamten, bevor sie aus dem Dienst entlassen sind;

3. den zur Reserve des stehenden Heeres und zur Landwehr, sowie den zur Reserve der Flotte und zur Seewehr gehörigen und nicht als Offizieren angestellten Personen, nachdem sie zum aktiven Dienst einberufen worden sind.

§ 16. [Aufgehoben durch § 9 d. G. v. 22. April 1871 (RGBl. S. 89).]

§ 17. Aus anderen Gründen als aus den in den §§ 15 und 16 bezeichneten darf in Friedenszeiten die Entlassung nicht verweigert werden. Für die Zeit eines Krieges oder einer Kriegsgefahr bleibt dem Bundespräsidenten der Erlaß besonderer Anordnungen vorbehalten.

§ 18. Die Entlassungs-Urkunde bewirkt mit dem Zeitpunkte der Aushändigung den Verlust der Staatsangehörigkeit.

Die Entlassung wird unwirksam, wenn der Entlassene nicht binnen sechs Monaten vom Tage der Aushändigung der Entlassungs-Urkunde an seinen Wohnsitz außerhalb des Bundesgebietes verlegt oder die Staatsangehörigkeit in einem anderen Bundesstaate erwirbt.

§ 19. Die Entlassung erstreckt sich, insofern nicht dabei eine Ausnahme gemacht wird, zugleich auf die Ehefrau und auf diejenigen Kinder, deren gesetzliche Vertretung dem Entlassenen kraft elterlicher Gewalt zusteht.

Diese Vorschrift findet keine Anwendung auf Töchter, die verheiratet sind oder verheiratet gewesen sind, sowie auf Kinder, die unter der elterlichen Gewalt der Mutter stehen, falls die Mutter zu dem Antrage auf Entlassung der Kinder nach § 14 a Abs. 2 Satz 2 der Genehmigung des Beistandes bedarf.

§ 20. (Norddeutsche) Deutsche, die sich im Auslande aufhalten, können ihrer Staatsangehörigkeit durch einen Beschluß der Zentralbehörde ihres Heimatstaates verlustig erklärt werden, wenn sie im Falle eines Krieges oder einer Kriegsgefahr einer durch das Bundespräsidium für das ganze Bundesgebiet anzuordnenden ausdrücklichen Aufforderung zur Rückkehr binnen der darin bestimmten Frist keine Folge leisten.

§ 21.*) (Norddeutsche) Deutsche, welche das Bundesgebiet verlassen und sich zehn Jahre lang ununterbrochen im Auslande aufhalten, verlieren dadurch ihre Staatsangehörigkeit. Die vorbezeichnete Frist wird von dem Zeitpunkte des Austritts aus dem Bundesgebiete, oder wenn der Austretende sich im Besitz eines Reisepapieres

*) Vgl. hierzu Anm. 5 zu § 31 RStG., oben S. 101.

oder Heimatscheines befindet, von dem Zeitpunkte des Ablaufs dieser Papiere an gerechnet. Sie wird unterbrochen durch die Eintragung in die Matrikel eines Bundeskonsulats. Ihr Lauf beginnt von neuem mit dem auf die Löschung in der Matrikel folgenden Tage.

Der hiernach eingetretene Verlust der Staatsangehörigkeit erstreckt sich zugleich auf die Ehefrau und auf diejenigen Kinder, deren gesetzliche Vertretung dem Ausgetretenen kraft elterlicher Gewalt zusteht, soweit sich die Ehefrau oder die Kinder bei dem Ausgetretenen befinden. Ausgenommen sind Töchter, die verheiratet sind oder verheiratet gewesen sind.

Für (Norddeutsche) Deutsche, welche sich in einem Staate des Auslandes mindestens fünf Jahre lang ununterbrochen aufhalten und in demselben zugleich die Staatsangehörigkeit erwerben, kann durch Staatsvertrag die zehnjährige Frist bis auf eine fünfjährige vermindert werden, ohne Unterschied, ob die Beteiligten sich im Besitze eines Reisepapiers oder Heimatscheines befinden oder nicht.

(Norddeutschen, Deutschen, welche ihre Staatsangehörigkeit durch zehnjährigen Aufenthalt im Auslande verloren und keine andere Staatsangehörigkeit erworben haben, kann die Staatsangehörigkeit in dem früheren Heimatstaate wieder verliehen werden, auch ohne daß sie sich dort niederlassen.

(Norddeutsche) Deutsche, welche ihre Staatsangehörigkeit durch zehnjährigen Aufenthalt im Auslande verloren haben und demnächst in das Gebiet des (Norddeutschen Bundes) Deutschen Reichs zurückkehren, erwerben die Staatsangehörigkeit in demjenigen Bundesstaate, in welchem sie sich niedergelassen haben, durch eine von der höheren Verwaltungsbehörde ausgefertigte Aufnahme-Urkunde, welche auf Nachsuchen ihnen erteilt werden muß.

§ 22. Tritt ein (Norddeutscher) Deutscher ohne Erlaubnis seiner Regierung in fremde Staatsdienste, so kann die Zentralbehörde seines Heimatstaates denselben durch Beschluß seiner Staatsangehörigkeit verlustig erklären, wenn er einer ausdrücklichen Aufforderung zum Austritte binnen der darin bestimmten Frist keine Folge leistet.

§ 23. Wenn ein (Norddeutscher) Deutscher mit Erlaubnis seiner Regierung bei einer fremden Macht dient, so verbleibt ihm seine Staatsangehörigkeit.

§ 24. Die Erteilung von Aufnahme-Urkunden und in den Fällen des § 15 Abs. 1 von Entlassungs-Urkunden erfolgt kostenfrei.

Für die Erteilung von Entlassungs-Urkunden in anderen als den im § 15 Abs. 1 bezeichneten Fällen darf an Stempelabgaben und Ausfertigungsgebühren zusammen nicht mehr als höchstens ein Taler erhoben werden.

§ 25. Für die beim Erlasse dieses Gesetzes im Auslande sich aufhaltenden Angehörigen derjenigen Bundesstaaten, nach deren Gesetzen die Staatsangehörigkeit durch einen zehnjährigen oder längeren Aufenthalt im Auslande verloren ging, wird der Lauf dieser Frist durch dieses Gesetz nicht unterbrochen.

Für die Angehörigen der übrigen Bundesstaaten beginnt der Lauf der im § 21 bestimmten Frist mit dem Tage der Wirksamkeit dieses Gesetzes.

§ 26. Alle diesem Gesetze zuwiderlaufenden Vorschriften werden aufgehoben.

§ 27. Dieses Gesetz tritt am 1. Januar 1871 in Kraft.

V. Reichsgesetz gegen die Steuerflucht.

Vom 26. Juli 1918, RGBl. S. 951; in Kraft getreten 14. Aug. 1918.

[Auszug.]

§ 22 Abs. I.

Wer als Steuerpflichtiger seinen dauernden Aufenthalt im Inlande aufgibt, ohne die im § 4 vorgeschriebene Anzeige zu erstatten oder die ihm nach § 5 obliegende Verpflichtung zur Sicherheitsleistung zu erfüllen, wird wegen Steuerflucht mit Gefängnis nicht unter 3 Monaten und mit Verlust der bürgerlichen Ehrenrechte bestraft; daneben ist auf eine Geldstrafe bis zu 100000 Mk. zu erkennen.

§ 23.*)

I Angehörige des Deutschen Reiches, die nach Maßgabe des § 22 rechtskräftig verurteilt sind, können ihrer Staatsangehörigkeit durch Beschluß der Zentralbehörde des Bundesstaates, in dem sie die Staatsangehörigkeit besitzen, verlustig erklärt werden. Gehören sie mehreren Bundesstaaten an, so verlieren sie durch den Beschluß die Staatsangehörigkeit in allen Bundesstaaten.

II Der Verlust der Staatsangehörigkeit erstreckt sich, sofern nicht in der Erklärung nach Abs. 1 Satz 1 ein Vorbehalt gemacht ist, zugleich auf die Ehefrau, sofern sie nicht dauernd von ihrem Ehemann getrennt lebt, und auf diejenigen Kinder, deren gesetzliche Vertretung dem Ausgeschiedenen kraft elterlicher Gewalt zusteht. Ausgenommen sind die Töchter, die verheiratet sind oder verheiratet gewesen sind.

§ 24.

Die Landespolizeibehörden sind befugt, Personen, welche gemäß § 23 die deutsche Staatsangehörigkeit verloren haben ......, aus dem Reichsgebiete zu verweisen.

§ 30.

Das Gesetz tritt außer Kraft .... mit dem Schluß des dritten Jahres nach Ablauf des Jahres, in dem der Krieg mit allen Großmächten beendet ist.**)

---

*) Siehe hierzu §§ 27—29 RStG. und die Anmerkungen dortselbst, oben S. 94 ff.

**) Das Gesetz ist demnach am 31. Dez. 1923 außer Kraft getreten.

VI. Bancroft-Vertrag zwischen Bayern und den Vereinigten Staaten.

Vom 26. Mai 1868 (Reg.-Bl. 1868 S. 2153 ff.)*)

[Auszug.]

Artikel I.

[I] Angehörige des Königreichs Bayern, welche naturalisierte Staatsangehörige der Vereinigten Staaten von Amerika geworden sind und fünf Jahre lang ununterbrochen in den Vereinigten Staaten zugebracht haben, sollen von Seite Bayerns als amerikanische Angehörige erachtet und als solche behandelt werden.

[II] Ebenso sollen Staatsangehörige der Vereinigten Staaten von Amerika, welche naturalisierte Angehörige des Königreichs Bayern geworden sind und fünf Jahre lang ununterbrochen in Bayern zugebracht haben, von den Vereinigten Staaten als Angehörige Bayerns erachtet und als solche behandelt werden.

[III] Die bloße Erklärung der Absicht, Staatsangehöriger des einen oder des anderen Teiles werden zu wollen, soll in Beziehung auf keinen der beiden Teile die Wirkung der Naturalisation haben.

Artikel II.

Ein naturalisierter Angehöriger des einen Teils soll bei etwaiger Rückkehr in das Gebiet des andern Teils wegen einer, nach den Gesetzen des letzteren mit Strafe bedrohten Handlung, welche er vor seiner Auswanderung verübt hat, zu Untersuchung und Strafe gezogen werden können, sofern nicht nach den bezüglichen Gesetzen seines ursprünglichen Vaterlandes Verjährung oder sonstige Straflosigkeit eingetreten ist.

Artikel III.

Der Vertrag zwischen dem Königreiche Bayern einerseits und den Vereinigten Staaten von Amerika andererseits, wegen der in gewissen Fällen zu gewährenden Auslieferung der vor der Justiz flüchtigen Verbrecher, welcher am 12. September 1853 abgeschlossen worden ist, bleibt unverändert bestehen.

*) S. oben Anm. 2 zu § 36.

Artikel IV.

I Wenn ein in Amerika naturalisierter Bayer sich wieder in Bayern niederläßt, ohne die Absicht nach Amerika zurückzukehren, so soll er als auf seine Naturalisation in den Vereinigten Staaten Verzicht leistend erachtet werden.

II Ebenso soll ein in Bayern naturalisierter Amerikaner, wenn er sich wieder in den Vereinigten Staaten niederläßt, ohne die Absicht nach Bayern zurückzukehren, als auf seine Naturalisation Verzicht leistend erachtet werden.

III Der Verzicht auf die Rückkehr kann als vorhanden angesehen werden, wenn der Naturalisierte des einen Teils sich länger als zwei Jahre in dem Gebiete des anderen Teils aufhält.

VII. Uebersicht über die wesentlichsten Gründe für den Erwerb und den Verlust der Staatsangehörigkeit

in Belgien, Dänemark, Frankreich, Großbritannien, Italien, den Niederlanden, Oesterreich, Ungarn, Rußland, der Schweiz, Spanien, den Vereinigten Staaten von Amerika, Argentinien, Brasilien, Mexiko, Japan.*)

I. Erwerbsgründe.

1. Erwerb durch Abstammung von einem Staatsangehörigen (Jus sanguinis).

Belgien.

Durch Abstammung, auch wenn die Geburt im Ausland erfolgt, erwirbt das Kind eines belgischen Vaters oder, wenn der Vater

*) Auszugsweise abgedruckt aus der Reichstagsdrucksache 13. Legislaturperiode I. Session 1912 Nr. 6 (Entw. des RGSt. nebst Begründung). Diese Übersicht gibt den internationalen Rechtszustand vom Jahre 1912 wieder. Inzwischen sind mehrere neue Staaten entstanden und die Gesetzgebung der alten Staaten hat sich, wenn auch nicht in den großen Grundlinien, so doch in wichtigen Einzelfragen, vielfach geändert; die Übersicht entspricht daher nur mehr teilweise den zur Zeit geltenden Vorschriften der ausländischen Staaten, kann aber, auch soweit sie überholt ist, heute noch mit Nutzen herangezogen werden, soweit zur Beurteilung eines Staatsangehörigkeitsverhältnisses auf das vor dem Kriege geltende Recht zurückgegriffen werden muß.

Eine neuere gute Zusammenstellung des internationalen Rechtszustandes gibt Magnus, Tabellen zum internationalen Recht, 2. Heft: Staatsangehörigkeitsrecht, Berlin 1926.

Für die süd- und mittelamerikanischen Staaten vgl. Gläser, Erwerb und Verlust der Staatsangehörigkeit in Hispano-Amerika, Leipzig 1930.

Für die Staatsangehörigkeit der Bewohner der ehemaligen österreichisch-ungarischen Monarchie ist heranzuziehen Kramer, Die Staatsangehörigkeit der Altösterreicher und Ungarn nach den Friedensverträgen, Wien 1926.

staatlos ist, einer belgischen Mutter die belgische Staatsangehörigkeit. Ebenso das Kind eines ausländischen Vaters durch die Geburt nach Auflösung der Ehe, wenn die Mutter zur Zeit der Geburt Belgierin ist (Gesetz vom 8. Juni 1909, Artikel 1).

Vgl. ferner Min.-Bek. vom 1. März 1923 (MABl. S. 17) über ukrainische Staatsangehörigkeit, vom 7. April 1923 (MABl. S. 26) über italienische Gesetzesbestimmungen, vom 2. Mai 1923 (MABl. S. 30) über amerikanische Gesetzesbestimmungen, vom 6. Aug. 1923 (MABl. S. 68) über die Staatsangehörigkeit von belgischen Ehefrauen deutscher Reichsangehöriger (abgedruckt oben S. 142), vom 23. Nov. 1923 (MABl. S. 79) über weißrussische Staatsangehörigkeit, vom 28. April 1924 (MABl. S. 92) über die litauische Staatsangehörigkeit (abgedruckt oben S. 143).

Dann JW. 1925 S. 1235 über staatlose Russen, 1926 S. 405 über amerikanische Staatsangehörigkeit, 1926 S. 429 über rumänische Staatsangehörigkeit, 1929 S. 3455 über die Staatsangehörigkeit in Deutschland lebender Personen russisch-polnischer Herkunft.

Neuere Staatsangehörigkeitsgesetze:

Belgien vom 15. Mai 1922.
China vom 18. Nov. 1912/31. Dez. 1914.
Dänemark vom 18. April 1925.
Danzig vom 30. Mai 1922.
Estland vom 27. Okt. 1922.
Frankreich vom 10. Aug. 1927 (dazu DJZ. 1928 S. 1299 ff., JW. 1928 S. 31, 1930 S. 96 ff., BBl. 1930 S. 213, ferner ME. vom 30. Jan. 1930 Nr. 4004 b 4 und vom 5. Juli 1930 Nr. 4004 b 5).
Großbritannien vom 7. Aug. 1914/8 .Aug. 1918/4. Aug. 1922.
Japan vom 15. März 1916/22. Juli 1924.
Island vom 15. Juni 1926.
Italien vom 28. Dez. 1919, 10. Sept. 1922, 14. Juni 1923, 10. und 31. Jan. 1926.
Lettland vom 23. Aug. 1919.
Litauen vom 16. Jan. 1919.
Norwegen vom 8. Aug. 1924.
Österreich vom 30. Juli 1925.
Polen vom 20. Jan. 1920 (dazu ME. vom 17. Okt. 1930 Nr. 4004 b 52).
Rumänien vom 23. Febr. 1924.
Rußland vom 29. Okt. 1924.
Schweden vom 23. Mai 1924.
Tschechoslowakei vom 9. April 1920.
Vatikanische Staatsangehörigkeit: Lateran-Vertrag vom 11. Februar 1929.
Vereinigte Staaten vom 20. Juni 1922 und 2. Juni 1924.

Das unter 21 Jahre alte uneheliche Kind, dessen Abstammung durch Anerkennung oder Urteil festgestellt wird, folgt der Staatsangehörigkeit des Elternteils, in Ansehung dessen die Feststellung zuerst erfolgt ist. Wird diese für beide Eltern gleichzeitig getroffen, so folgt das Kind der Staatsangehörigkeit des Vaters (a. a. O., Artikel 2).

Dänemark.

Durch Abstammung, auch wenn die Geburt im Ausland erfolgt, erwirbt das eheliche Kind eines dänischen Vaters die dänische Staatsangehörigkeit (Gesetz vom 19. März 1898 in der durch das Gesetz vom 23. März 1908 abgeänderten Fassung, § 1). Ebenso erwirbt das uneheliche Kind die dänische Staatsangehörigkeit, wenn die Mutter Dänin ist (a. a. O., § 7).

Frankreich.

Durch Abstammung, auch wenn die Geburt im Ausland erfolgt, erwirbt das eheliche Kind französischer Eltern die französische Staatsangehörigkeit.

Das uneheliche Kind, dessen Abstammung während seiner Minderjährigkeit durch Anerkennung oder Urteil festgestellt wird, folgt der Staatsangehörigkeit des Elternteils, in Ansehung dessen die Feststellung zuerst erfolgt ist. Wird diese für beide Eltern gleichzeitig getroffen, so folgt das Kind der Staatsangehörigkeit des Vaters (Bürgerliches Gesetzbuch, Art. 8 Nr. 1, in der Fassung des Gesetzes vom 26. Juni 1889).

Großbritannien.

Durch Abstammung, auch wenn die Geburt im Ausland erfolgt, erwirbt das eheliche Kind und der eheliche Enkel eines Briten, der seinerseits die britische Staatsangehörigkeit (4 Geo. II c. 21, s. 1, 2 und 13. Geo. III c. 21, s. 1 [nach Hatschek, Englisches Staatsrecht, in Marquardsens Handbuch 1905, S. 220]).

Ein außerhalb der britischen Besitzungen geborenes Kind eines britischen Vaters darf nach erreichter Volljährigkeit eine Austrittserklärung abgeben (Naturalisationsakte 1870 s. 4).

Italien.

Durch Abstammung, auch wenn die Geburt im Ausland erfolgt, erwirbt das Kind eines Italieners die italienische Staatsangehörigkeit (Bürgerliches Gesetzbuch vom 25. Juni 1865, Art. 4). Ebenso das uneheliche Kind einer Italienerin, solange der Vater (rechtlich) unbekannt ist (a. a. O., Art. 7).

Niederlande.

Durch Abstammung, auch wenn die Geburt im Ausland erfolgt, erwirbt das eheliche Kind niederländischer Eltern die niederländische Staatsangehörigkeit. Ebenso das uneheliche Kind, wenn es von seiner niederländischen Mutter oder seinem niederländischen Vater anerkannt wird (Gesetz vom 12. Dezember 1892, Art. 1).

Österreich.

Durch Abstammung, auch wenn die Geburt im Ausland erfolgt, erwirbt das eheliche Kind eines Österreichers die österreichische Staatsangehörigkeit. Uneheliche Kinder erwerben die Staatsangehörigkeit der Mutter (Allgemeines Bürgerliches Gesetzbuch §§ 28, 165).

Ungarn.

Durch Abstammung, auch wenn die Geburt im Ausland erfolgt, erwirbt das uneheliche Kind eines ungarischen Vaters und das uneheliche Kind einer ungarischen Mutter die ungarische Staatsangehörigkeit (Gesetz vom 20. Dezember 1879, § 3).

Rußland.

Durch Abstammung, auch wenn die Geburt im Ausland erfolgt, erwirbt das Kind eines Russen die Untertanenschaft (Sieber, Staatsbürgerrecht im internationalen Verkehre, Bd. 1 S. 190).

Schweiz.

Der Besitz des Schweizerbürgerrechts hängt von dem eines Kantonsbürgerrechts, dies von dem eines Gemeindebürgerrechts ab (Bundesverfassung Art. 43, 44). Nach dem Rechte aller Kantone erwirbt das eheliche Kind eines schweizerischen Vaters durch Abstammung, auch wenn die Geburt im Ausland erfolgt, das Schweizerbürgerrecht. Ebenso das uneheliche Kind, wenn die Mutter Schweizerbürgerin ist.

Spanien.

Durch Abstammung, auch wenn die Geburt im Ausland erfolgt, erwirbt das Kind spanischer Eltern die spanische Staatsangehörigkeit (Verfassung vom 30. Juni 1876, Art. 1 Nr. 2, Bürgerliches Gesetzbuch von 1888, Art. 17 Nr. 2).

Vereinigte Staaten von Amerika.

Durch Abstammung, auch wenn die Geburt im Ausland erfolgt, erwirbt das Kind, dessen Vater zur Zeit der Geburt amerikanischer Bürger war, die amerikanische Staatsbürgerschaft, es sei denn, daß der Vater niemals seinen Wohnsitz in den Vereinigten Staaten gehabt hat (Revised statutes section 1993).

Argentinien.

Durch Abstammung erwirbt das im Ausland geborene Kind argentinischer Eltern die argentinische Staatsangehörigkeit, wenn es für diese optiert (Gesetz vom 1. Okt. 1869, Art. 1 Nr. 2, Art. 5).

Brasilien.

Durch Abstammung erwirbt das Kind eines Brasilianers die brasilianische Staatsangehörigkeit, wenn der Vater sich im Dienste der Republik im Auslande befindet (Verfassung vom 24. Februar 1891, Art. 69 Nr. 3; Verordnung vom 12. November 1902, Art. 1, § 3).

Wegen der im Ausland geborenen ehelichen Kinder eines brasilianischen Vaters oder unehelichen Kinder einer brasilianischen Mutter (Verfassung Art. 69 Nr. 2, Verordnung vom 12. November 1902, Art. 1, § 2) vgl. unten I Nr. 7.

Mexiko.

Durch Abstammung, auch wenn die Geburt im Ausland erfolgt, erwirbt das Kind mexikanischer Eltern die mexikanische Staatsangehörigkeit (Gesetz vom 28. Mai 1886, Art. 1, Nr. I bis IV).

Japan.

Durch Abstammung, auch wenn die Geburt im Ausland erfolgt, erwirbt das Kind eines japanischen Vaters die japanische Staatsangehörigkeit. Ebenso das Kind einer japanischen Mutter, wenn der Vater unbekannt oder staatlos ist (Gesetz vom 15. März 1899, Art. 1 bis 3).

2. Erwerb durch Legitimation, Anerkennung usw.

Belgien, Frankreich, Italien.

Über die Anerkennung unehelicher Kinder vgl. oben I Nr. 1.

Dänemark.

Die vorehelichen unmündigen (unter 18 Jahre alten) Kinder erwerben durch nachfolgende Ehe der unehelichen Mutter mit dem dänischen Vater die dänische Staatsangehörigkeit (Gesetz vom 19. März 1898 in der durch das Gesetz vom 23. März 1908 abgeänderten Fassung, § 3 Abs. 2).

Niederlande.

Die unehelichen Kinder erwerben durch Legitimation seitens ihrer niederländischen Eltern oder durch Anerkennung seitens eines niederländischen Elternteils die niederländische Staatsangehörigkeit (Gesetz vom 12. Dezember 1892, Art. 1 a, c).

Österreich.

Ein uneheliches Kind, dessen Mutter Ausländerin und Vater österreichischer Staatsangehöriger ist, erwirbt die österreichische Staatsangehörigkeit, wenn es von seinem Vater legitimiert wird und durch die Legitimation unter dessen väterliche Gewalt gelangt

(Heimatgesetz vom 3. Dezember 1863, §§ 2, 6; vgl. auch Allgemeines Bürgerliches Gesetzbuch § 161).

Ungarn.

Ein uneheliches Kind, dessen Mutter Ausländerin ist, erwirbt die ungarische Staatsangehörigkeit, wenn es von seinem ungarischen Vater legitimiert wird (Gesetz vom 20. Dezember 1879, § 4).

Schweiz.

Das durch nachfolgende Ehe legitimierte uneheliche Kind erhält das Schweizerbürgerrecht. Soweit in einzelnen Kantonen andere Arten der Legitimation eingeführt sind, haben diese die gleiche Wirkung (Bundesrechtliche Praxis. Vgl. Sieber, Staatsbürgerrecht im internationalen Verkehre, Bd. 1 S. 54).

Vereinigte Staaten von Amerika.

Ein uneheliches Kind einer Ausländerin erhält das amerikanische Bürgerrecht infolge der Verheiratung der Mutter mit einem Amerikaner, sofern die Mutter durch die Heirat das Staatsbürgerrecht in den Vereinigten Staaten erwirbt (vgl. Sieber, Staatsbürgerrecht im internationalen Verkehr, Bd. 1 S. 150).

Japan.

Ein Ausländer erwirbt die japanische Staatsangehörigkeit, wenn er von einem Japaner adoptiert wird. Desgleichen das ausländische Kind, das von seinem japanischen Vater oder Mutter anerkannt wird. Zur Anerkennung ist erforderlich, daß das Kind nach seinem Heimatrechte minderjährig und nicht die Ehefrau eines Ausländers ist (Gesetz vom 15. März 1899, Art. 5, Nr. 3, 4; Art. 6).

3. Erwerb durch Eheschließung.

Belgien.

Eine Ausländerin, die einen Belgier heiratet, erwirbt die belgische Staatsangehörigkeit (Gesetz vom 8. Juni 1909, Art. 5).

Dänemark.

Eine Ausländerin, die einen Dänen heiratet, erwirbt die dänische Staatsangehörigkeit (Gesetz vom 19. März 1898 in der durch das Gesetz vom 23. März 1908 abgeänderten Fassung, § 3 Abs. 1).

Frankreich.

Eine Ausländerin, die einen Franzosen heiratet, erwirbt die französische Staatsangehörigkeit (Bürgerliches Gesetzbuch, Art. 12, in der Fassung des Gesetzes vom 26. Juni 1889).

Großbritannien.

Eine verheiratete Frau soll als Untertan desjenigen Staates angesehen werden, dem ihr Ehemann als Untertan angehört (Naturalisationsakte 1870, s. 10 Nr. 1).

Italien.

Eine Ausländerin, die einen Italiener heiratet, erwirbt die italienische Staatsangehörigkeit (Bürgerliches Gesetzbuch vom 25. Juni 1865, Art. 9).

Niederlande.

Eine Ausländerin, die einen Niederländer heiratet, erwirbt die niederländische Staatsangehörigkeit (Gesetz vom 12. Dezember 1892, Art. 5 Abs. 1).

Nach Auflösung der Ehe kann sie die niederländische Staatsangehörigkeit dadurch aufgeben, daß sie diesen ihren Willen binnen Jahresfrist vorschriftsmäßig erklärt (a. a. O., Art. 9).

Österreich.

Eine Ausländerin, die einen Österreicher heiratet, erwirbt die österreichische Staatsangehörigkeit (Hofkanzleidekrete vom 23. Februar 1833 und vom 10. Juni 1835).

Ungarn.

Eine Ausländerin, die einen Ungarn heiratet, erwirbt durch die Ehe die ungarische Staatsangehörigkeit (Gesetz vom 20. Dezember 1879, § 5).

Rußland.

Eine Ausländerin, die einen Russen heiratet, erwirbt die russische Untertanenschaft (Gesetzbuch des russischen Reichs 1899, Art. 855).

Schweiz.

Eine Ausländerin, die einen Schweizerbürger heiratet, erwirbt das Schweizerbürgerrecht (Bundesverfassung, Art. 54).

Spanien.

Eine Ausländerin, die einen Spanier heiratet, erwirbt die spanische Staatsangehörigkeit (Bürgerliches Gesetzbuch von 1888, Art. 22).

Vereinigte Staaten von Amerika.

Eine Ausländerin, die einen Bürger der Vereinigten Staaten heiratet und selbst rechtsgültig naturalisiert werden könnte, wird als Bürgerin der Vereinigten Staaten erachtet (Revised Statutes, s. 1904)*).

---

*) Hierzu Min.-Bek. vom 2. Mai 1923, MABl. S. 30.

Brasilien.

Eine Ausländerin, die einen Brasilianer heiratet, erwirbt die brasilianische Staatsangehörigkeit (Verordnung vom 10. September 1860, Art. 2).

Mexiko.

Eine Ausländerin, die einen Mexikaner heiratet, erwirbt die mexikanische Staatsangehörigkeit (Gesetz vom 28. Mai 1886, Art. 1 Nr. VI).

Japan.

Eine Ausländerin, die einen Japaner heiratet, erwirbt die japanische Staatsangehörigkeit.

Ein Ausländer, welcher eine Japanerin heiratet, erwirbt die japanische Staatsangehörigkeit, wenn er in das Stammhaus seiner Ehefrau aufgenommen wird (Gesetz vom 15. März 1899, Art. 5, Nr. 1, 2).

4. Erwerb durch Aufnahme (Naturalisation).

Belgien.

Ein Ausländer erwirbt durch Naturalisierung die belgische Staatsangehörigkeit (Gesetz vom 8. Juni 1909, Art. 10). Sie wird von der gesetzgebenden Gewalt erteilt (Verfassung vom 7. Februar 1831, Art. 5) und zerfällt in die große und die gewöhnliche Naturalisation; durch die letztere werden nicht alle politischen Rechte erworben.

Die große Naturalisation kann erlangen, wer 25 Jahre alt und verheiratet ist oder im Falle der Auflösung der Ehe ein oder mehrere eheliche Kinder besitzt sowie 10 Jahre (im Falle der Heirat mit einer Belgierin 5 Jahre) in Belgien gewohnt hat. Unverheiratete und Witwer ohne Kinder müssen 50 Jahre alt sein und 15 Jahre sich in Belgien aufgehalten haben. Ohne besondere Bedingung kann die große Naturalisation erteilt werden für hervorragende dem Staate geleistete Dienste (Gesetz vom 6. August 1881, Art. 2).

Die gewöhnliche Naturalisation setzt ein Alter von 21 Jahren und 5jährigen Aufenthalt in Belgien voraus (a. a. O. Art. 3).

Die Naturalisation erstreckt sich auf die minderjährigen unverheirateten Kinder, doch können diese innerhalb eines Jahres nach der Volljährigkeit für ihre ursprüngliche Staatsangehörigkeit optieren (Gesetz vom 8. Juni 1909, Art. 6).

Die minderjährigen verheirateten Kinder eines in Belgien naturalisierten Ausländers können durch eine entsprechende Erklärung die Wirkung der Naturalisation auf sich ausdehnen; für die Naturalisation volljähriger Kinder eines Naturalisierten gelten erleichterte Bedingungen (Gesetz vom 6. August 1881, Art. 4 noch insoweit in Kraft).

Dänemark.

Die dänische Staatsangehörigkeit kann durch Naturalisation nach Maßgabe des Grundgesetzes vom 28. Juli 1866, § 51 (d. h. nur durch Gesetz) erworben werden. Die Naturalisation eines Mannes erstreckt sich auf seine Ehefrau und seine unmündigen Kinder, sofern nicht im einzelnen Falle ein Vorbehalt gemacht wird (Gesetz vom 19. März 1898 in der durch das Gesetz vom 23. März 1908 abgeänderten Fassung, § 4).

Frankreich.

Ausländer können naturalisiert werden:

1. nach 3jährigem, mit amtlicher Genehmigung begründetem Wohnsitz in Frankreich;
2. nach 10jährigem ununterbrochenem Aufenthalt in Frankreich;
3. nach einjährigem, mit amtlicher Genehmigung begründetem Wohnsitz in Frankreich bei besonderen Verdiensten des Bewerbers;
4. nach einjährigem, mit amtlicher Genehmigung begründetem Wohnsitz, wenn der Aufzunehmende eine Französin geheiratet hat.

Die Naturalisation wird auf die Ehefrau und die volljährigen Kinder nur auf besondere Erklärung ausgedehnt; sie erstreckt sich von selbst auf die minderjährigen Kinder, doch können diese innerhalb eines Jahres nach der Volljährigkeit die französische Staatsangehörigkeit ablehnen (Bürgerliches Gesetzbuch, Art. 8 Nr. 5, Art. 12 Abs. 2, 3 in der Fassung des Gesetzes vom 26. Juni 1889).

Großbritannien.

Ein Ausländer kann naturalisiert werden, wenn er mindestens 5 Jahre im Vereinigten Königreiche gewohnt hat oder im Staatsdienst gewesen ist und beabsichtigt, weiter dort zu wohnen oder im Staatsdienst zu bleiben.

Die Naturalisation erstreckt sich auf die Ehefrau und diejenigen Kinder, welche mit dem Vater oder der verwitweten Mutter ihren Wohnsitz seit ihrer Kindheit im Vereinigten Königreiche haben (Naturalisationsakte 1870, s. 7, 10 Nr. 1, 5).

Italien.

Die gewöhnliche Naturalisation wird durch Königliche Verordnung nach Befürwortung durch den Staatsrat erteilt, wenn der Aufzunehmende

1. sich 6 Jahre im Königreich oder in den italienischen Kolonien aufgehalten hat, oder
2. 4 Jahre dem Staate gedient hat, oder
3. sich 3 Jahre im Königreich oder in den italienischen Kolonien aufgehalten hat, sofern er entweder mit einer Italienerin

verheiratet ist oder dem Lande hervorragende Dienste geleistet hat.*)

Sie gewährt erst nach bestimmter Zeit den Genuß aller politischen Rechte.

Daneben besteht die „große" Naturalisation (durch Gesetz) und die kleinere Naturalisation (durch Kgl. Dekrete) nach Art. 10 des Bürgerlichen Gesetzbuches fort.

Die Naturalisation erstreckt sich auf die Ehefrau und die minderjährigen Kinder, sofern sie ebenfalls ihren Wohnsitz im Königreiche nehmen; doch können die Kinder nach ihrer Volljährigkeit für fremde Staatsangehörigkeit optieren (Bürgerliches Gesetzbuch, Art. 10; Gesetz vom 17. Mai 1906, Art. 1).

Durch Dekret des Ministers des Innern kann die volle italienische Staatsangehörigkeit verliehen werden:

1. den in Italien oder im Ausland geborenen Personen, die als minderjährige Kinder eines Vaters, der seine italienische Staatsangehörigkeit verloren hat, selbst Ausländer geworden sind;
2. den in Italien oder im Ausland geborenen Kindern eines Vaters, der seine italienische Staatsangehörigkeit schon vor deren Geburt verloren hatte,

sofern sie unterlassen haben, gemäß den Artikeln 5, 6, 11 binnen Jahresfrist nach ihrer Volljährigkeit für die italienische Staatsangehörigkeit zu optieren oder ausdrücklich für eine fremde Staatsangehörigkeit optiert haben. Sie müssen erklären, in Italien Wohnsitz nehmen zu wollen (Auswanderungsgesetz vom 31. Januar 1901, Art. 36).

Niederlande.

Ein Ausländer kann naturalisiert werden, wenn er

1. volljährig ist;
2. die niederländische Staatsangehörigkeit verloren oder während der letzten 5 Jahre seinen Wohnsitz oder Hauptaufenthalt in den Niederlanden gehabt hat.

Die Staatsangehörigkeit kann auch aus Gründen öffentlichen Interesses ohne die oben erwähnten Voraussetzungen verliehen werden.

Von fremden Staatsangehörigen kann der Nachweis verlangt werden, daß die Gesetzgebung ihres Heimatlandes ihrer Naturalisation kein Hindernis in den Weg legt (Gesetz vom 12. Dezember 1892, Art. 3, 4).

Die Naturalisation erstreckt sich auf die Ehefrau und die Kinder; doch können letztere innerhalb eines Jahres nach der Volljährigkeit erklären, nicht länger in die Naturalisation einbegriffen sein zu wollen (a. a. O.; Art. 5, 6).

*) Hiezu Min.-Bek. vom 7. April 1923, MABl. S. 26.

Österreich.

Bedingungen der Aufnahme sind:

1. Dispositionsfähigkeit oder Antrag des gesetzlichen Vertreters;
2. Unbescholtenheit;
3. Erwerbsfähigkeit oder Vermögen;
4. Zusicherung des Heimatrechts von seiten einer österreichischen Gemeinde.

Die Zusicherung der Aufnahme in den Heimatverband darf von einer Gemeinde nicht verweigert werden, in der sich der Bewerber nach erlangter Volljährigkeit 10 Jahre freiwillig und ununterbrochen aufgehalten hat. Die Aufnahme erstreckt sich auf die Ehefrau und die minderjährigen Kinder (Allgemeines Gesetzbuch, § 30; Hofkanzleidekrete vom 12. Mai 1816, 17. Dezember 1817, 30. Januar 1824, 31. Mai 1831, 30. August 1832; Heimatgesetznovelle vom 5. Dezember 1896, §§ 2, 5).

Ungarn.

Ein Ausländer kann naturalisiert werden, wenn er

1. geschäftsfähig ist oder die Einwilligung seines gesetzlichen Vertreters besitzt;
2. in den Verband einer ungarischen Gemeinde aufgenommen ist oder die Aufnahme in Aussicht gestellt erhalten hat;
3. seit 5 Jahren ununterbrochen im Lande wohnt;
4. unbescholten ist;
5. sich und seine Familie ernähren kann;
6. seit 5 Jahren in die Liste der Steuerzahler aufgenommen ist.

Durch Königliche Verordnung können Ausländer auch ohne Erfüllung der Bedingungen 2, 3 und 6 die Staatsangehörigkeit erhalten, wenn sie sich um den Staat hervorragende Verdienste erworben haben und in Ungarn wohnen oder erklären, sich dort niederlassen zu wollen.

Bei der Naturalisation eines von einem Ungarn Adoptierten können die Bedingungen unter 3, 5 und 6 erlassen werden, wenn der Adoptierende die Bedingungen unter 5 und 6 erfüllt.

Die Naturalisation erstreckt sich auf die Ehefrau und die unter väterlicher Gewalt stehenden minderjährigen Kinder (Gesetz vom 20. Dezember 1879, §§ 6 bis 17).

Rußland.

Bedingung der Aufnahme in den russischen Untertanenverband ist im allgemeinen 5jährige Niederlassung in Rußland (Gesetzbuch des Russischen Reichs 1899, Art. 836, 839). Abgekürzte Fristen gelten, abgesehen von den Fällen der Option (a. a. O., Art. 850 bis 852, vgl. unten I, Nr. 7), für Ausländer, die dem Lande Dienste geleistet haben (a. a. O., Art. 848).

Die Aufnahme erstreckt sich nicht auf die zur Zeit der Aufnahme vorhandenen Kinder (a. a. O., Art. 841).

Schweiz.

Die Erteilung des Schweizerbürgerrechts erfolgt durch Bewilligung des Bundesrats zur Erwerbung eines schweizerischen Kantons- und Gemeindebürgerrechts. Die Bewilligung wird nur an solche Bewerber erteilt, welche seit 2 Jahren in der Schweiz ihren Wohnsitz haben. Der Bundesrat kann die Bewilligung verweigern, wenn der Schweiz aus dem Verhältnis des Bewerbers zu seinem Heimatstaate durch die Einbürgerung Nachteile erwachsen können. Der Erwerb des Schweizerbürgerrechts wird endgültig durch den Erwerb eines Gemeinde- und Kantonsbürgerrechts.

Die Naturalisation erstreckt sich im allgemeinen auf die Ehefrau und die Kinder, wenn sie nach dem Rechte der Heimat des Bewerbers unter seiner ehemännlichen oder elterlichen Gewalt stehen (Gesetz vom 25. Juni 1903, Art. 1 bis 4).

Spanien.

Das Bürgerliche Gesetzbuch erwähnt zwei Arten der Einbürgerung:

a) durch Erlangung einer Naturalisations-Urkunde,
b) durch Erwerbung des Ortsbürgerrechts in einer spanischen Gemeinde.

In beiden Fällen haben die Ausländer auf ihre frühere Staatsangehörigkeit zu verzichten, den Eid auf die Verfassung zu leisten und sich als Spanier in das Zivilstandsregister einschreiben zu lassen (Bürgerliches Gesetzbuch von 1888, Art. 17, Nr. 3, 4 und Art. 25).

Die Naturalisation erstreckt sich auf die Ehefrau (a. a. O., Art. 22 Abs. 1) und die unter väterlicher Gewalt stehenden Kinder (a. a. O. Art. 18 Abs. 1).

Vereinigte Staaten von Amerika.

Ein Ausländer kann naturalisiert werden, wenn er in den Vereinigten Staaten 5 Jahre und davon in dem Staate, in welchem er sich naturalisieren lassen will, mindestens 1 Jahr gewohnt hat. Mindestens 2 und nicht mehr als 7 Jahre vor der Naturalisation muß er unter Eid vor Gericht erklären, daß er das Bürgerrecht erwerben und jeder fremden Untertanenpflicht entsagen will. Außerdem muß er sich während des Aufenthaltes in den Vereinigten Staaten gut geführt haben (Gesetz vom 29. Juni 1906 S. 4).*)

Personen im Alter von 21 Jahren und mehr, welche in der Armee der Vereinigten Staaten dienen, können nach einjährigem Aufenthalte naturalisiert werden; Seeleute in der Handelsmarine nach 3 Jahren (Revised Statutes, s. 2166, 2174).

Die Naturalisation erstreckt sich auf die unter 21 Jahre alten Kinder, welche in den Vereinigten Staaten wohnen (Revised Statutes, s. 2172, Gesetz vom 29. Juni 1906, S. 26).

---

*) Vgl. hierzu Min.-Bek. vom 2. Mai 1923, MABl. S. 30.

Argentinien.

Die Naturalisation wird jedem Ausländer verliehen, der sich zwei Jahre in der Republik aufgehalten und vor den Bundesrichtern seinen Willen kundgegeben hat, argentinischer Staatsbürger zu werden. Von der zweijährigen Frist dispensieren:

1. Bekleidung eines Staatsamts;
2. Dienst in der Armee oder Marine;
3. Einführung einer nützlichen Erfindung oder Industrie;
4. Gründung oder Bau von Eisenbahnen;
5. und 6. Grundbesitz in einer der begründeten oder in der Folge auf nationalem oder provinziellem Boden zu begründenden Kolonie, Wohnsitz in staatlichen Territorien;
7. Verehelichung mit einer Argentinierin;
8. Ausübung eines öffentlichen Lehramts in Schule und Industrie.

Die Naturalisation erstreckt sich nicht auf die Kinder, doch können diese die Staatsangehörigkeit durch bloßen Eintritt in die Nationalgarde erwerben (Verfassung vom 25. September 1860 und Gesetz vom 1. Oktober 1869, Art. 2, 3).

Brasilien.

Bedingung der Naturalisation ist Nachweis:

1. der Identität der Person;
2. der gesetzlichen Volljährigkeit;
3. eines 2jährigen Aufenthalts in Brasilien;
4. guter Führung.

Der Nachweis des Aufenthalts wird erlassen:

1. wenn der Antragsteller mit einer Brasilianerin verheiratet ist;
2. wenn er Grundbesitz in Brasilien hat;
3. wenn er Teilnehmer an einem industriellen Unternehmen ist oder eine dem Lande nützliche Industrie erfunden oder eingeführt hat;
4. wenn er sich durch Talent, Wissen oder Fachkenntnisse in einem Industriezweig empfiehlt;
5. wenn er das Kind eines in Brasilien naturalisierten Ausländers und vor der Naturalisation seines Vaters im Ausland geboren ist.

Bestimmte, einzeln aufgeführte strafbare Handlungen schließen die Naturalisation eines Ausländers aus (Verordnung vom 12. November 1912, Art. 5, 6, 13).

Mexiko.

Der Ausländer muß 6 Monate vor dem Naturalisationsantrag erklären, daß er Mexikaner werden und auf seine bisherige Staatsangehörigkeit verzichten will. Darnach muß er nachweisen:

1. daß er nach dem Gesetze seiner Heimat im Besitze der bürgerlichen Rechte und volljährig ist;

2. daß er sich in Mexiko 2 Jahre oder an Bord eines Schiffes im Dienste der mexikanischen Handelsmarine aufgehalten und gut geführt hat;
3. daß er zum nötigen Lebensunterhalt einen Handel, eine Industrie oder ein Gewerbe betreibt oder Renten besitzt

(Gesetz vom 28. Mai 1886, Art. 11 bis 17, 20).

Nicht naturalisiert werden Untertanen eines Staates, der sich mit Mexiko im Krieg befindet sowie Personen, die wegen bestimmter, einzeln aufgeführter strafbarer Handlungen verfolgt werden oder bestraft sind. Die betrügerischerweise oder in Verletzung des Gesetzes erlangte Naturalisation ist nichtig (a. a. O., Art. 21, 22).

Besondere Vorschriften gelten für Ausländer,
1. die Grundbesitz in Mexiko erwerben (a. a. O., Art. 1 Nr. X);
2. die in Mexiko geborene Kinder haben (a. a. O., Art. 1 Nr. XI);
3. die bei der mexikanischen Regierung eine amtliche Stellung bekleiden oder von ihr Titel oder öffentliche Ämter annehmen (a. a. O., Art. 1 Nr. XII)

(a. a. O., Art. 19).

Japan.

Bedingungen der Naturalisation sind im allgemeinen, daß der Ausländer
1. seit 5 Jahren ununterbrochen in Japan gewohnt hat;
2. mindestens 20 Jahre alt und nach dem Rechte seiner Heimat geschäftsfähig ist;
3. sich gut geführt hat;
4. seinen Unterhalt bestreiten kann;
5. keine Staatsangehörigkeit besitzt oder seine bisherige durch den Erwerb der japanischen verliert.

Außerdem kann ein Ausländer, der dem Lande wichtige Dienste geleistet hat, mit Kaiserlicher Genehmigung naturalisiert werden.

Von den Bedingungen unter 1, 2 und 4 kann unter bestimmten Voraussetzungen abgesehen werden.

Die Naturalisation erstreckt sich auf die Ehefrau und die minderjährigen Kinder, soweit deren Heimatgesetze nicht im Wege stehen (Gesetz vom 15. März 1899, Art. 7 bis 16).

5. Erwerb durch Eintritt in den Staatsdienst.

Italien.

Für das in Italien geborene Kind eines noch nicht 10 Jahre dort wohnenden Ausländers und das im Ausland geborene Kind eines Italieners, der vor dessen Geburt die italienische Staatsangehörigkeit verloren hat, ist Annahme eines öffentlichen Amtes und Eintritt in die Armee oder die Marine Erwerbsgrund. Vgl. unten I Nr. 7.

Österreich.

Die österreichische Staatsangehörigkeit wird durch Eintritt in den öffentlichen Dienst erworben (Allgemeines Bürgerliches Gesetzbuch § 29, Staatsgrundgesetz, Art. 3 und amtliche Erlasse).

Rußland.

Ausländer, die sich im russischen Zivildienst befinden, und Geistliche fremder Konfessionen, die nach Anordnung des Ministers des Innern auf einen Posten nach Rußland berufen worden sind, können auf Antrag zur Ableistung des Untertaneneides jederzeit zugelassen werden (Gesetzbuch des Russischen Reichs, 1899, Art. 852).

Mexiko.

Im Ausland geborene Kinder früherer Mexikaner erwerben die mexikanische Staatsangehörigkeit durch Annahme eines Amtes oder durch Dienst in der Armee, Marine oder Nationalgarde, sofern sie volljährig sind und in Mexiko wohnen (Gesetz vom 28. Mai 1886, Art. 1 Nr. III, Abs. 2). Vgl. noch den besonderen Fall der Naturalisation a. a. O., Art. 1 Nr. XII, oben I Nr. 4.

6. Erwerb durch Geburt innerhalb des Staatsgebiets (Jus soli).

Belgien.

Belgier ist das in Belgien geborene Kind (rechtlich) unbekannter oder staatloser Eltern (Gesetz vom 8. Juni 1909, Art. 4).

Belgier wird ferner:

1. das in Belgien geborene Kind ausländischer Eltern, von denen der eine Teil dort geboren ist oder seit 10 Jahren ununterbrochen dort gewohnt hat,
2. das in Belgien geborene Kind eines Ausländers, welches seit 6 Jahren ununterbrochen dort gewohnt hat,

nach Vollendung des 22. Lebensjahres, wenn es während dieses Jahres in Belgien gewohnt und nicht die Absicht erklärt hat, seine ausländische Staatsangehörigkeit zu behalten (a. a. O., Art. 7).

Dänemark.

Däne ist das in Dänemark gefundene Kind mit unbekannter Staatsangehörigkeit (Gesetz vom 19. März 1898 in der durch das Gesetz vom 23. März 1908 abgeänderten Fassung, § 8).

Frankreich.

Franzose ist das in Frankreich geborene Kind (rechtlich) unbekannter oder staatloser Eltern (Bürgerliches Gesetzbuch, Art. 8 Nr. 2 in der Fassung des Gesetzes vom 26. Juni 1889).

Franzose ist das in Frankreich geborene Kind ausländischer Eltern, von denen der eine Teil bereits in Frankreich geboren ist. Ist nur die Mutter in Frankreich geboren, so kann das Kind innerhalb eines Jahres nach der Volljährigkeit die französische Staatsangehörigkeit ablehnen. Uneheliche Kinder haben das Ablehnungsrecht unter den gleichen Bedingungen wie eheliche, wenn der in Frankreich geborene Elternteil nicht derjenige ist, dem das Kind gemäß Art. 8 Nr. 1 Abs. 2 (jure sanguinis) zu folgen hätte (Bürgerliches Gesetzbuch, Art. 8 Nr. 3 in der Fassung des Gesetzes vom 22. Juli 1893, Art. 1).

Über Erwerb durch Geburt in Frankreich in Verbindung mit Wohnsitz vgl. unten I Nr. 7.

Großbritannien.

Brite ist jede auf britischem Boden ehelich oder unehelich geborene Person (Gewohnheitsrecht). Ist eine solche Person zur Zeit ihrer Geburt dem Gesetz eines fremden Staates gemäß auch Untertan dieses Staates geworden und geblieben, so kann sie nach erreichter Volljährigkeit ihren Austritt aus dem britischen Staatsverband erklären (Naturalisationsakte 1870 s. 4 Satz 1).

Italien.

Italiener ist das in Italien geborene Kind (rechtlich) unbekannter Eltern (Bürgerliches Gesetzbuch, Art. 7 Abs. 3).

Italiener wird ferner:

1. das in Italien geborene und sich dort aufhaltende Kind, dessen Vater die italienische Staatsangehörigkeit vor der Geburt des Kindes verloren hatte,
2. das in Italien geborene Kind eines Ausländers, der seit 10 Jahren seinen Wohnsitz in Italien hat;

es kann in beiden Fällen nach erfolgter Volljährigkeit die ausländische Staatsangehörigkeit wählen (a. a. O., Art. 5, 8).

Niederlande.

Niederländer ist:

1. das weder vom Vater noch von der Mutter anerkannte uneheliche Kind, das im Königreiche geboren ist;
2. das Kind landeseingesessener (18 Monate lang ununterbrochen in den Niederlanden wohnender) Eltern, die selbst von einer im Lande wohnenden Mutter geboren sind, solange nicht festgestellt ist, daß das Kind eine fremde Staatsangehörigkeit besitzt;
3. das im Königreich ausgesetzte oder dort zurückgelassene Kind, solange über dessen Herkunft nichts erwiesen ist

(Gesetz vom 12. Dezember 1892, Art. 1 d, 2, 13).

Ungarn.

Als Ungar wird betrachtet, solange eine ausländische Staatsangehörigkeit nicht nachgewiesen wird,

1. wer in dem Gebiete der Länder der ungarischen Krone geboren ist,
2. wer in diesem Gebiete als Findling aufgezogen wurde

(Gesetz vom 20. Dezember 1879, § 19).

Schweiz.

Die Kantone sind berechtigt, im Wege der Gesetzgebung zu bestimmen, daß die im Kanton geborenen Kinder von Ausländern, die im Kanton wohnen, von Gesetzes wegen und ohne daß es einer Bewilligung des Bundesrats bedürfte, Kantons- und damit Schweizerbürger sind,

1. wenn die Mutter schweizerischer Herkunft ist oder
2. wenn die Eltern zur Zeit der Geburt des Kindes wenigstens 5 Jahre ununterbrochen im Kanton gewohnt haben.

Die Kantone sollen das Recht der Option vorbehalten (Gesetz vom 25. Juni 1903, Art. 5).

Spanien.

Spanier ist das in Spanien geborene Kind eines Ausländers, sofern die Eltern im Namen des Kindes für die spanische Staatsangehörigkeit optieren. Das Kind muß innerhalb eines Jahres nach der Volljährigkeit erklären, ob es von der spanischen Staatsangehörigkeit Gebrauch machen will (Bürgerliches Gesetzbuch von 1888, Art. 18, 19).

Vereinigte Staaten von Amerika.

Amerikanischer Bürger ist jede in den Vereinigten Staaten geborene Person, mit Ausnahme der Kinder von Ausländern, die sich im Dienste eines fremden Staates dort aufhalten (Revised Statutes section 1992 und XIV. Amendement zur Unionsverfassung vom 28. Juli 1868).

Argentinien.

Argentinier ist jede in Argentinien geborene Person; ausgenommen sind die Kinder der Mitglieder fremder Gesandtschaften (Verfassung vom 25. September 1860 und Gesetz vom 1. Oktober 1896, Art. 1 Nr. 1).

Brasilien.

Brasilianer ist jede in Brasilien geborene Person mit Ausnahme der Kinder eines Ausländers, der sich im Dienste seines Staates dort aufhält (Verfassung vom 24. Februar 1891, Art. 69 Nr. 1; Verordnung vom 12. November 1902, Art. 1 § 1).

Mexiko.

Mexikaner ist das in Mexiko geborene Kind unbekannter oder staatloser Eltern (Gesetz vom 28. Mai 1886, Art. 1 Nr. II).

Als Mexikaner wird das in Mexiko geborene Kind ausländischer Eltern betrachtet, sobald ein Jahr nach Eintritt seiner Volljährigkeit abgelaufen ist, ohne daß es erklärt, die Staatsangehörigkeit seiner Eltern beibehalten zu wollen (a. a. O., Art. 2 Nr. II).

Japan.

Japaner ist das in Japan geborene Kind unbekannter oder staatloser Eltern (Gesetz vom 15. März 1899, Art. 4).

7. Erwerb durch Aufenthalt, Wohnsitz, Grundbesitz oder Erklärung (Option) allein oder in Verbindung mit anderen Gründen.

Belgien.

Das Kind eines früheren Belgiers oder einer früheren Belgierin kann die belgische Staatsangehörigkeit erwerben, wenn es die Absicht erklärt, seinen Wohnsitz in Belgien zu nehmen und diese Absicht innerhalb eines Jahres nach dieser Erklärung ausführt (Gesetz vom 8. Juni 1909, Art. 8).

Unter den gleichen Bedingungen kann das in Belgien geborene Kind eines Ausländers die belgische Staatsangehörigkeit im 22. Lebensjahre erwerben (a. a. O., Art. 9).

Dänemark.

Personen, die nicht durch Geburt die dänische Staatsangehörigkeit erworben haben, aber doch in Dänemark geboren sind, erwerben die dänische Staatsangehörigkeit, wenn sie nach ihrer Geburt ununterbrochen bis zu ihrem vollendeten 19. Lebensjahr ihren Wohnsitz in Dänemark haben, es sei denn, daß sie im Laufe des letzten Jahres sich schriftlich gegen den Erwerb der dänischen Staatsangehörigkeit erklären und sich über den Besitz einer fremden Staatsangehörigkeit ausweisen. Der Erwerb erstreckt sich auf die Ehefrau und die unehelichen Kinder (Gesetz vom 19. März 1898 in der durch das Gesetz vom 23. März 1908 abgeänderten Fassung, § 2).

Frankreich.

Franzose ist jedes in Frankreich geborene Kind eines Ausländers, das zur Zeit seiner Volljährigkeit seinen Wohnsitz in Frankreich hat, es sei denn, daß es innerhalb eines Jahres nach erreichter Volljährigkeit die französische Staatsangehörigkeit ablehnt und gleichzeitig nachweist, daß es die Staatsangehörigkeit seiner Eltern beibehalten und gegebenenfalls der Wehrpflicht in seinem Heimatstaate genügt hat (Bürgerliches Gesetzbuch, Art. 8, Nr. 4, in der

Fassung des Gesetzes vom 26. Juni 1889). Jedes in Frankreich geborene Kind eines Ausländers, das zur Zeit seiner Volljährigkeit seinen Wohnsitz nicht in Frankreich hat, kann bis zur Vollendung seines 22. Lebensjahres die Eigenschaft als Franzose in Anspruch nehmen, wenn es erklärt, seinen Wohnsitz in Frankreich nehmen zu wollen und ihn auch wirklich innerhalb eines Jahres nach dieser Erklärung dort begründet; der in Frankreich geborene Sohn eines Ausländers erwirbt die französische Staatsangehörigkeit noch während seiner Minderjährigkeit dadurch, daß er in die französischen Militärlisten eingetragen wird und sich ohne Widerspruch der Aushebung unterwirft (Bürgerliches Gesetzbuch, Art. 9, in der Fassung des Gesetzes vom 22. Juli 1893 Art. 3).

Das in Frankreich oder im Ausland geborene, in Frankreich wohnende Kind ausländischer Eltern, von denen der eine Teil die französische Staatsangehörigkeit früher besessen hat, kann diese in jedem Lebensalter nach Maßgabe der Bestimmungen des Art. 9 in Anspruch nehmen, sofern es nicht zur Vermeidung der Wehrpflicht seine ausländische Staatsangehörigkeit geltend gemacht hat (Bürgerliches Gesetzbuch, Art. 10, in der Fassung des Gesetzes vom 26. Juni 1889).

Italien.

Das im Ausland geborene Kind eines früheren Italieners wird Ausländer; es kann die italienische Staatsangehörigkeit auf Grund einer innerhalb eines Jahres nach der Volljährigkeit abzugebenden Erklärung für sich in Anspruch nehmen, muß aber innerhalb eines Jahres nach dieser Erklärung im Königreiche Wohnsitz nehmen.

Hat es in Italien ein öffentliches Amt angenommen oder in der italienischen Armee oder Marine gedient, dient es dort oder genügt es seiner Wehrpflicht auf andere Weise, ohne seine Ausländereigenschaft als Befreiungsgrund geltend zu machen, so soll es ohne weiteres als Italiener angesehen werden.

Dasselbe gilt für das in Italien geborene Kind eines Ausländers, der nicht 10 Jahre ununterbrochen dort gewohnt hat (Bürgerliches Gesetzbuch vom 25. Juni 1865, Art. 6, 8 Abs. 3).

Rußland.

Die in Rußland von Ausländern geborenen Kinder, die in Rußland erzogen sind, oder die, wenn sie im Ausland geboren sind, in russischen Hoch- oder Mittelschulen studiert haben, können innerhalb eines Jahres nach der Volljährigkeit für die russische Untertanenschaft optieren (Gesetzbuch des Russischen Reichs 1899, Art. 850).

Ein Optionsrecht haben ferner volljährige Kinder eines naturalisierten Ausländers (a. a. O., Art. 851) und Kinder einer Russin, die ihre Staatsangehörigkeit durch Eheschließung mit einem Ausländer verloren hatte und deren Ehe aufgelöst worden ist (a. a. O., Art. 854).

Spanien.

Wegen des Optionsrechts der in Spanien geborenen Kinder von Ausländern vgl. oben I Nr. 6.

Optieren kann ferner das im Ausland geborene Kind eines spanischen Vaters oder einer spanischen Mutter, das seine Staatsangehörigkeit infolge Verlusts der Staatsangehörigkeit seiner Eltern verloren hat (Bürgerliches Gesetzbuch von 1888, Art. 24 in Verbindung mit Art. 19).

Brasilien.

Die im Ausland geborenen ehelichen Kinder eines brasilianischen Vaters oder unehelichen Kinder einer brasilianischen Mutter sind Brasilianer, sofern sie ihren Wohnsitz in Brasilien nehmen. Ebenso die in Brasilien wohnenden Ausländer, die liegende Güter besitzen und mit einer Brasilianerin verheiratet sind oder Kinder brasilianischer Staatsangehörigkeit haben, sofern sie nicht erklären, ihre Nationalität nicht wechseln zu wollen (Verfassung vom 24. Februar 1891, Art. 69 Nr. 2; Verordnung vom 12. November 1902, Art. 1, §§ 2, 5).

Mexiko.

Die im Ausland geborenen Kinder früherer Mexikaner können innerhalb eines Jahres nach vollendetem 21. Lebensjahre für die mexikanische Staatsangehörigkeit optieren (Gesetz vom 28. Mai 1886, Art. 1 Nr. III).

Kolonisten, die auf Grund der Verträge der Regierung und auf deren Kosten nach Mexiko kommen, sind Mexikaner (a. a. O., Art. 27). Auf ihren Antrag werden Mexikaner die Ausländer, die Grundbesitz in der Republik erwerben, und die Ausländer, die in Mexiko geborene Kinder haben (a. a. O., Art. 1 Nr. X, XI) vgl. oben I Nr. 4.

II. Verlustgründe.

1. Verlust durch Entlassung.

Dänemark.

Wer eine fremde Staatsangehörigkeit zu erwerben wünscht, kann durch Entschließung des Königs aus der dänischen Staatsangehörigkeit entlassen werden. Die Entlassung erfolgt unter der Bedingung, daß der Gesuchsteller innerhalb bestimmter Frist die fremde Staatsangehörigkeit erwirbt (Gesetz vom 19. März 1898 in der durch das Gesetz vom 23. März 1908 abgeänderten Fassung, § 5 Abs. 2).

Österreich.

Die Freiheit der Auswanderung ist nur durch die Wehrpflicht beschränkt (Staatsgrundgesetz vom 21. Dezember 1867, Art. 4, Wehrgesetz vom 11. April 1889, § 64). Vorbehaltlich dieser Bestimmungen wird die Entlassung darum nachsuchenden Staatsbürgern erteilt; sie erstreckt sich auf die Ehefrau und die minderjährigen Kinder (Verwaltungspraxis).

Ungarn.

Durch Entlassung geht die ungarische Staatsangehörigkeit verloren (Gesetz vom 20. Dezember 1879, § 20 Nr. 1, § 24).

Wehrpflichtige bedürfen zunächst der Entlassung aus dem Verbande der Wehrkraft (a. a. O., § 22 Abs. 1).

Wer der Wehrpflicht nicht unterliegt, von ihr aber noch nicht endgültig enthoben ist, bedarf eines Zeugnisses, daß er sich nicht durch die Entlassung der Wehrpflicht zu entziehen beabsichtigt (a. a. O., § 22 Abs. 2). Ausnahmen gelten zum Zwecke der Erlangung der österreichischen Staatsangehörigkeit (a. a. O., § 23). Die Entlassung erstreckt sich auf die Ehefrau und, sofern sich nicht eine Ausnahme durch die für die Wehrpflichtigen geltende Einschränkung ergibt, auf die minderjährigen, unter väterlicher Gewalt stehenden Kinder, wenn die Ehefrau und die Kinder mit dem Entlassenen auswandern (a. a. O. § 26).

Rußland.

Die Entlassung aus dem russischen Untertanenverband ist nicht gesetzlich geregelt, sondern Gnadenakt des Zaren; sie wird nicht erteilt, wenn politische Gründe oder die Wehrpflicht entgegenstehen.

Schweiz.

Der Schweizerbürger kann aus seinem Kantons- und Gemeindebürgerrecht entlassen werden, wenn er

1. in der Schweiz keinen Wohnsitz mehr hat;
2. nach den Gesetzes des Landes, wo er wohnt, handlungsfähig ist;
3. das Bürgerrecht eines anderen Staates für sich, seine Ehefrau und seine Kinder erworben hat oder ein solches ihm bereits zugesichert ist.

Die sodann erfolgende Entlassung aus dem Kantons- und Gemeindebürgerrecht schließt den Verlust des Schweizerbürgerrechts in sich. Die Entlassung erstreckt sich auf die Ehefrau und die Kinder, soweit sie unter ehemännlicher oder elterlicher Gewalt stehen, wenn nicht eine besondere Ausnahme gemacht ist (Gesetz vom 25. Juni 1903, Art. 7 bis 9).

Japan.

Die Entlassung aus dem Staatsverbande kann einem über 17 Jahre alten Japaner nicht gewährt werden, welcher seiner Wehrpflicht im Heere oder der Marine nicht genügt hat, es sei denn, daß er hiervon befreit ist (Gesetz vom 15. März 1899, Art. 24).

2. Verlust durch Verzicht.

Belgien.

Das im Ausland geborene Kind eines Belgiers, der selbst im Ausland geboren ist, kann die belgische Staatsangehörigkeit ablehnen, wenn es eine fremde Staatsangehörigkeit besitzt (Gesetz vom 8. Juni 1909, Art. 12).

Frankreich.

Über das Ablehnungsrecht der in Frankreich geborenen Kinder von Ausländern und der minderjährigen Kinder von Ausländern, die sich in Frankreich naturalisieren lassen, vgl. oben I Nr. 4, 6 und 7.

Großbritannien.

Wer die britische Staatsangehörigkeit durch Geburt im Inland erworben hat, kann sie nach Eintritt der Volljährigkeit durch ordnungsmäßige Erklärung aufgeben, wenn er durch die Geburt auch eine fremde Staatsangehörigkeit erworben hat und sie zur Zeit der Abgabe der Erklärung noch besitzt. Das gleiche gilt für eine im Ausland geborene Person, deren Vater britischer Untertan ist (Naturalisationsakte 1870 s. 4).

Wer die englische Staatsangehörigkeit durch Naturalisation erworben hat, kann auf sie nur verzichten, wenn dies durch einen Staatsvertrag vorgesehen ist (a. a. O., s. 3).

Italien.

Wer vorschriftsmäßig auf die italienische Staatsangehörigkeit verzichtet und seinen Wohnsitz in das Ausland verlegt, verliert die italienische Staatsangehörigkeit (Bürgerliches Gesetzbuch vom 25. Juni 1865, Art. 11 Abs. 1 Nr. 1).

Der Verlust erstreckt sich auch auf die Ehefrau und die minderjährigen Kinder, es sei denn, daß sie ihren Wohnsitz im Königreiche behalten (a. a. O., Art. 11 Abs. 2).

Niederlande.

Wegen des Ausschlagungsrechts der in die Naturalisation einbegriffenen Kinder vgl. oben I Nr. 4.

Österreich.

Stillschweigender Verzicht kann angenommen werden bei Auswanderung, Erwerb einer fremden Staatsangehörigkeit und Eintritt in fremde Staatsdienste.

Vereinigte Staaten von Amerika.

Das amerikanische Bürgerrecht kann durch Verzicht aufgegeben werden (Revised Statutes 1999).

Ein Verzicht wird auch angenommen bei demjenigen, der aus dem Heeres- und Seedienst desertiert oder nach rechtmäßiger Anwerbung den Anwerbungsbezirk oder die Vereinigten Staaten verläßt, um sich der Aushebung zu entziehen (Revised Statutes, s. 1996, 1998).

3. Verlust durch Aberkennung.

Ungarn.

Wer ohne Bewilligung der zuständigen Behörde in den Dienst eines fremden Staates tritt und den Dienst trotz Aufforderung der Behörde nicht binnen einer bestimmten Frist verläßt, kann der ungarischen Staatsangehörigkeit für verlustig erklärt werden (Gesetz vom 20. Dezember 1879, § 30).

4. Verlust durch Aufenthalt im Ausland oder durch Auswanderung.

Niederlande.

Durch zehnjährigen ununterbrochenen Aufenthalt im Ausland geht die Staatsangehörigkeit für solche Niederländer verloren, die außerhalb des Königreichs oder seiner Kolonien geboren sind; Abwesenheit in Ausübung eines öffentlichen Dienstes ist ausgenommen. Die zehnjährige Frist wird durch eine entsprechende Erklärung vor der zuständigen Behörde unterbrochen. Der Verlust erstreckt sich auf die Ehefrau (Gesetz vom 15. Juli 1910 und Art. 5 Abs. 1 des Gesetzes vom 12. Dezember 1892).

Österreich.

Die österreichische Staatsangehörigkeit geht durch Auswanderung verloren, soweit darin ein Verzicht auf die Staatsangehörigkeit zu erblicken ist. Die Freiheit der Auswanderung ist von Staats wegen nur durch die Wehrpflicht beschränkt (Auswanderungspatent vom 24. März 1832; Staatsgrundgesetz vom 21. Dezember 1867, Art. 4, vgl. auch Mayrhofer, Handbuch f. d. polit. Verwaltungsdienst Bd. II S. 935 ff. und I. Ergänzungsband S. 601).

Ungarn.

Wer sich 10 Jahre lang ohne Auftrag der Regierung ununterbrochen außerhalb Ungarns aufhält, verliert die ungarische Staatsangehörigkeit. Die Frist wird dadurch unterbrochen, daß der Abwesende die Aufrechterhaltung seiner ungarischen Staatsangehörigkeit bei der zuständigen Behörde anmeldet oder einen neuen Paß oder Aufenthaltsschein erwirbt, oder sich in die Matrikel eines österreichisch-ungarischen Konsulats eintragen läßt. Der Verlust erstreckt sich auf die Ehefrau und die minderjährigen, unter väterlicher Gewalt stehenden Kinder, wenn sie sich bei dem Abwesenden befinden (Gesetz vom 20. Dezember 1879, §§ 31, 32).

Spanien.

Wer seinen Wohnsitz in ein fremdes Land verlegt und dort schon infolge seiner Niederlassung daselbst als Eingeborener angesehen wird, muß, um seine spanische Staatsangehörigkeit zu wahren, sich, seine Ehefrau und seine Kinder von dem diplomatischen oder konsularischen Vertreter in ein Register eintragen lassen (Bürgerliches Gesetzbuch von 1888, Art. 26).

Vereinigte Staaten von Amerika.

Bei naturalisierten Bürgern wird durch 2jährigen Aufenthalt in ihrem ursprünglichen Heimatstaat oder 5jährigen Aufenthalt in einem anderen fremden Staate die Vermutung geschaffen, daß sie aufgehört haben, amerikanische Bürger zu sein. Diese Vermutung kann durch den Nachweis von Tatsachen entkräftet werden, aus denen der Wille erhellt, sich nicht von den Vereinigten Staaten loszusagen. Eingeborene Bürger verlieren den amerikanischen Schutz, wenn sie sich dauernd und mit dem Willen, sich von der Heimat loszulösen, im Auslande niederlassen (Gesetz vom 2. März 1907, s. 2, Abs. 2 und Ausführungsanweisung dazu an die diplomatischen und konsularischen Vertreter).

Mexiko.

Wer ohne Ermächtigung oder Auftrag der Regierung die Republik verläßt und 10 Jahre verstreichen läßt, ohne um die Erlaubnis zur Verlängerung der Abwesenheit nachzusuchen, verliert die mexikanische Staatsangehörigkeit (Gesetz vom 28. Mai 1886, Art. 2 Nr. III).

5. Verlust durch Eintritt in fremden Staats- oder Militärdienst.

Frankreich.

Wer ein öffentliches Amt von einer fremden Regierung annimmt und es auf die Aufforderung der französischen Regierung nicht innerhalb einer bestimmten Frist niederlegt, ferner wer ohne Erlaubnis der französischen Regierung in fremden Militärdienst tritt, verliert die französische Staatsangehörigkeit (Bürgerliches Gesetzbuch, Art. 14 Nr. 3, 4 in der Fassung des Gesetzes vom 26. Juni 1889).

Italien.

Wer ohne Erlaubnis der Regierung im Ausland ein Staatsamt annimmt oder in den Militärdienst einer fremden Macht eintritt, verliert die italienische Staatsangehörigkeit (Bürgerliches Gesetzbuch vom 25. Juni 1865, Art. 11 Nr. 3). Wegen der Ausdehnung des Verlustes auf Frau und Kinder (a. a. O., Art. 11, Abs. 2) vgl. oben II Nr. 1.

Niederlande.

Wer in fremde Kriegs- oder Staatsdienste ohne Königliche Ermächtigung eintritt, verliert die niederländische Staatsangehörigkeit.

Der Verlust erstreckt sich auf die Ehefrau (Gesetz vom 12. Dezember 1892, Art. 7 Nr. 4, Art. 5 Abs. 1).

Österreich.

Der Eintritt in fremden Staatsdienst kann als Verzicht angesehen werden, wenn dieser Eintritt unter Umständen erfolgt, die einen solchen Rückschluß gestatten (vgl. Mayrhofer, Handbuch f. d. polit. Verwaltungsdienst, Wien 1896 Band II S. 939 und I. Ergänzungsband, Wien 1909 S. 601).

Ungarn.

Vgl. oben II Nr. 3.

Spanien.

Wer ohne Erlaubnis des Königs ein Amt von einer ausländischen Regierung annimmt oder in den Heeresdienst einer fremden Macht eintritt, verliert die spanische Staatsangehörigkeit (Bürgerliches Gesetzbuch von 1888, Art. 20, 23).

Argentinien.

Wer ein öffentliches Amt von einer ausländischen Regierung ohne Erlaubnis des Kongresses annimmt, darf keine politischen Rechte in Argentinien ausüben, sofern er nicht vom Kongreß rehabilitiert wird (Gesetz vom 1. Oktober 1869, Art. 8, 9).

Brasilien.

Wer ein Amt oder eine Pension von einer ausländischen Regierung ohne Erlaubnis der ausführenden Gewalt annimmt, verliert die brasilianische Staatsangehörigkeit. (Verfassung vom 24. Februar 1891, Art. 71, § 2 b; Verordnung vom 7. Juni 1899, Art. 1, § 2).

Mexiko.

Wer ohne Erlaubnis des Kongresses ein ausländisches Amt oder ausländische Orden und Titel annimmt, verliert die mexikanische Staatsangehörigkeit (Gesetz vom 28. Mai 1886, Art. 2 Nr. VI, VII).

6. Verlust durch Erwerb einer fremden Staatsangehörigkeit, insbesondere durch Naturalisation im Ausland.

Belgien.

Wer freiwillig eine ausländische Staatsangehörigkeit erwirbt, verliert die belgische Staatsangehörigkeit. Der Verlust erstreckt sich auf die Ehefrau und die minderjährigen unverheirateten Kinder, wenn sie gleichzeitig mit dem Ehemann oder Vater die ausländische Staatsangehörigkeit erwerben. (Gesetz vom 8. Juni 1909, Art. 11).

Dänemark.

Wer eine ausländische Staatsangehörigkeit erwirbt, verliert die dänische Staatsangehörigkeit. Der Verlust erstreckt sich auf die Ehefrau und die unmündigen ehelichen Kinder, wenn sie gleichzeitig mit dem Ehemann oder Vater die ausländische Staatsangehörigkeit erwerben, es sei denn, daß sie in Dänemark bleiben (Gesetz vom 19. März 1898 in der durch das Gesetz vom 23. März 1908 abgeänderten Fassung, § 5 Abs. 1).

Frankreich.

Wer sich im Ausland naturalisieren läßt oder auf Grund seines Antrags ohne weiteres eine fremde Staatsangehörigkeit erwirbt, verliert die französische Staatsangehörigkeit, ein Wehrpflichtiger jedoch nur, wenn er von der Regierung die Erlaubnis zur Naturalisation im Ausland erhalten hat (Bürgerliches Gesetzbuch, Artikel 17 Nr. 1 in der Fassung des Gesetzes vom 26. Juni 1889).

Großbritannien.

Wer sich im Ausland freiwillig naturalisieren läßt, verliert dadurch die britische Staatsangehörigkeit, sofern er sie nicht ausdrücklich vorbehält. Der Verlust erstreckt sich auf die Ehefrau und die minderjährigen Kinder, auf diese jedoch nur, wenn sie seit ihrer Kindheit in dem Staate, wo der Vater oder die Mutter naturalisiert ist, wohnen und nach dem Rechte dieses Staates als dessen Angehörige betrachtet werden (Naturalisationsakte, 1870, s. 6, 10 Nr. 1, 3).

Italien.

Die italienische Staatsangehörigkeit geht durch Naturalisation im Ausland verloren (Bürgerliches Gesetzbuch vom 25. Juni 1865, Art. 11 Abs. 1 Nr. 2).

Wegen der Ausdehnung des Verlustes auf die Ehefrau und die Kinder (a. a. O., Art. 11 Abs. 2) vgl. oben II Nr. 1.

Niederlande.

Die niederländische Staatsangehörigkeit geht durch den freiwilligen Erwerb einer fremden Staatsangehörigkeit, insbesondere durch Naturalisation im Ausland verloren. Der Verlust erstreckt sich auf die Ehefrau und die minderjährigen Kinder (Gesetz vom 12. Dezember 1892, Art. 5, 7 Nr. 1, 3).

Österreich.

Der Erwerb einer fremden Staatsangehörigkeit wird nach Lage des Falles als Verzicht auf die österreichische Staatsangehörigkeit angesehen (vgl. Mayrhofer, Handbuch f. d. polit. VerwDienst, Wien 1896, Bd. II S. 939. I. Ergänzungsband S. 601).

Spanien.

Die spanische Staatsangehörigkeit geht durch Naturalisation im Ausland verloren. Der Verlust erstreckt sich auf die Ehefrau und die unter väterlicher Gewalt stehenden Kinder (Bürgerliches Gesetzbuch von 1888, Art. 18 Abs. 1, Art. 20 bis 22).

Vereinigte Staaten von Amerika.

Die Naturalisation im Ausland hat den Verlust der amerikanischen Staatsangehörigkeit zur Folge (Gesetz vom 2. März 1907 s. 2).

Argentinien.

Personen, die im Ausland naturalisiert worden sind, können in Argentinien keine politischen Rechte ausüben, sofern sie nicht vom Kongresse rehabilitiert werden (Gesetz vom 1. Oktober 1869, Art. 8).

Brasilien.

Die brasilianische Staatsangehörigkeit geht durch Naturalisation im Ausland verloren (Verfassung vom 24. Februar 1891, Art. 71, § 2 a; Verordnung vom 7. Juni 1899, Art. 1 § 1).

Mexiko.

Die mexikanische Staatsangehörigkeit geht durch Naturalisation im Ausland verloren (Gesetz vom 28. Mai 1886, Art. 2 Nr. V).

Der Verlust erstreckt sich auf die Ehefrau und die unter väterlicher Gewalt stehenden Kinder, falls sie in dem Lande wohnen, wo der Ehemann oder Vater naturalisiert worden ist (a. a. O., Art. 2 Nr. IV, Abs. 3).

Japan.

Die japanische Staatsangehörigkeit geht durch freiwilligen Erwerb einer fremden Staatsangehörigkeit verloren. Der Verlust erstreckt sich auf die Ehefrau und Kinder, wenn beide gleichfalls die ausländische Staatsangehörigkeit erwerben. Japaner, welche über 17 Jahre alt sind, verlieren die Staatsangehörigkeit nur, wenn sie ihrer Wehrpflicht genügt haben oder nicht mehr wehrpflichtig sind. Beamte oder Militärpersonen müssen zuerst ihr Amt verloren haben (Gesetz vom 15. März 1899, Art. 20, 21, 24).

7. Verlust durch Legitimation, Adoption usw.

Dänemark.

Verehelicht sich eine Dänin mit einem Ausländer, so verlieren die gemeinschaftlichen unmündigen Kinder aus der Zeit vor der Ehe die dänische Staatsangehörigkeit mit der Mutter (Gesetz vom 19. März 1898 in der durch das Gesetz vom 23. März 1908 abgeänderten Fassung, § 6 Abs. 2 und § 7 Abs. 3).

Österreich.

Das uneheliche minderjährige Kind einer Österreicherin erlangt durch Legitimation, sofern diese nach österreichischem Gesetz als gültig anzusehen ist und das Gesetz des fremden Staates diese Wirkung festsetzt, das Staatsbürgerrecht des Vaters (vgl. Mayrhofer, Handbuch für den polit. VerwDienst, Wien 1896, Bd. II S. 941).

Ungarn.

Das uneheliche Kind, das von seinem ausländischen natürlichen Vater gültig legitimiert wird, verliert die ungarische Staatsangehörigkeit, es sei denn, daß es die Staatsangehörigkeit seines Vaters nicht erwirbt und seinen Wohnsitz in Ungarn hat (Gesetz vom 20. Dezember 1879, § 33).

Spanien.

Nach einer Entscheidung des Bundesgerichts geht im Falle der Anerkennung des unehelichen Kindes einer schweizerischen Mutter durch den ausländischen Vater das Schweizerbürgerrecht des Kindes verloren (vgl. Sieber, Staatsbürgerrecht im internationalen Verkehr Bd. 1 S. 443).

Japan.

Erwirbt ein Kind, das die japanische Staatsangehörigkeit besitzt, durch Anerkennung eine fremde Staatsangehörigkeit, so verliert es die japanische.

Japaner, welche über 17 Jahre alt sind, müssen jedoch zuvor ihrer Wehrpflicht genügt haben oder ihr nicht unterworfen sein. Beamte oder Militärpersonen müssen zuerst ihr Amt verloren haben. Die Ehefrau eines Japaners oder der Ehemann einer Japanerin, sowie das von einem Japaner adoptierte Kind behalten auch in diesem Falle ihre japanische Staatsangehörigkeit (Gesetz vom 15. März 1899, Art. 19, 23, 24).

8. Verlust durch Eheschließung.

Belgien.

Eine Belgierin verliert ihre Staatsangehörigkeit durch Eheschließung mit einem Ausländer, wenn dessen Staatsangehörigkeit nach den einschlägigen ausländischen Gesetzen sich auf sie erstreckt (Gesetz vom 8. Juni 1909, Art. 11 Nr. 2).

Sie kann nach Auflösung der Ehe die belgische Staatsangehörigkeit wiedererwerben, sofern sie sich wieder in Belgien niederläßt (a. a. O., Art. 13 Abs. 2).*)

Dänemark.

Eine Dänin verliert ihre Staatsangehörigkeit durch Eheschließung mit einem Ausländer (Gesetz vom 19. März 1898 in der durch das Gesetz vom 23. März 1908 abgeänderten Fassung, § 6).

Frankreich.

Eine Französin verliert ihre Staatsangehörigkeit durch Eheschließung mit einem Ausländer, wenn sie dadurch die Staatsangehörigkeit des Mannes erwirbt.

---

*) Hierzu Min.-Bek. vom 6. August 1923, MABl. S. 68, abgedruckt oben S. 142.

Ist die Ehe durch den Tod des Mannes oder durch Scheidung aufgelöst, so kann die Frau die französische Staatsangehörigkeit mit Erlaubnis der Regierung wiedererwerben, wenn sie ihren Wohnsitz in Frankreich hat oder nach Frankreich zurückkehrt und erklärt, sich dort niederlassen zu wollen (Bürgerliches Gesetzbuch, Art. 19 in der Fassung des Gesetzes vom 26. Juni 1889).

Großbritannien.

Eine Engländerin verliert ihre Staatsangehörigkeit durch Eheschließung mit einem Ausländer (Gesetz vom 12. Mai 1870, s. 10, Nr. 1, 2).

Italien.

Eine Italienerin verliert ihre Staatsangehörigkeit durch Eheschließung mit einem Ausländer, wenn sie dadurch die Staatsangehörigkeit des Mannes erwirbt.

Wird sie Witwe, so kann sie die italienische Staatsangehörigkeit dadurch wiedererlangen, daß sie in Italien wohnt oder dorthin zurückkehrt und in beiden Fällen vor dem Standesbeamten erklärt, ihren Wohnsitz dort nehmen zu wollen (Bürgerliches Gesetzbuch vom 25. Juni 1865, Art. 14).

Niederlande.

Eine Niederländerin verliert ihre Staatsangehörigkeit durch Eheschließung mit einem Ausländer.

Nach Auflösung der Ehe kann sie die Staatsangehörigkeit dadurch wiedererwerben, daß sie eine entsprechende Erklärung abgibt (Gesetz vom 12. Dezember 1892, Art. 7 Nr. 2, Art. 8).

Österreich.

Eine Österreicherin verliert ihre Staatsangehörigkeit durch Eheschließung mit einem Ausländer (Allgemeines Bürgerliches Gesetzbuch § 32; Auswanderungspatent vom 24. März 1832, IV. Hauptstück § 19).

Ungarn.

Eine Ungarin verliert ihre Staatsangehörigkeit durch Eheschließung mit einem Ausländer.

Sie kann die Staatsangehörigkeit nach Aufhebung der Ehe wiedererwerben, wenn sie in den Verband einer ungarischen Gemeinde aufgenommen wird oder die Aufnahme zugesichert erhält (Gesetz vom 20. Dezember 1879, §§ 34, 37, 41).

Rußland.

Eine Russin verliert ihre Eigenschaft als russische Untertanin durch Eheschließung mit einem Ausländer.

Nach Auflösung der Ehe kann sie in den russischen Untertanenverband zurücktreten, wenn sie ihren Wohnsitz in Rußland nimmt (Gesetzbuch des Russischen Reichs, Art. 853).

Schweiz.

Eine Schweizerbürgerin verliert ihr Bürgerrecht durch Eheschließung mit einem Ausländer, wenn sie die Staatsangehörigkeit des Mannes erwirbt.

Sie kann innerhalb 10 Jahren nach Auflösung der Ehe durch Verfügung des Bundesrats auf Antrag wieder eingebürgert werden, sofern sie ihren Wohnsitz in der Schweiz hat (Gesetz vom 25. Juni 1903, Art. 10 b).

Spanien.

Eine Spanierin verliert ihre Staatsangehörigkeit durch Eheschließung mit einem Ausländer.

Sie kann nach Auflösung der Ehe die spanische Staatsangehörigkeit wiedererwerben, wenn sie nach Spanien zurückkehrt, vor dem Standesbeamten ihres spanischen Wohnsitzes eine entsprechende Erklärung abgibt und auf den Schutz des ausländischen Staates verzichtet (Bürgerliches Gesetzbuch von 1888, Art. 21, 22).

Vereinigte Staaten von Amerika.

Eine Bürgerin der Vereinigten Staaten verliert ihr Bürgerrecht durch Eheschließung mit einem Ausländer (Gewohnheitsrecht).*)

Mexiko.

Eine Mexikanerin verliert ihre Staatsangehörigkeit durch Eheschließung mit einem Ausländer, wenn sie die Staatsangehörigkeit des Mannes erwirbt.

Sie kann die mexikanische Staatsangehörigkeit, falls sie diese durch Geburt erworben hatte, nach Auflösung der Ehe dadurch wiedererwerben, daß sie ihren Wohnsitz in Mexiko nimmt und eine entsprechende Erklärung vor dem Zivilstandsbeamten abgibt (Gesetz vom 28. Mai 1886, Art. 2, IV).

Japan.

Eine Japanerin verliert ihre Staatsangehörigkeit durch Eheschließung mit einem Ausländer.

Nimmt sie nach Auflösung der Ehe ihren Wohnsitz in Japan, so kann sie durch Erlaubnis des Ministers des Innern die japanische Staatsangehörigkeit wiedererlangen (Gesetz vom 15. März 1899, Art. 18, 25).

Wer durch Eheschließung die japanische Staatsangehörigkeit erworben hat, verliert sie durch die Ehescheidung, sofern er dadurch eine fremde Staatsangehörigkeit erlangt. Die Beschränkungen wegen der Wehrpflicht und des Amtsverhältnisses finden auch hier Anwendung (a. a. O., Art. 19, 24).

*) Hierzu Min.-Bek. vom 2. Mai 1923, MABl. S. 30.

VIII. Die auf die Staatsangehörigkeit bezüglichen Bestimmungen des Versailler Diktates.

Nebst Optionsverträgen und deutschen Ausführungsvorschriften.

Der „Friedensvertrag von Versailles"

vom 28. Juni 1919 (RGBl. 1919 Nr. 140 S. 687—1349) ist in Kraft getreten am 10. Jan. 1920 (Bekanntmachung vom 11. Jan. 1920, RGBl. 1920 S. 31).*)

1. Allgemeine Bestimmung.

Vers. Vertr. Art. 278 (RGBl. S. 1087).

Deutschland verpflichtet sich, die neue Staatsangehörigkeit, die von seinen Angehörigen gemäß den Gesetzen der alliierten und asso-

---

*) Über die Staatsangehörigkeit der Angehörigen der ehemaligen österreichisch-ungarischen Monarchie sind zu vergleichen der Vertrag von St. Germain vom 2. September 1919, abgedruckt im Staatsgesetzblatt für die Republik Österreich 1920, S. 995 ff., und der Vertrag von Trianon vom 4. Juni 1920, Ungarisches Gesetzblatt 1921, XXXIII.

Die grundlegenden Bestimmungen sind Art. 70, 78, 80, 82 des Vertrags von St. Germain (gleichlautend mit Art. 61, 63, 64, 66 des Vertrags von Trianon):

Art. 70. Alle Personen, die das Heimatrecht in einem Gebiete besitzen, das früher zu den Gebieten der ehemaligen österreichisch-ungarischen Monarchie gehörte, erwerben von Rechts wegen und unter Ausschluß der österreichischen Staatsangehörigkeit die Staatsangehörigkeit desjenigen Staates, der auf dem genannten Gebiete die Souveränität ausübt.

Art. 78. Personen über 18 Jahre, die ihre österreichische Staatsangehörigkeit verlieren und von Rechts wegen eine neue Staatsangehörigkeit gemäß Art. 70 erwerben, können innerhalb eines Zeitraumes von einem Jahre vom Inkrafttreten des gegenwärtigen Vertrages an für die Zugehörigkeit zu dem Staate optieren, in dem

ziierten Mächte und gemäß den Entscheidungen der zuständigen Behörden dieser Mächte, sei es auf dem Wege der Einbürgerung, sei es auf Grund einer Vertragsbestimmung etwa erworben ist oder erworben wird, anzuerkennen und auf Grund der neuerworbenen Staatsangehörigkeit diese Reichsangehörigen in jeder Richtung von jeder Pflicht gegenüber ihrem Heimatstaate zu entbinden.

2. Elsaß-Lothringen.

A. Abtretung und Grenzziehung: Vers.Vertr. Art. 51 (RGBl. S. 803).

B. Staatsangehörigkeit:

Versailler Vertrag.

Art. 53 (RGBl. S. 805)*) Die Regelung der Interessen der Einwohner der im Artikel 51 bezeichneten Gebiete, besonders hinsichtlich ihrer bürgerlichen Rechte, ihres Handels und der Ausübung ihres Berufes erfolgt durch Sonderverträge zwischen Frankreich und

---

sie heimatberechtigt waren, bevor sie das Heimatrecht in dem übertragenen Gebiet erwarben.

Die Option des Ehemannes erstreckt ihre Wirkung auf die Ehegattin und die Option der Eltern erstreckt ihre Wirkung auf ihre Kinder unter 18 Jahren.

Personen, die von dem oben vorgesehenen Optionsrechte Gebrauch gemacht haben, sind verpflichtet, in den folgenden zwölf Monaten ihren Wohnsitz in den Staat zu verlegen, für den sie optiert haben.

Art. 80. Personen, die in einem zur ehemaligen österreichisch-ungarischen Monarchie gehörigen Gebiet heimatberechtigt und dort nach Rasse und Sprache von der Mehrheit der Bevölkerung verschieden sind, können innerhalb eines Zeitraumes von sechs Monaten nach dem Inkrafttreten des gegenwärtigen Vertrages für Österreich, Ungarn, Italien, Polen, Rumänien, den serbisch-kroatisch-slowenischen Staat oder die Tschechoslowakei optieren, je nachdem die Mehrheit der Bevölkerung dort aus Personen besteht, welche die gleiche Sprache sprechen und derselben Rasse zugehören wie sie. Die Bestimmungen des Art. 78 betreffend die Ausübung des Optionsrechtes sind auf die Ausübung des durch den gegenwärtigen Artikel zuerkannten Rechtes anwendbar.

Art. 82. Die verehelichten Frauen folgen dem Stande ihrer Gatten und die Kinder unter 18 Jahren dem Stande ihrer Eltern ...

Daneben sind Sonderbestimmungen für den Erwerb der italienischen, der jugoslavischen und der tschechoslowakischen Staatsangehörigkeit vorgesehen.

*) Hierzu: BGH. Bd. 46 S. 78.

Deutschland. Jedoch verpflichtet sich Deutschland schon jetzt, die in der beigefügten Anlage*) niedergelegten Vorschriften über die Staatsangehörigkeit der Einwohner**) der genannten Gebiete und der aus ihnen stammenden Personen anzuerkennen und anzunehmen, niemals und nirgends für die aus irgendeinem Grunde für Franzosen Erklärten die deutsche Reichsangehörigkeit zu beanspruchen***), die anderen in seinem Gebiet aufzunehmen und bezüglich des Gutes der deutschen Reichsangehörigen in den im Artikel 51 bezeichneten Gebieten sich nach den Bestimmungen des Artikel 297 und der Anlage zu Abschnitt IV, Teil X (wirtschaftliche Bestimmungen) des gegenwärtigen Vertrags zu richten.

Die deutschen Reichsangehörigen, die, ohne die französische Staatsangehörigkeit zu erwerben, von der französischen Regierung die Genehmigung erhalten, in den genannten Gebieten zu wohnen, sind den Bestimmungen des angeführten Artikels nicht unterworfen.

Art. 54.†) Die Personen, die kraft § 1 der beigefügten Anlage*) die französische Staatsangehörigkeit wiedererlangen, gelten für die Ausführung der Bestimmungen dieses Abschnitts als Elsaß-Lothringer.

Die im § 2 der bezeichneten Anlage erwähnten Personen††) gelten von dem Tage an, an dem sie die Verleihung der französischen Staatsangehörigkeit beantragt haben, mit rückwirkender Kraft bis zum 11. November 1918 als Elsaß-Lothringer. Bei denjenigen, deren Antrag zurückgewiesen wird, endet diese Vorzugsbehandlung mit dem Tage des abschlägigen Bescheids.

Desgleichen gelten als elsaß-lothringisch die juristischen Personen, denen diese Eigenschaft von den französischen Verwaltungsbehörden oder durch eine gerichtliche Entscheidung zuerkannt wird.

Art. 79 (RGBl. S. 829 ff.). Die anliegenden Zusatzbestimmungen über die Staatsangehörigkeit haben gleiche Kraft und Geltung wie die Bestimmungen dieses Abschnitts.

Alle anderen Elsaß-Lothringen betreffenden Fragen, die nicht in diesem Abschnitt und seiner Anlage oder in den allgemeinen Bestimmungen des gegenwärtigen Vertrags geregelt sind, sollen Gegen-

---

*) Zu Art. 79, RGBl. S. 829, s. S. 189.

**) Über die angeblich staatlos gewordenen vormaligen Elsässer und Lothringer s. die Min.-Bek. vom 1. Mai 1920 (oben S. 139).

***) Durch diese Bestimmung wird selbstverständlich die Einbürgerung oder Wiedereinbürgerung gemäß den Vorschriften des RStG. **nicht** ausgeschlossen.

†) Hierzu: Heinrich **Triepel**, Virtuelle Staatsangehörigkeit. Ein Betrag zur Kritik der Rechtsprechung des Französisch-Deutschen Gemischten Schiedsgerichtshofes. Berlin 1921.

††) Hierzu: JW. 1926 S. 420.

stand späterer Übereinkommen zwischen Frankreich und Deutschland bilden.*)

Anlage.

§ 1. Mit Wirkung vom 11. November 1918 erlangen von Rechts wegen die französische Staatsangehörigkeit wieder:**)

1. Die Personen, die durch den französisch-deutschen Vertrag vom 10. Mai 1871 die französische Staatsangehörigkeit verloren und seitdem keine andere als die deutsche Staatsangehörigkeit erworben haben;
2. die ehelichen oder unehelichen Nachkommen der unter der vorstehenden Nummer genannten Personen***) mit Ausnahme derer, die unter ihren Vorfahren väterlicherseits einen nach dem 15. Juli 1870 nach Elsaß-Lothringen eingewanderten Deutschen haben;
3. alle in Elsaß-Lothringen von unbekannten Eltern Geborenen und die Personen, deren Staatsangehörigkeit unbekannt ist.

§ 2. Innerhalb eines Jahres nach Inkrafttreten des gegenwärtigen Vertrags†) können Personen, die einer der folgenden Gattungen angehören, Anspruch auf die französische Staatsangehörigkeit erheben:

1. jede Person, die nicht auf Grund des § 1 die französische Staatsangehörigkeit wiedererlangt hat und die unter ihren Vorfahren einen Franzosen oder eine Französin zählt, welche die französische Staatsangehörigkeit unter den im genannten Paragraphen vorgesehenen Umständen verloren haben;
2. jeder Ausländer, der nicht Staatsangehöriger eines deutschen Staates ist und der die elsaß-lothringische Staatsangehörigkeit vor dem 3. August 1914 erworben hat;††)
3. jeder Deutsche mit Wohnsitz in Elsaß-Lothringen, wenn er diesen Wohnsitz schon vor dem 15. Juli 1870 hatte oder wenn einer seiner Vorfahren zu jener Zeit seinen Wohnsitz in Elsaß-Lothringen hatte;
4. jeder Deutsche, der in Elsaß-Lothringen geboren ist oder dort seinen Wohnsitz hat, der während des jetzigen Krieges in den Reihen der alliierten und assoziierten Heere gedient hat, sowie seine Nachkommen;

---

*) Vgl. z. B. das RG. betr. das deutsch-französische Abkommen über elsaß-lothringische Rechtsangelegenheiten vom 22. Nov. 1920, RGBl. S. 1995, ferner das RG. betr. das deutsch-französische Abkommen über die Zahlung der elsaß-lothringischen Pensionen vom 14. Febr. 1921, RGBl. S. 176.

**) Hierzu: ME. vom 16. August 1928 Nr. 4004 b 11.

***) Hierzu: BGH. Bd. 46 S. 78, ferner DJZ. 1930 S. 556, 823, 1562.

†) D. i. vom 10. Januar 1920 bis zum 10. Januar 1921.

††) Hierzu: JW. 1926 S. 420.

5. alle Personen, die vor dem 10. Mai 1871 in Elsaß-Lothringen von ausländischen Eltern geboren sind, sowie ihre Nachkommen;
6. der Ehegatte jeder Person, die entweder nach § 1 die französische Staatsangehörigkeit wiedererlangt hat oder auf die französische Staatsangehörigkeit nach Maßgabe der vorstehenden Bestimmungen Anspruch erhebt und sie erlangt.*)

Das Recht, den Anspruch auf Verleihung der französischen Staatsangehörigkeit an einen Minderjährigen geltend zu machen, steht seinem gesetzlichen Vertreter zu; macht dieser von dem Rechte keinen Gebrauch, so kann der Minderjährige selbst innerhalb eines Jahres nach erreichter Volljährigkeit die Verleihung der französischen Staatsangehörigkeit beanspruchen.

Außer im Fall der Nr. 6 dieses Paragraphen kann der Antrag auf Verleihung der Staatsangehörigkeit von der französischen Behörde im Einzelfall abgelehnt werden.

§ 3. Soweit nicht die Bestimmungen des § 2 Platz greifen, erwerben Deutsche, die in Elsaß-Lothringen geboren sind oder ihren Wohnsitz haben, selbst wenn sie die elsaß-lothringische Staatsangehörigkeit besitzen, die französische Staatsangehörigkeit nicht durch die bloße Tatsache des Rückfalls von Elsaß-Lothringen an Frankreich.

Sie können diese Staatsangehörigkeit nur im Wege der Einbürgerung erlangen, und auch nur dann, wenn sie in Elsaß-Lothringen vor dem 3. August 1914 ihren Wohnsitz hatten und einen ununterbrochenen Aufenthalt in dem wieder angegliederten Gebiet während dreier Jahre gerechnet vom 11. November 1918 ab nachweisen können.

Von der Einreichung ihres Einbürgerungsantrags ab übernimmt Frankreich allein ihren diplomatischen und konsularischen Schutz.

§ 4. Die Grundsätze, nach denen die Feststellung eines kraft Gesetzes eingetretenen Wiedererwerbs der französischen Staatsangehörigkeit erfolgt, bestimmt die französische Regierung. Das gleiche gilt für die Art und Weise, in der über die Ansprüche auf Verleihung der französischen Staatsangehörigkeit und über die in der gegenwärtigen Anlage vorgesehenen Einbürgerungsanträge entschieden wird.

3. Moresnet, Eupen und Malmedy.

A. Abtrennung und Grenzziehung: Vers.Vertr. Art. 32 bis 35 (RGBl. S. 761).

B. Staatsangehörigkeit:

a) Versailler Vertrag.

Art. 36 (RGBl. S. 763). Mit dem endgültigen Übergang der Souveränität**) über die obenbezeichneten Gebiete erwerben die deut-

*) Hierzu: JW. 1928 S. 33.

**) für Moresnet 10. Januar 1920; in Eupen und Malmedy

schen Reichsangehörigen, die in diesen Gebieten ihren Wohnsitz haben, endgültig und von Rechts wegen die belgische Staatsangehörigkeit unter Verlust der deutschen.

Indes können deutsche Reichsangehörige, die sich nach dem 1. August 1914 in diesen Gebieten niedergelassen haben, die belgische Staatsangehörigkeit nur mit Genehmigung der belgischen Regierung erwerben.

Art. 37. Während zweier Jahre nach dem endgültigen Übergang der Souveränität über die durch den gegenwärtigen Vertrag Belgien zugesprochenen Gebiete sind die über achtzehn Jahre alten deutschen Reichsangehörigen, die in diesen Gebieten ansässig sind, berechtigt, für die deutsche Reichsangehörigkeit zu optieren.

Die Option des Ehemannes erstreckt ihre Wirkung auf die Ehefrau, die Option der Eltern erstreckt ihre Wirkung auf Kinder unter achtzehn Jahren.

Personen, die von dem oben vorgesehenen Optionsrecht Gebrauch machen, müssen innerhalb der nächsten zwölf Monate ihren Wohnsitz nach Deutschland verlegen.

Es steht ihnen frei, das unbewegliche Gut, das sie in den von Belgien erworbenen Gebieten besitzen, zu behalten. Sie dürfen ihr gesamtes bewegliches Gut mitnehmen. Es wird dafür keinerlei Aus- fuhr- oder Einfuhrzoll von ihnen erhoben.

b) Optionsabkommen zwischen dem Deutschen Reiche und Belgien.

Vom 11. Sept. 1922 (RGBl. 1924 II S. 227), ratifiziert am 15. Sept. 1924 (RGBl. 1924 II S. 381).

Zur Ausführung des Art. 37 des Vertrages von Versailles vom 28. Juni 1919 wird ..... folgendes vereinbart:

§ 1.

Deutschland erkennt die Optionserklärungen als gültig an, die von den im Art. 36 Abs. 1 des Vertrags von Versailles bezeichneten Personen in Gemäßheit der von dem deutschen und belgischen Bevollmächtigten am 31. August 1922 unterzeichneten Erklärung sowie auf Grund der belgischen Bestimmungen (Verordnungen des Königlich Belgischen Oberkommissars vom 30. September 1920 und 1. September 1922, betreffend die Ausführung der Artikel 36 und 37 des Vertrags von Versailles) vorgenommen worden sind, das heißt von denjenigen Personen, die zur Bevölkerung der Gebiete gehören, mit denen sich die Artikel 33 und 34 des Vertrags von Versailles befassen.

---

fand die sogenannte „Volksabstimmung" am 24. Juli 1920 statt, am 20. September 1920 beschloß der Völkerbundrat den endgültigen Übergang von Eupen und Malmedy unter die belgische Souveränität; diese Entscheidung ist vom Deutschen Reiche nicht anerkannt worden.

§ 2.

Als Wohnsitz im Sinne der Artikel 36 und 37 des Vertrags von Versailles ist der Ort anzusehen, der den Schwerpunkt der persönlichen und wirtschaftlichen Lebensverhältnisse einer Person bildet.

§ 3.

Die rechtlichen Wirkungen der Option treten mit dem Tage ein, an dem die Optionserklärung abgegeben wird.

§ 4.

Die belgische Regierung verpflichtet sich, der deutschen Regierung baldmöglichst eine Liste der Personen zu übermitteln, die von ihrem Optionsrecht Gebrauch gemacht haben.

§ 5.

Während der im Artikel 37 Abs. 3 des Vertrags von Versailles bezeichneten Frist und gemäß der in diesem Artikel enthaltenen Verpflichtung wird Belgien Optanten weder ausweisen noch ihnen die Aufenthaltserlaubnis versagen, sofern sie ihren Wohnsitz nicht nach Deutschland verlegt haben.

§ 6.

Sofern Personen ihren Wohnsitz nach Deutschland verlegen und in den von Belgien erworbenen Gebieten gemäß Art. 37 Abs. 4 des Vertrags von Versailles unbewegliches Gut behalten haben, wird ihnen die belgische Regierung die Einreise und den Aufenthalt in dem Maße gestatten, als die Verwaltung der Güter es erfordert und die Sicherheit des Staates es zuläßt.

§ 7.

Die Personen, welche von ihrem Optionsrecht Gebrauch machen, sind von direkten Steuern in Belgien für ihr aus Deutschland bezogenes Einkommen nach ihrem Fortgehen befreit.

§ 8.

Meinungsverschiedenheiten über die Auslegung und Durchführung der Bestimmungen dieser Vereinbarung sollen von einer gemischten Kommission entschieden werden, die sich aus je zwei Angehörigen der vertragschließenden Teile zusammensetzt und je nach Bedarf an einem zu vereinbarenden Orte zusammentrifft. In allen Fällen, in denen sich die Mitglieder der Kommission nicht einigen, entscheidet ein neutraler Schiedsrichter, um dessen Ernennung die schweizerische Regierung gebeten werden soll.

§ 9.

Dieses Abkommen soll ratifiziert und die Ratifikationsurkunden sollen sobald als möglich in Aachen ausgetauscht werden.

Es tritt am Tage des Austausches der Ratifikationsurkunden in Kraft.

Im Begriff, das Optionsabkommen zwischen Deutschland und Belgien zu unterzeichnen, sind die Bevollmächtigten dahin übereingekommen, daß hinsichtlich der Staatsangehörigkeitsverhältnisse der in Neutral-Moresnet ansässigen Personen das belgische Gesetz vom 15. September 1919, betreffend das Gebiet von Neutral-Moresnet, maßgebend sein soll.

4. Posen und Westpreußen.

A. Abtrennung und Grenzziehung: Vers.Vertr. Art. 87 (RGBl. S. 839).

B. Staatsangehörigkeit:

a) Versailler Vertrag.

Art. 91 Abs. 1—9 (RGBl. S. 853). [1] Die deutschen Reichsangehörigen, die ihren Wohnsitz in den endgültig als Bestandteil Polens anerkannten Gebieten*) haben, erwerben von Rechts wegen die polnische Staatsangehörigkeit unter Verlust der deutschen.**) ***)

[2] Indes können deutsche Reichsangehörige und ihre Nachkommen, die sich nach dem 1. Januar 1908 in jenen Gebieten niedergelassen haben, die polnische Staatsangehörigkeit nur mit besonderer Genehmigung des polnischen Staates erwerben.

[3] Zwei Jahre lang nach Inkrafttreten des gegenwärtigen Vertrags†) sind die über achtzehn Jahre alten deutschen Reichsangehörigen, die in einem der als Bestandteil Polens anerkannten Gebiete ihren Wohnsitz haben, berechtigt, für die deutsche Reichsangehörigkeit zu optieren.††)

[4] Polen deutscher Reichsangehörigkeit im Alter von über achtzehn Jahren, die in Deutschland ihren Wohnsitz haben, sind ebenso†††) berechtigt, für die polnische Staatsangehörigkeit zu optieren.

---

*) Außer Posen und dem größten Teil von Westpreußen noch kleine Teile von Ostpreußen, Schlesien, Pommern und Brandenburg, ferner das frühere österreichische Galizien und das früher russische sogen. „Kongreßpolen". Für das an Polen zufolge der erzwungenen Abstimmung vom 20. März 1921 abgetretene Oberschlesien gelten besondere Bestimmungen, s. S. 212 ff.

**) Veränderungen des Wohnsitzes in der Zeit vom 10. Januar 1920 bis zum 10. Januar 1922 sind ohne Einfluß auf die Staatsangehörigkeit.

***) Vgl. auch JW. 1922 S. 1135 und 1926 S. 2025.

†) D. i. vom 10. Januar 1920 bis 10. Januar 1922.

††) Über die Frage, ob die Option rückwirkende Kraft hat, siehe JW. 1923, S. 519, 1925 S. 425, 1927 S. 2338, Reger 44 S. 349.

†††) Die Übersetzung folgt hier dem englischen Text; im französischen Text heißt es (abweichend von der sonst gleichliegenden Bestimmung im Art. 85) statt „ebenso": „selbst" (Anm. des RGBl.).

[5] Die Option des Ehemannes erstreckt ihre Wirkung auf die Ehefrau, die Option der Eltern erstreckt ihre Wirkung auf Kinder unter achtzehn Jahren.

[6] Allen Personen, die von dem oben vorgesehenen Optionsrecht Gebrauch machen, steht es frei, in den nächsten zwölf Monaten ihren Wohnsitz in den Staat zu verlegen, für den sie optiert haben.

[7] Es steht ihnen frei, das unbewegliche Gut zu behalten, das sie im Gebiete des anderen Staates besitzen, in dem sie vor der Option wohnten.

[8] Sie dürfen ihr gesamtes bewegliches Gut zollfrei in das Land mitnehmen, für das sie optiert haben. Die etwa bestehenden Ausfuhrzölle oder -gebühren werden dafür von ihnen nicht erhoben.

[9] Innerhalb derselben Frist*) haben die Polen, die deutsche Reichsangehörige sind und sich im Ausland befinden, das Recht — falls dies den Bestimmungen des fremden Gesetzes nicht zuwiderläuft und falls sie nicht die fremde Staatsangehörigkeit erworben haben — die polnische Staatsangehörigkeit unter Verlust der deutschen auf Grund der von dem polnischen Staat zu erlassenden Vorschriften zu erwerben.

b) Ausführungsbestimmungen der Reichsregierung zum Art. 91 des Vertrages von Versailles (Optionsordnung).

Vom 3. Dezember 1921 (RGBl. S. 1491).

Auf Grund des Artikels 77 der Reichsverfassung wird mit Zustimmung des Reichsrats folgendes bestimmt:

§ 1. Die Option für Deutschland oder Polen auf Grund des Art. 91 Abs. 3 und 4 des Vertrags von Versailles wird durch Abgabe einer Erklärung (Optionserklärung) vor der zuständigen deutschen Behörde ausgeübt.

§ 2. Im Inland sind die höheren Verwaltungsbehörden für die Entgegennahme der Optionserklärung zuständig. Die obersten Landesbehörden bestimmen, welche Behörden im Sinne dieser Optionsordnung als höhere Verwaltungsbehörden anzusehen sind.

Im Ausland ist die Optionserklärung vor einer amtlichen deutschen Vertretung abzugeben. Die Reichsregierung erläßt die näheren Bestimmungen.

§ 3. Die örtliche Zuständigkeit der im § 2 genannten Stellen wird durch den Wohnsitz und in Ermangelung eines Wohnsitzes durch den Aufenthalt des Optanten bestimmt.

Wird die Optionserklärung vor einer örtlich unzuständigen Stelle der im § 2 bezeichneten Art abgegeben, so ist sie von dieser an die örtlich zuständige Stelle weiterzuleiten. Sie gilt als in dem Zeitpunkt abgegeben, in dem sie bei der ersten Stelle eingegangen ist.

*) D. i. vom 10. Januar 1920 bis 10. Januar 1922.

§ 4. Die Optionserklärung ist zu Protokoll oder in schriftlicher Form abzugeben. Die Unterschrift unter der in schriftlicher Form abgegebenen Erklärung muß im Inland von der Ortspolizeibehörde oder einem Notar, im Ausland von einer amtlichen deutschen Vertretung beglaubigt sein.

Dem Optanten ist die Abgabe der Optionserklärung von der sie entgegennehmenden Stelle (§ 2), auch wenn diese örtlich unzuständig ist, sofort schriftlich zu bestätigen.

§ 5. Über die Wirksamkeit der Optionserklärung hat die zuständige Stelle (§ 2, § 3 Abs. 1) dem Optanten eine Urkunde (Optionsurkunde nach anliegendem Muster)*) auszustellen. In der Urkunde sind die Familienmitglieder anzuführen, auf die sich die Wirkung der Option erstreckt (Art. 91 Abs. 5 des Vertrags von Versailles).

§ 6. Für elternlose Personen unter 18 Jahren, für Minderjährige von mehr als 18 Jahren, bei denen die Voraussetzungen der Entmündigung vorliegen, sowie für solche Personen, die entmündigt oder unter vorläufige Vormundschaft gestellt worden sind, wird die Option durch die gesetzlichen Vertreter ausgeübt.

§ 7. Die Frist für die Abgabe der Optionserklärung (Optionsfrist) endigt mit Ablauf des 10. Januar 1922.

§ 8. Die Ausübung der Option auf Grund des Art. 91 Abs. 10 des Vertrages von Versailles fällt nicht unter diese Optionsordnung **).

§ 9. Die Optionsordnung tritt mit dem Tage der Verkündung in Kraft.

c) Bekanntmachung des bayerischen Staatsministeriums des Innern über die Option für Deutschland oder Polen.

Vom 17. Dezember 1921 (StAnz. Nr. 296).

Im Anschluß an die Ausführungsbestimmungen zum Art. 91 des Vertrags von Versailles vom 3. Dezember 1921, RGBl. S. 1491, (Optionsordnung), wird folgendes angeordnet:

1. Als höhere Verwaltungsbehörden im Sinne des § 2 der Optionsordnung, die zur Entgegennahme der Optionserklärung zuständig sind, werden für die unmittelbaren Städte die Stadträte, im übrigen die Bezirksämter, bestimmt.

2. Die Entgegennahme der Optionserklärung, die schriftliche Bestätigung (§ 4 Abs. 2 der Optionsordnung) und die Ausstellung

---

*) Hier nicht mit abgedruckt. Zu § 5 siehe die Bekanntmachung des bayer. StMin. d. Innern vom 12. März 1923 (StAnz. Nr. 61), wonach die Optionsurkunden den im Auslande wohnenden Optanten in der Regel durch Vermittlung der zuständigen deutschen Konsulate zu behändigen sind.

**) Oberschlesien, s. S. 212 ff.

der Optionsurkunde, ferner die Beglaubigung der Unterschrift unter der in schriftlicher Form abgegebenen Erklärung seitens der Ortspolizeibehörde (§ 4 Abs. 1 der Optionsordnung) sind als Amtshandlungen anzusehen, die unabhängig von dem Verschulden einer Partei im öffentlichen Interesse von Amts wegen gepflogen werden. Eine Gebühr wird deshalb gemäß Art. 3 Ziff. 1 des Kostengesetzes nicht erhoben.

3. Wer optionsberechtigt ist, bestimmt sich nach Art. 91 Abs. 3 und 4 des Vertrags von Versailles (RGBl. S. 855).*)

Darnach können für die deutsche Reichsangehörigkeit alle Personen optieren, die am 10. Januar 1920 als deutsche Reichsangehörige in den endgültig als Bestandteil Polens anerkannten Gebieten ihren Wohnsitz im Sinne des § 7 des deutschen Bürgerlichen Gesetzbuchs hatten und in den genannten Gebieten bereits vor dem 2. Januar 1908 ansässig waren. Hierunter fallen auch Beamte, Personen polnischer Nationalität sowie Bewohner der polnischen Gebiete jenseits der früheren deutschen Grenze, z. B. Kongreßpolens. Ununterbrochene Beibehaltung des Wohnsitzes in Polen während der Zeit vom 2. Januar 1908 bis zum 10. Januar 1920 ist nicht erforderlich. Wer sowohl in Polen als auch in Deutschland seinen Wohnsitz hatte, ist gleichfalls optionsberechtigt. Unfreiwillige Aufgabe des polnischen Wohnsitzes nach dem 9. November 1918 infolge einer auf Verlassen des Landes gerichteten Anordnung von Stellen, die amtliche Tätigkeit ausgeübt haben, oder infolge Gewalt oder Drohung mit gegenwärtiger Gefahr für Leib oder Leben bleibt außer Betracht. In diesen Fällen ist so zu verfahren, als ob die in Frage kommenden Personen am 10. Januar 1920 ihren Wohnsitz in Polen noch gehabt hätten.

Als Polen deutscher Reichsangehörigkeit, die unter den Voraussetzungen des Art. 91 Abs. 4 des Vertrags von Versailles für die polnische Staatsangehörigkeit optieren können, haben deutsche Reichsangehörige polnischen Stammes und polnischer Muttersprache zu gelten.

Soweit Polen deutscher Reichsangehörigkeit, die gemäß Art. 91 Abs. 4 des Vertrags von Versailles zur Option für die polnische Staatsangehörigkeit berechtigt sind, nach dem 10. Januar 1920 ihren Wohnsitz in Deutschland aufgegeben haben und sich im Ausland einschließlich Polens aufhalten, können sie dort vor der zuständigen amtlichen deutschen Vertretung (§ 2 Abs. 2 der Optionsordnung) für die polnische Staatsangehörigkeit optieren. Dagegen können Polen deutscher Reichsangehörigkeit, die sich am 10. Januar 1920 im Ausland einschließlich Polens befunden haben, nicht vor deutschen Behörden optieren. Für diese Personen ist gemäß Art. 91 Abs. 9 des Vertrags von Versailles der Erwerb der polnischen Staatsangehörigkeit polnischerseits zu regeln.

---

*) Siehe oben S. 193.

4. Die Option für die deutsche Reichsangehörigkeit bewirkt den Erwerb der früheren deutschen Staatsangehörigkeit. Demnach erwerben z. B. ehemalige preußische Staatsangehörige, die in Bayern für die deutsche Reichsangehörigkeit optieren, hiermit wieder die preußische Staatsangehörigkeit. Zum Nachweise darüber, welche Staatsangehörigkeit durch die Option wieder erworben wurde, muß es dem Optanten für die deutsche Reichsangehörigkeit überlassen bleiben, sich einen Staatsangehörigkeitsausweis des in Frage kommenden deutschen Landes zu beschaffen.

5. Die Abgabe einer wirksamen Optionserklärung hat weiter zur Folge, daß den Optanten die im Art. 91 Abs. 6 bis 8 des Vertrages von Versailles bezeichneten Rechte zustehen. Es steht ihnen also frei, in den nächsten zwölf Monaten nach Abgabe der Optionserklärung ihren Wohnsitz in den Staat zu verlegen, für den sie optiert haben. Sie können das unbewegliche Vermögen behalten, das sie im Gebiet des anderen Staates, in dem sie vor der Option wohnten, besitzen, und dürfen ihr gesamtes bewegliches Vermögen zoll- und abgabefrei in das Land mitnehmen, für das sie optiert haben. Die gleichen Rechte haben nach deutscher Auffassung auch diejenigen deutschen Reichsangehörigen, die sich erst seit dem 2. Januar 1908 im jetzigen Polen niedergelassen haben und daher nach Art. 91 Abs. 2 a. a. O. nur mit besonderer Ermächtigung des polnischen Staates die polnische Staatsangehörigkeit erwerben können.

d) Deutsch-polnisches Abkommen über Staatsangehörigkeits- und Optionsfragen (sogen. „Wiener Abkommen").

Vom 30. Aug. 1924 (RG. vom 2. Febr. 1925, RGBl. 1925 II S. 33), ratifiziert am 31. Januar 1925 (RGBl. 1925 II S. 98).*)**)

Deutschland und Polen, von dem Wunsche geleitet, die Fragen des Staatsangehörigkeitswechsels der ehemaligen deutschen Reichsangehörigen zu regeln, die sich aus den Bestimmungen der Art. 3, 4 und 5 des am 28. Juni 1919 in Versailles unterzeichneten Vertrags zwischen den alliierten und assoziierten Hauptmächten und Polen sowie aus einigen Bestimmungen des Art. 91 des am 28. Juni 1919 in Versailles unterzeichneten Vertrags zwischen den alliierten und assoziierten Mächten und Deutschland ergeben, haben zu ihren Bevollmächtigten ernannt: ...., die nach Austausch ihrer in guter und gehöriger Form befundenen Vollmachten unter dem Vorsitz des Herrn Georg Kaeckenbeeck, D. C. L., Präsidenten des Schiedsgerichts für Oberschlesien, unter Zugrundelegung des von ihm am 10. Juli 1924 gefällten Schiedsspruchs sich über folgende Bestimmungen geeinigt haben:

---

*) Vgl. JW. 1925 S. 424 ff., 1931 S. 251.

**) Dazu Min.-Bek. vom 10. Febr. 1925, StAnz. Nr. 34.

Art. 1. Der am 28. Juni 1919 in Versailles unterzeichnete Vertrag zwischen den alliierten und assoziierten Hauptmächten und Polen wird in diesem Abkommen als „Vertrag vom 28. Juni 1919", der am 28. Juni 1919 in Versailles unterzeichnete Vertrag zwischen den alliierten und assoziierten Mächten und Deutschland als „Vertrag von Versailles" bezeichnet.

Kapitel I

Art. 2. In diesem Abkommen werden unter deutschen Reichsangehörigen im Sinne der Art. 3 und 4 des Vertrags vom 28. Juni 1919 und des Art. 91 des Vertrags von Versailles die Personen verstanden, die diese Eigenschaft am 10. Januar 1920 besaßen.

Art. 3. (1) Die Worte „das Gebiet, das als Teil Polens anerkannt ist oder anerkannt werden wird" (Art. 3 und 4 des Vertrags vom 28. Juni 1919) beziehen sich auf das gesamte Gebiet Polens.

(2) Die vertragschließenden Teile sind darüber einig, daß auch die Bestimmungen des Art. 91 des Vertrags von Versailles sich auf das gesamte Gebiet Polens beziehen, unbeschadet der Frage, ob sich diese Auslegung aus den Ausdrücken dieses Artikels „die endgültig als Teil Polens anerkannten Gebiete", „eines der als Teil Polens anerkannten Gebiete" ergibt.

Art. 4. Deutsche Reichsangehörige haben im Sinne der Abs. 1, 2 und 3 des Art. 91 des Vertrags von Versailles und des Art. 3 des Vertrags vom 28. Juni 1919 ihren Wohnsitz in dem im Art. 3 dieses Abkommens bestimmten Gebiet, wenn sie dort gemäß den folgenden Bestimmungen ihren Wohnsitz begründet und nicht aufgegeben haben.

§ 1.

(1) Der Wohnsitz wird begründet, wenn ein deutscher Reichsangehöriger sich in dem obenbezeichneten Gebiet in der Art niedergelassen hat, daß er dort seine Lebenszwecke verwirklicht, und wenn er in diesem Gebiete seinen gewöhnlichen und regelmäßigen Aufenthalt ohne Absicht, es zu verlassen, hat.

(2) Ein gewöhnlicher und regelmäßiger Aufenthalt erfordert einen Aufenthalt während eines wesentlichen Teils der Zeit.

§ 2.

(1) Der Wohnsitz wird aufgegeben, wenn die Niederlassung aufgehört und der betreffende deutsche Reichsangehörige das obenbezeichnete Gebiet ohne Absicht der Rückkehr verlassen hat.

(2) Die Tatsache, daß die Niederlassung aufgehört hat, begründet die Vermutung, daß eine Absicht der Rückkehr nicht bestand. Jedoch wird die Absicht der Rückkehr vermutet, wenn die betreffende Person sich spätestens am 10. Januar 1920 wieder an dem Ort niedergelassen hat, an dem sie vor der Aufgabe der Niederlassung wohnte. Die gleiche Vermutung greift Platz, wenn die betreffende Person sich

spätestens am 10. Januar 1920 in dem von Deutschland abgetretenen Gebiet wieder niedergelassen hat und wenn

a) während der Zeit der Aufgabe der Niederlassung ihre Eltern oder, wenn die Ehe aufgelöst war, ein Elternteil in diesem Gebiet ihren Wohnsitz hatten; oder

b) sie seit ihrer ersten Niederlassung in diesem Gebiet vor dem 1. Januar 1908 bis zum 10. Januar 1920 mindestens zehn Jahre lang nach Vollendung des 18. Lebensjahrs eine Niederlassung dort hatte.

§ 3.

(1) Ein Aufenthalt vorübergehender Art oder zu Vergnügungszwecken (z. B. eine Sommerfrische, Besichtigung eines Unternehmens, Jagd) begründet keinen Wohnsitz.

(2) Das gleiche gilt für einen Aufenthalt zu gelegentlichen Zwecken; als solche gelten insbesondere der Besuch von Schulen aller Stufen, die berufliche Vorbildung oder Ausbildung, die Übergangsstellung als Assistent oder Kandidat, die Erfüllung der militärischen Dienstpflicht oder die Teilnahme am Kriege.

(3) Wenn eine Niederlassung aufgegeben worden ist, um gelegentliche Zwecke der im Abs. 2 vorgesehenen Art zu verfolgen, wird die Beibehaltung des Wohnsitzes vermutet, wenn die betreffende Person sich bis zum 10. Januar 1920 in dem im Art. 3 dieses Abkommens bestimmten Gebiet wieder niedergelassen hat.

§ 4.

Für dieses Abkommen finden die Bestimmungen der vorhergehenden Paragraphen auch auf den Wohnsitz der Eltern im Sinne des Art. 4 des Vertrags vom 28. Juni 1919 Anwendung.

Art. 5. (1) Soweit nach den Bestimmungen dieses Abkommens für den Erwerb der polnischen Staatsangehörigkeit ein Wohnsitz Voraussetzung ist, ist es erforderlich und ausreichend, daß die im Art. 4 dieses Abkommens bezeichneten Bedingungen in dem im Art. 3 dieses Abkommens bestimmten Gebiet erfüllt sind oder waren, ohne Rücksicht darauf, ob sie auch in einem anderen Gebiet erfüllt sind.

(2) Wenn eine Person am 10. Januar 1920 die polnische Staatsangehörigkeit erworben hat, hat sie diese unter Ausschluß der deutschen Reichsangehörigkeit erworben, selbst wenn sie außer ihrem Wohnsitz in Polen einen Wohnsitz in Deutschland hatte.

Art. 6. (1) Deutsche Reichsangehörige haben auf Grund des Art. 91 des Vertrags von Versailles und des Art. 3 des Vertrags vom 28. Juni 1919 von Rechts wegen unter Ausschluß der deutschen Reichsangehörigkeit die polnische Staatsangehörigkeit erworben, wenn sie ihren Wohnsitz in dem im Art. 3 dieses Abkommens bezeichneten Gebiete mindestens seit dem 1. Januar 1908 bis zum 10. Januar 1920 hatten.

(2) Die übrigen deutschen Reichsangehörigen, die am 10. Januar 1920 in dem oben bezeichneten Gebiet ihren Wohnsitz hatten,

können die polnische Staatsangehörigkeit nur mit besonderer Ermächtigung des polnischen Staates erwerben.

Art. 7. § 1.

(1) Deutsche Reichsangehörige, die in dem im Art. 3 dieses Abkommens bestimmten Gebiet von Eltern geboren sind, die zur Zeit der Geburt in diesem Gebiet ihren Wohnsitz hatten, haben die polnische Staatsangehörigkeit von Rechts wegen erworben, ohne Rücksicht darauf, ob sie selbst am 10. Januar 1920 dort ihren Wohnsitz hatten.

(2) Wenn jedoch beide Eltern ihren Wohnsitz in diesem Gebiet erst nach dem 1. Januar 1908 begründet hatten, haben diese deutschen Reichsangehörigen die polnische Staatsangehörigkeit nicht erworben.

§ 2.

Deutsche Reichsangehörige, welche die polnische Staatsangehörigkeit gemäß § 1 dieses Artikels erworben haben, haben diese Staatsangehörigkeit verloren und die deutsche Reichsangehörigkeit behalten, wenn sie

a) ordnungsgemäß den im Abs. 2 des Art. 4 des Vertrags vom 28. Juni 1919 vorgesehenen Verzicht erklärt haben; oder wenn sie

b) vor den in diesem Absatz bezeichneten Behörden zwischen dem 11. Januar 1922 und dem 10. Juli 1924 eine förmliche Verzichtserklärung abgegeben haben; oder wenn sie

c) am 10. Januar 1920 im polnischen Gebiet wohnten und zwischen diesem Tage und dem 10. Juli 1924 dieses Gebiet unter Umständen verlassen haben, aus denen sich ihre Absicht auszuwandern ergibt; oder wenn sie

d) auf Grund der deutschen Gesetzgebung nach dem 10. Januar 1920 die deutsche Reichsangehörigkeit erworben hätten, wenn sie diese nicht bereits besessen hätten; oder wenn sie

e) nach dem 10. Januar 1922 im Dienst des Reichs, eines deutschen Landes oder kommunalen Selbstverwaltungskörpers geblieben sind.

§ 3.

(1) Bei deutschen Reichsangehörigen, die gemäß Paragraph 1 die polnische Staatsangehörigkeit erworben haben und nicht unter Paragraph 2 dieses Artikels fallen, gilt der Verzicht auf die polnische Staatsangehörigkeit als am 10. Januar 1922 vollzogen, wenn sie nicht bis zum 10. Juli 1924 nach Polen zurückgekehrt sind. Dies gilt jedoch nicht, wenn sie vor dem 28. Februar 1925 bei den im Art. 4 Abs. 2 des Vertrags vom 28. Juni 1919 bezeichneten Behörden die polnische Staatsangehörigkeit beanspruchen und beweisen, daß

a) sie vor dem 10. Juli 1924 bei den zuständigen polnischen Behörden einschließlich der Konsulate Schritte zur Anerkennung ihrer polnischen Staatsangehörigkeit getan haben, unter der Voraussetzung, daß sie einen schriftlichen Antrag gestellt oder entweder eine schriftliche Ablehnung oder einen schriftlichen Bescheid, der einer Ablehnung gleichkommt, erhalten haben; oder wenn

b) ihr Vater oder ihre Mutter zur Zeit der Erhebung ihres Anspruchs auf die polnische Staatsangehörigkeit in dem im Art. 3 dieses Abkommens bestimmten Gebiet Wohnsitz haben; oder wenn sie

c) zur Zeit der Erhebung ihres Anspruchs in diesem Gebiet ein landwirtschaftliches Grundstück oder ein anderes, seit mindestens 10 Jahren von ihnen oder ihren Eltern bewohntes Grundstück besitzen.

(2) Die Polnische Regierung wird der Deutschen Regierung auf diplomatischem Wege die Personen mitteilen, welche die polnische Staatsangehörigkeit infolge der Geltendmachung ihres Anspruchs beibehalten haben.

§ 4.

Die deutschen Reichsangehörigen, die gemäß diesem Artikel die polnische Staatsangehörigkeit behalten, verlieren die deutsche Reichsangehörigkeit.

§ 5.

Deutsche Reichsangehörige, die zugleich die im Art. 3 des Vertrags vom 28. Juni 1919 (Art. 91 des Vertrags von Versailles) und im Art. 4 des Vertrags vom 28. Juni 1919 vorgesehenen Voraussetzungen erfüllen, haben am 10. Januar 1920 die polnische Staatsangehörigkeit von Rechts wegen unter Ausschluß der deutschen Reichsangehörigkeit erworben.

Art. 8. § 1.

(1) Eine Frau, die am 10. Januar 1920 verheiratet war, hat die polnische Staatsangehörigkeit erworben, wenn sie in ihrer eigenen Person die für diesen Erwerb vorgesehenen Voraussetzungen erfüllt, auch wenn ihr Ehemann sie nicht erfüllt. Die so erworbene polnische Staatsangehörigkeit gilt jedoch am 31. Januar 1920 als zugunsten der Staatsangehörigkeit des Ehemanns verloren, wenn die Ehe an diesem Tage noch besteht.

(2) Eine Frau, die am 10. Januar 1920 verheiratet war, hat die polnische Staatsangehörigkeit nicht erworben, wenn sie in ihrer eigenen Person nicht die für diesen Erwerb vorgesehenen Voraussetzungen erfüllt, auch wenn ihr Ehemann sie erfüllt. Die vom Ehemann erworbene polnische Staatsangehörigkeit gilt jedoch als mit dem 31. Januar 1920 als auf die Frau erstreckt, wenn die Ehe an diesem Tage noch besteht.

§ 2.

Deutsche Reichsangehörige, die am 10. Januar 1920 noch nicht achtzehn Jahre alt waren, folgen der Staatsangehörigkeit ihres

Vaters, wenn sie eheliche Kinder sind, und der Staatsangehörigkeit der Mutter, wenn sie uneheliche Kinder sind. Erfüllen sie jedoch in ihrer eigenen Person, die im Art. 4 des Vertrags vom 28. Juni 1919 vorgesehenen Voraussetzungen, so haben sie, vorbehaltlich des Art. 7 Paragraph 1 Abs. 2 dieses Abkommens, die polnische Staatsangehörigkeit erworben, selbst wenn ihr Vater oder ihre Mutter die für den Erwerb der polnischen Staatsangehörigkeit vorgesehenen Voraussetzungen nicht erfüllen.

Kapitel II

Art. 9. (1) Zur gültigen Ausübung der Option bedurfte es:

1. eines Alters von mindestens achtzehn Jahren;
2. des ipso-facto-Erwerbes der polnischen Staatsangehörigkeit gemäß Art. 3 des Vertrags vom 28. Juni 1919 (Art. 91 Abs. 1 des Vertrags von Versailles);
3. einer vor dem 11. Januar 1922 vor den polnischen oder vor den deutschen hiefür als zuständig bezeichneten Behörden abgegebenen Optionserklärung.

(2) Erfüllt eine Person, die erklärt hat, die polnische Staatsangehörigkeit verlieren zu wollen, zugleich die im Art. 3 des Vertrags vom 28. Juni 1919 (Art. 91 des Vertrags von Versailles) und die im Art. 4 des Vertrags vom 28. Juni 1919 vorgesehenen Voraussetzungen, so ist sie Optant und nicht Renunziant. Eine falsche Bezeichnung der Erklärung tut der rechtlichen Natur der Erklärung keinen Eintrag.

Art. 10. (1) Optionserklärungen können nicht zurückgenommen werden.

(2) Optionserklärungen sind hinsichtlich ihrer Anfechtbarkeit auf Antrag des Erklärenden wegen Geisteskrankheit, Trunkenheit, Drohung, Zwang, wesentlichen Irrtums oder anderer Willensmängel ebenso anzusehen und zu behandeln wie andere Willenserklärungen nach öffentlichem Landesrecht. Über die Anfechtungserklärungen entscheiden die Verwaltungs- oder Gerichtsbehörden des Landes, vor dessen Behörden die Optionserklärung abgegeben worden ist.

(3) Wird eine vor den Behörden des einen der beiden vertragschließenden Teile abgegebene Optionserklärung für nichtig erklärt, so beeinträchtigt das nicht die Gültigkeit der Optionserklärung derselben Person vor den Behörden des anderen Teils.

Art. 11. § 1.

(1) Die vertragschließenden Teile verpflichten sich, sich gegenseitig auf diplomatischem Wege vor dem 1. Dezember 1924 die Listen der Personen mitzuteilen, die im polnischen Gebiet verblieben sind und die eine von den zuständigen Behörden im Sinne dieses Abkommens als gültig anerkannte Optionserklärung abgegeben haben. Die Listen werden auch die Personen angeben, auf die sich die

Option erstreckt. Die Personen, deren Optionserklärung gemäß den Bestimmungen des Art. 10 dieses Abkommens von der Mitteilung der Listen für unwirksam erklärt ist, werden in ihnen nicht aufgeführt.

(2) Zur Identifizierung der Optanten sollen die Listen Namen, Vornamen, Berufe und Adressen enthalten.

(3) Gegebenenfalls werden sich die polnischen Wojewoden und die deutschen Konsuln gegenseitig für den Austausch der erforderlichen Auskünfte, insbesondere in bezug auf die Optionserklärungen, Amtshilfe leisten.

§ 2.

(1) Wenn im Anschluß an die Mitteilung der Listen einer der vertragschließenden Teile Fälle geltend macht, die nach seiner Meinung Verletzungen der Bestimmungen der Verträge darstellen, so kann er dem anderen Teil auf diplomatischem Wege seine Bemerkungen mitteilen.

(2) Jeder Teil verpflichtet sich, diese Bemerkungen so schnell wie möglich zu prüfen und, wenn sie begründet sind, sie anzuerkennen und gegebenenfalls die beteiligte Person in ihren rechtlichen Zustand zurückzuversetzen.

(3) Die Geltendmachung von Bemerkungen durch einen der vertragschließenden Teile hat keine aufschiebende Wirkung.

Art. 12. § 1.

(1) Personen, die auf einer der im Art. 11 dieses Abkommens vorgesehenen Listen aufgeführt sind, sind verpflichtet, ihren Wohnsitz aus Polen nach Deutschland zu verlegen, es sei denn, daß ihre Optionserklärung wegen Willensmängeln gemäß Art. 10 dieses Abkommens für nichtig erklärt worden ist, oder daß diese Personen gemäß Art. 11 Paragraph 2 Abs. 2 dieses Abkommens in ihren rechtlichen Zustand zurückversetzt worden sind; diese Wohnsitzverlegung hat spätestens stattzufinden

1. am 1. August 1925 bei Personen, die im polnischen Gebiet kein Grundeigentum besitzen;
2. am 1. November 1925 bei Personen, deren Grundbesitz im Rayon einer Festung, wie er am 10. Juli 1924 festgelegt war, oder in einer Grenzzone von 10 Kilometer Breite belegen ist;
3. am 1. Juli 1926 bei Personen, deren Grundbesitz im polnischen Gebiet außerhalb des Rayons einer Festung oder außerhalb der Grenzzone von 10 Kilometern belegen ist.

(2) Das Recht der Polnischen Regierung zur Ausweisung von Optanten, die sich als lästige Ausländer verhalten, wird durch die auf Grund dieses Artikels zugestandenen Fristen nicht berührt.

§ 2.

(1) Um die Optanten von ihrer Verpflichtung, das polnische Gebiet innerhalb der obenbezeichneten Fristen zu verlassen, persönlich zu unterrichten, werden die polnischen Behörden zwischen dem

1. Januar und dem 28. Februar 1925 den Personen, die eine Optionserklärung abgegeben haben, eine Aufforderung zugehen lassen, die auch die Namen der Personen zu enthalten hat, auf die sich die Option erstreckt. Die Tatsache, daß die im Art. 11 dieses Abkommens vorgesehenen Bemerkungen noch erörtert werden, hindert nicht die Zustellung der Aufforderung während der obenbezeichneten Frist.

(2) Die von den polnischen Behörden nach dem 28. Februar 1925 an Optanten, die nicht auf den Listen stehen, zugestellten Aufforderungen sind der Deutschen Regierung auf diplomatischem Wege zur Kenntnis zu bringen; die Mitteilung dieser Aufforderungen ist ebenso zu behandeln wie die Mitteilung der Listen.

(3) Den Optanten, die am 1. März 1925 noch keine Aufforderung von den polnischen Behörden erhalten haben, stehen für ihre Abreise von der verspäteten Aufforderung an dieselben Fristen zu, als wenn die Aufforderung ihnen am 28. Februar 1925 zugestellt worden wäre.

§ 3.

(1) Die Personen, die vor dem 10. Juli 1924 bei den zuständigen polnischen Behörden den im Art. 10 dieses Abkommens vorgesehenen Antrag auf Nichtigkeitserklärung ihrer Option eingereicht hatten, unterliegen der Verpflichtung, ihren Wohnsitz zu verlassen, erst von dem Tage der endgültigen Ablehnung ihres Antrags an.

(2) Sind solche Anträge erst nach dem 10. Juli 1924 eingereicht worden, so haben die zuständigen polnischen Verwaltungs- oder Gerichtsbehörden selbst nach dem geltenden polnischen Recht zu entscheiden, ob der Antrag aufschiebende Wirkung hat. Diese Vorschrift gilt gleichfalls für Personen, die ihren Antrag zwar vor dem 10. Juli 1924 eingereicht hatten, aber ihre Sache nicht bis zur letzten Instanz verfolgt haben, falls sie den Antrag vor dem 1. März 1925 erneuern.

(3) Wird ein Antrag auf Nichtigkeitserklärung, der nach Paragraph 1 dieses Artikels aufschiebende Wirkung hat, oder für den nach Paragraph 2 die aufschiebende Wirkung bewilligt wird, abgewiesen, so beginnen die Fristen für die Abreise vom Tage der Ablehnung des Antrags; sie betragen die Hälfte der Fristen, welche die beteiligten Personen gehabt hätten, wenn die Fristen am 1. März 1925 zu laufen begonnen hätten, es sei denn, daß die im Paragraph 1 dieses Artikels vorgesehenen Fristen für sie günstiger wären.

§ 4.

Die vertragschließenden Teile sind darüber einig, daß die Optanten, welche die Verpflichtung, Polen zu verlassen, nicht während der in diesem Artikel bezeichneten Fristen erfüllen sollten, an die Grenze gebracht und den deutschen Behörden übergeben werden können. Der Zutritt zum polnischen Staatsgebiete kann ihnen endgültig verwehrt werden.

§ 5.

Nach dem 31. Dezember 1926 erfolgt keine Aufforderung mehr. Wer bis dahin keine Aufforderung erhalten hat, ist von den besonderen Verpflichtungen und Vorrechten der Optanten befreit. Dies gilt jedoch nicht für die im Paragraph 3 dieses Artikels bezeichneten Personen, denen bis zu diesem Tage noch keine endgültige Entscheidung zugestellt worden ist.

Art. 13. Beide Regierungen geben den zuständigen Behörden entsprechende Anweisungen, daß sie den Optanten die zur Begründung einer neuen Existenz in Deutschland erforderlichen Reisen sowie die Auswanderung selbst soweit als möglich erleichtern.

Art. 14. § 1.

(1) Die Optanten dürfen bei ihrer Auswanderung ihr gesamtes bewegliches Gut zollfrei nach Deutschland mitnehmen. Etwa bestehende Ausfuhrzölle oder -gebühren dürfen von ihnen nicht erhoben werden.

(2) Keinerlei Ausfuhrverbote oder sonstige gesetzliche oder Verwaltungsmaßnahmen dürfen die Optanten, die ihren Wohnsitz nach Deutschland verlegen, in dem Recht beschränken, anläßlich ihres Wegzugs ihre bewegliche Habe persönlich mitzunehmen oder auf andere ihnen geeignet erscheinende Weise zur Versendung zu bringen.

(3) Für die gelegentlich dieses Wegzugs von den Behörden, deren Mitwirkung nach den Gesetzen, Verordnungen oder sonstigen Vorschriften erforderlich ist, geleisteten Dienste, darf eine Gebühr nicht erhoben werden.

§ 2.

Die Behörden dürfen von den Optanten zum Beweis ihres Eigentums an den auszuführenden Gegenständen die Abgabe einer eidesstattlichen Versicherung fordern. Es können auch andere Beweismittel verlangt werden, wenn wegen der Art oder Menge der Gegenstände begründeter Verdacht besteht, daß sie nicht im Eigentum des Optanten stehen.

§ 3.

(1) Optanten, die das polnische Gebiet verlassen und ihren Wohnsitz nach Deutschland verlegen, sind von allen laufenden Steuern und Abgaben vom Einkommen und Vermögen sowie von den Zuschlägen hierzu befreit, die vom polnischen Staat oder seinen Gemeinden oder seinen kommunalen Selbstverwaltungskörpern für die Zeit nach dem Ablauf des Monats zu erheben sind, in dem die Abwanderung erfolgt.

(2) Diese Personen sind von allen Sicherheitsleistungen für künftige Steuern und Abgaben oder Zuschlägen hierzu befreit. Die Steuern und Abgaben sind künftig, wenn die vom Gesetze für die Entstehung des betreffenden Steueranspruchs geforderten Bedingungen erst nach Ablauf des Monats, in dem die Abwanderung erfolgt ist, in Kraft treten.

(3) Von der einmaligen, durch das Gesetz vom 11. August 1923 geregelten Vermögensabgabe (podatek jednorazowy) haben die Optanten nur die regelmäßigen Raten oder die Teile dieser Raten zu zahlen, die am Tage der Abwanderung beitreibbar sind. Von der Unterzeichnung des Abkommens ab sind sie von allen Vorauszahlungen und Anzahlungen ebenso wie von Sicherheitsleistungen für die Zahlung der Steuer befreit. Vorauszahlungen und Anzahlungen, die gemäß den geltenden Gesetzen und Verordnungen geleistet worden sind, werden den Optanten nicht erstattet, jedoch werden die bezeichneten Vorauszahlungen und Anzahlungen, valorisiert nach den allgemeinen Bestimmungen des polnischen Rechts, auf die regelmäßigen Raten angerechnet, die der Optant noch zu zahlen verpflichtet ist.

(4) Die Bestimmungen der Abs. 1 bis 3 dieses Paragraphen finden keine Anwendung, soweit die Besteuerung von der Staatsangehörigkeit, dem Wohnsitz oder dem Aufenthalt der Steuerpflichtigen unabhängig ist.

Art. 15. Das Recht der Optanten, unbewegliches Eigentum in Polen zu behalten, darf durch keinerlei Gesetze, Verordnungen oder sonstige Vorschriften beeinträchtigt werden, die nicht auf die polnischen Staatsangehörigen Anwendung finden, es sei denn, daß dies Eigentum im Rayon einer Festung oder innerhalb der Grenzzone von 10 Kilometer Breite belegen ist. In diesen Fällen ist das betreffende Eigentum wie ausländisches zu behandeln.

Art. 16. Unbeschadet des allgemeinen Fremdenrechts können Optanten, die ihren Wohnsitz vor den im Art. 12 dieses Abkommens vorgesehenen Fristen verlegt haben, bis zum 31. Dezember 1930 ohne besondere Erlaubnis der polnischen Behörden nur einundzwanzig Tage im Jahre in Polen verweilen. Vom 1. Januar 1931 ab finden nur noch die allgemeinen Bestimmungen auf sie Anwendung.

Art. 17. Bei optionsberechtigten Personen, die das polnische Staatsgebiet unter Umständen verlassen haben, aus denen sich die Absicht der Auswanderung ergibt, gilt die Option als vollzogen (stillschweigende Option), wenn sie

a) Polen vor dem 10. Januar 1922 verlassen haben; oder wenn sie
b) Polen zwischen dem 11. Januar 1922 und dem 10. Juli 1924 verlassen haben, es sei denn, daß sie bei den zuständigen polnischen Behörden eine Verlängerung ihrer polnischen Pässe beantragt haben, die abgelehnt worden ist; haben jedoch diese Personen die deutsche Reichsangehörigkeit wiedererlangt, so liegt stillschweigende Option vor.

Art. 18. Die besonderen Vorrechte und Verpflichtungen der Optanten beziehen sich nur auf die Personen, die selbst optiert haben, und auf die Personen, auf die sich die Option erstreckt.

Art. 19. (1) Wenn deutsche Reichsangehörige, die nicht die im Art. 3 (Art. 91 des Versailler Vertrags), sondern nur die im Art. 4 des Vertrags vom 28. Juni 1919 vorgesehenen Voraussetzungen erfüllen, auf die polnische Staatsangehörigkeit verzichtet haben oder wenn bei ihnen nach diesem Abkommen der Verzicht auf die polnische Staatsangehörigkeit als vollzogen gilt, so haben sie weder die besonderen Pflichten noch die besonderen Vorrechte der Optanten.

(2) Die Tatsache des Verzichts als solche gibt der Person, die verzichtet hat, nicht die Eigenschaft eines lästigen Ausländers.

Art. 20. Art. 5 des Vertrags vom 28. Juni 1919 bezieht sich nicht auf die im Art. 3 des genannten Vertrags (Art. 91 Abs. 3 des Versailler Vertrags), sondern auf die im Art. 91 Abs. 4 und 9 des Versailler Vertrags vorgesehenen Optionen.

e) Deutsch-polnisches Schlichtungsabkommen.

Vom 21. Dezember 1926 (Bek. vom 29. Januar 1927, RMBl. 1927 S. 47), abgeschlossen zwischen der Reichsregierung und der Polnischen Regierung durch Austausch inhaltlich übereinstimmender Noten, zur Schlichtung streitiger Staatsangehörigkeits- und Optionsfragen aus dem „Wiener Abkommen". (Abgedruckt als Anlage der folgenden Min.-Bek. vom 24. Febr. 1927; S. 207 ff.).

f) Bekanntmachung des bayer. Staatsministeriums des Innern über das deutsch-polnische Abkommen vom 21. Dezember 1926 zur Schlichtung streitiger Staatsangehörigkeitsfälle.

Vom 24. Februar 1927 (StAnz. Nr. 46).

Am 21. Dez. 1926 ist zwischen dem Deutschen Reich und Polen ein Abkommen getroffen worden, das die Schlichtung streitiger Staatsangehörigkeitsfälle aus dem Wiener Abkommen vom 30. Aug. 1924 (RGBl. 1925 II S. 33) zum Gegenstande hat.

Das Abkommen wurde im Reichsministerialblatt vom 12. Febr. 1927 (S. 47 ff.) veröffentlicht. Der Wortlaut des Abkommens und des Notenwechsels wird als Anlage nachstehend abgedruckt.

Hierzu ergehen folgende nähere Bestimmungen:

1. Die in dem Abkommen vorgesehene Schlichtungskommission hat die Aufgabe, eine möglichst große Zahl von Fällen, in denen Staatsangehörigkeits- und Optionsfragen aus dem Wiener Abkommen auf deutscher und polnischer Seite verschieden beurteilt werden, beizulegen oder, soweit die Beilegung nicht gelingt, den Sach- und Streitstand für den Fall einer weiteren Behandlung vor einem internationalen Schiedsgerichte festzulegen.

Bei der Schlichtungskommission können nur solche Fälle anhängig gemacht werden, in denen über die Frage der Staatsangehörigkeit einer Person oder die Gültigkeit einer Optionserklärung Meinungsverschiedenheiten zwischen den deutschen und polnischen Behörden bestehen. Streitfälle, in denen lediglich Optantenrechte den Gegenstand einer Meinungsverschiedenheit bilden (vgl. Art. 13 bis 16 des Wiener Abkommens), sind der Zuständigkeit der Schlichtungskommission entzogen.

Im übrigen ist die Schlichtungskommission nach Art. 2 Abs. 2 des Abkommens vom 21. Dez. 1926 nur zuständig, soweit es sich um schwebende, d. h. um solche Fälle handelt, die noch nicht endgültig (rechtskräftig) entschieden sind (vgl. jedoch Ziff. 6 dieser Bekanntmachung).

Als schwebend auf polnischer Seite gelten:

a) Fälle, in denen eine polnische Behörde überhaupt noch nicht entschieden hat,
b) Fälle, in denen gegen eine Entscheidung des Starosten rechtzeitig Einspruch beim Wojewoden erhoben ist,
c) Fälle, in denen gegen eine Entscheidung des Wojewoden rechtzeitig Klage beim Obersten Verwaltungsgericht in Warschau erhoben, dessen Entscheidung aber noch nicht ergangen ist,
d) Fälle, in denen beim ersten Zusammentreten der Schlichtungskommission auf Grund beanspruchter polnischer Staatsangehörigkeit beim deutsch-polnischen Gemischten Schiedsgericht in Paris eine Klage wegen Unzulässigkeit einer Liquidation schwebt, es sei denn, daß das polnische Oberste Verwaltungsgericht in Warschau endgültig über die Frage der Staatsangehörigkeit entschieden hat (vgl. Abs. 3 des Notenwechsels).

2. Nach Art. 3 des Abkommens vom 21. Dez. 1926 wird sich die Schlichtungskommission nur mit solchen Fällen befassen, die innerhalb von 2 Monaten nach ihrer ersten Zusammenkunft von der Delegation des einen Landes der des anderen Landes vorgelegt worden sind.

Die Schlichtungskommission ist erstmalig am 15. Febr. 1927 zusammengetreten.

3 Die unterstellten Behörden haben dafür Sorge zu tragen, daß die zu ihrer Kenntnis gelangten Streitfälle, in denen eine nach deutscher Auffassung unzutreffende Entscheidung polnischer Stellen ergangen ist, auf dem Weg über die deutsche Delegation rechtzeitig vor die Schlichtungskommission gelangen.

4. Die Anträge sind in deutscher Sprache in vierfacher Ausfertigung und unter Beifügung etwaiger Unterlagen (Geburtsurkunden, Wohnsitznachweise, Options- und Verzichtsurkunden, Bescheide usw.) dem Staatsministerium des Innern vorzulegen.

Die Anträge müssen eine möglichst eingehende Darlegung des Sachverhalts, bei sogenannten Wohnsitzpolen (vgl. Art. 6 des Wiener Abkommens) insbesondere auch Angaben darüber enthalten, an welchen Orten der Beteiligte in der Zeit zwischen dem 1. Jan. 1908 und dem 10. Juli 1924, namentlich am 10. Jan. 1920 seinen Wohnsitz gehabt hat. Falls eine Geburtsurkunde nicht beigebracht werden kann, muß wenigstens der Tag und der Ort der Geburt angegeben werden. Ferner ist diejenige Behörde zu bezeichnen, die in der Sache eine Entscheidung getroffen hat; die ergangene Entscheidung ist in Urschrift oder Abschrift beizufügen.

Der Umstand, daß die eine oder andere Unterlage nicht alsbald beigebracht werden kann, darf jedoch die Vorlage nicht verzögern.

5. Zur Beschaffung von Beweismaterial ist der deutschen Delegation auf Ersuchen Amtshilfe zu leisten.

6. Nach Art. 7 des Abkommens vom 21. Dez. 1926 haben die beiden Regierungen sich dahin geeinigt, für die dort näher bezeichneten Fälle auf die weitere Erhebung diplomatischer Vorstellungen und auf die Anrufung einer internationalen Instanz zu verzichten, falls sie nicht von einem der Delegierten innerhalb der Zweimonatsfrist angemeldet werden. Zur Vermeidung dieser Ausschlußwirkung ist es geboten, auch Streitfälle, die als nicht mehr schwebend an sich der Zuständigkeit der Schlichtungskommission entzogen sind, gleichwohl innerhalb der Frist von 2 Monaten zur Anmeldung zu bringen; hierdurch würde für diese Fälle die Möglichkeit der Verhandlung vor einer anderen internationalen Instanz offengehalten werden.

7. Kommt die Schlichtungskommission zu einer Einigung über einen Streitfall, so ist ihr Gutachten für die beiderseitigen Verwaltungsbehörden bindend. Einem Ersuchen der deutschen Delegation, eine dem übereinstimmenden Gutachten der beiderseitigen Delegationen entsprechende Entscheidung zu treffen, ist Folge zu leisten (Art. 5 Abs. 2 des Abkommens und Abs. 1 des Notenwechsels).

Anlage I.

Deutsch-polnisches Abkommen vom 21. Dezember 1926.

Art. 1. Zur Durchführung der in den folgenden Artikeln vorgesehenen Bestimmungen werden die Deutsche bzw. die Polnische Regierung je einen Delegierten ernennen, dessen Name der anderen Regierung in möglichst kurzer Frist auf diplomatischem Wege mitgeteilt wird.

Art. 2. Die Aufgabe der in Art. 1 bezeichneten Delegierten besteht ausschließlich darin, in den einzelnen Fällen der Anwendung der Bestimmungen des am 30. August 1924 zu Wien abgeschlossenen deutsch-polnischen Abkommens ihr Gutachten abzugeben, sofern diese Bestimmungen den Erwerb oder den Verlust der Staatsangehörigkeit oder die Gültigkeit einer Option regeln und in dieser Beziehung zwischen den beiden Parteien eine Meinungsverschiedenheit besteht.

In den Fällen, in denen der Beteiligte sein Recht, eine höhere Instanz anzurufen, nicht innerhalb der gesetzlich vorgesehenen Fristen geltend gemacht hat und die infolgedessen Gegenstand einer endgültigen Entscheidung seitens einer richterlichen oder Verwaltungs-Behörde oder rechtskräftig geworden sind, geben die Vertreter kein Gutachten ab.

Ausnahmen sind nur zulässig mit Zustimmung beider Regierungen, die durch die betreffenden Delegierten zum Ausdruck gebracht wird.

Art. 3. Die Delegierten prüfen nur solche Fälle, die einer von ihnen dem anderen im Verlauf von zwei Monaten nach ihrer ersten Zusammenkunft vorgelegt hat. In Ausnahmefällen kann mit Zustimmung beider Delegierter von der Anwendung dieser Bestimmung abgesehen werden.

Art. 4. Sollte ein Fall, der gemäß Art. 3 einem der Delegierten vorgelegt worden ist, auf Grund der Bestimmungen der zwischen beiden Parteien abgeschlossenen Verträge für die betroffene Person nachteilige Wirkungen haben, so kann der andere Delegierte einen vorläufigen Aufschub dieser Wirkungen verlangen. Erkennen beide Delegierten diese Forderung sowohl rechtlich wie sachlich als begründet an, so muß der beteiligte Delegierte unverzüglich bei den zuständigen Behörden seines Landes vorstellig werden, um den vorläufigen Aufschub der erwähnten Wirkungen zu bewirken.

Der vorläufige Aufschub, der auf Grund des gemäß Abs. 1 gestellten Antrages angeordnet worden ist, bleibt in Kraft bis zur endgültigen Entscheidung der zuständigen Behörde über den Erwerb oder den Verlust der Staatsangehörigkeit oder über die Gültigkeit einer Option.

Sollten jedoch die Gutachten der beiden Delegierten nicht übereinstimmen (Art. 5), oder sollten die Delegierten sich auf ein Gutachten geeinigt haben, das dem Standpunkt, auf Grund dessen der vorläufige Aufschub nach Abs. 1 dieses Artikels bewirkt worden ist, entgegensteht, so soll dieser Aufschub aufgehoben werden.

Art. 5. Über die Gutachten der Delegierten wird ein Protokoll in zwei Ausfertigungen aufgenommen. Jeder Delegierte erhält eine Ausfertigung.

Insoweit als die Gutachten der Delegierten übereinstimmen, soll jeder Delegierte die von ihnen getroffenen Entscheidungen der zuständigen Verwaltungsbehörde seines Landes mit dem Ersuchen mitteilen, eine diesem Gutachten entsprechende Entscheidung zu treffen.

Art. 6. Die Delegierten sollen sich gegenseitig bei der Beschaffung aller Beweisdokumente und sonstigen Beweismittel über den Erwerb oder den Verlust der Staatsangehörigkeit oder über die Gültigkeit einer Option unterstützen.

Art. 7. Die in Art. 2 bezeichneten Fälle, die vor dem ersten Zusammentritt bereits Gegenstand einer Entscheidung seitens einer zuständigen Behörde gewesen und von einem der Delegierten nicht innerhalb der in Art. 3 vorgesehenen Frist angemeldet worden sind, gelten für beide Regierungen als gemäß den Bestimmungen des Wiener Abkommens endgültig geregelt.

Art. 8. Die Tätigkeit der beiden Delegierten soll spätestens sechs Monate nach ihrem ersten Zusammentritt zum Abschluß kommen.

Art. 9. Die Delegierten können schriftlich oder mündlich miteinander verkehren. Die Orte, wo sie zusammentreten, bestimmen sie im gegenseitigen Einvernehmen.

Anlage II.

(Note des polnischen Außenministeriums an den deutschen Gesandten in Warschau, vom 21. Dez. 1926, inhaltlich übereinstimmend mit dem als Anlage III abgedruckten Antwortschreiben des deutschen Gesandten in Warschau an das polnische Außenministerium vom 21. Dez. 1926.)

Anlage III.

Deutsche Gesandtschaft. Warschau, den 21. Dez. 1926.

Unter Bezugnahme auf das Abkommen vom 21. d. M. zwischen der Deutschen und der Polnischen Regierung über das Verfahren, das auf Personen anzuwenden ist, deren durch das Wiener Abkommen vom 30. Aug. 1924 geregelte Staatsangehörigkeit von diesen beiden Regierungen verschieden beurteilt wird, beehre ich mich Ihnen *) zu bestätigen, daß die deutschen Verwaltungsbehörden in Fällen, die Gegenstand des vorerwähnten Verfahrens gewesen sind, Entscheidungen treffen werden, die dem Gutachten der auf Grund dieses Verfahrens eingesetzten beiden Delegierten entsprechen, sofern die Ergebnisse ihrer Gutachten übereinstimmen.

Außerdem besteht auch ferner Einverständnis darüber, daß die beiden Regierungen sich nach Abschluß der Arbeiten der Delegierten miteinander ins Einvernehmen setzen werden, um eine nachträgliche Lösung der Fälle zu finden, für die ein einheitliches Gutachten der beiden Delegierten nicht zustande gekommen ist. Jede der beiden Regierungen behält sich das Recht vor, auf die genannten Fälle alsdann die Verfahren anzuwenden, die in den zwischen beiden Teilen bestehenden Verträgen für die Regelung von Meinungsverschiedenheiten dieser Art vorgesehen sind.

Durch Ihr Schreiben vom 21. Dez. haben Sie mir hinsichtlich Art. 2, Abs. 3 des vorgenannten Abkommens mitgeteilt, daß die Polnische Regierung als Ausnahme zu dieser Bestimmung ihre Zustimmung dazu geben werde, daß die beiden Delegierten Fälle prüfen, in denen der Beteiligte auf Grund der von ihm beanspruchten Staatsangehörigkeit — vor der ersten Zusammenkunft dieser Delegierten — bei dem deutsch-polnischen Gemischten Schiedsgericht auf Unzulässigkeit der Liquidation seiner Güter, Rechte und Interessen geklagt hat. Ausgenommen davon sind die Fälle, wo ein Verwaltungsgerichtshof in letzter Instanz endgültig über die Frage der Staatsangehörigkeit befunden hat.

*) d. i. dem polnischen Außenministerium.

Sie haben ferner erklärt, daß die Polnische Regierung, obgleich sie die erwähnte Zustimmung erteile, ihre Stellungnahme hinsichtlich der Unzuständigkeit des Gemischten Schiedsgerichts für die oben erwähnten Fragen beibehalte.

Außerdem haben Sie hinzugefügt, daß die Polnische Regierung unbeschadet der in Abs. 3 dieses Schreibens erwähnten Fälle die in Art. 2, Abs. 3 des getroffenen Abkommens vorgesehene Zustimmung nicht erteilen könne, wenn es sich um Fälle handelt, die Gegenstand einer rechtskräftigen gerichtlichen oder verwaltungsbehördlichen Entscheidung gewesen sind, insoweit als diese Entscheidung von einer Verwaltungsbehörde zweiter Instanz ausgegangen ist.

Ich bestätige den Eingang des vorerwähnten Schreibens und beehre mich Sie davon zu benachrichtigen, daß ich diese Mitteilungen zur Kenntnis nehme.

5. Oberschlesien.

A. Das Abstimmungsgebiet: Vers.Vertr. Art. 88 (RGBl. S. 841).

B. Staatsangehörigkeit:

a) Versailler Vertrag.

Art. 91 Abs. 10: [10] In dem Teile Oberschlesiens, in dem die Volksabstimmung*) stattfindet, treten die Bestimmungen dieses Artikels erst nach der endgültigen Zuteilung dieses Gebietes in Kraft.

b) Entscheidung der Botschafterkonferenz über Oberschlesien.

Vom 20. Oktober 1921.

(Auszugsweise abgedruckt aus der Reichstagsdrucksache 1921/Nr. 2841.)

Das Britische Reich, Frankreich, Italien und Japan beschließen folgendes:

I. . . . . . .

II. . . . . . .

k) Staatsangehörigkeit, Recht des Wohnsitzes und Schutz der Minderheiten in Oberschlesien.

Die Fragen, die sich aus der Staatsangehörigkeit der Personen ergeben, die bei der endgültigen Zuteilung des oberschlesischen Gebiets in dem Polen zugesprochenen Teile ihren Wohnsitz haben, werden gemäß Art. 91 des Friedensvertrags von Versailles und den Artikeln 3, 4, 5 und 6 des Vertrags vom 28. Juni 1919 zwischen

*) Die Abstimmung fand am 20. März 1921 statt.

den Vereinigten Staaten von Amerika, dem Britischen Reiche, Frankreich, Italien und Japan einerseits und Polen anderseits geregelt.

Alle Personen, die zu derselben Zeit in diesem Teil des Gebiets ihren Wohnsitz haben und die gemäß Art. 91 des Friedensvertrags von Versailles das Recht der Option für die deutsche Staatsangehörigkeit ausgeübt haben, ohne sich der Möglichkeit zu bedienen, während der 12 Monate, die der Ausübung ihres Wahlrechts folgen, ihren Wohnsitz nach Deutschland zu verlegen, müssen ebenso wie die Personen, die im § 2 des Art. 91 des Friedensvertrags von Versailles erwähnt sind, das Recht haben, ihren Wohnsitz 15 Jahre*) lang vom Tage der endgültigen Zuteilung des Gebiets an gerechnet, in Polen zu behalten.

Die Polen deutscher Staatsangehörigkeit, die über 18 Jahre alt sind und am Tage der endgültigen Zuteilung des Gebiets ihren Wohnsitz in dem Deutschland zugesprochenen Teile haben, sind berechtigt, innerhalb der beiden folgenden Jahre gemäß Art. 91 des Vertrags von Versailles für die polnische Staatsangehörigkeit zu optieren.

Die Polen, die zu dem gleichen Zeitpunkt ihren Wohnsitz in den Teilen Oberschlesiens haben, die endgültig Deutschland zuerkannt sind, müssen das Recht haben, ihren Wohnsitz in Deutschland fünfzehn Jahre*) lang von diesem Zeitpunkt an gerechnet, zu behalten. Diese Regel muß auch auf die Polen deutscher Staatsangehörigkeit, die für die polnische Staatsangehörigkeit gemäß des Artikels 91 des Friedensvertrags von Versailles optiert haben, ebenso wie auf polnische Staatsangehörige, die nicht deutsche Reichsangehörige sind, Anwendung finden.

Der Vertrag über den Schutz der Minderheiten, der am 28. Juni 1919 zwischen den Vereinigten Staaten von Amerika, dem Britischen Reiche, Frankreich, Italien und Japan einerseits und Polen anderseits abgeschlossen wurde, findet Anwendung auf den Teil Oberschlesiens, der endgültig Polen zuerkannt worden ist. Die Billigkeit ebenso wie die Aufrechterhaltung der Wirtschaft in Oberschlesien erfordert, daß die Deutsche Regierung verpflichtet wird, mindestens für die Übergangszeit von 15 Jahren*), vom Zeitpunkt der endgültigen Zuteilung des Gebiets an gerechnet, die Bestimmungen der Artikel 1, 2, 7, 8, 9 (Abs. 1 und 2), 10, 11 und 12 des genannten Vertrags anzunehmen, soweit es sich nicht um den Teil Oberschlesiens handelt, der endgültig Deutschland zuerkannt worden ist.

---

*) Die hier bezeichnete 15jährige Frist läuft von dem Tage an, an dem das von der Botschafterkonferenz festgelegte Gebiet geräumt war und die preußischen Hoheitsrechte an Polen übergegangen waren, d. i. ab 12. Juli 1922.

c) Deutsch-polnisches Abkommen über Oberschlesien.

Vom 15. Mai 1922 (RG. vom 11. Juni 1922, in Kraft getreten am 13. Juni 1922, RGBl. II S. 237 ff.), ratifiziert am 3. Juni 1922 (RGBl. II S. 585).

. . . . .

Teil II.

Staatsangehörigkeit und Wohnrecht.

Titel I.

Staatsangehörigkeitswechsel.*)

Art. 25. § 1.

(1) Die deutschen Reichsangehörigen, die am Tage des Überganges der Staatshoheit ihren Wohnsitz im polnischen Teile des Abstimmungsgebiets haben, erwerben von Rechts wegen die polnische Staatsangehörigkeit unter Verlust der deutschen.

(2) Jedoch werden die deutschen Reichsangehörigen, die ihren Wohnsitz erst nach dem 1. Januar 1908 in den endgültig als Bestandteil Polens anerkannten Gebietsteilen oder im Abstimmungsgebiete begründet haben, die polnische Staatsangehörigkeit, vorbehaltlich der Bestimmung des Art. 26 § 1, nur mit besonderer Ermächtigung der polnischen Regierung erwerben.

§ 2.

Bei deutschen Reichsangehörigen, die ihren Wohnsitz vor dem 2. Januar 1908 in den endgültig als Bestandteil Polens anerkannten Gebietsteilen oder im Abstimmungsgebiete begründet und die am Tage des Übergangs der Staatshoheit ihren Wohnsitz im polnischen Teile des Abstimmungsgebiets haben, kommt eine vorübergehende Aufgabe ihres Wohnsitzes in diesen Gebietsteilen nicht in Betracht, wenn

a) während ihrer Abwesenheit ihre nächsten Verwandten auf- oder absteigender Linie oder, falls diese nicht mehr lebten, ihre nächsten Seitenverwandten bis zum dritten Grade ihren Wohnsitz in diesen Gebietsteilen behalten hatten; oder wenn

b) diese deutschen Reichsangehörigen vor der vorübergehenden Aufgabe ihres Wohnsitzes mindestens ein Jahr und im ganzen von der ersten Begründung ihres Wohnsitzes bis zum Übergange der Staatshoheit mindestens zwölf Jahre in diesen Gebietsteilen wohnten; oder wenn

---

*) Hierzu VO. über die Wahl des Wohnsitzes nach Art. 29 Abs. 2 des deutsch-polnischen Abkommens über Oberschlesien, vom 13. Dez. 1922, RGBl. II S. 814.

c) diese Reichsangehörigen ihren Wohnsitz in diesen Gebietsteilen zum Zwecke der Militärpflicht, infolge Teilnahme am Kriege, zum Zwecke der beruflichen Ausbildung oder infolge schwerer Krankheit aufgegeben hatten.

§ 3.

(1) Die polnische Regierung wird die Anträge auf Erteilung der im § 1 Abs. 2 bezeichneten Ermächtigung bei den Personen, die durch alte, in die Zeit vor dem 2. Januar 1908 zurückreichende Familienbeziehungen mit diesen Gebietsteilen verknüpft sind, mit besonderem Wohlwollen behandeln.

(2) Als Familienbeziehungen im Sinne des Abs. 1 gelten: ein vor dem 2. Januar 1908 erworbener Familienbesitz, ein vor dieser Zeit erworbener Besitz der Familie der Ehefrau, oder ein vor dieser Zeit begründeter Wohnsitz der Verwandten aufsteigender Linie.

§ 4.

Binnen zwei Jahren nach dem Übergange der Staatshoheit können die über achtzehn Jahre alten deutschen Reichsangehörigen, die nach den Bestimmungen dieses Artikels die polnische Staatsangehörigkeit erworben haben, für die deutsche Reichsangehörigkeit optieren.*)

Art. 26. § 1.

(1) Die deutschen Reichsangehörigen, die im polnischen Teile des Abstimmungsgebiets von Eltern geboren sind, die zur Zeit der Geburt dort ihren Wohnsitz hatten, erwerben von Rechts wegen die polnische Staatsangehörigkeit unter Verlust der deutschen, wenn sie am Tage des Überganges der Staatshoheit ihren Wohnsitz im polnischen Teile des Abstimmungsgebiets haben.

(2) Binnen zwei Jahren nach dem Übergange der Staatshoheit können sie, wenn sie über achtzehn Jahre alt sind, für die deutsche Reichsangehörigkeit optieren.*)

§ 2.

Die deutschen Reichsangehörigen, die am Tage des Überganges der Staatshoheit ihren Wohnsitz nicht im polnischen Teile des Abstimmungsgebiets haben, erwerben von Rechts wegen die polnische Staatsangehörigkeit, wenn sie im polnischen Teile des Abstimmungsgebiets von Eltern geboren sind, die zur Zeit der Geburt dort ihren Wohnsitz hatten. Dies gilt jedoch nur, wenn sie oder ihre Ehefrauen:

a) Verwandte auf- oder absteigender Linie haben, die beim Übergange der Staatshoheit einen vor dem 15. April 1921 begründeten Wohnsitz im Abstimmungsgebiete haben; oder

*) Hierzu Bek. des bayer. StMin. d. Innern vom 3. Juli 1924 (StAnz. Nr. 153): Die Optionsbehörden haben den Optionserklärungen nach Möglichkeit die für die Nachprüfung erforderlichen Unterlagen (Geburtsschein, Taufschein, Heiratschein usw.) beizufügen.

b) beim Übergange der Staatshoheit mindestens seit dem 15. April 1921 ihren Wohnsitz im deutschen Teile des Abstimmungsgebiets haben; oder

c) mindestens fünfzehn Jahre einen Wohnsitz im Abstimmungsgebiete hatten; oder

d) mindestens zwei Jahre vor dem Übergange der Staatshoheit im polnischen Teile des Abstimmungsgebiets Grundbesitz oder ein gewerbliches Unternehmen erworben haben, sofern sie den Grundbesitz selbst bewirtschaften oder das Unternehmen selbst leiten.

§ 3.

(1) Die in § 2 dieses Artikels bezeichneten Personen können, wenn sie über achtzehn Jahre alt sind, binnen zwei Jahren nach dem Übergange der Staatshoheit auf die polnische Staatsangehörigkeit verzichten. Sie verlieren durch diesen Verzicht die polnische Staatsangehörigkeit und behalten die deutsche Reichsangehörigkeit.

(2) Wird dieser Verzicht nicht innerhalb dieser zwei Jahre ausgesprochen, so behalten sie die deutsche Reichsangehörigkeit und verlieren die polnische Staatsangehörigkeit, wenn sie bei Ablauf der zweijährigen Frist ihren Wohnsitz in Deutschland haben und dort nicht ihre Eintragung in die Register des örtlich zuständigen polnischen Konsulats beantragen. Wenn sie ihre Eintragung in die Register des örtlich zuständigen polnischen Konsulats beantragen, behalten sie die polnische Staatsangehörigkeit und verlieren die deutsche Reichsangehörigkeit.

(3) Wird der Verzicht nicht innerhalb dieser zwei Jahre ausgesprochen, so behalten sie die polnische Staatsangehörigkeit und verlieren die deutsche Reichsangehörigkeit, wenn sie bei Ablauf der zweijährigen Frist ihren Wohnsitz in Polen haben. Wenn sie dort ihre Eintragung in die Register des örtlich zuständigen deutschen Konsulats beantragen, behalten sie die deutsche Reichsangehörigkeit und verlieren die polnische Staatsangehörigkeit.

(4) Die Bestimmungen dieses Teiles, die sich auf die Option beziehen, gelten entsprechend für den Verzicht auf die polnische Staatsangehörigkeit.

Art. 27. § 1.

Polen deutscher Reichsangehörigkeit, die zur Zeit des Überganges der Staatshoheit ihren Wohnsitz im deutschen Teile des Abstimmungsgebiets haben, können, wenn sie über achtzehn Jahre alt sind, binnen zwei Jahren nach dem Übergange der Staatshoheit für die polnische Staatsangehörigkeit optieren.

§ 2.

Das gleiche gilt für die Polen deutscher Reichsangehörigkeit, die zur Zeit des Überganges der Staatshoheit ihren Wohnsitz außerhalb des Abstimmungsgebiets in Deutschland haben, wenn sie im

Abstimmungsgebiete geboren sind oder von Eltern abstammen, die dort geboren sind.

§ 3.

(1) Als Polen im Sinne dieses Artikels sind die deutschen Reichsangehörigen anzusehen, die durch ihr Verhalten bis zum 1. August 1921 bekundet haben, daß sie sich dem polnischen Volkstum zurechnen.

(2) Bei minderjährigen Waisen unter achtzehn Jahren ist das Verhalten des zuletzt verstorbenen Elternteils maßgebend.

Art. 28. Alle im Abstimmungsgebiete vor dem Übergange der Staatshoheit geborenen Personen, deren Zugehörigkeit zu einem Staate sich nicht feststellen läßt, gelten als Angehörige des Staates, an den der Geburtsort infolge der Teilung Oberschlesiens fällt.

Art. 29. (1) Im Sinne der Bestimmungen dieses Teiles gilt als Wohnsitz einer Person der Ort, an dem der Schwerpunkt ihrer persönlichen und wirtschaftlichen Lebensverhältnisse liegt.

(2) Trifft dies auf mehrere Orte zu, so entscheidet die Willenserklärung der betreffenden Person. Diese Erklärung ist binnen sechs Monaten nach dem Übergange der Staatshoheit wahlweise gegenüber der zuständigen deutschen oder gegenüber der polnischen Behörde zu Protokoll oder in öffentlich beglaubigter Form abzugeben. Sie ist unverzüglich der Regierung des anderen Staates mitzuteilen.

(3) Wird innerhalb der Frist von sechs Monaten keine Erklärung abgegeben, so wird der Wohnsitz nicht berücksichtigt, der nach den Bestimmungen dieses Teiles den Erwerb der polnischen Staatsangehörigkeit von Rechts wegen begründen würde.

Art. 30. (1) Wer glaubhaft macht, daß er infolge einer Anordnung, den Ort oder das Land zu verlassen, infolge körperlichen Zwanges oder infolge unmittelbarer Bedrohung seiner Person oder seines Vermögens nach dem 9. November 1918 seinen Wohnsitz im polnischen oder im deutschen Teile des Abstimmungsgebiets aufgegeben und ihn innerhalb achtzehn Monaten nach dem Tage des Übergangs der Staatshoheit dahin zurückverlegt hat, ist so anzusehen, als hätte er seinen Wohnsitz nicht verlassen.

(2) Wer nach dem 9. November 1918 seinen Aufenthalt vom Orte des Wohnsitzes in dem einen Teile des Abstimmungsgebiets nach dem anderen Teile verlegt hat, ist im Zweifel so zu behandeln, als hätte er seinen Wohnsitz nicht aufgegeben.

Titel II.

Wirkung des Staatsangehörigkeitswechsels für Ehefrau, Kinder und Pflegebefohlene.

Art. 31. (1) Beim Wechsel der Staatsangehörigkeit von Rechts wegen erwerben eheliche Kinder unter achtzehn Jahren, deren

Eltern beide leben, die Staatsangehörigkeit des Vaters oder der Mutter, je nachdem dem Vater oder der Mutter die gesetzliche Vertretung zusteht. Lebt nur der Vater oder nur die Mutter, so erwirbt das Kind die Staatsangehörigkeit des Vaters oder der Mutter. Leben beide Eltern, ohne die gesetzliche Vertretung zu haben, so erwirbt das Kind die Staatsangehörigkeit des Vaters.

(2) Uneheliche Minderjährige unter 18 Jahren erwerben die Staatsangehörigkeit der Mutter.

(3) Ein zum Hausstande des Vaters oder der Mutter gehöriger Minderjähriger über 18 Jahre steht einem Minderjährigen gleich, der das achtzehnte Lebensjahr noch nicht vollendet hat.

(4) Die Ehefrau erwirbt die Staatsangehörigkeit ihres Ehemannes.

Art. 32. § 1.

(1) Die Option des Ehemannes erstreckt ihre Wirkung auf die Ehefrau, die Option der Eltern auf die Kinder unter achtzehn Jahren.

(2) Für elternlose Minderjährige unter achtzehn Jahren sowie für Personen, die entmündigt oder unter vorläufige Vormundschaft gestellt sind, wird das Optionsrecht durch ihre gesetzlichen Vertreter ausgeübt.

§ 2.

(1) Kindern unter achtzehn Jahren, für die ihre Eltern das Optionsrecht ausgeübt haben, steht innerhalb der Optionsfrist ein Widerrufsrecht zu, wenn sie vor Ablauf dieser Frist das achtzehnte Lebensjahr vollenden.

(2) Diese Vorschrift findet entsprechende Anwendung auf andere Personen, für die ihr gesetzlicher Vertreter das Optionsrecht ausgeübt hat, wenn die gesetzliche Vertretung vor Ablauf der Optionsfrist fortfällt, sowie auf Ehefrauen, deren Ehe vor Ablauf dieser Frist aufgelöst worden ist.

(3) Die Bestimmungen dieses Teiles, die sich auf die Option beziehen, finden entsprechende Anwendung auf den Widerruf der Option.

. . . . .

Titel V.

Optionsverfahren.*)

Art. 46. (1) Die Behörden, die zur Entgegennahme der Optionserklärungen zuständig sind, heißen in diesem Abkommen Optionsbehörden. Diese Behörden werden von der Zentralbehörde je-

*) Hierzu Bekanntmachung zur Ausführung des deutsch-polnischen Abkommens über Oberschlesien, vom 15. Mai 1924, RGBl. 1924 II S. 124.

des vertragschließenden Teiles bestimmt und dem anderen Teile mitgeteilt.

(2) Die Optionserklärung wird bei der Optionsbehörde des Staates abgegeben, dessen Staatsangehörigkeit durch die Option gewählt werden soll.

(3) Die örtliche Zuständigkeit der Optionsbehörden wird durch den Wohnsitz des Optionsberechtigten zur Zeit der Abgabe der Optionserklärung bestimmt; in Ermangelung eines Wohnsitzes ist der Aufenthaltsort maßgebend.

(4) Wird die Optionserklärung vor einer örtlich unzuständigen Optionsbehörde abgegeben, so ist sie von dieser unverzüglich an die örtlich zuständige Optionsbehörde weiterzuleiten. Sie gilt in diesem Falle als an dem Zeitpunkt abgegeben, an dem die erste Optionsbehörde sie erhalten hat.

Art. 47. (1) Die Optionserklärung ist in schriftlicher Form oder zu Protokoll abzugeben. Die in Anlage A*) und B**) beigefügten Muster werden empfohlen. Die Unterschrift unter der schriftlichen Optionserklärung muß amtlich beglaubigt sein.

(2) Dem Optanten ist die Abgabe seiner Optionserklärung unverzüglich schriftlich zu bestätigen, auch wenn die Optionsbehörde, vor der sie abgegeben worden ist, örtlich nicht zuständig war.

Art. 48. (1) Der Optant kann die Optionserklärung binnen zwei Monaten nach ihrer Abgabe anfechten, wenn seine freie Willensbestimmung bei Abgabe der Erklärung durch Geisteskrankheit, Trunkenheit, Bedrohung oder durch unzulässigen behördlichen Druck beeinträchtigt war.

(2) Die Anfechtung erfolgt durch Erklärung gegenüber der Optionsbehörde, bei der die Optionserklärung abgegeben worden ist.

Art. 49. § 1.

(1) Beide Regierungen werden sich gegenseitig von allen bei ihren Optionsbehörden abgegebenen Optionserklärungen spätestens zwei Wochen nach ihrem Eingang Mitteilung machen. Das nähere wird erforderlichenfalls durch besondere Vereinbarung der Regierungen geregelt werden.

(2) Bis dahin werden die bei deutschen Optionsbehörden abgegebenen Optionserklärungen dem Wojewoden von Schlesien, die bei polnischen Optionsbehörden abgegebenen Optionserklärungen dem Regierungspräsidenten in Oppeln mitgeteilt***).

(3) Jede Regierung hat das Recht, während eines Monats nach Eingang der Mitteilung Einspruch gegen das Optionsrecht bei der

---

*) Hier nicht abgedruckt, siehe RGBl. 1922 II S. 267.

**) Hier nicht abgedruckt, siehe RGBl. 1922 II S. 268.

***) Hierzu die Bek. des bayer. StMin. d. Innern vom 7. Aug. 1923 (StAnz. Nr. 182) über die Nachprüfung der Optionserklärungen und die Erhebung des Einspruchs.

Optionsbehörde, bei der die Optionserklärung abgegeben worden ist, zu erheben.

§ 2.

(1) Sind die Voraussetzungen für eine gültige Option erfüllt, so händigt die Optionsbehörde dem Optanten eine Optionsurkunde aus. Das Muster in der Anlage C*) wird empfohlen. In der Urkunde sollen auch die Familienmitglieder aufgeführt werden, auf die sich die Wirkung der Option erstreckt. Der Tag der Aushändigung soll von dem zustellenden Beamten auf der Optionsurkunde vermerkt werden.

(2) Die Wirkungen der Option treten mit der Aushändigung der Optionsurkunde ein.

Art. 50. In der Zeit zwischen der Abgabe der Optionserklärung und der Aushändigung der Optionsurkunde ruhen die militärische Dienstpflicht der Optanten, ihre politischen Rechte, sowie ihre Fähigkeit zur Bekleidung öffentlicher Ehrenämter; das Ruhen der politischen Rechte und der Fähigkeit zur Bekleidung der Ehrenämter beginnt jedoch erst zu dem Zeitpunkte, an dem die zuständige Behörde des Staates, dessen Staatsangehörigkeit durch die Option verloren wird, den Optanten eine entsprechende Eröffnung zustellt.

Art. 51. Die gesamte amtliche und behördliche Tätigkeit im Optionsverfahren, sowie die Ausstellung von Bescheinigungen zum Nachweise des Optionsrechts, wird unbeschadet des Rechts der Notare zur Gebührenerhebung unentgeltlich geleistet.

Art. 52. Die vertragschließenden Teile werden die erforderlichen Anweisungen geben, daß die das Optionsverfahren betreffenden Amtshandlungen, insbesondere auch die Ausstellung der Bescheinigungen über die Staatsangehörigkeit vor und nach dem Übergange der Staatshoheit, nach Möglichkeit beschleunigt werden.

Art. 53. Ist die Ausstellung einer Optionsurkunde durch Urkundenfälschung, Bestechung, Verletzung der Eidespflicht oder durch arglistige Täuschung erschlichen worden, so ist der Staat, zu dessen Gunsten das Optionsrecht ausgeübt worden ist, berechtigt, die Optionsurkunde für ungültig zu erklären. Die Ungültigkeitserklärung hat rückwirkende Kraft und ist den beteiligten Personen zuzustellen; sie ist der Regierung des anderen Staates mitzuteilen.

Art. 54. Die Bestimmungen dieses Titels finden auf den Verzicht auf die polnische Staatsangehörigkeit entsprechende Anwendung.

Titel VI.

Rechtsmittel.

Art. 55. (1) Zur Beilegung von Streitigkeiten über die Auslegung und Ausführung der Bestimmungen dieses Teils wird bei dem

*) Hier nicht abgedruckt, s. RGBl. 1922 II S. 269.

Schiedsgericht eine Schlichtungsstelle für Staatsangehörigkeitsfragen gebildet*).

(2) Die Schlichtungsstelle besteht aus einem Beauftragten jeder der beiden Regierungen.

Art. 56. § 1.

Die Schlichtungsstelle kann anrufen, wer auf Grund der Bestimmungen dieses Teiles:

1. die deutsche oder die polnische Staatsangehörigkeit in Anspruch nimmt oder bestreitet, wenn eine Verwaltungsbehörde oder eine Militärbehörde seine Behauptungen über die Staatsangehörigkeit nicht anerkennt;
2. das Recht zu optieren oder das Wohnrecht in Anspruch nimmt, wenn die zuständige Behörde diese Rechte nicht anerkennt;
3. durch die Maßnahmen einer Behörde in den Rechten verletzt zu sein behauptet, die ihm als Optanten oder Wohnberechtigten zustehen. Dies gilt auch für Personen, die innerhalb der Optionsfrist ihre Staatsangehörigkeit zugunsten der Staatsangehörigkeit verlieren, die sie durch Ausübung des Optionsrechtes erworben hätten;
4. seine Optionserklärung angefochten hat, wenn die Optionsbehörde die Anfechtung zurückgewiesen hat;
5. geltend macht, daß die Feststellung seiner Staatsangehörigkeit von der zuständigen Behörde nicht binnen drei Monaten erledigt worden ist, oder daß er drei Monate nach Abgabe der Optionserklärung die Optionsurkunde nicht erhalten hat.

§ 2.

Die Personen, die gemäß den Bestimmungen dieses Teiles Erklärungen mit Wirkung für Dritte abgeben, sind ebenfalls berechtigt, zugunsten dieser Dritten die Schlichtungsstelle anzurufen.

Art. 57. (1) Sobald die Schlichtungsstelle angerufen worden ist, teilt sie dies den beiden Staatsvertretern mit. Sie hat auf eine Beilegung der Streitigkeiten hinzuwirken und, soweit als möglich, den Sachverhalt aufzuklären.

(2) Hat die für die Feststellung der Staatsangehörigkeit zuständige Behörde zu dem Falle noch nicht Stellung genommen, so legt die Schlichtungsstelle ihr auf Antrag eines ihrer Mitglieder die Angelegenheit zur Äußerung vor.

(3) Die zuständigen Landesbehörden werden durch die Anrufung der Schlichtungsstelle nicht gehindert, in der Sache selbst zu entscheiden.

---

*) Hierzu Bek. des bayer. StMin. d. Justiz vom 26. Juni 1923 (StAnz. Nr. 146) und des StMin. d. Innern vom 7. Juli 1923 (St.-Anz. Nr. 156) über die Errichtung der „Schlichtungsstelle für Staatsangehörigkeitsfragen beim Schiedsgerichte in Beuthen".

(4) Die Gerichte und Verwaltungsbehörden haben der Schlichtungsstelle Amtshilfe zu leisten.

Art. 58. (1) Erklärt die Schlichtungsstelle den Beteiligten, daß sie die Streitigkeit nicht beilegen kann, so legt sie die Angelegenheit auf Antrag eines Beteiligten dem Schiedsgerichte vor.

(2) Die Angelegenheit ist dem Schiedsgerichte vorzulegen, sobald ein Staatsvertreter es beantragt.

(3) Wenn die Angelegenheit dem Schiedsgerichte vorgelegt worden ist, hat der Staatsvertreter dies der Behörde mitzuteilen, die mit der Sache befaßt ist. Diese hat sich von der Mitteilung an jeder Entscheidung über die Frage zu enthalten, über die das Schiedsgericht zu entscheiden hat.

Art. 59. In den Artikeln 55 bis 58 bezieht sich das Wort Behörden weder auf die Gerichte noch auf Verwaltungsgerichte noch auf solche Verwaltungsbehörden, die keine Weisungen von einer vorgesetzten Behörde erhalten.

Art. 60. Vermögen sich im Falle des Art. 49 § 1 Abs. 3 die beiden Regierungen über die Optionsberechtigung einer Person nicht zu einigen, so entscheidet auf Antrag einer der beiden Regierungen das Schiedsgericht.

Art. 61. Wenn im Falle des Art. 53 die beteiligte Person der Ungültigkeitserklärung ihrer Optionsurkunde innerhalb dreißig Tagen nach der Zustellung der Ungültigkeitserklärung widerspricht, ist das Schiedsgericht zuständig zur Entscheidung über den Widerspruch.

Art. 62. Die Klagen auf Schadensersatz, die auf die Verletzung der durch die Bestimmungen dieses Teiles gewährten Rechte gestützt werden, gehören nicht zur Zuständigkeit des Schiedsgerichts.

Art. 63. Wenn die Staatsangehörigkeit durch das Urteil eines Verwaltungsgerichts mit absoluter Rechtskraft festgestellt worden ist, kann das Schiedsgericht auch nicht im Wege der Evokation über diese Staatsangehörigkeit entscheiden.

d) Verordnung der Reichsregierung zur Ausführung des deutsch-polnischen Staatsangehörigkeitsabkommens für Oberschlesien.

Vom 15. Mai 1924 (RGBl. II S. 123).

Auf Grund des Art. 2 des Gesetzes über das am 15. Mai 1922 in Genf geschlossene deutsch-polnische Abkommen über Oberschlesien vom 11. Juni 1922 (RGBl. II S. 237) wird nach Zustimmung des Reichsrats zur Ausführung der Vereinbarungen über die Staatsangehörigkeit (Zweiter Teil des Abkommens) hiermit verordnet:

§ 1.

Zur Beglaubigung der Unterschrift unter der schriftlichen Optionserklärung (Art. 47 Abs. 1 des Abkommens) sind außer den

Notaren alle zur Führung eines Dienstsiegels berechtigten Amtsstellen des Reichs oder eines deutschen Landes befugt.

§ 2.

Die Optionsbehörden machen von jeder bei ihnen eingehenden Optionserklärung ohne Verzug durch Vermittlung des deutschen Generalkonsulats in Kattowitz dem Wojewoden von Schlesien Mitteilung; die näheren Bestimmungen trifft für die Inlandsbehörden das Reichsministerium des Innern, für die dem Auswärtigen Amte nachgeordneten Behörden das Auswärtige Amt.

Die Erteilung der Optionsurkunde ist bis zum Ablauf der Frist auszusetzen, innerhalb deren die Polnische Regierung nach Art. 49 § 1 Abs. 3 des Abkommens Einspruch gegen das Optionsrecht erheben kann.

§ 3.

Die Optionsbehörden übersenden die bei ihnen eingehenden Einsprüche der Polnischen Regierung auf Grund des Art. 49 § 1 Abs. 3 des Abkommens dem deutschen Beauftragten in der Schlichtungsstelle für oberschlesische Staatsangehörigkeitsfragen (Art. 55 des Abkommens). Die näheren Anordnungen trifft für die Behörden des Inlandes der Reichsminister des Innern, für die deutschen Vertretungen im Ausland das Auswärtige Amt.

§ 4.

Ist die Optionsbehörde nicht zugleich Heimatbehörde, so setzt sie sich mit der letzteren zu gemeinschaftlicher Prüfung der Option unmittelbar in Verbindung.

Gehören Options- und Heimatbehörde verschiedenen Ländern an, so ist die Optionsurkunde auch von der Heimatbehörde mit Unterschrift und Stempel zu versehen.

§ 5.

Heimatbehörde im Sinne dieser Verordnung ist die höhere Verwaltungsbehörde des deutschen Landes, dem der Optant bis zum 15. Juni 1922 angehört hat (Heimatland)*).

Die örtliche Zuständigkeit richtet sich nach dem Wohnsitz des Optanten im Heimatlande. Hat er dort keinen Wohnsitz, so ist sein letzter Wohnsitz daselbst maßgebend. Hat er im Heimatlande keinen Wohnsitz gehabt, so richtet sich die Zuständigkeit nach dem Wohnsitz der Eltern oder des letztlebenden Elternteils im Heimatlande. Im Zweifelsfalle sind Mitteilungen für die Heimatbehörde an die oberste Landesbehörde des Heimatlandes zu richten, die erforderlichenfalls die zuständige Heimatbehörde bestimmt.

---

*) Hierzu Bek. des bayer. StMin. d. Innern vom 9. Juli 1924 (StAnz. Nr. 158), wonach für Optanten ehem. preuß. Staatsangehörigkeit, denen es an einer örtl. zuständigen Heimatbehörde fehlt, als Heimatbehörde der Regierungspräsident in Oppeln anzusehen ist.

Die obersten Landesbehörden bestimmen, welche Behörden als höhere Verwaltungsbehörden im Sinne dieser Vorschrift anzusehen sind.

Hat der Optant bis zum 15. Juni 1922 die deutsche Reichsangehörigkeit besessen, ohne einem Lande anzugehören, so ist der Reichsminister des Innern Heimatbehörde.

§ 6.

Über die Anfechtung einer Optionserklärung gemäß Art. 48 des Abkommens entscheidet die Optionsbehörde, bei der die Optionserklärung abgegeben ist. Schriftliche Ausfertigung der Entscheidung ist dem Optanten sowie den über 18 Jahre alten Personen mitzuteilen, auf die sich die Wirkung der Optionserklärung erstreckt.

§ 7.

Zuständige Behörde im Sinne des Art. 50 des Abkommens ist die höhere Verwaltungsbehörde, in deren Bezirk der Optant im Inland seinen Wohnsitz oder in Ermangelung eines Wohnsitzes seinen Aufenthalt hat. Hat der Optant seinen Wohnsitz im Ausland, so ist die für seinen Wohnsitz örtlich zuständige deutsche Auslandsvertretung zuständig.

§ 5 Abs. 3 gilt entsprechend.

§ 8.

Die Entscheidung darüber, ob eine deutsche Optionsurkunde gemäß Art. 53 des Abkommens für ungültig zu erklären ist, liegt der für die Optionsbehörde zuständigen obersten Landesbehörde ob, falls die Optionsurkunde von einer Inlandsbehörde ausgestellt worden ist. In den Fällen des § 4 Abs. 2 ist die Entscheidung im Benehmen mit der obersten Landesbehörde des Heimatlandes zu treffen.

Ist die Optionsurkunde von einer deutschen Vertretung im Ausland ausgestellt worden, so ist das Auswärtige Amt für die Entscheidung zuständig.

Die entscheidenden Stellen teilen Abschrift der Entscheidung dem Reichsminister des Innern mit.

§ 9.

Die das Optionsverfahren betreffenden Amtshandlungen sind zu beschleunigen.

Das gleiche gilt für die Behandlung von Anträgen der Personen, deren Staatsangehörigkeit durch die Bestimmungen im zweiten Teile des Abkommens betroffen wird, auf Ausstellung von Bescheinigungen über die Staatsangehörigkeit bis zum 15. Juni 1922 und über die Tatsachen, die nach dem Abkommen für den Eintritt von Veränderungen der Staatsangehörigkeit des Antragstellers oder der Personen, für die er zu handeln befugt ist, von rechtserheblicher Bedeutung sind.

§ 10.

Die Bestimmungen dieser Verordnung über die Option gelten entsprechend für den Verzicht auf die polnische Staatsangehörigkeit

(Art. 26 § 3 des Abkommens) und für den Widerruf der Option gemäß Art. 32 § 2 des Abkommens.

§ 11.

Diese Verordnung tritt mit dem Tage ihrer Verkündung*) in Kraft.

e) Bekanntmachung des bayer. Staatsministeriums des Innern über die Option nach dem deutsch-polnischen Abkommen über Oberschlesien.

Vom 2. Juni 1924 Nr. 266 f 5 (StAnz. Nr. 128).

Im Anschluß an die von der Reichsregierung zur Ausführung des deutsch-polnischen Staatsangehörigkeitsabkommens für Oberschlesien vom 11. Juni 1922 (RGBl. II S. 23, im folgenden = Abk.) erlassene VO. vom 15. Mai 1924 (RGBl. II S. 123, im folgenden = A.V.) wird nachstehendes angeordnet:

I. Option zugunsten Deutschlands.

a) Das Recht zur Option bestimmt sich nach Art. 25 § 4 und Art. 26 § 1 Abs. 2 des Abk. Darnach steht allen über 18 Jahre alten Personen, die auf Grund der Bestimmungen des Art. 25 und des Art. 26 § 1 Abs. I a. a. O. unter Verlust der deutschen Reichsangehörigkeit die polnische Staatsangehörigkeit erworben haben, das Recht zu, durch Option zugunsten Deutschlands die deutsche Reichsangehörigkeit wieder zu erwerben.

Für Ehefrauen, deren Ehe noch besteht, ist (auch wenn sie vom Ehemann getrennt leben) die Option des Ehemannes wirksam. Die Option der Eltern (auch der unehelichen Mutter) erstreckt ihre Wirkung auf die Kinder unter 18 Jahren (Art. 32 § 1 des Abk.).

b) Die Optionsfrist läuft bis einschließlich 15. Juli 1924.

c) Das Optionsverfahren ist im wesentlichen in den Art. 46—54 des Abk., sowie in den §§ 1—6 und 8—10 der A.V. geregelt.

1. Optionserklärungen für die deutsche Reichsangehörigkeit können gemäß Art. 46 Abs. 2 des Abk. nur vor den deutschen Optionsbehörden abgegeben werden.

2. Optionsbehörden sind gemäß Bekanntmachung der Reichsminister des Innern und des Auswärtigen vom 15. Mai 1924 (RGBl. II S. 124) in Bayern für die unmittelbaren Städte die Stadträte, im übrigen die Bezirksämter.

Bei anderen Behörden eingehende schriftliche Optionserklärungen sind unverzüglich an die zuständige Optionsbehörde weiterzuleiten. Nur wenn sie dort innerhalb der Optionsfrist eingehen, können sie als fristgerecht abgegeben angesehen werden.

*) RGBl. 1924 II Nr. 19, ausgegeben am 21. März 1924.

Die örtliche Zuständigkeit der Optionsbehörden bestimmt sich nach Art. 46 Abs. 3 des Abk. Wird die Optionserklärung vor einer örtlich unzuständigen Optionsbehörde abgegeben, so ist sie von dieser unverzüglich an die örtlich zuständige Optionsbehörde weiterzuleiten. Sie gilt in diesem Fall als zu dem Zeitpunkt abgegeben, zu dem die erste Optionsbehörde sie erhalten hat.

Im Falle der Verlegung des Wohnsitzes oder des Aufenthalts des Optanten in den Bezirk einer anderen Optionsbehörde nach Abgabe der Optionserklärung liegt deren weitere Behandlung der Optionsbehörde ob, die für die Entgegennahme der Optionserklärung zuständig war.

3. Die Optionserklärung ist in schriftlicher Form oder zu Protokoll abzugeben (s. Muster Anl. I und II)*). Einer Beantwortung der in diesen Mustern vorgesehenen Fragen nach dem Wohnsitze vor dem 2. Jan. 1908 und in der Zeit vom 1. Jan. 1908 bis zum 15. Juni 1922 bedarf es nur in Fällen, in denen die polnische Staatsangehörigkeit unter Verlust der deutschen Reichsangehörigkeit gemäß Art. 25 §§ 1 und 2 des Abk. erworben ist.

Wegen der Beglaubigung der Unterschrift unter der schriftlichen Optionserklärung, die innerhalb der Optionsfrist zu erfolgen hat, wird auf § 1 A.V. verwiesen.

4. Die Abgabe der Optionserklärung ist dem Optanten unverzüglich schriftlich zu bestätigen (Muster Anl. III)*), auch wenn die Optionsbehörde, vor der sie abgegeben worden ist, örtlich nicht zuständig war. War die Optionserklärung bei einer sachlich unzuständigen Behörde abgegeben, so ist ihr späterer Eingang bei der Optionsbehörde von dieser zu bestätigen.

5. Für die Anfechtung der Optionserklärung ist Art. 48 des Abk. und § 6 der A.V. maßgebend.

6. Über jede bei ihnen eingehende Optionserklärung senden die Optionsbehörden ohne Verzug, spätestens binnen 2 Wochen nach ihrem Eingang, eine Mitteilung nach dem Muster Anl. IV*) unter Umschlag an das Deutsche Generalkonsulat in Kattowitz, Postschließfach Beuthen O.S. Dieses wird die Mitteilung der Wojewodschaft von Schlesien in Kattowitz zuleiten und die in dem Muster vorgesehene Empfangsbestätigung der Optionsbehörde wieder übermitteln.

7. Die Optionsbehörden übersenden die bei ihnen etwa eingehenden Einsprüche der polnischen Regierung gegen die Optionsberechtigung (Art. 49 § 1 Abs. 3 des Abk.) dem Deutschen Beauftragten in der Schlichtungsstelle für oberschlesische Staatsangehörigkeitsfragen, Ministerialrat Meyer im Preußischen Ministerium des Innern (Berlin NW 7, Unter den Linden 72).

8. Nach Ablauf der Einspruchsfrist (vgl. § 2 Abs. 2 A.V.) oder nach endgültiger Erledigung des erhobenen Einspruchs händigt die

*) Hier nicht abgedruckt.

zuständige Optionsbehörde, falls auf Grund sorgfältiger Prüfung die Voraussetzungen für eine gültige Option als erfüllt anzusehen sind, dem Optanten eine Optionsurkunde nach dem Muster Anl. V*) aus (Art. 49 § 2 des Abk.). In der Urkunde sind auch die Familienmitglieder aufzuführen, auf die sich die Wirkung der Option erstreckt. Der Tag der Aushändigung ist von dem zustellenden Beamten auf der Optionsurkunde zu vermerken.

9. Die Wirkungen der Option treten erst mit der Aushändigung der Optionsurkunde ein. Mit dieser erwirbt der Optant seine frühere deutsche Staatsangehörigkeit (d. h. die Staatsangehörigkeit in dem Lande, dem er früher angehört hat) wieder.

10. Ist die Optionsbehörde nicht zugleich Heimatbehörde (§ 5 Abs. 1 A.B.), so setzt sie sich mit dieser zu gemeinschaftlicher Prüfung der Option unmittelbar in Verbindung. Gehören Options- und Heimatbehörden verschiedenen Ländern an, so ist die Optionsurkunde auch von der Heimatbehörde mit Unterschrift und Dienstsiegel zu versehen (§ 4 A.B.).

Die örtliche Zuständigkeit der Heimatbehörde bestimmt sich nach § 5 Abs. 2—4 A.B.

Heimatbehörden sind in Bayern für die unmittelbaren Städte die Stadträte, im übrigen die Bezirksämter.

Die Heimatbehörden der übrigen deutschen Länder sind in der oben Ziffer 2 erwähnten Bekanntmachung der Reichsminister des Innern und des Auswärtigen vom 15. Mai 1924 aufgeführt.

11. Die Entscheidung über den Antrag, eine von einer bayer. Optionsbehörde erteilte Optionsurkunde für ungültig zu erklären (Art. 53 des Abk., § 8 A.B.), steht dem Staatsmin. d. Innern zu; diesem sind derartige Anträge mit sämtlichen Unterlagen vorzulegen.

12. Die gesamte amtliche und behördliche Tätigkeit im Optionsverfahren, sowie die Ausstellung von Bescheinigungen zum Nachweise des Optionsrechts wird, unbeschadet des Rechts der Notare zur Gebührenerhebung, unentgeltlich geleistet.

13. Sämtliche auf das Optionsverfahren bezüglichen Amtshandlungen sind zu beschleunigen.

14. Die vorstehenden Bestimmungen finden auf den Widerruf der Optionserklärung nach Art. 32 § 2 des Abk., sowie auf den Verzicht auf die polnische Staatsangehörigkeit (Art. 26 § 3 des Abk.) entsprechende Anwendung.

II. Wegen der Option zugunsten Polens (Optionsfrist bis 15. Juli 1924) wird auf die ME. vom 7. Aug. 1923 Nr. 266 f 7 (StAnz. Nr. 182) verwiesen. Ergänzend wird hierzu bestimmt:

Zuständige Behörden für die Eröffnung nach Art. 50 des Abk. (§ 7 A.B.), die für die deutschen Behörden nur in Fällen der Option von Polen deutscher Reichsangehörigkeit für die polnische Staats-

*) Hier nicht abgedruckt.

angehörigkeit in Betracht kommt, sind für die unmittelbaren Städte die Stadträte, im übrigen die Bezirksämter.

III. Wegen der Rechtslage der Optanten wird auf Art. 33—45, wegen der vorgesehenen Rechtsmittel auf Art. 55—63 des Abk. verwiesen. Gem. Art. 55 ist bei dem Schiedsgericht in Beuthen O.S. aus je einem Beauftragten der deutschen und der polnischen Regierung eine Schlichtungsstelle für oberschlesische Staatsangehörigkeitsfragen gebildet worden. Alle Eingaben, in denen die Schlichtungsstelle angerufen wird, sind zu richten an die „Schlichtungsstelle für oberschlesische Staatsangehörigkeitsfragen beim Schiedsgericht in Beuthen O.S., Guttenbergstraße 12". Sie müssen in sechsfacher Ausfertigung in deutscher oder in polnischer Sprache abgefaßt sein.

IV. Von der Bereitstellung von Vordrucken für die anliegenden Muster wurde abgesehen.

6. Schlesische Gebietsteile, die vom Tschechischen Staate annektiert sind (das sogen. Hultschiner Ländchen).

A. Abtrennung und Grenzziehung: Vers.Vertr. Art. 83 (RGBl. S. 835).

B. Staatsangehörigkeit:

a) Versailler Vertrag.

Art. 84. (RGBl. S. 837). Die deutschen Reichsangehörigen, die ihren Wohnsitz in irgendeinem als Bestandteil der Tschecho-Slowakei anerkannten Gebiet*) haben, erwerben von Rechts wegen die tschechoslowakische Staatsangehörigkeit unter Verlust der deutschen.

Art. 85. Zwei Jahre lang nach Inkrafttreten des gegenwärtigen Vertrags**) sind die über achtzehn Jahre alten deutschen Reichsangehörigen, die in irgendeinem der als Bestandteil der Tschecho-Slowakei anerkannten Gebiete ansässig sind, berechtigt, für die deutsche Reichsangehörigkeit zu optieren. Die Tschecho-Slowaken, die deutsche Reichsangehörigkeit besitzen und in Deutschland wohnen, sind ebenso berechtigt, für die tschecho-slowakische Staatsangehörigkeit zu optieren.

Die Option des Ehemanns erstreckt ihre Wirkung auf die Ehefrau, die Option der Eltern erstreckt ihre Wirkung auf Kinder unter achtzehn Jahren.

---

*) Darunter sind hier nur die vom Deutschen Reiche abgetrennten Gebiete zu verstehen, nicht die ehemals österreichischen und ungarischen Gebiete; die in den letzteren Gebieten wohnenden Reichsdeutschen haben ihre Reichsangehörigkeit nicht verloren. Siehe Art. 5 des deutsch-tschechischen Vertrages vom 29. Juni 1920, RGBl. S. 1284 (unten S. 230).

**) D. i. vom 10. Jan. 1920 bis 10. Jan. 1922.

Personen, die von dem oben vorgesehenen Optionsrecht Gebrauch machen, müssen in den nächsten 12 Monaten ihren Wohnsitz in den Staat verlegen, für den sie optiert haben.

Es steht ihnen frei, das unbewegliche Gut zu behalten, das sie im Gebiete des anderen Staates besitzen, in dem sie vor der Option wohnten. Sie dürfen ihr gesamtes bewegliches Gut mitnehmen. Es wird dafür keinerlei Ausfuhr- oder Einfuhrzoll von ihnen erhoben.

Innerhalb derselben Frist haben die Tschecho-Slowaken, die deutsche Reichsangehörige sind und sich im Ausland befinden, das Recht, falls dies den Bestimmungen des fremden Gesetzes nicht zuwiderläuft und falls sie nicht die fremde Staatsangehörigkeit erworben haben — die tschecho-slowakische Staatsangehörigkeit unter Verlust der deutschen nach Maßgabe der von der Tschecho-Slowakei erlassenen Vorschriften zu erwerben.

b) Staatsangehörigkeitsvertrag zwischen dem Deutschen Reiche und der Tschechoslowakischen Republik.

Vom 29. Juni 1920 (RG. vom 22. Dez. 1920, RGBl. S. 2227/2284 ff.), ratifiziert am 12. Sept. 1922 (Bekanntmachung vom 21. Sept. 1922, RGBl. II S. 763).

Begriffsbestimmungen.

Art. 1. [1] Im Sinne der Vorschriften der Art. 84, 85 des Friedensvertrags und dieses Vertrags ist als Ort, an dem eine Person wohnhaft oder ansässig ist, der Ort anzusehen, an dem sie sich in der erweislichen Absicht niedergelassen hat, daselbst ihren bleibenden Aufenthalt zu nehmen.

[2] Hat eine Person mehr als einen Wohnsitz in diesem Sinne, so soll der Ort maßgebend sein, an dem der überwiegende Schwerpunkt ihrer wirtschaftlichen und sonstigen Lebensverhältnisse liegt.

[3] Läßt sich ein überwiegender Schwerpunkt in diesem Sinne nicht feststellen, so ist für die Anwendung der Art. 84, 85 sowie des Art. 7 dieses Vertrags der Wunsch der betreffenden Person maßgebend. Die Erklärung hierüber ist dem Ministerium des Innern desjenigen Staates, in dessen Gebiete sich der nach dem Wunsche des Beteiligten maßgebende Wohnsitz befindet, binnen sechs Monaten nach dem Inkrafttreten dieses Vertrags schriftlich abzugeben. Sie ist unverzüglich der Regierung des anderen Staates mitzuteilen.

Art. 2. Die beiden vertragschließenden Teile sind darin einig, daß als Tschechoslowaken deutscher Reichsangehörigkeit im Sinne des Art. 85 Abs. 1, Satz 2 und Abs. 5 des Friedensvertrags die deutschen Reichsangehörigen tschechoslowakischer Rasse und Zunge anzusehen sind. Als Hauptmerkmal soll dabei gelten, ob eine Person von Kindheit an die tschechoslowakische Sprache als Muttersprache gesprochen hat. Als Tschechoslowake deutscher Reichsangehörigkeit soll nicht angesehen werden, wer von einem Vater deutscher Rasse und Zunge abstammt, es sei denn, daß der Vater bereits gestorben ist oder getrennt von seiner Familie lebt.

Staatsangehörigkeit der Bewohner des Hultschiner Landes.

Art. 3. Die beiden vertragschließenden Teile sind darüber einig, daß diejenigen deutschen Reichsangehörigen, die zur Zeit des Inkrafttretens des Friedensvertrags von Versailles ihren Wohnsitz in dem durch Art. 83 Abs. 1 dieses Vertrags als Bestandteil der Tschechoslowakei anerkannten Gebiete hatten, mit diesem Zeitpunkte tschechoslowakische Staatsangehörige geworden und berechtigt sind, nach Maßgabe des Art. 85 für die deutsche Reichsangehörigkeit zu optieren.

Staatsangehörigkeit der Bewohner des Kreises Leobschütz.

Art. 4. Falls das in Art. 83 Abs. 4 des Friedensvertrags von Versailles bezeichnete Gebiet der Tschechoslowakischen Republik zugeteilt werden sollte, erwerben die zur Zeit der Zuteilung dort wohnhaften deutschen Reichsangehörigen mit diesem Zeitpunkt die tschechoslowakische Staatsangehörigkeit. Die Optionsfrist (Art. 85, Abs. 1) läuft vom Tage der Zuteilung.

Staatsangehörigkeit der Bewohner anderer Gebiete der Tschechoslowakei.

Art. 5. [1] Diejenigen Personen, die beim Inkrafttreten des Friedensvertrags von Versailles die deutsche Reichsangehörigkeit besaßen und ihren Wohnsitz in anderen als in den Art. 3 und 4 bezeichneten Teilen der Tschechoslowakischen Republik hatten, sind deutsche Reichsangehörige geblieben*).

[2] Abs. 1 findet entsprechende Anwendung auf diejenigen Personen, welche in Gebieten wohnhaft sind, die der Tschechoslowakischen Republik erst nach dem Inkrafttreten dieses Vertrags auf Grund des Friedensvertrags von Versailles oder eines der übrigen den Krieg von 1914 beendigenden Friedensverträge zufallen sollten.

Staatsangehörigkeit der im Gebiete der Tschechoslowakei geborenen Personen.

Art. 6. Die beiden vertragschließenden Teile sind darin einig, daß eine Person, die nach dem Inkrafttreten des zwischen den alliierten und assoziierten Hauptmächten und der Tschechoslowakischen Republik abgeschlossenen Vertrags im Gebiete der letzteren geboren ist oder geboren wird, durch die Geburt die tschechoslowakische Staats-

---

*) Siehe oben Fußnote auf S. 228.

angehörigkeit nur dann erwerben soll, wenn sie nicht durch Abstammung eine andere Staatsangehörigkeit besitzt.

Art. 7. Die beiden vertragschließenden Teile sind darüber einig, daß die Staatsangehörigkeit derjenigen Personen, die vor dem Inkrafttreten des zwischen den alliierten und assoziierten Hauptmächten und der Tschechoslowakischen Republik abgeschlossenen Vertrags in dem Gebiete, das auf Grund des Friedensvertrags von Versailles der Tschechoslowakischen Republik zugefallen ist oder noch zufällt, als Kinder damals dort wohnender deutscher Reichsangehöriger geboren sind und die beim Inkrafttreten des Friedensvertrags die deutsche Reichsangehörigkeit besaßen, sich wie folgt bestimmt:

a) für solche Personen, die zur Zeit des Inkrafttretens des Friedensvertrags ihren Wohnsitz in dem Gebiete hatten, das nach Art. 83 Abs. 1 und 4 der Tschechoslowakei zugeteilt worden ist oder zufallen wird, gelten die Vorschriften der Art. 3 und 4;

b) für solche Personen, die in dem angegebenen Zeitpunkt ihren Wohnsitz in einem der anderen durch den Friedensvertrag der Tschechoslowakei zuerkannten Gebiete hatten, gelten die Vorschriften des Art. 5;

c) solche Personen, die ihren Wohnsitz im angegebenen Zeitpunkt im Deutschen Reiche mit Ausnahme der unter a bezeichneten Gebiete hatten, bleiben deutsche Reichsangehörige;

d) alle anderen Personen der oben bezeichneten Art werden von den beiden vertragschließenden Teilen als ausschließlich tschechoslowakische Staatsangehörige anerkannt. Sie können jedoch innerhalb zweier Jahre nach dem Inkrafttreten des zwischen den alliierten und assoziierten Hauptmächten und der Tschechoslowakischen Republik abgeschlossenen Vertrags vor den von der Tschechoslowakischen Regierung zu bestimmenden Behörden im Lande ihres Wohnsitzes erklären, daß sie auf das tschechoslowakische Staatsbürgerrecht verzichten und werden sodann nicht mehr als tschechoslowakische Staatsangehörige betrachtet; die Erklärung des Ehemannes wirkt für die Ehefrau und die Erklärung der Eltern für die weniger als achtzehn Jahre alten Kinder.

Wirkung der Optionserklärung.

Art. 8. Die beiden vertragschließenden Teile sind darüber einig, daß die den Bestimmungen des Friedensvertrags von Versailles und dieses Vertrags entsprechende Optionserklärung ein einseitiger rechtsbegründender Akt des Optanten ist und daß der darüber auszufertigenden Bescheinigung der Behörde nur deklaratorische Bedeutung zukommt.

Abgabe der Optionserklärung.

Art. 9. [1]Die beiden vertragschließenden Teile sind darüber einig, daß die Entscheidung über die abzugebenden Optionserklärungen jenem Staate allein zusteht, zu dessen Gunsten im einzelnen Falle optiert wird.

[2] Die Optionserklärung ist der zuständigen Behörde gegenüber abzugeben. Zuständig ist für die Optionserklärungen der Personen, die für die tschechoslowakische Staatsangehörigkeit optieren wollen, die diplomatische Vertretung der Tschechoslowakischen Republik in Berlin und für die Optionserklärungen der Personen, die für die deutsche Staatsangehörigkeit optieren wollen, die diplomatische Vertretung des Deutschen Reiches in Prag.

[3] Die Tschechoslowakische Regierung ist damit einverstanden, daß für die Dauer der Optionsfrist ein Bevollmächtigter der Deutschen diplomatischen Vertretung in Prag mit dem Amtssitze in Troppau bestellt wird, der zur Entgegennahme von Optionserklärungen aus den in Art. 83 Abs. 1 und 5 bezeichneten Gebieten zugunsten Deutschlands berechtigt und zu deren unverzüglicher Weitergabe an die Tschechoslowakische Regierung verpflichtet sein soll. Dieses Zugeständnis kann von der Tschechoslowakischen Regierung jederzeit widerrufen werden.

[4] Die Deutsche Regierung und die Tschechoslowakische Regierung werden einander allmonatlich auf diplomatischem Wege Verzeichnisse der bei ihren in Abs. 2 genannten Behörden abgegebenen Optionserklärungen übermitteln. Einrichtung und Inhalt dieser Verzeichnisse werden von den beiderseitigen zuständigen Zentralstellen vereinbart werden.

Form der Optionserklärung und Bescheid über deren Abgabe.

Art. 10. Die Optionserklärungen sind in schriftlicher Form oder zu Protokoll der zuständigen Behörde abzugeben. Über die Abgabe ist von der sie entgegennehmenden Behörde eine Bescheinigung zu erteilen, in der auch die Familienmitglieder anzuführen sind, auf die sich die Wirkung der Option erstreckt.

Abgabe der Optionserklärung für Jugendliche und andere in der Geschäftsfähigkeit beschränkte Personen.

Art. 11. [1] Für elternlose Personen unter achtzehn Jahren, für Minderjährige von mehr als achtzehn Jahren, bei denen die Voraussetzungen der Entmündigung vorliegen, sowie für solche Personen, die entmündigt oder unter vorläufige Vormundschaft (Obsorge) gestellt worden sind, wird die Option durch die gesetzlichen Vertreter ausgeübt.

[2] Denjenigen Personen, für welche Eltern, Vormünder oder sonstige gesetzliche Vertreter die Option ausgeübt haben, steht innerhalb der Optionsfrist ein Widerrufungsrecht zu, wenn sie vor Ablauf dieser Frist das achtzehnte Lebensjahr vollendet haben, oder wenn vor Ablauf der Frist der Grund der gesetzlichen Vertretung

fortgefallen ist. Auf die Abgabe der Widerrufserklärungen finden die Vorschriften des Art. 9 des gegenwärtigen Vertrags entsprechende Anwendung.

Wahrung der Rechte der Optanten.

Art. 12. [1] Die beiden vertragschließenden Teile werden die Bestimmung, wonach die Optanten das unbewegliche Vermögen im Staate, von dem sie wegoptieren, behalten dürfen, durch keinerlei Gesetze, Verordnungen oder sonstige Vorschriften beeinträchtigen, die nicht ganz allgemeiner Natur sind und nicht auch auf die eigenen Staatsangehörigen und auf alle im Staate wohnhaften Angehörigen anderer Staaten Anwendung finden.

[2] Personen, die gemäß Art. 85 Abs. 3 des Friedensvertrags ihren Wohnsitz in das Gebiet des Staates verlegen, für den sie optiert haben, dürfen in der ihnen in Art. 85 Abs. 4 Satz 2 des Vertrags gewährleisteten Befugnis zur Mitnahme ihrer beweglichen Habe durch keinerlei Ausfuhrverbote oder sonstige gesetzliche oder Verwaltungsmaßnahmen des bisherigen Aufenthaltsstaats beschränkt werden. Sie werden insbesondere keinerlei Ausfuhrabgaben irgendwelcher Art zu zahlen haben. Die vertragschließenden Teile behalten sich vor, über die steuerliche Behandlung solcher Optanten besondere Vereinbarungen zu treffen.

[3] Personen, die ihren Wohnsitz in das Gebiet des Staates, für den sie optiert haben, verlegt und im Gebiete des von ihnen verlassenen Staates gemäß Art. 85 Abs. 4 Satz 1 des Friedensvertrags unbewegliches Gut zurückgelassen haben, sind berechtigt, zur Verwaltung des zurückgelassenen Gutes im Gebiete des verlassenen Staates zeitweilig Aufenthalt zu nehmen. Als unbewegliches Gut im Sinne dieses Artikels und des Art. 85 Abs. 4 Satz 1 sind auch Rechte jeder Art an gewerblichen Unternehmungen anzusehen.

Neuaufnahmen.

Art. 13. Die beiden vertragschließenden Teile verpflichten sich, künftige Neuaufnahmen*) von Staatsangehörigen des anderen Teiles in ihren Staatsverband, soweit diese Neuaufnahmen nicht auf den Vorschriften des Friedensvertrags von Versailles beruhen, erst durchzuführen, wenn der andere Staat die in den Staatsverband neu aufzunehmenden Personen aus seinem Staate entlassen hat**)***). Die Entlassung kann demjenigen nicht versagt werden, der nach-

---

*) Nach dem Sprachgebrauch des deutschen Gesetzes: Einbürgerungen, § 3 Ziff. 5 RStG.

**) Siehe jedoch oben S. 40 Anm. 7 zu § 8 RStG.

***) Die Entlassung des Ehemannes aus dem tschechoslowakischen Staatsverbande erstreckt sich auf die Ehefrau, aber nicht ohne weiteres auf die minderjährigen Kinder (Entschl. d. StMin. d. Innern vom 19. Juli 1927 Nr. 4004 a 4).

weist, daß er seinen Wohnsitz in das Gebiet des anderen Teiles verlegt hat oder im Begriff ist, ihn dorthin zu verlegen. Sie gilt als nicht erfolgt*), wenn der Entlassene beim Ablauf von sechs Monaten*) nach der Aushändigung der Entlassungsurkunde seinen Wohnsitz noch oder wieder im Gebiete des bisherigen Aufenthaltsstaats hat.

Schlichtung von Streitigkeiten.

Art. 14—22.

Ratifizierung.

Art. 23. [1] Dieser Vertrag soll ratifiziert und die Ratifikationsurkunden sollen sobald als möglich in Prag ausgetauscht werden.

[2] Der Vertrag tritt am Tage des Austausches der Ratifikationsurkunden in Kraft.

[3] Der Vertrag wird in zwei gleichlautenden Stücken, und zwar je in tschechoslowakischer und deutscher Sprache ausgefertigt. Beide Texte sind maßgebend. Der ratifizierte Vertrag wird von beiden Staaten in ihren amtlichen Gesetzsammlungen in beiden Texten veröffentlicht werden.

7. Nordschleswig.

A. Das Abstimmungsgebiet: Vers.Vertr. Art. 109 (RGBl. S. 879).

B. Staatsangehörigkeit:

a) Versailler Vertrag.

Art. 112 (RGBl. S. 887). Alle Einwohner des an Dänemark zurückfallenden Gebietes erwerben von Rechts wegen das dänische Indigenat (Bürgerrecht) unter Verlust der deutschen Reichsangehörigkeit.

Jedoch können Personen, die sich erst nach dem 1. Oktober 1918 in diesem Gebiete niedergelassen haben, das dänische Indigenat nur mit Genehmigung der dänischen Regierung erwerben.

Art. 113. Zwei Jahre nach dem Tage**), an dem die Souveränität über die Gesamtheit oder einen Teil der Gebiete, in denen die Volksabstimmung***) stattfindet, an Dänemark zurückfällt,

kann jede über achtzehn Jahre alte Person, die in den an Dänemark zurückfallenden Gebieten geboren ist, aber keinen Wohnsitz in dieser Gegend hat und die deutsche Reichsangehörigkeit besitzt, für Dänemark optieren;

und jede über achtzehn Jahre alte Person, die in den an Dänemark zurückfallenden Gebieten ihren Wohnsitz hat, für Deutschland optieren.

---

*) Diese Bestimmung ist unvereinbar mit § 24 RStG.!

**) D. i. vom 15. Juni 1920 bis 15. Juni 1922.

***) Die Abstimmung fand am 10. Febr. u. 14. März 1920 statt.

Die Option des Ehemanns erstreckt ihre Wirkung auf die Ehefrau und die Option der Eltern erstreckt ihre Wirkung auf Kinder unter achtzehn Jahren.

Personen, die von dem oben vorgesehenen Optionsrecht Gebrauch gemacht haben, müssen in den nächsten zwölf Monaten ihren Wohnsitz in das Gebiet des Staates verlegen, für den sie optiert haben.

Es steht ihnen frei, das unbewegliche Gut zu behalten, das sie in dem Gebiete des anderen Staates besitzen, in dem sie vor der Option wohnten. Sie dürfen ihr gesamtes bewegliches Gut mitnehmen. Es wird dafür keinerlei Ausfuhr- oder Einfuhrzoll von ihnen erhoben.

b) Vertrag zwischen dem Deutschen Reiche und Dänemark betreffend die Regelung der durch den Übergang der Staatshoheit in Nordschleswig auf Dänemark entstandenen Fragen.

Vom 10. April 1922 (RG. vom 1. Juni 1922, in Kraft getreten am 10. Juni 1922, RGBl. II S. 141 ff.), ratifiziert am 7. Juni 1922 (RGBl. II S. 235).

. . . .

Anlage 11. Abkommen zur Ausführung der Artikel 112 und 113 des Vertrags von Versailles (RGBl. 1922 II S. 201 ff.).

Art. 1. 1. Als Wohnsitz im Sinne des Art. 112 und 113 des Vertrags von Versailles ist der Ort anzusehen, an dem die betreffende Person ihr festes und dauerndes Heim hat. Die Entscheidung über das tatsächliche Vorhandensein des Wohnsitzes in dem angegebenen Sinne bleibt der Regierung des Staates vorbehalten, dessen Staatsangehörigkeit beansprucht wird. Die vertragschließenden Teile sind darüber einverstanden, daß bei deutschen Reichsangehörigen, die einen solchen Wohnsitz sowohl in dem auf Grund des Vertrags von Versailles an Dänemark gefallenen Gebiet, als auch in Deutschland haben, für die Anwendung der Bestimmungen des Artikels 112 der Wohnsitz in Deutschland außer Betracht bleibt.

2. Personen, die gemäß Art. 112 oder durch Option gemäß Art. 113 die Staatsangehörigkeit in dem einen Staate erwerben, verlieren dadurch zugleich die Staatsangehörigkeit in dem anderen Staate.

3. Maßgebend ist der Wohnsitz am 15. Juni 1920; jedoch können Personen, die sich erst nach dem 1. Oktober 1918 in dem an Dänemark gefallenen Gebiet niedergelassen haben, die dänische Staatsangehörigkeit nur mit Ermächtigung der Dänischen Regierung erwerben. Bis zur Erteilung dieser Ermächtigung behalten sie die deutsche Reichsangehörigkeit.

4. Die vertragschließenden Teile sind darüber einverstanden, daß Personen, die am 15. Juni 1920 ihren Wohnsitz noch in dem an Dänemark gefallenen Gebiet hatten, bei Inkrafttreten dieses Abkommens jedoch ihren Wohnsitz bereits nach Deutschland verlegt haben, ohne Optionserklärung als deutsche Reichsangehörige zu betrachten sind, und nicht gemäß Art. 112 des Vertrags von Versailles die dänische Staatsangehörigkeit erworben haben, es sei denn, daß sie eine dänische Staatsangehörigkeitsbescheinigung gemäß Art. 6, Abs. 2 bereits erhalten haben oder bis zum 14. Juni 1922 bei dem Königlich Dänischen Ministerium des Innern in Kopenhagen beantragen; falls bei solchen Personen die Voraussetzungen des Art. 112 vorliegen, ist die Bescheinigung auf diesen Antrag hin dänischerseits zu erteilen. Solche Personen, die erst nach Ablauf des Jahres 1920 aus Nordschleswig abgewandert sind, sind jedoch berechtigt, eine dänische Staatsangehörigkeitsbescheinigung bis zum 15. August 1922 zu beantragen.

Art. 2. Die vertragschließenden Teile sind darüber einverstanden, daß den im Art. 112, Abs. 2 des Vertrags von Versailles bezeichneten Personen, die einen Antrag auf Erwerb der dänischen Staatsangehörigkeit nicht stellen, oder deren Antrag von der dänischen Regierung abgelehnt wird, bis zum 31. Dezember 1923 bei einem Verlassen des Landes alle Rechte zustehen, die sich gemäß Art. 113, letzter Absatz, aus der Ausübung des Optionsrechts ergeben.

Art. 3. Die vertragschließenden Teile sind darüber einverstanden, daß die im Art. 113 des Vertrags von Versailles vorgesehene Frist für die Abgabe der Optionserklärungen in allen Fällen mit dem 15. Juni 1920 beginnt, und daß sie bei der Option zugunsten Dänemarks mit Ablauf des 14. Juni 1922, bei der Option zugunsten Deutschlands mit Ablauf des 31. Dezember 1922 erlischt.

Art. 4. 1. Die Optionserklärung hat einer zuständigen Behörde gegenüber zu erfolgen. Sie muß schriftlich oder zu Protokoll abgegeben werden. Über die Erklärung ist von der sie entgegennehmenden Behörde ein Ausweis zu erteilen. In diesem Ausweis ist der Tag anzugeben, an dem die Optionserklärung als abgegeben anzusehen ist. Als solcher ist der Tag des Eingangs der Optionserklärung bei der zuständigen Behörde beziehungsweise derjenige der Erklärung zu Protokoll maßgebend.

2. Zuständig für Entgegennahme der Optionserklärung von Personen, die für Dänemark optieren, ist in Kopenhagen der Magistrat, im übrigen Dänemark der betreffende Amtmann. Außerhalb Dänemarks werden Optionserklärungen von den dänischen Gesandtschaften oder den dänischen Generalkonsulaten oder Konsulaten entgegengenommen.

3. Für Entgegennahme der Optionserklärung von Personen, die für Deutschland optieren, ist in dem an Dänemark gefallenen Ge-

biete das deutsche Konsulat in Apenrade, im übrigen Dänemark die deutsche Gesandtschaft in Kopenhagen zuständig; für außerhalb Dänemarks wohnende Personen sind die von der Deutschen Reichsregierung zu bezeichnenden Stellen zuständig.

4. Über Form und Inhalt der Optionserklärung werden die vertragschließenden Teile Vorschriften erlassen und diese alsbald einander mitteilen.

Art. 5. 1. Die gemäß Art. 4 dieses Abkommens erfolgte Abgabe der Optionserklärung bewirkt den Erwerb der gewählten und den Verlust der bisherigen Staatsangehörigkeit. Die rechtlichen Wirkungen der Option treten mit dem Tage ein, an dem die Optionserklärung abgegeben ist. Hat der Optant nicht schon vorher oder spätestens innerhalb von 12 Monaten nach diesem Tage seinen Wohnsitz nach dem Lande verlegt, zu dessen Gunsten er optiert hat, so gilt die Optionserklärung als nicht erfolgt; es wird dann so angesehen, als ob der Optant seine Staatsangehörigkeit überhaupt nicht gewechselt hätte.

2. Optanten, welche außerhalb der beiden Staaten ihren Wohnsitz haben, können von dem Staat, für welchen sie optieren, von der Bedingung der Wohnsitzverlegung befreit werden.

3. Die Wirkungen der Wohnsitzverlegung oder der Nichtverlegung des Wohnsitzes erstrecken sich auch auf die im Art. 113, Abs. 2 des Vertrags von Versailles bezeichneten Familienmitglieder.

4. Während des obengenannten Zeitraumes von 12 Monaten darf der Staat, in dem der Optant seinen Wohnsitz hat, den Optanten nicht ausweisen beziehungsweise ihm die Aufenthaltserlaubnis nicht versagen.

5. Ein Widerruf der Optionserklärung ist, abgesehen von den Fällen des Art. 8, Abs. 2 dieses Abkommens unzulässig.

Art. 6. 1. Sobald infolge Verlegung des Wohnsitzes beziehungsweise der Befreiung von der Wohnsitzverlegung endgültig Klarheit über die Staatsangehörigkeit eines Optanten geschaffen ist, erhält der Optant von dem Staate, dessen Staatsangehörigkeit er erworben hat, eine Staatsangehörigkeitsbescheinigung ausgehändigt.

2. Zuständig für die Ausfertigung von Staatsangehörigkeitsbescheinigungen sind in Deutschland die von der Deutschen Reichsregierung zu bezeichnenden Stellen, in Dänemark das Kgl. Dänische Ministerium des Innern in Kopenhagen.

3. Die Staatsangehörigkeitsbescheinigung hat die Bescheinigung der Wohnsitzverlegung oder der Befreiung von dieser zu enthalten.

4. Staatsangehörigkeitsbescheinigungen, die die im Abs. 3 bezeichnete Bescheinigung enthalten, liefern vor den Verwaltungsbehörden und Gerichten der vertragschließenden Teile den vollen Beweis für den Besitz der darin beurkundeten Staatsangehörigkeit.

Art. 7. 1. Zur Abgabe der Optionserklärung berechtigt sind Männer, unverheiratete Frauen, Witwen und geschiedene (bei der

Option zugunsten Dänemarks auch separierte) Ehefrauen, die das 18. Lebensjahr vollendet haben.

2. Für elternlose Personen unter 18 Jahren wird die Optionserklärung von dem gesetzlichen Vertreter abgegeben.

3. Voraussetzung der Optionsberechtigung ist:

Für die Option zugunsten Dänemarks, daß die betreffenden Personen

a) die deutsche Reichsangehörigkeit besitzen,
b) in dem an Dänemark gefallenen Gebiete geboren sind,
c) nicht bereits gemäß Art. 112 des Vertrags von Versailles durch ihren Wohnsitz in dem genannten Gebiete die dänische Staatsangehörigkeit erworben haben.

Für die Option zugunsten Deutschlands, daß diese Personen am 15. Juni 1920 durch ihren Wohnsitz in dem genannten Gebiete gemäß Art. 112 des Vertrags von Versailles die dänische Staatsangehörigkeit erworben hatten, jedoch vorbehaltlich der Bestimmungen des Art. 1, Abs. 4 dieses Abkommens.

4. Personen, die infolge Fahnenflucht durch Erklärungen deutscher Behörden die deutsche Reichsangehörigkeit verloren haben, im übrigen aber die Bedingungen des Art. 112 oder 113 des Vertrags von Versailles erfüllen, sind in bezug auf den Erwerb der dänischen Staatsangehörigkeit nach denselben Regeln zu behandeln, als ob sie deutsche Reichsangehörige geblieben wären.

Art. 8. 1. Die Option des Mannes erstreckt sich auf die Ehefrau (bei der Option zugunsten Dänemarks jedoch nicht auf die tatsächlich vom Manne getrennt lebende Ehefrau) und die ehelichen Kinder unter 18 Jahren. Die Option der geschiedenen (bei Option zugunsten Dänemarks auch der separierten) Ehefrau erstreckt sich auf diejenigen ehelichen Kinder unter 18 Jahren, über die sie die elterliche Gewalt hat. Die Option der unehelichen Mutter erstreckt sich auf deren uneheliche Kinder unter 18 Jahren.

2. Elternlosen Personen unter 18 Jahren, für die ihre gesetzlichen Vertreter die Option ausgeübt haben, steht innerhalb der Optionsfrist ein Widerrufsrecht zu, wenn sie vor Ablauf der Frist das 18. Lebensjahr vollenden. Die Bestimmungen der Art. 4 bis 6 dieses Abkommens finden entsprechende Anwendung.

Art. 9. Personen, die optiert haben, oder auf die sich die Optionserklärung einer anderen Person erstreckt, sind von dem Tage der Optionserklärung an bis zum Ablauf eines Jahres nach Abgabe der Optionserklärung von der Verpflichtung zum Militärdienste befreit.

Art. 10. Personen, die nach Maßgabe dieses Abkommens die Staatsangehörigkeit in dem einen Staate erworben haben, werden in dem anderen Staate, unbeschadet der Bestimmungen über die Wohnsitzverlegung, nicht anders behandelt werden als andere Staatsangehörige des erstgenannten Staates.

Art. 11. Die vertragschließenden Teile behalten sich vor, zwecks Vermeidung der Doppelbesteuerung von Optanten besondere Vereinbarungen zu treffen.

Art. 12. Die vertragschließenden Teile verpflichten sich, einander auf diplomatischem Wege vierteljährlich, und zwar zum erstenmal drei Monate nach dem Tage des Inkrafttretens dieses Abkommens, Verzeichnisse zu übermitteln sowohl über diejenigen Personen, welchen ihre Behörden die im Art. 4 Abs. 1 dieses Abkommens erwähnten Ausweise erteilt haben, als auch über diejenigen Personen, welchen ihre Behörden gemäß Art. 6 Staatsangehörigkeitsbescheinigungen ausgehändigt haben. Die Dänische Regierung wird ebenso der Deutschen Regierung Verzeichnisse derjenigen Personen übermitteln, denen nach Inkrafttreten dieses Abkommens gemäß dessen Art. 1 Abs. 4 Staatsangehörigkeitsbescheinigungen ausgehändigt werden.

Art. 13. 1. Führt die Prüfung der Staatsangehörigkeit einer Person, die zugunsten eines der beiden vertragschließenden Teile optiert hat oder die zu dem im Art. 1 Abs. 4 dieses Abkommens bezeichneten Personenkreise gehört, zu dem Ergebnis, daß diese Person weder in dem einen noch in dem anderen Staate von den zuständigen Behörden als staatsangehörig anerkannt wird, so kann jeder der vertragschließenden Teile verlangen, daß der Fall von einer gemischten Kommission geregelt wird, die sich aus je zwei Angehörigen der vertragschließenden Teile zusammensetzt und je nach Bedarf an einem zu vereinbarenden Orte zusammentritt.

2. In allen Fällen, in denen sich die beiderseitigen Mitglieder der Kommission nicht einigen, entscheidet ein neutraler Schiedsrichter, um dessen Ernennung die Königlich Schwedische Regierung gebeten wird.

3. Die Bestimmungen des Abs. 1 und 2 dieses Artikels gelten zunächst auf fünf Jahre vom Tage des Inkrafttretens dieses Abkommens ab und können von da ab mit einjähriger Frist gekündigt werden.

Schlußprotokoll.

1. Die vertragschließenden Teile sind darüber einverstanden, daß das Zirkular des Königlich Dänischen Ministeriums des Innern vom 31. März 1921 an die Amtmänner der Ämter Hadersleben, Apenrade, Sonderburg und Tondern der Auslegung des Wohnsitzbegriffes auf dänischer Seite zugrunde zu legen ist.

2. Die Frage der Staatsangehörigkeit solcher an sich optionsberechtigter, aber wegen Geisteskrankheit oder Geistesschwäche nicht optionsfähiger Personen, die unter öffentlicher oder privater Fürsorge stehen, ist von der für die Auseinandersetzung öffentlich-rechtlicher Verbände eingesetzten Kommission im Zusammenhange mit der Frage der Fürsorgepflicht zu regeln.

3. Die Dänische Regierung erklärt, daß nach der bereits bestehenden Praxis der zuständigen Behörden die optionsberechtigten Personen auf Antrag bis zum Ablauf der Optionsfrist vom Militärdienst zurückgestellt werden.

4. Es besteht darüber Einverständnis, daß die Frage, ob der geschiedenen bzw. separierten Ehefrau im einzelnen Falle die nach Art. 8 Abs. 1 erforderte elterliche Gewalt zusteht, nach demjenigen Rechte zu beurteilen ist, das für den Optanten in dieser Beziehung bis zur Option galt.

c) Verordnung*) zum Staatsangehörigkeitsabkommen zwischen dem Deutschen Reiche und Dänemark.

Vom 24. Juli 1922 (RGBl. II S. 686).

Auf Grund des Art. 2 des Gesetzes über den am 10. April 1922 unterzeichneten Vertrag zwischen Deutschland und Dänemark, betreffend die Regelung der durch den Übergang der Staatshoheit in Nordschleswig entstandenen Fragen, vom 1. Juni 1922 (RGBl. Teil II S. 141) wird nach Zustimmung des Reichsrats zur Ausführung des deutsch-dänischen Staatsangehörigkeitsabkommens (Anlage 11 des Vertrags vom 10. April 1922) hiermit verordnet:

§ 1.

Für die Entgegennahme der Optionserklärungen von Personen, die gemäß Art. 113 des Vertrags von Versailles und gemäß dem deutsch-dänischen Staatsangehörigkeitsabkommen für Deutschland optieren, sind zuständig:

im Inland die höheren Verwaltungsbehörden; die obersten Landesbehörden bestimmen, welche Behörden als höhere Verwaltungsbehörden im Sinne dieser Vorschrift anzusehen sind;
in dem an Dänemark gefallenen Gebiete das deutsche Konsulat in Apenrade;
im übrigen Dänemark die deutsche Gesandtschaft in Kopenhagen;
im Ausland außerhalb Dänemarks eine amtliche deutsche Vertretung; der Reichsminister des Auswärtigen erläßt die näheren Bestimmungen.

§ 2.

Die örtliche Zuständigkeit der Optionsbehörden (§ 1) wird durch den Wohnsitz und in Ermangelung eines Wohnsitzes durch den Aufenthaltsort des Optanten bestimmt.

---

*) Hierzu Ausführungsbestimmungen des Reichsministeriums des Innern vom 27. Juli 1922, RGBl. II S. 688 ff.

§ 3.

Die Optionsbehörde hat dem Optanten den Eingang der Optionserklärung unverzüglich schriftlich zu bestätigen. Auf Verlangen der Optionsbehörde hat der Optant die zur Prüfung seiner Optionsberechtigung erforderlichen Nachweise und Urkunden beizubringen.

Nach Prüfung der Optionsberechtigung erteilt die Optionsbehörde dem Optanten den Optionsausweis gemäß Art. 4 des Staatsangehörigkeitsabkommens.

§ 4.

Hat der Optant weder vor dem Tage der Optionserklärung noch innerhalb von 12 Monaten nach diesem Tage seinen Wohnsitz nach Deutschland verlegt, so gilt die Optionserklärung als nicht erfolgt; es wird dann so angesehen, als ob der Optant seine Staatsangehörigkeit überhaupt nicht gewechselt hätte (Art. 5 Abs. 1 Satz 3 des Staatsangehörigkeitsabkommens).

Verlegt der Optant nach der Optionserklärung seinen Wohnsitz nach Deutschland, so hat er dies der Optionsbehörde alsbald anzuzeigen.

Optanten, die im Ausland außerhalb Dänemarks ihren Wohnsitz haben, können ihre Befreiung von der Bedingung der Wohnsitzverlegung beantragen. Der Antrag ist an die für den Wohnort des Optanten zuständige amtliche deutsche Vertretung zu richten. Über den Antrag entscheidet die oberste Landesbehörde des Heimatstaats des Optanten; diese kann die Entscheidung der Heimatbehörde (§ 5) übertragen.

§ 5.

Sobald endgültig Klarheit über die Staatsangehörigkeit des Optanten geschaffen, auch der Wohnsitz nach Deutschland verlegt oder gemäß § 4 Abs. 3 Befreiung von der Wohnsitzverlegung gewährt worden ist, wird dem Optanten eine Staatsangehörigkeitsbescheinigung gemäß Art. 6 des Staatsangehörigkeitsabkommens behändigt. Zuständig hierfür ist die höhere Verwaltungsbehörde seines Heimatstaats (Heimatbehörde). Die obersten Landesbehörden bestimmen, welche Behörden als höhere Verwaltungsbehörden im Sinne dieser Vorschrift anzusehen sind.

Die örtliche Zuständigkeit der Heimatbehörden richtet sich nach dem Wohnsitz des Optanten im Gebiete seines Heimatstaats. Hat er dort keinen Wohnsitz, so ist sein letzter Wohnsitz im Gebiete des Heimatstaats maßgebend. Hat er im Heimatstaate keinen Wohnsitz gehabt, so ist die Heimatbehörde des Wohnsitzes der Eltern oder des letztlebenden Elternteils zuständig. Erforderlichenfalls wird die örtlich zuständige Behörde durch die oberste Landesbehörde des Heimatstaats bestimmt.

Die Heimatbehörde stellt die Staatsangehörigkeitsbescheinigung nach unmittelbarem Benehmen mit der Optionsbehörde aus. Die Optionsbehörde benachrichtigt die Heimatbehörde, sobald sie davon

Kenntnis erhält, daß der Optant seinen Wohnsitz nach Deutschland verlegt oder Befreiung von der Wohnsitzverlegung erhalten hat.

§ 6.

Die Optionsbehörden und die Heimatbehörden führen Register über die Optanten, die erteilten Optionsausweise und Staatsangehörigkeitsbescheinigungen.

§ 7.

Der Reichsminister des Innern erläßt Vorschriften über Form und Inhalt der Optionserklärungen, der Optionsausweise, der Staatsangehörigkeitsbescheinigungen, ferner über die Einrichtung der Register (§ 6) und über die Pflicht der Registerbehörden zur regelmäßigen Übersendung von Abschriften des Registerinhalts an eine Zentralstelle.

§ 8.

Diese Verordnung tritt mit dem Tage der Verkündung*) in Kraft.

d) Bekanntmachung des bayer. Staatsministeriums des Innern über Option für Deutschland oder Dänemark.

Vom 13. Nov. 1922 Nr. 4002 c 4 (StAnz. Nr. 264).

Im Anschluß an das Deutsch-Dänische Staatsangehörigkeitsabkommen (Optionsabkommen, Anl. 11 des deutsch-dänischen Vertrags vom 10. April 1922, RGBl. Teil II S. 141) und die Reichs-Verordnung vom 24. Juli 1922 (RGBl. Teil II S. 686) wird folgendes angeordnet:

1. Als höhere Verwaltungsbehörden im Sinne der §§ 1 und 2 der Verordnung vom 24. Juli 1922, die zur Entgegennahme der Optionserklärung, zur Bestätigung ihres Eingangs und zur Ausstellung eines Optionsausweises zuständig sind (Optionsbehörden), werden für die unmittelbaren Städte die Stadträte, im übrigen die Bezirksämter bestimmt.

Die örtliche Zuständigkeit dieser Behörden richtet sich nach dem Wohnsitz, in Ermangelung eines Wohnsitzes nach dem Aufenthaltsorte des Optanten. Gleichgültig ist dabei, welche Landesangehörigkeit der Optant durch die Option zurückerwirbt (§ 2 der Verordnung vom 24. Juli 1922).

Auf Verlangen der Optionsbehörde hat der Optant die zur Prüfung seiner Optionsberechtigung erforderlichen Nachweise und Urkunden beizubringen.

2. Wer optionsberechtigt ist, bestimmt sich nach Art. 113 des Vertrags von Versailles (RGBl. 1919 S. 855) sowie Art. 7 des Optionsabkommens.

---

*) RGBl. 1922 II Nr. 19, ausgegeben am 4. August 1922.

Darnach ist Voraussetzung des Optionsrechts für Deutschland

1. Besitz der deutschen Reichsangehörigkeit am 15. Juni 1920;
2. Wohnsitz im abgetretenen Nordschleswig am 15. Juni 1920 und Niederlassung daselbst vor dem 2. Oktober 1918.

Ein ununterbrochener Wohnsitz in der Zeit vor dem 2. Oktober 1918 bis zum 15. Juni 1920 ist für die Optionsberechtigung nicht Voraussetzung.

Diejenigen Deutschen, die bis zum Inkrafttreten des Abkommens, also bis zum 7. Juni 1922, bereits den Wohnsitz nach Deutschland verlegt hatten, sind so anzusehen, als seien sie ohne Optionserklärung deutsch geblieben; ausgenommen hiervon bleiben diejenigen, die bereits eine dänische Staatsangehörigkeitsbescheinigung von dem Dänischen Ministerium des Innern in Kopenhagen erhalten haben oder bis 14. Juni (15. August) 1922 beantragt haben; für diese Personen verbleibt es bei dem Staatsangehörigkeitswechsel, doch können sie für Deutschland optieren (Art. 1 Nr. 4 des Abkommens).

Die Option des Ehemannes ist zugleich für die Ehefrau, die der Eltern für ihre Kinder unter 18 Jahren wirksam. Für elternlose Personen unter 18 Jahren wird die Optionserklärung von dem gesetzlichen Vertreter abgegeben (Art. 7 und Art. 8 des Abkommens).

3. Die Option für die deutsche Reichsangehörigkeit bewirkt den Erwerb der früheren deutschen Staatsangehörigkeit; es erwerben z. B. ehemalige preußische Staatsangehörige, die in Bayern für die deutsche Reichsangehörigkeit optieren, hiermit wieder die preußische Staatsangehörigkeit.

Die Rechtsfolgen der Option treten mit der Abgabe der Optionserklärung der zuständigen Behörde gegenüber (schriftlich oder zu Protokoll, Art. 4 des Abkommens) ein. Die Option gilt jedoch als nicht erfolgt, wenn der Optant nicht bis zum Ablaufe von 12 Monaten nach dem Optionstage seinen Wohnsitz nach Deutschland verlegt hat. Der Optant hat die Verlegung seines Wohnsitzes nach Deutschland der Optionsbehörde alsbald anzuzeigen. Von dem Erfordernisse der Wohnsitzverlegung können diejenigen Optanten, welche außerhalb der beiden vertragschließenden Staaten ihren Wohnsitz haben, befreit werden (Art. 5 Abs. 2 des Abkommens, § 4 Abs. 3 der Verordnung vom 24. Juli 1922). Der Antrag auf Befreiung ist an die für den Wohnort des Optanten zuständige amtliche deutsche Vertretung zu richten. Über den Antrag entscheidet die oberste Landesbehörde des Heimatstaates des Optanten; diese kann die Entscheidung der Heimatbehörde (s. unter Ziff. 4!) übertragen; auf Grund dieser Ermächtigung wird bestimmt, daß in Bayern über die Befreiungsanträge die unter Ziff. 4 bezeichneten höheren Verwaltungsbehörden (Heimatbehörden) zu entscheiden haben.

Personen, die von dem Optionsrechte Gebrauch gemacht haben, sind berechtigt, in dem bisherigen Wohnsitzstaat ihr unbewegliches Vermögen zu behalten; sie dürfen ihr gesamtes bewegliches Vermögen mitnehmen, ohne daß dafür irgendwelcher Ausfuhr- oder Einfuhrzoll erhoben werden darf.

4. Sobald über die Staatsangehörigkeit des Optanten endgültig Klarheit geschaffen und der Bedingung der Wohnsitzverlegung nach Deutschland genügt oder Befreiung hiervon erteilt ist, erhält der Optant eine Staatsangehörigkeitsbescheinigung ausgehändigt, die auch eine Bescheinigung der Wohnsitzverlegung oder der Befreiung von ihr zu enthalten hat. Diese Bescheinigung kann nur von dem Staat ausgestellt werden, dessen Staatsangehörigkeit der Optant durch die Option zurückerworben hat (Art. 6 des Abkommens).

Als höhere Verwaltungsbehörde im Sinne des § 5 der Verordnung vom 24. Juli 1922, die zur Ausstellung der Staatsangehörigkeitsbescheinigung zuständig sind (Heimatbehörden), werden in den unmittelbaren Städten die Stadträte, im übrigen die Bezirksämter bestimmt. Die örtliche Zuständigkeit der Heimatbehörden richtet sich nach § 5 Abs. II der Verordnung vom 24. Juli 1922. Die Staatsangehörigkeitsbescheinigung liefert vor Gerichten und Verwaltungsbehörden den vollen Beweis der beurkundeten Staatsangehörgkeit (Art. 6 des Abkommens).

5. In den Fällen, in denen die Options- und die Heimatbehörde verschiedenen Ländern angehören, haben sich die beiderseitigen Behörden im Wege des unmittelbaren Schriftwechsels zu benehmen; insbesondere hat die Optionsbehörde die Heimatbehörde zu benachrichtigen, sobald sie davon Kenntnis erhält, daß der Optant seinen Wohnsitz nach Deutschland verlegt oder Befreiung von der Wohnsitzverlegung erhalten hat; die Optionsbehörde hat ferner die Akten über die Optionsvorgänge der Heimatbehörde des anderen Staates unmittelbar zu übersenden.

6. Die Entgegennahme der Optionserklärung, die schriftliche Bestätigung (§ 3 Abs. I der Verordnung vom 24. Juli 1922), die Ausstellung des Optionsausweises (§ 3 Abs. II a. a. O.), sowie die Ausstellung der Staatsangehörigkeitsbescheinigung (§ 5 a. a. O.) sind als Amtshandlungen anzusehen, die unabhängig von dem Verschulden einer Partei im öffentlichen Interesse von Amts wegen gepflogen werden. Eine Gebühr wird deshalb gemäß Art. 3 Zeile 1 des Kostengesetzes in diesen Fällen nicht erhoben.

7. Die Options- und Heimatbehörden haben Register über die Optanten, die erteilten Optionsausweise und Staatsangehörigkeitsbescheinigungen zu führen (§ 6 der Verordnung vom 24. Juli 1922) und sie gemäß Ziff. II der Ausführungsbestimmungen vom 27. Juli 1922 (RGBl. Teil II S. 688) nach Anlage E zu diesen Ausführungsbestimmungen einzurichten. Drei beglaubigte Abschriften des Inhalts der Register sind dem Reichsministerium des Innern, Abteilung II, einzusenden. Änderungen des früher vorgelegten Registerinhalts und Neueintragungen sind bis auf weiteres vierteljährlich, das erstemal zum 1. Dezember 1922, durch Übersendung von drei beglaubigten Abschriften mitzuteilen.

8. Die Frist zur Option für Deutschland erlischt mit Ablauf des 31. Dezember 1922. Die Option für Dänemark war nur bis zum Ablaufe des 14. Juni 1922 möglich.

8. Memelgebiet.

A. Abtrennung und Grenzziehung: Vers.Vertr. Art. 99 Abs. I (RGBl. S. 869).

B. Staatsangehörigkeit:

a) Versailler Vertrag.

Art. 99 Abs. II. Deutschland verpflichtet sich, die von den alliierten und assoziierten Hauptmächten hinsichtlich dieser Gebiete, insbesondere über die Staatsangehörigkeit der Einwohner getroffenen Bestimmungen anzuerkennen.

b) Artikel 8 bis 10 der Memelkonvention

die zwischen Großbritannien, Frankreich, Italien und Japan einerseits und Litauen anderseits am 8. Mai 1924 in Paris abgeschlossen wurde. Die Artikel 8 bis 10 lauten in deutscher Übersetzung (Bek. des Reichsmin. d. Innern vom 4. März 1925, RMBl. S. 122):

Art. 8. Die früheren deutschen Staatsangehörigen, die am Tage der Ratifizierung dieses Abkommens durch Litauen über 18 Jahre alt sind und wenigstens seit dem 10. Januar 1920 im Memelgebiet ihren tatsächlichen Wohnsitz haben, erwerben ohne weiteres (ipso facto) die litauische Staatsangehörigkeit.

Es können für die litauische Staatsangehörigkeit innerhalb einer Frist von 6 Monaten nach dem Tage der Ratifizierung dieses Abkommens durch Litauen unter Verlust jeder anderen Staatsangehörigkeit optieren:

a) alle Personen, die am Tage der Ratifizierung dieses Abkommens durch Litauen über 18 Jahre alt sind, wenn sie im Memelgebiete geboren sind und dort länger als 10 Jahre ihren Wohnsitz gehabt haben;

b) alle Personen, die am Tage der Ratifizierung dieses Abkommens durch Litauen über 18 Jahre alt sind und eine dauernde Aufenthaltserlaubnis von der Interalliierten Verwaltung erhalten haben, vorausgesetzt, daß sie sich spätestens am 1. Januar 1922 im Gebiete niedergelassen haben.

Personen, die auf Grund dieses Artikels die litauische Staatsangehörigkeit erwerben, erwerben damit ohne weiteres die Eigenschaft als Bürger des Memelgebiets.

Art. 9. Die im ersten Absatz des Art. 8 bezeichneten Personen können innerhalb einer Frist von 18 Monaten vom Tage der Ratifizierung dieses Abkommens durch Litauen an für die deutsche Staatsangehörigkeit optieren.

Die Dauer dieser Frist wird jedoch auf 6 Monate beschränkt für die Personen, die im Memelgebiet nur in ihrer Eigenschaft als Staatsbeamte ihren Wohnsitz hatten und die litauische Staatsangehörigkeit infolge dieses Wohnsitzes erwerben.

Als Staatsbeamte im Sinne des vorigen Absatzes gelten diejenigen Beamten, die als solche von der deutschen Gesetzgebung angesehen wurden und die unmittelbar entweder der Regierung der Republik Litauen oder dem in Anhang I vorgesehenen Landesdirektorium des Memelgebiets unterstellt sind („unmittelbare Staatsbeamte").

Personen, die das vorerwähnte Optionsrecht ausgeübt haben, müssen innerhalb der zwei folgenden Jahre ihren Wohnsitz nach Deutschland verlegen.

Es steht ihnen frei, das unbewegliche Eigentum, das sie im Gebiete besitzen, zu behalten und ihre bewegliche Habe aller Art auszuführen. Hierbei sind sie von allen Ausfuhrzöllen und Abgaben befreit.

Art. 10. Ehefrauen folgen in Ansehung aller Bestimmungen der Art. 8 und 9 der Rechtslage ihrer Ehegatten, Kinder unter 18 Jahren der ihrer Eltern.

c) Vertrag zwischen dem Deutschen Reiche und der Republik Litauen zur Ausführung der Artikel 8—10 der Memelkonvention (Optionsvertrag). *)

Vom 10. Febr. 1925 (RG. vom 20. Febr. 1925, RGBl. II S. 59), ratifiziert am 21. Febr. 1925 (RGBl. 1925 II S. 107).

Das Deutsche Reich und die Republik Litauen haben, von dem Wunsche geleitet, die infolge des Überganges der Staatshoheit über das Memelgebiet auf Litauen entstandenen Fragen zu regeln, beschlossen, zur Ausführung der Art. 8 bis 10 der am 8. Mai 1924 in Paris unterzeichneten Konvention über das Memelgebiet einen Vertrag zu schließen und zu diesem Zwecke zu ihren Bevollmächtigten ernannt: . . . . .

Die Bevollmächtigten haben, nachdem sie sich ihre Vollmachten mitgeteilt und diese als richtig befunden haben, folgendes vereinbart:

I. (1) Deutsche Reichsangehörige im Sinne des Art. 8 Abs. 1 der Memelkonvention sind Personen, die die deutsche Reichsangehörigkeit am 10. Januar 1920 besaßen oder nach dem 10. Januar 1920 der Staatsangehörigkeit dieser Personen durch Eheschließung oder

*) Ausführungsvorschriften: Bek. des Reichsministeriums des Innern vom 23. Febr. 1925 (RMBl. S. 91) und vom 4. März 1925 (RMBl. S. 122).

Geburt gefolgt sind. Auf Personen, die später die Staatsangehörigkeit eines dritten Staates erworben haben, ist Art. 8 Abs. 1 nicht anwendbar.

(2) Der Erwerb der litauischen Staatsangehörigkeit gemäß Art. 8 Abs. 1 bewirkt den Verlust der deutschen Reichsangehörigkeit.

(3) Als maßgebender Zeitpunkt für den Wechsel der Staatsangehörigkeit und für die Vollendung des 18. Lebensjahrs (Art. 8 Abs. 1 und 2) gilt der 30. Juli 1924.

(4) Für elternlose Minderjährige, deren letztlebender Elternteil vor dem 30. Juli 1924 verstorben ist und vor dem 10. Januar 1920 sowie an seinem Todestage seinen tatsächlichen Wohnsitz im Memelgebiete gehabt hat, ist der Erwerb der litauischen Staatsangehörigkeit von Rechts wegen von der Erreichung des 18. Lebensjahrs nicht abhängig.

(5) Die Frist zur Ausübung des Optionsrechts gemäß Art. 8 Abs. 2 und Art. 9 Abs. 2 der Memelkonvention endet am 31. März 1925, die Frist zur Ausübung der Option gemäß Art. 9 Abs. 1 endet am 31. März 1926.

(6) Der tatsächliche Wohnsitz im Sinne des Art. 8 Abs. 1 bestimmt sich nach den Vorschriften des § 7 Abs. 1 und 3, der §§ 8, 10 und 11 des deutschen Bürgerlichen Gesetzbuchs.

(7) Soweit der Wohnsitz von einem bestimmten Zeitpunkt an gefordert wird, bleibt eine Unterbrechung des Wohnsitzes außer Betracht, wenn während der Abwesenheit:

a) die Ehefrau des Abwesenden, Verwandte auf- und absteigender Linie, Verschwägerte aufsteigender Linie, Seitenverwandte bis zum dritten Grade ihren Wohnsitz im Memelgebiete hatten; der Grad der Verwandtschaft richtet sich nach der Zahl der sie vermittelnden Geburten;

b) der Abwesende oder seine Ehefrau Grundeigentum oder ein gewerbliches Unternehmen im Memelgebiet in ihrem Besitz oder Mitbesitze hatten.

(8) Soweit ein Wohnsitz von einer bestimmten Dauer gefordert wird (Art. 8 Abs. 2 Ziff. a), bleiben Unterbrechungen außer Betracht, sofern nur insgesamt die erforderliche Dauer erreicht wird.

(9) Die rechtsgültige Option zugunsten Litauens bewirkt den Verlust der deutschen, die rechtsgültige Option zugunsten Deutschlands bewirkt den Verlust der litauischen Staatsangehörigkeit.

(10) Die dauernd angestellten Beamten der im Memelgebiet eingerichteten öffentlichen Dienstzweige, die zur Zuständigkeit der autonomen Behörden des Memelgebiets gehören, erhalten, soweit sie nicht bereits unter den Art. 8 der Memelkonvention fallen, das Recht, für die litauische Staatsangehörigkeit zu optieren, wenn sie am 1. Januar 1924 im Memelgebiet angestellt waren und zur Zeit der Unterzeichnung dieses Vertrags noch angestellt sind.

Die für Optanten aus Art. 8 Abs. 2 der Memelkonvention geltenden Bestimmungen finden auch auf sie Anwendung.

II. (1) Unter die Vorschrift des Art. 9 Abs. 2 der Memelkonvention fällt nicht:

a) wer zur Zeit seiner Anstellung im Memelgebiete daselbst seinen Wohnsitz hatte,
b) wer selbst oder in der Person seiner Ehefrau zur Zeit seiner Anstellung im Memelgebiete dortselbst unbewegliches Gut besaß,
c) ein Beamter, dessen Verwandte auf- oder absteigender Linie, Verschwägerte aufsteigender Linie, Seitenverwandte bis zum dritten Grade ihren Wohnsitz im Memelgebiete hatten, als ihm ein Amt im Memelgebiete übertragen wurde,
d) wer im Memelgebiet von Eltern, die im Memelgebiete zur Zeit der Geburt ansässig waren, geboren ist oder wer nach Vollendung des 10. Lebensjahres daselbst 10 Jahre lang seinen Wohnsitz gehabt hat, ehe ihm ein Amt im Memelgebiet übertragen wurde.

(2) Als unmittelbare bzw. mittelbare Staatsbeamte im Sinne des Art. 9 Abs. 2 gelten die in der Anlage *) aufgeführten Beamten.

(3) Optionsberechtigte, die innerhalb der Optionsfrist aus anderen Gründen als durch Ausübung ihres Optionsrechts die deutsche Reichsangehörigkeit an Stelle der litauischen Staatsangehörigkeit erworben haben, stehen den Optanten im Sinne der Bestimmungen unter Abs. 5 des Art. 9 gleich.

(4) Die Frist zur Verlegung des Wohnsitzes nach Deutschland (Art. 9 Abs. 4) beginnt mit dem Tage der Abgabe einer gültigen Optionserklärung.

(5) Die Wahl des Zeitpunktes der Abwanderung steht den Optanten innerhalb der Frist für die Verlegung des Wohnsitzes frei. Innerhalb dieser Frist werden sie bis zur Abwanderung litauischerseits den Inländern gleich behandelt werden, mit Ausnahme der Ausübung der politischen Rechte.

(6) Abgewanderten Optanten, die unbewegliches Gut oder Rechte jeglicher Art an gewerblichen Unternehmen im Memelgebiete behalten haben, wird in dem für die Verwaltung des Gutes oder des Rechtes erforderlichen Umfange die Einreise und der Aufenthalt im Memelgebiete gestattet werden, soweit nicht in der Person des Optanten Bedenken obwalten.

(7) Das Recht der Optanten zur Mitnahme ihrer beweglichen Habe (Art. 9 Abs. 5) darf durch Ausfuhrverbote oder sonstige gesetzliche oder Verwaltungsmaßnahmen nicht eingeschränkt werden.

(8) Personen, die in Ausübung des Optionsrechts die Staatsangehörigkeit eines der beiden vertragschließenden Teile erworben haben und ihren Wohnsitz in das Land verlegen, für das sie optiert haben, sind von allen laufenden Steuern vom Einkommen und Ver-

*) Die Anlage (RGBl. 1925 II S. 65) ist hier nicht abgedruckt.

mögen mit dem Ablauf des Monats freizustellen, in welchem die Abwanderung erfolgt ist.

Die Bestimmung des Abs. 1 findet keine Anwendung, soweit die Besteuerung ohne Rücksicht auf Staatsangehörigkeit, Wohnsitz oder Aufenthalt erfolgt, sowie ferner nicht, sofern der Steuerpflichtige außerhalb des Memelgebiets in Deutschland bzw. außerhalb Deutschlands im Memelgebiet oder im übrigen Litauen des Erwerbes wegen oder länger als sechs Monate seinen gewöhnlichen Aufenthalt hat.

III. Beim Erwerbe der litauischen Staatsangehörigkeit von Rechts wegen (Art. 8 Abs. 1) folgen eheliche Kinder unter 18 Jahren der Staatsangehörigkeit des Vaters; lebt der Vater nicht mehr, so folgen sie der Staatsangehörigkeit der Mutter; ist die Ehe geschieden, so folgen sie der Staatsangehörigkeit desjenigen Elternteils, dem die Sorge für die Person des Kindes zusteht. Uneheliche Kinder unter 18 Jahren folgen der Staatsangehörigkeit der Mutter.

IV. (1) Für elternlose Minderjährige unter 18 Jahren sowie für Personen, die entmündigt oder unter vorläufige Vormundschaft gestellt sind, wird das Optionsrecht durch ihren gesetzlichen Vertreter ausgeübt.

(2) Personen über 18 Jahre, für die ihre gesetzlichen Vertreter das Optionsrecht ausgeübt haben, steht innerhalb der Optionsfrist ein Widerspruchsrecht zu, wenn vor Ablauf dieser Frist die gesetzliche Vertretung fortfällt. Das gleiche gilt für Ehefrauen, deren Ehe vor Ablauf der Optionsfrist aufgelöst worden ist.

V. (1) Die Option erfolgt durch Abgabe einer Erklärung gegenüber der Optionsbehörde.

Optionsbehörden sind:

für die Option zugunsten Deutschlands:
- im Memelgebiete: das Deutsche Generalkonsulat;
- im Gebiete des Deutschen Reichs: die höheren Verwaltungsbehörden, die der Reichsminister des Innern bestimmen wird;
- im Ausland: die amtlichen Vertretungen des Reichs nach näherer Anordnung des Reichsministers des Auswärtigen.

für die Option zugunsten Litauens:
- im Memelgebiete: der Gouverneur des Memelgebiets;
- im übrigen Litauen: die höheren Verwaltungsbehörden, die der Minister des Innern bestimmen wird;
- im Ausland: die amtlichen Vertretungen Litauens nach näherer Anordnung des Ministers des Äußern.

(2) Die örtliche Zuständigkeit der Optionsbehörden wird durch den Wohnsitz des Optionsberechtigten zur Zeit der Abgabe der Optionserklärung bestimmt, in Ermangelung eines Wohnsitzes ist der Aufenthaltsort maßgebend.

Wird die Optionserklärung vor einer örtlich unzuständigen Optionsbehörde abgegeben, so ist sie von dieser unverzüglich an die örtlich zuständige Optionsbehörde weiterzuleiten. Sie gilt in diesem Falle als in dem Zeitpunkt abgegeben, an dem die erste Optionsbehörde sie erhalten hat.

(3) Die Optionserklärung ist in schriftlicher Form oder zu Protokoll abzugeben. Die Unterschrift unter der schriftlichen Erklärung muß amtlich beglaubigt sein.

Dem Optanten ist die Abgabe seiner Optionserklärung sofort schriftlich zu bestätigen, auch wenn die Optionsbehörde, bei der er sie abgegeben hat, örtlich nicht zuständig war.

(4) Die rechtlichen Wirkungen der Option treten mit der Abgabe der Optionserklärung durch den Optionsberechtigten ein.

Liegt eine gültige Option vor, so händigt die Optionsbehörde dem Optanten eine Optionsurkunde aus.

In der Urkunde sollen auch angegeben werden:

der Tag, an dem die Rechtswirkung der Option eingetreten ist,
die Personen, auf die sich die Wirkung der Option erstreckt.

(5) Der Widerruf einer Optionserklärung (IV Abs. 2) ist gegenüber der Optionsbehörde zu erklären, bei der die Optionserklärung abgegeben war. Im übrigen finden die Vorschriften über das Optionsverfahren einschließlich der Bestimmung unter Ziff. 2 Abs. 2 Satz 1 auf den Widerruf der Option entsprechende Anwendung.

VI. Die gesamte amtliche und behördliche Tätigkeit, die im Optionsverfahren, bei der Verlegung des Wohnsitzes der Optanten (Art. 9 Abs. 4) und bei der Ausfuhr ihrer beweglichen Habe durch Ausstellung von Urkunden oder Bescheinigungen sowie durch Abgabe von Entscheidungen zu leisten ist, wird unbeschadet des Rechts der Notare zur Gebührenerhebung unentgeltlich geleistet.

Die vertragschließenden Teile werden die erforderlichen Anweisungen geben, daß die das Optionsverfahren betreffenden Amtshandlungen, insbesondere auch die Ausstellung von Bescheinigungen zum Nachweis des Optionsrechts, nach Möglichkeit beschleunigt werden.

VII. Die vertragschließenden Teile verpflichten sich, einander auf diplomatischem Wege vierteljährlich, und zwar zum ersten Male am 1. Mai 1925, Verzeichnisse der Personen, die eine Optionserklärung abgegeben haben, unter Angabe des Tages der Abgabe der Erklärung zu übermitteln.

VIII. (1) Entstehen Meinungsverschiedenheiten über Fragen des Erwerbes oder Verlustes der Staatsangehörigkeit aus Anlaß des Überganges der Staatshoheit über das Memelgebiet oder über die Rechtsstellung der Optionsberechtigten, so kann unbeschadet des Art. 17 der Memelkonvention jeder Teil verlangen, daß der Streitfall von einer gemischten Kommission geregelt wird, die sich aus je zwei Angehörigen der vertragschließenden Teile zusammensetzt und je nach Bedarf an einem zu vereinbarenden Orte zusammentritt*).

---

*) Min.-Bek. vom 21. Jan. 1930 Nr. 260 n 1, unten S. 255.

(2) Können sich die Mitglieder nicht einigen, so entscheidet ein neutraler Schiedsrichter, um dessen Ernennung die Schweizerische Regierung gebeten werden soll.

(3) Die Kommission tritt zum ersten Male in der Stadt Memel zusammen. Die späteren Tagungen finden abwechselnd in Deutschland und Litauen statt. Der Teil, in dessen Gebiet der Zusammentritt erfolgt, hat für die Bereitstellung der Räume, der Schreibkräfte und des Dienstpersonals zu sorgen, deren die Kommission für ihre Tätigkeit bedarf. Im übrigen trägt jeder Teil die ihm entstehenden Kosten selbst.

(4) Wird ein neutraler Schiedsrichter zugezogen, so werden die dadurch entstehenden Kosten von beiden vertragschließenden Teilen zu gleichen Teilen getragen.

IX. Dieser Vertrag, welcher in deutscher und litauischer Urschrift gefertigt worden ist, soll ratifiziert und die Ratifikationsurkunden sollen spätestens am 21. Februar d. J. in Kowno ausgetauscht werden. Er tritt mit dem Tage des Austauschs der Ratifikationsurkunden in Kraft.

Schlußprotokoll.

Bei der am heutigen Tage erfolgten Unterzeichnung des deutsch-litauischen Vertrags zur Ausführung der Art. 8 bis 10 der in Paris am 8. Mai 1924 abgeschlossenen Konvention über das Memelgebiet sind sich die vertragschließenden Teile über folgendes einig geworden:

1. Zur einheitlichen Entscheidung der Frage, inwieweit Personen nach dem 10. Januar 1920 durch Eheschließung oder Geburt der Staatsangehörigkeit von Personen gefolgt sind, die die deutsche Reichsangehörigkeit am 10. Januar 1920 besaßen, wird vereinbart, daß hierbei die Grundsätze des deutschen Staatsangehörigkeitsrechts angewandt werden sollen.
2. Hat der Optionsberechtigte mehrere Wohnsitze, so entscheidet die Optionsbehörde, welcher der tatsächliche ist. Im Streitfalle regelt sich das Verfahren nach VIII.
3. Die Frage, ob ein Beamter im Sinne der Vorschrift von I Ziff. 10 als dauernd angestellt anzusehen ist, regelt sich nach der Praxis der deutschen Verwaltungsgerichte und -behörden.

d) Bekanntmachung des bayer. Staatsministeriums des Innern über die Option nach dem deutsch-litauischen Optionsvertrag über das Memelgebiet.

Vom 13. März 1925 Nr. 260 n 2 (StAnz. Nr. 63).

Im Anschluß an den zur Ausführung der Art. 8—10 der Memelkonvention vom 8. Mai 1924 (im folgenden = „Konv.") zwischen dem Deutschen Reich und der Republik Litauen abgeschlossenen Optionsvertrag vom 10. Febr. 1925 (RGBl. II S. 59, im folgenden = „O.V.") wird Nachstehendes angeordnet:

A. Option zugunsten Deutschlands.

I. Die früheren deutschen Staatsangehörigen, die am 30. Juli 1924 das 18. Lebensjahr vollendet hatten und wenigstens vom 10. Jan. 1920 bis einschließlich 30. Juli 1924 im Memelgebiet ihren tatsächlichen Wohnsitz hatten, haben nach Art. 8 Abs. 1 der Konv. in Verbindung mit Art. 99 des Vertrags von Versailles, sowie I Ziff. 1—3 der O.V. am 30. Juli 1924 ohne weiteres unter Verlust der deutschen Reichsangehörigkeit die litauische Staatsangehörigkeit erworben und sind zugleich Bürger des Memelgebiets geworden. Wer deutscher Reichsangehöriger im vorstehenden Sinn ist, bestimmt sich nach I Ziff. 1 der O.V. und Ziff. 1 des Schlußprotokolls hierzu.

Wegen der Bestimmung des Wohnsitzes wird auf I Ziff. 6—8 der O.V., sowie auf Ziff. 2 des Schlußprotokolls hierzu verwiesen.

Der Erwerb der litauischen Staatsangehörigkeit von Rechts wegen erstreckt sich nach Art. 10 der Konv. auf die Ehefrau. Die Wirkung auf die Kinder unter 18 Jahren bestimmt sich nach III der O.V.

II. Den unter I genannten Personen steht nach Art. 9 Abs. 1 der Konv. und I Ziff. 5 der O.V. bis einschließlich 31. März 1926 das Recht zu, durch Option zugunsten Deutschlands die deutsche Reichsangehörigkeit wieder zu erwerben. Durch die rechtsgültige Option zugunsten Deutschlands, die grundsätzlich unwiderruflich ist, verlieren sie die litauische Staatsangehörigkeit mit dem Zeitpunkte der Abgabe der Optionserklärung und erwerben ihre frühere deutsche Landesangehörigkeit wieder.

Für unmittelbare Staatsbeamte, die im Memelgebiet nur in ihrer Eigenschaft als Staatsbeamte ihren Wohnsitz hatten und infolge dieses Wohnsitzes die litauische Staatsangehörigkeit erworben haben, endigt jedoch die Optionsfrist bereits mit Ablauf des 31. März 1925 (Art. 9 Abs. 2 und 3 der Konv. mit I Ziff. 5 der O.V.). Unter diese Vorschrift fallen nicht die in II Ziff. 1 der O.V. aufgeführten Personen. Wer als unmittelbarer Staatsbeamter gilt, bestimmt sich nach II Ziff. 2 der O.V. und der Anlage hierzu, demzufolge ist das deutsche Verwaltungsrecht, wie es vor dem 10. Jan. 1920 bestand, maßgebend.

Ehefrauen, deren Ehe noch besteht, können, auch wenn sie vom Ehemanne getrennt leben, nicht selbst optieren, für sie ist vielmehr nach Art. 10 der Konv. die Option des Ehemannes wirksam. Die Option der Eltern (auch der unehelichen Mutter) erstreckt ihre Wirkung auf die Kinder unter 18 Jahren. Den über 18 Jahre alten Kindern steht ein selbständiges Optionsrecht zu. Dies gilt auch für diejenigen, die im Alter unter 18 Jahren zusammen mit dem Vater oder der Mutter von Rechts wegen unter Verlust der deutschen Reichsangehörigkeit die litauische Staatsangehörigkeit erworben haben und noch innerhalb der Optionsfrist und vor Ausübung des Optionsrechts durch ihre Eltern das 18. Lebensjahr vollenden.

Für elternlose Minderjährige unter 18 Jahren, sowie für Personen, die entmündigt oder unter vorläufige Vormundschaft gestellt sind, wird nach IV der O.V. das Optionsrecht durch ihren gesetzlichen Vertreter ausgeübt. Das in IV Ziff. 2 der O.V. vorgesehene Widerrufsrecht steht nicht Kindern zu, für welche die Eltern optiert haben und die vor Ablauf der Optionsfrist das 18. Lebensjahr vollenden.

III. Das Optionsverfahren ist im wesentlichen in V und VI der O.V. geregelt. Im einzelnen wird hierzu noch bemerkt:

1. Die im Gebiet des Deutschen Reiches zuständigen Optionsbehörden sind in der Bek. d. Reichsmin. d. Innern vom 23. Febr. 1925 (RMBl. Nr. 8, übereinstimmend mit der Bek. zur Ausführung des deutsch-polnischen Staatsangehörigkeitsabkommens über Oberschlesien vom 15. Mai 1924 — RGBl. II S. 124 —) bestimmt.

In Bayern sind hiernach Optionsbehörden für die kreisunmittelbaren Städte die Stadträte, im übrigen die Bezirksämter. Bei anderen Behörden eingehende schriftliche Optionserklärungen sind unverzüglich an die zuständige Optionsbehörde weiterzuleiten; nur wenn sie dort innerhalb der Optionsfrist eingehen, können sie als fristgerecht abgegeben angesehen werden. Ihr Eingang bei der Optionsbehörde ist dem Optanten zu bestätigen.

2. Wegen der örtlichen Zuständigkeit der Optionsbehörden und des Verfahrens bei Abgabe von Optionserklärungen vor einer örtlich unzuständigen Optionsbehörde wird auf V Ziff. 2 der O.V. verwiesen.

Im Falle der Verlegung des Wohnsitzes oder des Aufenthalts des Optanten in den Bezirk einer anderen Optionsbehörde nach Abgabe der Optionserklärung liegt deren weitere Behandlung der Optionsbehörde ob, die für die Entgegennahme der Optionserklärung zuständig war.

3. Zur Beglaubigung der Unterschrift unter der schriftlichen Optionserklärung (V Ziff. 3 der O.V.) sind außer den Notaren alle zur Führung eines Dienstsiegels berechtigten Amtsstellen des Reichs oder eines deutschen Landes befugt.

4. Die Voraussetzungen der Option sind sorgfältig zu prüfen. Für die dem Optanten auszuhändigende Optionsurkunde (V Ziff. 4 der O.V.) ist das in der Anlage*) beigefügte Muster zu verwenden.

5. Ist die Optionsbehörde nicht zugleich Heimatbehörde (siehe unter Ziff. 6), so setzt sie sich mit dieser zu gemeinschaftlicher Prüfung der Option unmittelbar in Verbindung. Gehören Options- und Heimatbehörde verschiedenen Ländern an, so ist die Optionsurkunde auch von der Heimatbehörde mit Unterschrift und Dienstsiegel zu versehen.

6. Heimatbehörde im Sinne der Ziff. 5 ist die von der einschlägigen obersten Landesbehörde zu bestimmende Behörde des deutschen Landes, dem der Optant zuletzt angehört hat (Heimatland).

---

*) Hier nicht abgedruckt.

Ihre örtliche Zuständigkeit richtet sich nach dem Wohnsitze des Optanten im Heimatlande. Hat er dort keinen Wohnsitz, so ist sein letzter Wohnsitz daselbst maßgebend; hat er im Heimatlande keinen Wohnsitz gehabt, so richtet sich die Zuständigkeit nach dem Wohnsitze der Eltern oder des letztlebenden Elternteiles im Heimatland. Im Zweifelsfalle sind Mitteilungen für die Heimatbehörde an die oberste Landesbehörde des Heimatlands zu richten, die erforderlichenfalls die zuständige Heimatbehörde bestimmt.

Heimatbehörden sind in Bayern für die kreisunmittelbaren Städte die Stadträte, im übrigen die Bezirksämter. Auch in den übrigen deutschen Ländern sind die Optionsbehörden zugleich als Heimatbehörden bestimmt. In Preußen gilt als Heimatbehörde für Optanten ehemals preußischer Staatsangehörigkeit, die im jetzigen Preußen keinen Wohnsitz haben, auch früher nicht gehabt haben und deren Eltern auch in Preußen nicht wohnhaft gewesen sind, der Regierungspräsident in Königsberg.

Hat der Optant bis zum 30. Juli 1924 die deutsche Reichsangehörigkeit besessen, ohne einem deutschen Land anzugehören, so ist das Reichsministerium des Innern als Heimatbehörde anzusehen.

7. Die gesamte amtliche und behördliche Tätigkeit im Optionsverfahren wird, unbeschadet des Rechts der Notare zur Gebührenerhebung, unentgeltlich geleistet (VI der O.B.).

8. Alle auf das Optionsverfahren bezüglichen Amtshandlungen, insbesondere die Ausstellung von Bescheinigungen zum Nachweise des Optionsrechtes sind zu beschleunigen.

IV. Personen, die von ihrem Optionsrechte für Deutschland Gebrauch gemacht haben, müssen innerhalb der nächsten 2 Jahre ihren Wohnsitz nach Deutschland verlegen. Es steht ihnen frei, das unbewegliche Eigentum, das sie im Memelgebiete besitzen, zu behalten und ihre bewegliche Habe aller Art auszuführen, wobei sie von allen Ausfuhrzöllen und Abgaben befreit sind. Im übrigen bestimmt sich die Rechtslage der Optanten nach II Ziff. 4—8 der O.B.

V. Die Optionsberechtigten, denen eine Optionsurkunde erteilt worden ist, sind erstmals bis 10. April 1925, sodann regelmäßig 3 Wochen vor Beginn eines neuen Kalendervierteljahres dem Staatsministerium des Innern zu melden. Hierbei ist anzugeben: Vor- und Zuname, bei Frauen auch Geburtsname, Geburtsort, Geburtszeit, Wohnsitz, Beruf, die wieder erworbene deutsche Landesangehörigkeit, Tag der Abgabe der Optionserklärung und der Ausstellung der Optionsurkunde sowie die Angehörigen, auf welche sich die Option erstreckt. Die Übersicht ist in dreifacher Fertigung vorzulegen. Fehlanzeige ist erlassen.

B. Option zugunsten Litauens.

Nach Art. 8 Abs. 2 der Konv. und I Ziff. 3, 5, 8 und 10 der O.B. können bis einschließlich 31. März 1925 unter Verlust jeder anderen Staatsangehörigkeit für die litauische Staatsangehörigkeit optieren:

1. alle Personen, die am 30. Juli 1924 über 18 Jahre alt waren, wenn sie im Memelgebiete geboren sind und dort länger als 10 Jahre ihren Wohnsitz gehabt haben,

2. alle Personen, die am 30. Juli 1924 über 18 Jahre alt waren und eine dauernde Aufenthaltserlaubnis von der interalliierten Verwaltung erhalten haben, vorausgesetzt, daß sie sich spätestens am 1. Januar 1922 im Memelgebiete niedergelassen haben.

3. Die am 1. Jan. 1924 im Memelgebiete dauernd angestellten Beamten der dort eingerichteten, zur Zuständigkeit der autonomen Behörden des Memelgebietes gehörenden öffentlichen Dienstzweige (vgl. auch Ziff. 3 des Schlußprotokolls zur O.V.), insoweit sie nicht bereits die litauische Staatsangehörigkeit von Rechts wegen erworben haben oder nicht schon nach den obigen Bestimmungen berechtigt sind, für die litauische Staatsangehörigkeit zu optieren.

Personen, die durch rechtsgültige Option die litauische Staatsangehörigkeit erwerben, verlieren mit dem Zeitpunkte der Abgabe der Optionserklärung die deutsche Reichsangehörigkeit.

Wegen der Wirkung der Optionserklärung für Ehefrauen und Kinder, wegen der Ausübung des Optionsrechts für elternlose Minderjährige unter 18 Jahren, sowie für entmündigte und unter vorläufige Vormundschaft gestellte Personen und wegen des Widerrufsrechts nach IV Abs. 2 der O.V. gilt das oben unter II Gesagte.

Die Option für Litauen ist in Deutschland nur vor den amtlichen litauischen Vertretungen möglich.

C. Über etwaige Streitfälle in Fragen des Erwerbs oder Verlustes der Staatsangehörigkeit aus Anlaß des Übergangs der Staatshoheit über das Memelgebiet oder über die Rechtsstellung der Optionsberechtigten ist dem Staatsministerium des Innern unter Vorlage der Verhandlungen zu berichten*).

e) Bekanntmachung des bayer. Staatsministeriums des Innern über die deutsch-litauische Schlichtungskommission für Staatsangehörigkeitsfragen.

Vom 21. Jan. 1930 Nr. 260 n 1 (StAnz. Nr. 19).

Bei Meinungsverschiedenheiten über Fragen des Erwerbes oder des Verlustes der Staatsangehörigkeit aus Anlaß des Übergangs der Staatshoheit über das Memelgebiet oder über die Rechtsstellung der Optionsberechtigten kann nach Ziff. VIII des Deutsch-litauischen Optionsvertrages vom 10. Febr. 1925 (RGBl. II S. 59) jeder Vertragsteil verlangen, daß der Streitfall von einer gemischten Kommission geregelt wird, die sich aus je zwei Angehörigen der vertrag-

*) Siehe die nächstfolgende Min.-Bek.

schließenden Teile zusammensetzt. Können sich die Mitglieder der Kommission nicht einigen, so entscheidet ein neutraler Schiedsrichter, um dessen Ernennung die Schweizerische Regierung gebeten werden soll.

Diese Kommission ist erstmals am 12. Nov. 1929 in der Stadt Memel zusammengetreten.

Als deutsche Delegierte gehören ihr Ministerialdirigent Geh. Reg.-Rat Hering im RMin. d. Innern und Min.-Rat Meyer im Preuß. Min. d. Innern an.

Über Streitfälle, in denen die Anrufung der Kommission angebracht erscheint, ist nach Buchstabe C der Min.-Bek. vom 13. März 1925 Nr. 260 n 2 über die Option nach dem Deutsch-litauischen Optionsvertrag über das Memelgebiet (StAnz. Nr. 36) dem Staatsministerium des Innern unter Vorlage der Verhandlungen, zu denen insbesondere auch urkundliche Nachweise gehören, zu berichten.

Bei Beschaffung von Beweismaterial ist der deutschen Delegation auf Ersuchen Amtshilfe zu leisten. Zuschriften an die deutsche Delegation sind z. H. des Min.-Rats Meyer, Berlin NW 7, Unter den Linden 72, zu richten.

9. Danzig.

A. Abtrennung und Grenzziehung: Vers.Vertr. Art. 100 (RGBl. S. 869).

B. Staatsangehörigkeit:

a) Versailler Vertrag.

Art. 105 (RGBl. S. 875). Mit dem Inkrafttreten des gegenwärtigen Vertrages*) verlieren die in dem in Art. 100 bezeichneten Gebiete wohnhaften deutschen Reichsangehörigen von Rechts wegen die deutsche Reichsangehörigkeit und werden Staatsangehörige der Freien Stadt Danzig.**)***)

Art. 106. Zwei Jahre lang nach Inkrafttreten des gegenwärtigen Vertrags†) sind die über 18 Jahre alten deutschen Reichsangehörigen, die in dem in Art. 100 bezeichneten Gebiet ihren Wohnsitz haben, berechtigt, für die deutsche Reichsangehörigkeit zu optieren.

---

*) D. i. am 10. Jan. 1920.

**) Angehörige der Freien Stadt Danzig sind nur die Reichsangehörigen geworden, die am 10. Jan. 1920 ihren tatsächlichen Wohnsitz, nicht nur ihren Unterstützungswohnsitz im Danziger Gebiet hatten (Bayer. Oberstes LG. vom 29. April 1921, EStr. 21 S. 167, und Reger 43 S. 337).

***) Staatsangehörigkeitsgesetz der Stadt Danzig vom 30. Mai 1922, Danziger Gesetzblatt S. 129; dem deutschen RStAG. vom 22. Juli 1913 nachgebildet.

†) D. i. vom 10. Jan. 1922 bis 10. Jan. 1924.

Die Option des Ehemannes erstreckt ihre Wirkung auf die Ehefrau, die Option der Eltern erstreckt ihre Wirkung auf Kinder unter 18 Jahren.

Personen, die von dem oben vorgesehenen Optionsrecht Gebrauch machen, müssen in den nächsten 12 Monaten ihren Wohnsitz nach Deutschland verlegen.

Es steht ihnen frei, das unbewegliche Gut, das sie im Gebiete der Freien Stadt Danzig besitzen, zu behalten. Sie dürfen ihr gesamtes bewegliches Gut mitnehmen. Es wird dafür keinerlei Aus- fuhr- oder Einfuhrzoll von ihnen erhoben.

b) Vertrag zwischen dem Deutschen Reich und Danzig über die Regelung von Optionsfragen.

Vom 8. Nov. 1920, RG. vom 30. Jan. 1921, RGBl. S. 186*).

Art. 1. Als wohnhaft im Gebiete der zukünftigen Freien Stadt Danzig im Sinne der Bestimmungen der Art. 105 und 106 des Friedensvertrags sind diejenigen Personen anzusehen, die in dem genannten Gebiet ihren Wohnsitz im Sinne des § 7 Bürgerlichen Gesetzbuchs am 10. Januar 1920 gehabt haben. Die vertragschließenden Teile sind darüber einverstanden, daß bei deutschen Reichsangehörigen, die am 10. Januar 1920 einen solchen Wohnsitz sowohl im Danziger Gebiet als auch in Deutschland gehabt haben, für die Anwendung der Bestimmungen der Art. 105 und 106 des Friedensvertrags über den Erwerb der Danziger Staatsangehörigkeit und über das Optionsrecht der Wohnsitz in Deutschland außer Betracht bleibt.

Art. 2. Die Option erfolgt durch Abgabe einer Erklärung gegenüber der zuständigen Behörde.*)

Zuständig zur Entgegennahme der Erklärungen sind für die im Deutschen Reiche oder im Gebiete der Freien Stadt Danzig sich aufhaltenden Optionsberechtigten in Stadtkreisen die Ortspolizeibehörde, in Landkreisen der Landrat des Aufenthaltsorts**), im übrigen die diplomatischen und konsularischen Vertreter des Deutschen Reichs oder Danzigs.

Wenn die Option vor einer Behörde erklärt wird, die außerhalb des Gebietes der Freien Stadt Danzig ihren Sitz hat, so ist die gemäß Art. 105 des Friedensvertrages erlangte Anwartschaft auf die Danziger Staatsangehörigkeit durch eine Bescheinigung nachzuweisen,

---

*) Der Vertrag ist ratifiziert worden am 17. Dez. 1921, Bekanntmachung vom 20. Dez. 1921 (RGBl. S. 1607).

**) Zuständig zur Entgegennahme der Erklärungen ist für die sich in Bayern aufhaltenden Optionsberechtigten in den unmittelbaren Städten der Stadtrat, im übrigen das Bezirksamt des Aufenthaltsorts (Bayer. MinBek. vom 16. März 1921 Nr. 470 g 3, StAnz. Nr. 65).

die von der zur Ausstellung von Heimatscheinen zuständigen Danziger Behörde ausgestellt wird.

Die Erklärung muß zu Protokoll oder in gerichtlich oder notariell beglaubigter Form erfolgen; über die Erklärung ist von der sie entgegennehmenden Behörde ein Ausweis zu erteilen, worin auch die in den Besitz der gewählten Staatsangehörigkeit gelangenden Familienmitglieder aufgeführt werden sollen.

Die ordnungsmäßig erfolgte Abgabe der Erklärung bewirkt den Erwerb der gewählten Staatsangehörigkeit unter Verlust der Anwartschaft aus Art. 105 des Friedensvertrags oder der auf Grund dieses Artikels erworbenen Staatsangehörigkeit.

Art. 3. Für elternlose Personen unter 18 Jahren, für Minderjährige von mehr als 18 Jahren, bei denen die Voraussetzungen der Entmündigung vorliegen, sowie für solche Personen, die entmündigt oder unter vorläufige Vormundschaft gestellt worden sind, wird die Option durch die gesetzlichen Vertreter ausgeübt.

Den Personen, für welche Eltern, Vormünder oder sonstige gesetzliche Vertreter die Option ausgeübt haben, steht innerhalb der Optionsfrist ein Widerrufsrecht zu, wenn sie vor Ablauf der Frist das 18. Lebensjahr vollendet haben, oder wenn vor Ablauf der Frist der Grund der gesetzlichen Vertretung fortgefallen ist. Auf die Ausübung des Widerrufsrechts finden die Bestimmungen des Art. 2 des gegenwärtigen Vertrags entsprechende Anwendung.

Art. 4. Das Optionsrecht erlischt durch einen in den Formen des Art. 2 erklärten Verzicht auf die Option. Der Verzicht erstreckt seine Wirkung auf den gleichen Personenkreis, auf den die Option ihre Wirkung ausüben würde.

Auf den Verzicht finden die Bestimmungen des Art. 3 sinngemäße Anwendung. Die Ausübung des im Art. 3 Abs. 2 vorgesehenen Widerrufsrechts gilt als Ausübung des Optionsrechts.

Art. 5. Die Regierung der Freien Stadt Danzig errichtet in Danzig eine Sammelstelle für die abgegebenen Optionserklärungen. An diese Sammelstelle haben die nach Art. 2 Abs. 2, Art. 4 zur Entgegennahme der Option und des Verzichts auf die Option zuständigen deutschen und Danziger Behörden eine Abschrift der von ihnen gemäß Art. 2 Abs. 3, Art. 4 erteilten Ausweise gleichzeitig mit deren Erteilung einzusenden. Die Regierung der Freien Stadt Danzig wird der Deutschen Regierung vierteljährlich, und zwar zum ersten Male am 1. Februar 1921, Verzeichnisse der Personen mitteilen, die ihr Optionsrecht ausgeübt oder darauf verzichtet haben.

Art. 6. Personen, die gemäß Art. 106 Abs. 3 des Friedensvertrags ihren Wohnsitz in das Gebiet des Deutschen Reichs verlegen, dürfen in der ihnen im Art. 106 Abs. 4 des Friedensvertrags gewährleisteten Befugnis zur Mitnahme ihrer beweglichen Habe durch keinerlei Ausfuhrverbote oder sonstige gesetzliche oder Verwaltungsmaßnahmen, insbesondere nicht durch Konversion von Geldforderungen, zwangsweise Umwechselung von Geldern oder durch Beschlagnahme von Wertpapieren beschränkt werden.

Art. 7. Meinungsverschiedenheiten über die Auslegung und Durchführung der Bestimmungen dieses Vertrages sollen von einer Kommission entschieden werden, die sich aus je einem Angehörigen der vertragschließenden Teile zusammensetzt und je nach Bedarf in Danzig zusammentritt.

In allen Fällen, wo sich die beiden Mitglieder der Kommission nicht einigen, entscheidet ein neutraler Schiedsrichter, über dessen Ernennung sich die vertragschließenden Teile verständigen werden.

Art. 8. Dieser Vertrag soll ratifiziert, und die Ratifikationsurkunden sollen sobald als möglich in Danzig ausgetauscht werden.

Der Vertrag tritt am Tage des Austausches der Ratifikationsurkunden in Kraft.

10. Saarbeckengebiet.

A. Grenzfestsetzung: Vers.Vertr. Art. 48 (RGBl. S. 769; siehe dazu auch RG. vom 29. Juni 1921, RGBl. S. 809).

B. Staatsangehörigkeit:

§ 27 der **Anlage zu Art. 50** (RGBl. S. 793) **Vers.Vertr.**

„Die gegenwärtige Staatsangehörigkeit der Einwohner des Saarbeckengebietes wird von diesen Bestimmungen in keiner Weise berührt.*) Niemand ist gehindert, eine andere Staatsangehörigkeit zu erwerben; in solchem Falle soll der Erwerb der neuen Staatsangehörigkeit den Verlust jeder anderen zur Folge haben.“**)

11. Schutzgebiete.

VersVertr. Art. 109 ff. (RGBl. S. 895).

Über die Staatsangehörigkeit der in den Schutzgebieten wohnhaften Reichsdeutschen ist nichts gesagt, diese Reichsdeutschen haben also ihre Reichsangehörigkeit behalten. Das ist insbesondere von Bedeutung für die zahlreichen in Südwestafrika ansässig gebliebenen Reichsdeutschen, denen durch das Naturalisationsgesetz der Südafrikanischen Union (in Kraft getreten am 12. Sept. 1924) das britisch-südafrikanische Bürgerrecht verliehen wurde, die aber daneben die deutsche Reichsangehörigkeit behalten haben.

---

*) Diese Bestimmung bezieht sich nur auf reichsdeutsche, nicht auf französische Einwohner des Saargebiets. Vgl. auch Jahrbuch des öffentlichen Rechtes der Gegenwart, Bd. XII S. 336 ff.

**) Siehe hierzu DJZ. 1930 S. 162.

Schlagwort-Verzeichnis.

(Die Zahlen bezeichnen die Seiten.)

W.

Schweitzers braune Handausgaben
mit Erläuterungen

Ergänzungsheft zu

J. Woeber / K. A. Fischer

Reichs- und Staatsangehörigkeitsgesetz

4. Auflage

Inhalt:

Die Bayerische Vollzugsbekanntmachung vom 23. Dez. 1929
mit Verweisungen

1930
München, Berlin und Leipzig
J. Schweitzer Verlag (Arthur Sellier)

I.

Verweisungen.

(Geordnet nach den Seiten der 4. Auflage von Woeber-Fischer, Reichs- und Staatsangehörigkeitsgesetz werden deren Anmerkungen, insbesondere die Verweisungen auf die Bay.-VollzBek. nach der neuen im II. Teil des Ergänzungsheftes abgedruckten BayVollzBek. vom 23. Dez. 1929 richtiggestellt; die Verweisungen können ausgeschnitten und in der 4. Auflage eingeklebt werden.)

Zu S. 20, Zeile 6 ff. Örtliche Zuständigkeit: VollzB. Nr. 1 und Nr. 42.

Zu S. 20, Zeile 18 ff. Örtliche Zuständigkeit: VollzB. Nr. 1 und Nr. 42.

Zu S. 20, Zeile 35—45: zu streichen!

Zu S. 21, Zeile 1: Anlage 9.

Zu S. 25, Zeile 7 ff. vgl. dazu VollzB. Nr. 48.

Zu S. 32, Zeile 5 ff. Zuständigkeit der Bezirksverwaltungsbehörde: VollzB. Nr. 3.

Zu S. 32, Zeile 12 und Zeile 16: VollzB. Nr. 4.

Zu S. 32, Zeile 17: zu streichen!

Zu S. 32, Zeile 18 ff. Die Bezirksverwaltungsbehörde hat den Bezirksfürsorgeverband aufzufordern (VollzB. Nr. 6).

Zu S. 32, Zeile 25—29: zu streichen!

Zu S. 32, Zeile 33: VollzB. Nr. 7.

Zu S. 32, Zeile 37: VollzB. Nr 3.

Zu S. 32, Zeile 43: VollzB. Nr. 10.

Zu S. 32, Zeile 44—45: VollzB. Nr. 4 Abs. 3.

Zu S. 33, Zeile 19: VollzB. Nr. 9.

Zu S. 33, Zeile 27: VollzB. Nr. 4.

Zu S. 33, Zeile 44: VollzB. Nr. 4.

Zu S. 36, Zeile 44: „Abs. 2" zu streichen!

Zu S. 38, letzte und vorletzte Zeile: Zuständigkeit der Bezirksverwaltungsbehörde: VollzB. Nr. 11.

Zu S. 39, Zeile 3: Anlage 8.

Zu S. 39, Zeile 12: VollzB. Nr. 11

Zu S. 39, Zeile 15: VollzB. Nr. 12.

Zu S. 39, Zeile 16: Die Bezirksverwaltungsbehörde . . .

Zu S. 39, Zeile 23: VollzB. Nr. 13.

Zu S. 39, Zeile 24—27: zu streichen!

Zu S. 39, Zeile 30: VollzB. Nr. 15 Abs. 3.

Zu S. 39, Zeile 33: VollzB. Nr. 16.

Zu S. 40, Zeile 21 ff. VollzB. Nr. 19.

Zu S. 43, Zeile 27 ff. Einvernahme des Bezirksfürsorgeverbandes VollzB. Nr. 14.

Zu S. 45, Zeile 4: VollzB. Nr. 15 Abs. 1.

Zu S. 45, Zeile 17: Anlage 9.

Zu S. 45, Zeile 12: VollzB. Nr. 15 Abs. 2.

Zu S. 45, Zeile 20: Anlage 8.

Zu S. 45, Zeile 22: Zwanzig Ausfertigungen, VollzB. Nr. 18.

Zu S. 46, Zeile 20: VollzB. Nr. 16 und 17.

Zu S. 48, Zeile 7: VollzB. Nr. 15 Abs. 2.

Zu S. 52, Zeile 34 ff. Heeresdienst siehe VollzB. Nr. 20.

Zu S. 55, Zeile 18/19: Zuständigkeit VollzB. Nr. 21.

Zu S. 56, Zeile 5: Anlage 8.

Zu S. 56, Zeile 7: VollzB. Nr. 18 Abs. 1.

Zu S. 58, Zeile 39: VollzB. Nr. 22 Abs. 1.

Zu S. 63, Zeile 41: VollzB. Nr. 22 Abs 3.

Zu S. 66, Zeile 32: Zuständigkeit der Regierung von Oberbayern K. d. J.: VollzB. Nr. 23.

Zu S. 68, Zeile 32: VollzB. Nr. 22 Abs. 3.

Zu S. 68, Zeile 36: VollzB. Nr. 24 Abs. 1.

Zu S. 68, Zeile 39: VollzB. Nr. 3 und Nr. 16.

Zu S. 68, Zeile 40: Anlage 9.

Zu S. 70, Zeile 22: VollzB. Nr. 24 Abs. 2.

Zu S. 76, Zeile 3: VollzB. Nr. 27 Abs. 1.

Zu S. 76, Zeile 6: VollzB. Nr. 27 Abs. 2.

Zu S. 76, Zeile 21: VollzB. Nr. 26.

Zu S. 78, Zeile 18: VollzB. Nr. 26.

Zu S. 79, Zeile 46: Anlage 9.

Zu S. 80, Zeile 1: VollzB. Nr. 32.

Zu S. 80, Zeile 7 ff. VollzB. Nr. 25 Abs. 1 und 2.

Zu S. 81, Zeile 14: VollzB. Nr. 25 Abs. 3.

Zu S. 81, Zeile 17: VollzB. Nr. 29 Abs. 2.

Zu S. 81, Zeile 19: VollzB. Nr. 28 Abs 1.

Zu S. 82, Zeile 20: VollzB. Nr. 30.

Zu S. 84, Zeile 1: VollzB. Nr. 32 Abs. 2.

Zu S. 84, Zeile 31: VollzB. Nr. 31 Abs. 1.

Zu S. 84, Zeile 34: VollzB. Nr. 31 Abs. 1.

Zu S. 84, Zeile 44: VollzB. Nr. 31 Abs. 2.

Zu S. 84, Zeile 45 ff. Zuständige Behörde: VollzB. Nr. 25 Abs. 2.

Zu S. 85, Zeile 1 ff. Zuständige Behörde: VollzB. Nr. 25 Abs. 2.

Zu S. 85, Zeile 42: VollzB. Nr. 28 Abs. 2.

Zu S. 87, Zeile 1: VollzB. Nr. 33.

Zu S. 90, Zeile 30 ff. Zuständige Regierung: VollzB. Nr. 34, Nr. 21.

Zu S. 93, Zeile 37 ff. Zuständige Regierung: VollzB. Nr 35, Nr. 21.

Zu S. 95, Zeile 6: VollzB. Nr. 36.

Zu S. 96, Zeile 33: VollzB. Nr. 36 Abs. 1.

Zu S. 96, Zeile 43: VollzB. Nr. 36 Abs. 2.

Zu S. 98, Zeile 10: VollzB. Nr. 37.

Zu S. 106, Zeile 36 ff. Hierzu VollzB. Nr. 38.

Zu S. 107, Zeile 17: VollzB. Nr. 38 Abs. 2.

Zu S. 108, Zeile 14: VollzB. Nr. 42.

Zu S. 108, Zeile 17: Anlage 9.

Zu S. 108, Zeile 20: VollzB. Nr. 43.

Zu S. 108, Zeile 31: VollzB. Nr. 44.

Zu S. 108, Zeile 38 ff. VollzB. Nr. 46.

Zu S. 108, Zeile 44: Zu streichen.

Zu S. 109, Zeile 36: VollzB. Nr. 47.

Zu S. 111—124, 132—135: Zu streichen.

Zu S. 141; MinBek. vom 15. April 1926: Zu streichen.

Zu S. 142, MinBek. vom 20. Juli 1927: Zu streichen.

II.

Bekanntmachung des Staatsministeriums des Innern zum Vollzuge des Reichs- und Staatsangehörigkeitsgesetzes.

Vom 23. Dezember 1929 (GVBl. S. 179 ff.).

1. **Zu § 1.**

Über den bestrittenen Besitz der bayerischen Staatsangehörigkeit entscheidet, wenn diese Frage den Hauptstreitpunkt des Verfahrens bildet, im ersten Rechtszuge die Bezirksverwaltungsbehörde, in den Städten München, Nürnberg und Fürth die Polizeidirektion. Die örtliche Zuständigkeit bemißt sich nach Ziffer 42 (Gesetz über den Verwaltungsgerichtshof Art. 8 Ziff. 1, Art. 17 Abs. I).

2. **Zu § 4 Abs. II.**

Wird ein Kind in einer Gemeinde aufgefunden, die einem Bezirksamt untersteht, so hat die Ortspolizeibehörde diesem sofort zu berichten.

Die Bezirksverwaltungsbehörde (Bezirksamt, in kreisunmittelbaren Städten der Stadtrat) leitet unverzüglich umfassende Nachforschungen nach der Abstammung des aufgefundenen Kindes ein. Bleiben diese ergebnislos, so gilt das in Bayern aufgefundene Kind bis zum Beweise des Gegenteiles als Kind eines Bayern. Die Bezirksverwaltungsbehörde des Fundortes hat über die Staatsangehörigkeit des Kindes nach Einvernahme seines Vormundes und des Vormundschaftsgerichtes durch schriftliche Verfügung und, wenn Streit über die Staatsangehörigkeit besteht, verwaltungsrechtlich zu entscheiden. Eine Ausfertigung der Verfügung oder des Beschlusses ist dem Vormund und dem Vormundschaftsgericht, eine Abschrift dem Landesfürsorgeverbande zuzustellen.

Ist der Fundort nicht zu ermitteln, so hat die Bezirksverwaltungsbehörde des ersten bekannten Aufenthaltsortes des Kindes die Nachforschungen einzuleiten und über die Staatsangehörigkeit zu entscheiden.

3. **Zu § 7.**

Die Aufnahme eines Deutschen steht der Bezirksverwaltungsbehörde (Bezirksamt, in kreisunmittelbaren Städten dem Stadtrate) zu, in deren Bezirk er sich niedergelassen hat.

4.

Die Aufnahmegesuche sind bei der Bezirksverwaltungsbehörde des Niederlassungsortes schriftlich einzureichen oder niederzuschreiben. Der Gesuchsteller hat seine Eigenschaft als Deutscher und seine Niederlassung nachzuweisen.

Das Gesuch muß die Angabe enthalten, auf welche Familienangehörigen sich die Aufnahme erstrecken soll. Der Tag und der Ort der Geburt des Gesuchstellers und seiner Angehörigen sind im Zweifelsfalle durch Urkunden darzutun.

Die Gesuche sind beschleunigt zu behandeln.

5.

Sollen Minderjährige unter elterlicher Gewalt ohne ihre gesetzlichen Vertreter oder sollen Personen unter Vormundschaft aufgenommen werden, so müssen sie das Aufnahmegesuch selbst stellen, wenn sie das 16. Lebensjahr vollendet haben. Das Gesuch bedarf der Zustimmung des gesetzlichen Vertreters. Der Vormund hat durch Vorlage der Bestallung nachzuweisen, daß ihm die gesetzliche Vertretung zusteht. In den Fällen des § 7 Abs. II des Gesetzes muß die Zustimmung des Ehemannes (Satz 1) oder des gesetzlichen Vertreters (Satz 2), dem die elterliche Gewalt nicht zusteht, schriftlich erklärt sein. Die Unterschrift bedarf der amtlichen Beglaubigung, wenn die Erklärung nicht bei einer öffentlichen Behörde niedergeschrieben ist.

6.

Die Bezirksverwaltungsbehörde hat den Bezirksfürsorgeverband der Niederlassungsgemeinde zur beschlußmäßigen Äußerung aufzufordern, ob er Veranlassung hat, einen Antrag auf Ab- oder Wegweisung des Gesuchstellers nach den §§ 4 oder 5 des Freizügigkeitsgesetzes zu stellen.

7.

Die Bezirksverwaltungsbehörde prüft, ob die Voraussetzungen des § 3 des Freizügigkeitsgesetzes gegeben sind.

8.

Ist die fehlende Zustimmung des Mannes zum Aufnahmeantrag einer Ehefrau durch das Vormundschaftsgericht ersetzt, so ist festzustellen, daß die Ersetzung rechtskräftig ist.

9.

Ohne vorherige Niederlassung kann die Aufnahme nur aus besonderen Gründen mit Genehmigung des Staatsministeriums des Innern erteilt werden. Zuständig ist die Bezirksverwaltungsbehörde des Aufenthaltsortes des Gesuchstellers. Diese hat zum Zwecke der Erholung der Genehmigung unter gutachtlicher Stellungnahme die Verhandlungen dem Staatsministerium des Innern vorzulegen.

Besitzt der Gesuchsteller keinen Aufenthaltsort innerhalb Bayerns, so ist der Stadtrat München zuständig.

Bei der Aufnahme von ehemaligen Sachsen-Coburg-Gothaischen Staatsangehörigen, die die bayerische Staatsangehörigkeit durch die Vereinigung Coburgs mit Bayern nicht erworben haben, ist nach § 3 Halbsatz 2 des Staatsvertrages über die Vereinigung Coburgs mit Bayern vom 14. Februar 1920 (GVBl. S. 335) zu verfahren.

10.

Erachtet die Bezirksverwaltungsbehörde die Voraussetzungen der Aufnahme nicht als erfüllt, so läßt sie den Gesuchsteller hiervon unter kurzer Angabe der Gründe verständigen und darüber vernehmen, ob er das Gesuch aufrechthält. In diesem Falle hat die Bezirksverwaltungsbehörde über das Gesuch verwaltungsrechtlich zu entscheiden (Gesetz über den Verwaltungsgerichtshof Art. 8 Ziff. 1, Art. 9 Abs. 1).

11.

Zu §§ 8, 10—12, 26 Abs. III, 30, 31, 32 Abs. III.

Die Einbürgerungsgesuche sind bei der Bezirksverwaltungsbehörde des Niederlassungsortes (in kreisunmittelbaren Städten bei dem Stadtrate) schriftlich einzureichen oder niederzuschreiben. Sie müssen alle Angaben enthalten, die zur Ausfüllung des Verzeichnisses (Anlage 8) benötigt sind, ferner die Erklärung, ob die gleichzeitige Einbürgerung der Ehefrau und der unter elterlicher Gewalt stehenden Kinder beantragt wird. Gesuchsteller unter elterlicher Gewalt oder Vormundschaft, die das 16. Lebensjahr vollendet haben, müssen das Einbürgerungsgesuch selbst unterzeichnen. Der gesetzliche Vertreter, dem die elterliche Gewalt nicht zusteht, hat die Vertretungsbefugnis nachzuweisen. Seine Zustimmung muß schriftlich abgegeben sein. Die Unterschrift bedarf der amtlichen Beglaubigung, wenn die Zustimmung nicht bei einer öffentlichen Behörde niedergeschrieben ist.

12.

Die Angaben über die persönlichen Verhältnisse (Namen, Tag und Ort der Geburt, Staatsangehörigkeit, früheres Wehrdienstverhältnis, Abstammung usw.) sollen durch Urkunden belegt sein.

13.

Die Bezirksverwaltungsbehörde prüft zunächst, ob der Gesuchsteller unbeschränkt geschäftsfähig ist, ob der Antrag vom gesetzlichen Vertreter oder mit seiner Zustimmung gestellt ist. Dann unterrichtet sie sich über den bisherigen Lebenswandel, die Wohnungsverhältnisse und die wirtschaftliche Lage des Gesuchstellers und seiner Angehörigen. Der Gesuchsteller ist verpflichtet, auf Verlangen die erforderlichen Auskünfte zu geben und die nötigen Unterlagen zu beschaffen.

14.

Der Gemeinderat (Stadtrat) und außerdem der Bezirksfürsorgeverband der Niederlassungsgemeinde haben sich beschlußmäßig darüber zu äußern, ob die Erfordernisse des § 8 Abs. I Ziff. 2—4 des Gesetzes erfüllt sind. Die Tatsachen, die der Beschlußfassung zugrundeliegen, müssen aus den Erhebungen, aus gemeindeamtlichen Bestätigungen oder aus den Beschlüssen selbst ersichtlich sein.

15.

Hatte der Gesuchsteller nach vollendetem 12. Lebensjahre früher in Bayern anderweitig eine Niederlassung oder einen Aufenthaltsort, so ist die Bezirksverwaltungsbehörde des Niederlassungs- oder Aufenthaltsortes über das Einbürgerungsgesuch zu hören.

Hat der Gesuchsteller früher bereits einem deutschen Land angehört oder sich in dessen Gebiet aufgehalten, so ist den Behörden dieses Landes Gelegenheit zur Äußerung über das Einbürgerungsgesuch zu geben. Zu diesem Zwecke hat sich die Bezirksverwaltungsbehörde an die Behörden des betreffenden Landes zu wenden, die nach Anlage 9 zur Ausstellung der Einbürgerungsurkunden zuständig sind.

Sodann legt die Bezirksverwaltungsbehörde die Verhandlungen mit gutachtlicher Äußerung der Regierung, Kammer des Innern, vor.

16.

Die Einbürgerung von Ausländern und Staatlosen steht der Regierung, Kammer des Innern, zu, in deren Bezirke sie sich niedergelassen haben (§§ 8, 10—12 des Gesetzes). Die Regierung prüft zunächst, ob die gesetzlichen Voraussetzungen der Einbürgerung vollständig erfüllt sind und ob keine Tatsachen vorliegen, welche die Besorgnis rechtfertigen, daß die Einbürgerung das Wohl des Reiches oder Bayerns gefährden würde.

17.

Entschließt sich die Regierung aus den in Ziff. 16 aufgeführten oder aus anderen Gründen zur Abweisung des Antrages, so läßt sie dem Gesuchsteller eröffnen, daß ihm die Einbürgerung in Bayern nicht in Aussicht gestellt werden kann.

In den Fällen, in denen ein im Verwaltungsrechtswege verfolgbarer Anspruch auf Einbürgerung besteht (§§ 10, 11, 15, 26 Abs. 3, §§ 31, 32 Abs. 3 des Gesetzes), läßt die Regierung, Kammer des Innern, den Gesuchsteller darüber einvernehmen, ob er das Gesuch aufrecht hält. In diesem Falle hat die Regierung, Kammer des Innern, verwaltungsrechtlich zu entscheiden (Gesetz über den Verwaltungsgerichtshof Art. 8 Ziff. 1, Art. 9 Abs. I).

18. **Zu § 9.**

Erachtet die Regierung den Antrag für berücksichtigenswert,

so füllt sie ein Verzeichnis nach Anlage 8 aus. In der letzten Spalte des Verzeichnisses sind erschöpfend die Angaben zu machen, die für die Beurteilung des Antrages von besonderem Werte sind. Insbesondere ist anzugeben, ob die nach Ziff. 15 einvernommenen Behörden anderer Länder Bedenken gegen die Einbürgerung geäußert haben. Die Verzeichnisse sind in zwanzigfacher Fertigung bis zum 20. jeden Monats dem Staatsministerium des Innern gesammelt vorzulegen. Am Kopfe des Verzeichnisses ist der Monat der Vorlage einzutragen. Die Verzeichnisse sind mit fortlaufenden Ordnungsnummern zu versehen.

Die Einbürgerungsurkunde (Anlage 2) darf erst ausgefertigt werden, wenn das Staatsministerium des Innern auf Grund der Mitteilung des Reichsministeriums des Innern oder der Entscheidung des Reichsrats bestätigt hat, daß gegen die Einbürgerung kein Bedenken besteht.

Die vorstehende Bestimmung gilt nicht für die Fälle, auf die § 9 Abs. I des Gesetzes keine Anwendung findet.

19.

Die Einbürgerung ist regelmäßig von dem Nachweise der Entlassung aus dem bisherigen Staatsverband abhängig zu machen (vgl. hierzu z. B. Art. 13 des Deutsch-Tschechoslowakischen Staatsangehörigkeitsvertrags vom 29. Juni 1920 RGBl. S. 2284, ratifiziert am 12. September 1922, RGBl. II 1922 S. 763). Dieses Nachweises bedürfen nicht die Angehörigen von Staaten, nach deren Gesetzen die Staatsangehörigkeit durch die Einbürgerung in Bayern verloren wird. Auf Grund des Rechtes ihres Heimatstaates sind von dem Nachweise der Entlassung allgemein befreit die Angehörigen von Belgien, Brasilien, Chile, Dänemark, Danzig, Finnland, Italien, Luxemburg, der Niederlande, von Norwegen, Rumänien, Schweden und der Vereinigten Staaten von Amerika. Im übrigen behält sich das Staatsministerium des Innern vor, in besonderen Fällen von dem Nachweise der Entlassung aus der bisherigen Staatsangehörigkeit zu befreien.

Hat ein Gesuchsteller noch die Entlassung aus seiner bisherigen Staatsangehörigkeit nachzuweisen, so ist ihm die Einbürgerung unter der Bedingung zuzusichern, daß dieser Nachweis in angemessener Frist erbracht wird und daß in der Zwischenzeit keine Umstände eintreten, die zu einer anderen Beurteilung des Einbürgerungsantrages Anlaß geben.

20. **Zu § 12.**

Als Heeresdienst im Sinne des § 12 des Gesetzes ist nur ein solcher anzusehen, der unter der Geltung der allgemeinen Wehrpflicht abgeleistet wurde.

21. **Zu § 13.**

Die Einbürgerung steht der Regierung, Kammer des Innern, zu, in deren Bezirke der ehemalige Deutsche die letzte Niederlassung hatte. Besaß der Gesuchsteller keine Niederlassung in Bayern, so ist die Regierung der letzten Niederlassung der Eltern oder des letztlebenden Elternteiles des Gesuchstellers zuständig. Ist hiernach eine Zuständigkeit nicht begründet, so ist die Regierung von Oberbayern, Kammer des Innern, zuständig.

Vor der Einbürgerung ist dem Auswärtigen Amte Mitteilung zu machen. Zu diesem Zwecke sind die abgeschlossenen Verhandlungen mit Gutachten und mit einem Verzeichnisse nach Anlage 8 dem Staatsministerium des Innern vorzulegen.

22. **Zu § 14.**

Höhere Verwaltungsbehörden sind alle staatlichen Stellen und Behörden, die außer den Zentralstellen nach den jeweils geltenden Vorschriften ermächtigt sind, Anstellungen für die im § 14 des Gesetzes genannten Dienste zu vollziehen oder zu bestätigen.

Da für Beamte der Gemeinden und Bezirke eine Bestätigung der Anstellung durch Staatsbehörden nicht in Frage kommt, erwerben diese Beamten durch ihre Anstellung nicht ohne weiteres die bayerische Staatsangehörigkeit. Für einen Angehörigen eines außerbayerischen deutschen Landes, der zum Beamten einer Gemeinde oder eines Bezirkes bestellt wird, besteht daher Veranlassung, um seine Aufnahme nachzusuchen.

Nichtbayern erwerben mit der Aushändigung der Anstellungsurkunde nach § 16 Abs. I des Gesetzes die bayerische Staatsangehörigkeit. Die Urkunde ist ihnen deshalb regelmäßig erst an dem Tag auszuhändigen, an dem die Anstellung wirksam wird.

23. **Zu § 15 Abs. II.**

In den Fällen des § 15 Abs. II des Gesetzes ist die Regierung von Oberbayern, Kammer des Innern, zur Einbürgerung zuständig.

24. **Zu § 16.**

Nachweis des Tages, an dem die Aufnahme-, Einbürgerungs- oder Anstellungsurkunde ausgehändigt wurde, ist zu den amtlichen Verhandlungen zu nehmen.

In die Aufnahme- und Einbürgerungsurkunde sind alle Angehörigen, die mit dem Familienhaupt aufgenommen oder eingebürgert werden sollen, mit Namen, Tag und Ort der Geburt einzutragen.

Lebt der Gesuchsteller im Auslande, so darf die Urkunde nur durch Vermittlung des zuständigen deutschen Konsulats ausgehändigt werden.

25. **Zu §§ 17—24.**

Die Entlassung aus dem bayerischen Staatsverbande steht der Bezirksverwaltungsbehörde (Bezirksamt, bei kreisunmittelbaren Städten dem Stadtrate) zu.

Das Entlassungsgesuch ist bei der Bezirksverwaltungsbehörde, in deren Bezirke der Gesuchsteller seine Niederlassung hat oder zuletzt hatte, schriftlich einzureichen oder niederzuschreiben. Besaß der Gesuchsteller keine Niederlassung in Bayern, so ist die Bezirksverwaltungsbehörde der letzten Niederlassung der Eltern oder des letztlebenden Elternteiles des Gesuchstellers zuständig. Bei Ehefrauen bemißt sich die Zuständigkeit nach der des Ehemannes, es sei denn, daß die Ehe aufgelöst ist und die Ehefrau seither eine eigene Niederlassung in Bayern hat oder hatte. Ist eine Behörde nach Satz 1 und 2 nicht vorhanden, so ist der Stadtrat München zuständig.

Das Gesuch muß alle Angaben enthalten, die in die Entlassungsurkunde (Anlage 3 oder 4) einzutragen sind. Ausdrücklich ist anzugeben, ob sich die Entlassung auch auf die Ehefrau und die Kinder erstrecken soll. Heimatschein und Staatsangehörigkeitsausweis, die sich im Besitze des Gesuchstellers befinden, sind dem Antrage beizufügen.

26. **Zu § 19.**

Der Vormund und der Beistand haben die Bestallung nachzuweisen. In den Fällen, in denen die Genehmigung des Vormundschaftsgerichts erforderlich ist, haben die gesetzlichen Vertreter ihre Unterschrift vor einer öffentlichen Behörde niederzuschreiben oder amtlich beglaubigen zu lassen.

27.

Bedarf der Antrag auf Entlassung einer Person unter elterlicher Gewalt oder Vormundschaft der Genehmigung des deutschen Vormundschaftsgerichts, so hat die Bezirksverwaltungsbehörde die abgeschlossenen Verhandlungen an das nach den §§ 36, 43 des Gesetzes über die Angelegenheiten der freiwilligen Gerichtsbarkeit (RGBl. 1898 S. 776 ff.) zuständige deutsche Vormundschaftsgericht zur Beschlußfassung über die Erteilung der Genehmigung zu leiten. Ist nach § 36 Abs. I oder II Satz 1, § 43 kein deutsches Vormundschaftsgericht zuständig, so hat die Bezirksverwaltungsbehörde die Akten dem Staatsministerium der Justiz zur Bestimmung des zuständigen Vormundschaftsgerichts vorzulegen.

Vor der Verbescheidung des Gesuches hat die Bezirksverwaltungsbehörde bei dem Staatsanwalt anzufragen, ob er von dem Rechtsmittel der Beschwerde gegen die Entscheidung des Vormundschaftsgerichts Gebrauch macht.

28. **Zu §§ 20—23.**

Weist der Gesuchsteller nach, daß er und die Angehörigen, die mit ihm entlassen werden sollen, die Staatsangehörigkeit in einem anderen deutschen Lande besitzen und sich gemäß § 20 des Gesetzes vorbehalten, so haben weitere Ermittlungen zu unterbleiben.

Wird die Entlassung ohne Vorbehalt der Staatsangehörigkeit in einem anderen Lande beantragt, so hat die Bezirksverwaltungsbehörde zu erheben, ob der Entlassung keine Bedenken vom Standpunkte der Polizei oder Strafrechtspflege oder der gesetzlichen Unterhaltspflicht oder wegen Rückständen mit öffentlichen Leistungen entgegenstehen. In solchen Fällen sind die erforderlichen Maßnahmen zu treffen.

29.

Die Erklärung über den Vorbehalt der Staatsangehörigkeit in einem anderen deutschen Land ist an die in Ziff. 25 bezeichnete Bezirksverwaltungsbehörde zu richten.

Der Gesuchsteller hat den Besitz dieser Staatsangehörigkeit durch eine amtliche Urkunde aus jüngster Zeit nachzuweisen.

30.

Bestehen Zweifel, ob die Voraussetzungen des § 22 erfüllt sind, so hat sich die Bezirksverwaltungsbehörde, soweit Beamte in Frage kommen, an die vorgesetzte Dienststelle, soweit Offiziere oder Mannschaften in Frage kommen, an den Truppenteil zu wenden.

31.

Nachweis des Tages, an dem die Entlassungsurkunde ausgehändigt wurde, ist zu den amtlichen Verhandlungen zu nehmen. Lebt der Gesuchsteller im Auslande, so darf die Entlassungsurkunde nur durch Vermittlung des zuständigen deutschen Konsulats ausgehändigt werden.

Die mit den Entlassungsgesuchen vorgelegten Heimatscheine und Staatsangehörigkeitsausweise sind bei der Aushändigung der Entlassungsurkunde einzuziehen, soweit ihre Gültigkeit mit der Entlassung erlischt. Das gleiche gilt von Pässen, die sich im Besitze der entlassenen Person befinden.

32.

Die Bezirksverwaltungsbehörde hat die vorbehaltlose Entlassung den deutschen Ländern mitzuteilen, denen der Entlassene angehört. Die Mitteilung ist an die zur Ausfertigung der Entlassungsurkunden zuständigen Behörden (Anlage 9) zu richten. Ist die örtlich zuständige Behörde nicht bekannt, so ist die Mitteilung dem Staatsministerium des Innern zur Weiterleitung vorzulegen.

Die vorbehaltlose Entlassung einer Person, die Anspruch auf Pension, Wartegeld, Ruhegehalt, Witwen- oder Waisengeld, Witwen-, Waisen-, Eltern- oder Enkelrente hat, ist der auszahlenden Stelle mitzuteilen.

33. **Zu § 24 Abs. I und § 30.**

Gilt eine Entlassung nach § 24 Abs. I des Gesetzes als nicht erfolgt oder wird der Entlassene nach § 30 des Gesetzes wieder eingebürgert, so ist die Entlassungsurkunde einzuziehen.

34. **Zu § 25 Abs. II.**

Die Genehmigung zur Beibehaltung der bayerischen Staatsangehörigkeit erteilt die Regierung, Kammer des Innern. Sie legt die Verhandlungen zur Einvernahme des Konsuls dem Staatsministerium des Äußern vor, falls nicht der Konsul zu dem Antrage bereits Stellung genommen hat.

Die örtliche Zuständigkeit der Regierung bestimmt sich nach Ziff. 21.

35. **Zu § 26 Abs. III.**

Die Einbürgerung steht der Regierung, Kammer des Innern, zu, in deren Bezirk sich der ehemalige Deutsche niedergelassen hat. Trifft diese Voraussetzung nicht zu, so bestimmt sich die Zuständigkeit nach Ziff. 21.

36. **Zu §§ 27, 28.**

Zentralbehörde ist das Staatsministerium des Innern.

Die Aufforderung zum Austritt aus ausländischen Staatsdiensten (§ 28 Abs. I des Gesetzes) steht dem Staatsministerium des Äußern zu, wenn sie nicht im Namen des Reiches im allgemeinen ergeht.

37. **Zu § 29.**

Die Familienangehörigen, auf die sich der Wiedererwerb der Staatsangehörigkeit nach § 29 des Gesetzes erstreckt, sind in der Einbürgerungsurkunde mit Namen, Tag und Ort der Geburt anzugeben.

38. **Zu § 38.**

Für die Erteilung von Aufnahme-, Einbürgerungs- und Entlassungsurkunden werden nachstehende Gebühren erhoben:

a) für Aufnahmeurkunden (§ 7 des Gesetzes) eine Gebühr von 10 *RM*; bei nachgewiesener oder offenkundiger Bedürftigkeit oder aus Billigkeitsgründen kann die Gebühr auf Antrag bis auf 3 *RM* ermäßigt oder ganz erlassen werden;

b) für Einbürgerungsurkunden in den Fällen der §§ 10, 11, 12, des § 15 Abs. II erster Halbsatz und des § 31 des Gesetzes eine Gebühr von 20 *RM*; bei nachgewiesener oder offenkundiger Bedürftigkeit oder aus Billigkeitsgründen kann die Gebühr auf Antrag bis auf 5 *RM* ermäßigt oder ganz erlassen werden;

c) für Urkunden über die Einbürgerung oder die Anstellung von Ausländern eine Gebühr von 50 bis 1000 *RM*, wenn nicht dem Eingebürgerten oder Angestellten ein Rechtsanspruch auf Einbürgerung zusteht (siehe Buchstabe b); bei nachgewiesener oder offenkundiger Bedürftigkeit des Gesuchstellers kann die Gebühr auf Antrag bis auf 5 *RM* ermäßigt werden;

d) für Entlassungsurkunden im Falle des § 21 des Gesetzes eine Gebühr von 10 *RM*, in den übrigen Fällen eine Gebühr von 50 *RM*; bei nachgewiesener oder offenkundiger Bedürftigkeit oder aus Billigkeitsgründen kann die Gebühr auf Antrag bis auf 3 *RM* ermäßigt oder ganz erlassen werden.

Die Vorbehandlung der Aufnahme-, Einbürgerungs- und Entlassungsgesuche ist bei den Bezirksverwaltungsbehörden sowie allen staatlichen Stellen und Behörden gebührenfrei (Kostengesetz vom 16. Februar 1921 Art. 157).

39. **Zu § 39.**

Die Formblätter für die Anlagen 1—8 sind von den zuständigen Stellen und Behörden zu beschaffen und aus den Mitteln für Geschäftsbedürfnisse zu bezahlen.

40.

Die Heimatscheine (Anlage 5) werden in besonderer Ausstattung hergestellt. Sie sind unmittelbar bei der Reichsdruckerei (Berlin SW., Oranienstr. 91) zu bestellen. Die Reichsdruckerei ist im Besitze des bayerischen Wappenstempels.

Die Druckkosten belaufen sich bei Sammelbestellungen die den Bedarf für das laufende Jahr umfassen und bis zum 31. Oktober bei der Reichsdruckerei eingehen müssen, so daß die Bestellungen zusammen gedruckt werden können:

bis zu 50 Stück	auf	4.— RM,
für 51—100 Stück	auf	5.50 RM,
für je weitere, im Anschlusse gedruckte 100 Stück	auf	3.— RM,
für je 1000 Stück	auf	30.— RM,
für je weitere, im Anschlusse gedruckte 1000 Stück	auf	25.— RM,
für den besonderen Eindruck	auf	4.— RM.

Bei Nachbestellungen, die einzeln gedruckt werden müssen:

bis zu 50 Stück	auf	10.— RM,
für 51—100 Stück	auf	12.— RM,
für je weitere, im Anschlusse gedruckte 100 Stück	auf	3.50 RM,
für je 1000 Stück	auf	42.— RM,
für je weitere, im Anschlusse gedruckte 1000 Stück	auf	28.— RM,
für den besonderen Eindruck	auf	4.— RM.

41.

Die Aufnahme- und Entlassungsurkunden sowie die Staatsangehörigkeitsausweise (Anlage 1, 3, 4 und 6) lassen die Regierungen, Kammern des Innern, herstellen und am rechten oberen Rande mit ihrem Siegel versehen. Die Bezirksverwaltungsbehörden erhalten die benötigten Formblätter auf Bedarfsanzeige von der vorgesetzten Regierung, Kammer des Innern, gegen Ersatz der Herstellungskosten geliefert.

Aufnahme- und Entlassungsurkunden sowie Staatsangehörigkeitsausweise dürfen nur auf den vorgeschriebenen Formblättern ausgefertigt werden.

42.

Die Heimatscheine und Staatsangehörigkeitsausweise sowie Bestätigungen über den Nichtbesitz der bayerischen Staatsangehörigkeit (Anlagen 5, 6 und 7) stellt die Bezirksverwaltungsbehörde, in den Städten München, Nürnberg und Fürth die Polizeidirektion aus. Örtlich zuständig ist die Behörde, in deren Bezirke der Gesuchsteller seine Niederlassung hat oder zuletzt hatte. Besaß der Gesuchsteller keine Niederlassung in Bayern, so ist die Bezirksverwaltungsbehörde der letzten Niederlassung der Eltern oder des letztlebenden Elternteiles des Gesuchstellers zuständig. Bei Ehefrauen bemißt sich die

Zuständigkeit nach der des Ehemannes, es sei denn, daß die Ehe aufgelöst ist und die Frau seither eine eigene Niederlassung in Bayern hat oder hatte. Ist eine Behörde nach Satz 2 und 3 nicht vorhanden, so ist die Polizeidirektion München zuständig.

43.

Die Gültigkeit des Heimatscheines kann bis zu einem Zeitraume von 10 Jahren bemessen werden.

44.

Der Heimatschein ist zu versagen, wenn Tatsachen die Annahme rechtfertigen, daß der Heimatschein in den Händen des Inhabers die Aufrechthaltung der öffentlichen Sicherheit und Ordnung oder sonstige erhebliche deutsche Belange gefährden würde.

Der Heimatschein ist ferner zu versagen, wenn Tatsachen die Annahme rechtfertigen, daß der Gesuchsteller den Heimatschein benutzen will, um

a) sich einer Strafverfolgung oder Strafvollstreckung zu entziehen,
b) sich seinen Steuerpflichten zu entziehen,
c) sich seiner Dienstverpflichtung in der Reichswehr zu entziehen,
d) in fremde Heeresdienste einzutreten.

Der Heimatschein kann versagt werden, wenn Tatsachen die Annahme rechtfertigen, daß der Gesuchsteller den Heimatschein benutzen will, um sich seinen gesetzlichen Unterhaltspflichten zu entziehen.

45.

Der Gesuchsteller ist bei Anlaß darauf aufmerksam zu machen, daß der Heimatschein die in ausländischen Staaten besonders vorgeschriebenen Reise- oder Ausweispapiere (Paß, Wanderbücher, Dienstbotenbücher) nicht ersetzt.

46.

Heimatschein und Staatsangehörigkeitsausweis sind im Inlande dem Gesuchsteller persönlich, allenfalls durch Vermittlung der für seinen Wohnort zuständigen Verwaltungsbehörde auszuhändigen.

Den im Auslande wohnenden Gesuchstellern können Heimatscheine unmittelbar durch die Post übersandt werden. Eine Aushändigung der Scheine durch die deutschen Konsularbehörden hat ausnahmsweise nur dann stattzufinden, wenn sie von den Beteiligten selbst beantragt wird oder aus besonderen Gründen veranlaßt ist.

Die Heimatscheine sind, soweit angängig, durch Einschreibbrief gegen Rückschein (gegebenenfalls unter Nachnahme der erwachsenen Kosten) und mit dem Vermerk auf dem Briefumschlag „Nur an den Empfänger persönlich auszuhändigen!" zu übersenden.

47. **Zu § 40.**

Das Verfahren bemißt sich nach dem Gesetz über den Verwaltungsgerichtshof.

Im ersten Rechtszug entscheidet bei Anträgen auf Aufnahme oder auf Entlassung die Bezirksverwaltungsbehörde (Bezirksamt, in kreisunmittelbaren Städten der Stadtrat), bei Anträgen auf Einbürgerung der verwaltungsrechtliche Senat der Regierung, Kammer des Innern, im zweiten Rechtszuge der Verwaltungsgerichtshof.

48.

Staatsangehörigkeitsangaben in den Einwohnerverzeichnissen.

Die Staatsangehörigkeit der Einwohner wird in den Einwohnerverzeichnissen (Melderegistern) vorgetragen. Dieser Eintrag hat zwar nicht die Bedeutung einer Feststellung der Staatsangehörigkeit, seine Zuverlässigkeit ist jedoch von großer praktischer Bedeutung. Um diese Verlässigkeit zu erhöhen, ist folgendes zu beachten:

1. Neu zuziehende Personen sind aufzufordern, sich über ihre Staatsangehörigkeit durch einen Staatsangehörigkeitsausweis, einen Heimatschein, eine Einbürgerungsurkunde oder auf sonstige Art einwandfrei auszuweisen. Kann ein solcher Nachweis nicht erbracht werden, so hat die Gemeindebehörde oder das Einwohneramt weitere Ermittlungen anzustellen. Erst wenn hinreichend Klarheit geschaffen ist, darf die Spalte Staatsangehörigkeit im Einwohnerverzeichnis ausgefüllt werden. Dabei ist zu vermerken, auf welche Art der Nachweis der Staatsangehörigkeit erbracht worden ist, z. B. „Bayer, laut Staatsangehörigkeitsausweis des Bezirksamts E. vom ......“.

2. Die Verwaltungsbehörden haben zum Zwecke der Ergänzung oder Richtigstellung des Einwohnerverzeichnisses der Gemeindebehörde oder dem Einwohneramte des Wohnsitzes der betreffenden Person Mitteilung zu machen

a) von jeder ihnen bekannt werdenden Veränderung in den Staatsangehörigkeitsverhältnissen (insbesondere durch Einbürgerung, Aufnahme, Anstellung im Reichs- oder Staatsdienst, Entlassung, Erwerb einer fremden Staatsangehörigkeit),

b) von jeder im Verwaltungsrechtsverfahren nach Art. 8 Ziff. 1 des Gesetzes über den Verwaltungsgerichtshof erlassenen rechtskräftigen Entscheidung,

c) von jeder Ausstellung eines Staatsangehörigkeitsausweises oder Heimatscheines,

d) von allen Feststellungen über den Besitz einer außerbayerischen Staatsangehörigkeit, die auf ihre Veranlassung (z. B. aus Anlaß eines Paßgesuches) durch die zuständige Behörde des Heimatstaates getroffen worden sind.

In der Mitteilung ist jeweils anzugeben, wie der Eintrag im Einwohnerverzeichnisse zu lauten hat, z. B. „Bayer, laut Einbürgerungsurkunde der Regierung von Oberbayern, Kammer des Innern, vom .....“ oder „Württemberger, laut Mitteilung des Oberamtes Ulm vom .....“.

3. Die Gemeindebehörden und Einwohnerämter haben darauf Bedacht zu nehmen, auch sonstige amtliche Mitteilungen über die Staatsangehörigkeitsverhältnisse der in den Einwohnerverzeichnissen aufgeführten Personen durch Einträge in der Spalte Staatsangehörigkeit festzuhalten.

4. Teilt eine Gemeindebehörde oder ein Einwohneramt einer anderen Behörde mit, welche Staatsangehörigkeit im Einwohnerverzeichnisse vorgetragen ist, so ist auch ein etwaiger Vermerk über die Art des Nachweises der Staatsangehörigkeit mitzuteilen. Ist ein solcher Vermerk nicht vorhanden, so ist der Mitteilung der Staatsangehörigkeit beizusetzen: „nicht nachgewiesen". In gleicher Weise ist bei der Erteilung von Abmelde- und Abzugsbescheinigungen (Art. 2 des Aufenthaltsgesetzes vom 21. August 1914 — GVBl. 1915 S. 590 — und Ziff. 1 der MB. vom 5. Oktober 1915 — GVBl. S. 273) zu verfahren, wenn in diesen Bescheinigungen Angaben über die Staatsangehörigkeit gemacht werden.

Austausch von Einbürgerungsmitteilungen.

49.

Ein Austausch von Einbürgerungsmitteilungen findet statt zwischen den deutschen Ländern einerseits und der Freien Stadt Danzig, Mexiko und den Niederlanden andererseits. Bei Einbürgerung eines Angehörigen dieser Staaten ist jeweils eine Nachweisung nach Anlage 10 dem Staatsministerium des Innern vorzulegen.

50. **Statistik.**

Die Bezirksverwaltungsbehörden haben alljährlich bis 15. Januar der vorgesetzten Regierung, Kammer des Innern, für das abgelaufene Jahr eine Übersicht nach Anlage 12 zu übersenden. Die Regierungen, Kammern des Innern, stellen die Vorlagen der Bezirksverwaltungsbehörden zusammen und übersenden dem Statistischen Landesamte bis 1. Februar für das abgelaufene Jahr eine Übersicht nach Anlage 11.

51.

Aufgehoben werden:

die Ministerialbekanntmachung	vom 3. März 1916 (MABl. S. 21 ff.),
" "	vom 16. Nov. 1918 (MABl. S. 343 ff.),
" "	vom 27. Nov. 1918 (MABl. S. 351),
" Ministerialentschließung	vom 13. Dez. 1919 Nr. 5604 b 45 (MABl. S. 333),
" "	vom 9. August 1920 Nr. 5604 b 43 (StAnz. Nr. 190),
" Ministerialbekanntmachung	vom 12. Jan. 1921 (MABl. S. 6),
" "	vom 7. Febr. 1922 (MABl. S. 61),
" Ministerialentschließung	vom 17. Mai 1923 Nr. 4004 b 8 (MABl. S. 47),

die Ministerialbekanntmachung		vom 19. Mai 1923 (MABl. S. 45),
„	„	vom 16. Juli 1924 (MABl. S. 112),
„	„	vom 17. Nov. 1924 (MABl. S. 159),
„	„	vom 17. Nov. 1924 (MABl. S. 160),
„	„	vom 20. Jan. 1925 (MABl. S. 10),
„ Ministerialentschließung		vom 15. April 1926 Nr. 4004 b 13 (MABl. S. 53),
„ Ministerialbekanntmachung		vom 20. Juli 1927 (StAnz. Nr. 165),
„ Ministerialentschließung		vom 24. Nov. 1927 Nr. 2557 c 12 (MABl. S. 65),

ferner die nicht veröffentlichte

Ministerialentschließung	vom 27. Nov. 1919 Nr. 5604 b 40,
„	vom 23. Jan. 1920 Nr. 5604 b 5,
„	vom 5. März 1920 Nr. 5604 b 14,
„	vom 5. März 1921 Nr. 5604 b 16,
„	vom 15. Juni 1927 Nr. 4004 b 14,
„	vom 13. Sept. 1927 Nr. 4004 b 28,
„	vom 10. April 1928 Nr. 4004 b 2,
„	vom 27. Juli 1928 Nr. 4004 b 7.

Anlage 1 unverändert (S. 125)

Anlage 2 (S. 126; zu streichen lediglich in Zeile 10 (§ 1626 BGB)

Anlage 3 unverändert (S. 127)

Anlage 4 unverändert (S. 128)

Anlage 5 unverändert (S. 129)

Anlage 6 unverändert (S. 130)

Anlage 7.

Deutsches Reich.

Freistaat Bayern.

Bestätigung.

D......... (Namen, Stand und Wohnort) ....

....

geboren am .... in ....

wird bestätigt, daß er/sie

sowie seine Ehefrau ...., geborene ....,

und folgende von ihm kraft elterlicher Gewalt gesetzlich vertretene Kinder:

1. .... geboren am .... in ....,

2. ....   "   " .... in ....,

3. ....   "   " .... in ....,

die Staatsangehörigkeit im Freistaate Bayern nicht besitz....... und somit kein...... Deutsch..

..........................., den .... 19..........

Siegel

Bezirksamt (Polizeidirektion)
Stadtrat ....

(Unterschrift.)

Anlage 8 unverändert wie bisher Anlage 7 (S. 131)

Anlage 9.

Verzeichnis

derjenigen Behörden, die befugt sind:
1. Staatsangehörigkeitsausweise und Heimatscheine auszufertigen,
2. Aufnahme-, Einbürgerungs- und Entlassungsurkunden auszufertigen,
3. die Genehmigung zur Beibehaltung der Staatsangehörigkeit (§ 25 Abs. 2) erteilen.

Lfd. Nr.	Land	Behörden, die befugt sind: Staatsangehörigkeitsausweise und Heimatscheine auszufertigen	Aufnahme-, Einbürgerungs- und Entlassungsurkunden auszufertigen	Die Genehmigung zur Beibehaltung der Staatsangehörigkeit (§ 25 Abs. 2) zu erteilen
1	2	3	4	5
1	Preußen	die Regierungspräsidenten; für Berlin der Polizeipräsident, bis auf weiteres auch die Polizeipräsidenten in Frankfurt a. M., Wiesbaden, Köln, Hannover, Kiel und Königsberg; soweit es sich um Gebiete handelt, die infolge der Bestimmungen des Versailler Vertrages abgetreten worden sind, ist der Regierungspräsident zuständig, zu dessen Bezirke das betreffende Gebiet vor der Abtretung gehört hat. Der Regierungspräsident in Schneidemühl ist zuständig für die abgetretenen Teile der ehemaligen Regierungsbezirke Danzig, Bromberg und Posen sowie für die Kreise Flatow, Konitz und Schlochau.	die Regierungspräsidenten; für Berlin der Polizeipräsident	wie in Spalte 4
2	Bayern	die Bezirksämter und Stadträte der unmittelbaren Städte*), in den Städten München, Nürnberg und Fürth die Polizeidirektion.	die Kreisregierungen, K. d. J., für Einbürgerungsurkunden; im übrigen die Bezirksämter und die Stadträte der unmittelbaren Städte.	die Kreisregierungen, Kammern d. Innern

*) Den Kreisregierungen sind zur Zeit außer München, Nürnberg und Fürth unmittelbar untergeordnet folgende Städte: Amberg, Ansbach, Aschaffenburg, Augsburg, Bad Kissingen, Bamberg, Bayreuth, Coburg, Deggendorf, Dillingen, Dinkelsbühl, Donauwörth, Eichstätt, Erlangen, Forchheim, Frankenthal, Freising, Günzburg, Hof, Ingolstadt, Kaiserslautern, Kaufbeuren, Kempten, Kitzingen, Kulmbach, Landau (Pfalz), Landsberg, Landshut, Lindau, Ludwigshafen a. Rh., Marktredwitz, Memmingen, Neuburg, Neumarkt i. O., Neustadt a. H., Neustadt b. Cob., Neu-Ulm, Nördlingen, Nürnberg, Passau, Pirmasens, Regensburg, Reichenhall, Rodach, Rosenheim, Rothenburg o. T., Schwabach, Schwandorf, Schweinfurt, Selb, Speyer, Straubing, Traunstein, Weiden, Weißenburg i. B., Würzburg, Zweibrücken.

Lfd. Nr.	Land	Behörden, die befugt sind: Staatsangehörigkeitsausweise und Heimatscheine auszufertigen	Aufnahme-, Einbürgerungs- und Entlassungsurkunden auszufertigen	Die Genehmigung zur Beibehaltung der Staatsangehörigkeit (§ 25 Abs. 2) zu erteilen
1	2	3	4	5
3	Sachsen	die Amtshauptmannschaften und die Stadträte in Städten, denen die Geschäfte der unteren Staatsverwaltungsbehörde voll übertragen sind im Auftrage der Kreishauptmannschaften	die Kreishauptmannschaften Bautzen, Chemnitz, Dresden, Leipzig, Zwickau	das Ministerium des Innern
4	Württemberg	das Polizeipräsidium Stuttgart und die Oberämter	wie in Spalte 3	das Ministerium des Innern
5	Baden	die Bezirksämter	wie in Spalte 3	wie in Spalte 3
6	Thüringen	das Thür. Ministerium des Innern in Weimar, das mit der Ausfertigung der Staatsangehörigkeitsausweise und Heimatscheine die thür. Landräte Stadtroda, Weimar, Eisenach, Meiningen, Hildburghausen, Sonneberg, Schleiz, Greiz, Altenburg, Gera, Saalfeld, Rudolstadt, Arnstadt, Gotha, Sondershausen und die Kreisabteilung Camburg und die Stadtvorstände in Gera, Jena, Gotha, Weimar, Eisenach, Altenburg, Greiz, Apolda, Arnstadt und Zella-Mehlis beauftragt hat.	wie in Spalte 3	wie in Spalte 3 das Thür. Ministerium des Innern in Weimar
7	Hessen	die Hessischen Kreisämter	wie in Spalte 3	wie in Spalte 3
8	Hamburg	1. für das Hamburgische Staatsgebiet: die Polizeibehörde in Hamburg; 2. für das Hamburgische Amt Ritzebüttel: namens der Polizeibehörde in Hamburg der Amtsverwalter in Cuxhaven	wie in Spalte 3	wie in Spalte 3
9	Mecklenburg	das Ministerium des Innern in Schwerin	wie in Spalte 3	wie in Spalte 3
10	Braunschweig	die Kreisdirektionen und das Polizeipräsidium in Braunschweig	wie in Spalte 3	der Braunschweigische Minister des Innern
11	Oldenburg	1. für den Landesteil Oldenburg: die Ämter und die Magistrate der Städte I. Kl.*) 2. für den Landesteil Lübeck: die Regierung in Eutin und der Stadtmagistrat daselbst	1. für den Landesteil Oldenburg: das Ministerium des Innern 2. für den Landesteil Lübeck: die Regierung in Eutin	das Ministerium des Innern in Oldenburg

*) d. s. z. Zt. die Städte: Oldenburg, Varel, Jever, Rüstringen und Delmenhorst.

Lfd. Nr.	Land	Behörden, die befugt sind: Staatsangehörigkeitsausweise und Heimatscheine auszufertigen	Aufnahme-, Einbürgerungs- und Entlassungsurkunden auszufertigen	Die Genehmigung zur Beibehaltung der Staatsangehörigkeit (§ 25 Abs. 2) zu erteilen
1	2	3	4	5
	Oldenburg	3. für den Landesteil Birkenfeld: die Regierung in Birkenfeld	3. für den Landesteil Birkenfeld: die Regierung i. Birkenfeld	
12	Anhalt	die Regierung, Abt. d. Innern, in Dessau. Mit der Ausfertigung der Staatsangehörigkeitsausweise sind diejenigen Kreispolizeibehörden (sämtl. Anhaltische Kreisdirektionen und die Polizeiverwaltungen in Dessau, Köthen, Zerbst und Bernburg) beauftragt, in deren Verwaltungsbezirke der Nachsuchende seinen Wohnsitz hat oder, sofern er einen Wohnsitz in Anhalt nicht mehr hat, seinen letzten Wohnsitz in Anhalt gehabt hat	die Regierung, Abt. des Innern, in Dessau	wie in Spalte 4
13	Bremen	1. für das Stadt- und Landgebiet Bremen sowie für die Stadt Vegesack: die Polizeidirektion Bremen; 2. für die Hafenstadt Bremerhaven: das Amt in Bremerhaven	wie in Spalte 3	die Polizeikommission des Senats
14	Lippe	die Lippische Regierung in Detmold	wie in Spalte 3	wie in Spalte 3
15	Lübeck	das Stadt- und Landamt in Lübeck	wie in Spalte 3	wie in Spalte 3.
16	Mecklenburg-Strelitz	das Ministerium, Abteilung des Innern, in Neustrelitz	wie in Spalte 3	wie in Spalte 3.
17	Schaumburg-Lippe	die Landesregierung in Bückeburg	wie in Spalte 3	wie in Spalte 3.

Anlage 10.

Nachweisung.

über die Einbürgerung eines .... Staatsangehörigen

in Bayern

auf Grund des § .... des Reichs- und Staatsangehörigkeitsgesetzes vom 22. Juli 1913.

---

1. Des Eingebürgerten
   a) Vor- und Zuname: ....
   b) Geburtsort: ....
   c) Geburtstag: ....
   d) letzter Wohnsitz oder Aufenthalt des Eingebürgerten in seinem bisherigen Heimatstaate: ....
   e) falls der Eingebürgerte keinen Wohnsitz oder Aufenthalt in seinem bisherigen Heimatstaate hatte oder falls dieser unbekannt, letzter Wohnsitz oder Aufenthalt des Vaters daselbst: ....

---

2. a) Tag der Ausfertigung der Einbürgerungs-(Anstellungs-)Urkunde ....
   b) Tag, an dem durch Aushändigung der Einbürgerungs-(Anstellungs-)Urkunde die Einbürgerung — gemäß § 16 Abs. 1 a. a. O. — wirksam geworden ist: ....

---

3. Namentliche Bezeichnung der mit eingebürgerten Familienmitglieder — § 16 Abs. 2 a. a. O. — mit Angabe des Geburtsorts und des Geburtstags: ....

---

4. Bemerkungen (wenn möglich sind hier die Vornamen sowie das Datum und der Ort der Geburt des Vaters des Eingebürgerten anzugeben): ....

................................, den .... 19....

(Bezeichnung der Behörde).

....

Anlage 11.

Regierungsbezirk.. Jahr..............

Vollzug des Reichs- und Staatsangehörigkeitsgesetzes.

Zahl der	Nach §	7	8	10	11	12	13	15 Abs 2.	21	31
	des Reichs- und Staatsangehörigkeitsgesetzes									
Aufgenommen	männlich weiblich									
Eingebürgerten	männlich weiblich									
Entlassenen	männlich weiblich									

Anlage 12.

Bezirksamt / Stadtrat.. Jahr..............

Vollzug des Reichs- und Staatsangehörigkeitsgesetzes.

Zahl der	Nach	§ 7	§ 21	§ 22	
		des Reichs- und Staatsangehörigkeitsgesetzes			
Aufgenommenen	männlich weiblich				
Entlassenen	männlich weiblich				

FSC
www.fsc.org
MIX
Papier | Fördert
gute Waldnutzung
FSC® C083411

Kolibri 360 GmbH
Ferdinand-Jühlke-Straße 7
99095 Erfurt, Deutschland
produktsicherheit@kolibri360.de